lonely planet

IRLANDE

NEIL WILSON, ISABEL ALBISTON, FIONN DAVENPORT,
DAMIAN HARPER, CATHERINE LE NEVEZ

Sommaire

Avant le départ
13 expériences incontournables........ 4
Ce qu'il faut savoir 16
Envie de... 18
100% local...20
L'agenda 22
En avant-goût....................................25
Itinéraires 26
Voyager en famille.............................32

Dublin 35
Trinity College................................40
Kilmainham Gaol 44
Dublin Castle 46
Chester Beatty Library 48
National Museum of Ireland..........50
Parcs et jardins 56
Guinness Storehouse.....................60
Tournée des pubs à Dublin 62
À voir 64
Circuits organisés 72
Achats..73
Où se restaurer 75
Où prendre un verre
et faire la fête.....................................78
Où sortir...80
Où se loger 83

Comtés de Meath et de Louth 85
Brú na Bóinne 88
Environs de Brú na Bóinne............... 94
Drogheda et ses environs................. 95

Comté de Wicklow 97
Powerscourt Estate 100
Glendalough.................................102
Wicklow Mountains 108
Vale of Avoca 110

Comté de Galway 113
Route côtière du Connemara 116
Tournée des pubs à Galway.......... 118
Clonmacnoise 120
Galway 122
Connemara.. 126

Îles d'Aran 131
Dún Aengus 134
Inishmore 136
Inishmaan 137
Inisheer 138

Comté de Clare et Limerick 141
Falaises de Moher 144
Musique traditionnelle.................. 146
Ennis 148
Bunratty... 149
Limerick...151
Loop Head 153
Miltown Malbay 154
Le Burren... 155
Doolin.. 156

Kilkenny 159
Kilkenny Castle............................. 162
À voir 164
Circuits organisés 168
Achats... 168
Où se restaurer 169
Où prendre un verre
et faire la fête.................................... 170
Où sortir..171

Comté de Tipperary 173
Rock of Cashel...............................176
Cashel 180
Cahir 182

Cork 185

Cork gastronomique 188
Blarney Castle 190
Cork 192
Midleton...................... 199
Cobh 199
Kinsale 200
Bantry 202

Comté de Kerry 205

Le Ring of Kerry en voiture 208
Skellig Michael....... 210
Killarney National Park 212
Killarney...................... 216
Cahersiveen 219
Kenmare...................... 220
Péninsule de Dingle... 221

Comtés de Sligo et de Donegal 227

Slieve League......... 230
Glenveagh National Park 232
Comté de Sligo......... 234
Comté de Donegal ... 237

Côte d'Antrim 247

Chaussée des Géants 250
Randonnée sur la Causeway Coast Way 254
Portrush..................... 256
Bushmills................... 257
De la Chaussée des Géants à Ballycastle 258
Ballycastle 260
Glens d'Antrim 261
Derry/Londonderry... 264

Belfast 271

Titanic Quarter 274
Fresques murales de West Belfast.......276
À voir 278
Circuits organisés 282
Achats........................ 283
Où se restaurer 284
Où prendre un verre et faire la fête........... 286
Où sortir.................... 288

En savoir plus

L'Irlande aujourd'hui. 294
Histoire 296
Cuisine........................310
Au pub 314
Symboles irlandais 316
Littérature irlandaise . 318
Musique traditionnelle.............322

Carnet pratique

Infos utiles 326
Transports 336
Langue........................345
Index 354
Comment utiliser ce guide 368

Christ Church Cathedral (p. 65), Dublin
DAVID SOANES PHOTOGRAPHY/GETTY IMAGES ©

Avant le départ
13 expériences incontournables

YURIY CHERTOK/SHUTTERSTOCK ©

Dublin

Capitale de l'Irlande et berceau de la Guinness

De loin la plus grande ville d'Irlande (p. 35), Dublin est la principale porte d'accès au pays. Ses multiples attraits retiendront le visiteur au moins quelques jours. Musées de renom, excellents divertissements, restaurants et hôtels de haut vol : Dublin a tous les atouts d'une grande métropole internationale. Mais le véritable bonus, ce sont les Dublinois eux-mêmes, détendus et chaleureux. Rares sont les capitales d'Europe où l'on rencontre une telle qualité d'accueil !

1

ANDREW MONTGOMERY/LONELY PLANET ©

Connemara

Littoral splendide et montagnes sauvages

Les routes pleines de caractère du Connemara (p. 116) mènent à des villages abritant chacun des pubs et restaurants traditionnels où l'on sert du *chowder*, soupe de poisson et de fruits de mer dont les recettes sont autant de secrets de famille. Au cœur de vallées isolées, la nature explose comme au premier jour : collines d'un vert éclatant, fleurs sauvages, ruisseaux où se reflète le bleu du ciel…

En haut : *chowder* (soupe de poisson) ; en bas : Connemara (p. 126), comté de Galway

2

ROLF G WACKENBERG/SHUTTERSTOCK ©

Glendalough

Vestiges monastiques dans un site d'exception

En choisissant pour ermitage une grotte au bord d'un lac dans cette vallée boisée, saint Kevin suscita sans le prévoir la création d'une véritable communauté (p. 102) qui allait donner naissance à l'un des centres d'enseignement les plus dynamiques d'Irlande. Les vestiges de ce site monastique (dont une tour ronde intacte), au cœur d'un superbe paysage, sont inoubliables.

Ci-dessus : tour ronde, Glendalough (p. 102), comté de Wicklow

3

4

Dingle

Péninsule pleine de charme ponctuée de sites ancestraux

Le nom de Dingle (p. 221) désigne autant la péninsule qui s'avance dans l'Atlantique, que son adorable ville principale, centre névralgique de la région. Les bateaux de pêche déchargent leur prise du jour, les pubs (qui ont souvent commencé leur vie comme des boutiques à l'ancienne) sont restés dans leur jus, d'intrigantes boutiques vendent les créations d'artistes, tels ces bijoux ornés de motifs celtiques. Et au pub on se chauffe autour du feu, au son d'un concert de musique folklorique.

À droite : port de Dingle (p. 221), comté de Kerry

5

Galway

Cité la plus animée d'Irlande

Quel meilleur mot pour évoquer la ville de Galway (p. 122) que le *craic*, cet indéfinissable sens de la discussion et cette ambiance qui animent les pubs du pays. Ceux de Galway vibrent au son de la musique jouée par des groupes de tout âge. À la manière des locaux, on passe d'un établissement à l'autre sans jamais savoir ce qui nous attend mais avec la quasi-certitude de passer un bon moment. Ajoutez à cela les huîtres réputées de la région et la proximité de la péninsule du Connemara ou encore des îles d'Aran : les attraits de la région semblent inépuisables.

À droite : High Street, Galway (p. 122)

DESIGN PICS INC/GETTY IMAGES ©

JON CHICA/SHUTTERSTOCK ©

Brú na Bóinne

Mystérieuses tombes à couloir préhistoriques

Les murs en pierre blanche de Newgrange, qui forment un immense cercle coiffé d'un dôme herbeux, ont des airs étonnamment futuristes. Ce tumulus fait partie de la grande nécropole néolithique de Brú na Bóinne ("palais de la Boyne" ; p. 88), et renferme la plus belle tombe à couloir irlandaise de l'âge de la pierre, antérieure aux pyramides d'Égypte. Elle est parfaitement alignée avec le soleil au solstice d'hiver.

Art mégalithique, Newgrange (p. 88), comté de Meath

6

Falaises de Moher

Un site emblématique d'une beauté à couper le souffle

Baignées de lumière dorée en fin d'après-midi, les falaises de Moher (p. 144) comptent parmi les splendeurs du comté de Clare. Vues depuis un bateau, ces murailles de roche respirent une force brute, adoucie par le spectacle des milliers d'oiseaux marins qui y vivent, dont d'adorables macareux. Plus au sud, à Loop Head, des piliers rocheux dominant la mer sont coiffés de vestiges d'habitations en pierre dont l'existence demeure inexpliquée.

7

8

Côte d'Antrim

Littoral spectaculaire recelant des merveilles géologiques

La Causeway Coast (p. 254) du comté d'Antrim prête son décor spectaculaire à la série *Game of Thrones*. Enfilez vos chaussures de marche, empruntez le pont de corde de Carrick-a-Rede, puis suivez la côte accidentée et spectaculaire sur 16,5 km. Chemin faisant, vous découvrirez le port de Ballintoy (Lordsport dans la série), la célèbre Chaussée des Géants, composée d'immenses colonnes de basalte, mais aussi des falaises, des îles, des plages de sable et des châteaux en ruine, avant de terminer par un verre à l'Old Bushmills Distillery.

À droite : Carrick-A-Rede (p. 259)

S-F/SHUTTERSTOCK ©

ANDREI NEKRASSOV/ SHUTTERSTOCK ©

9

Cork

Capitale irlandaise de la gastronomie

Deuxième ville de la république d'Irlande par la taille, Cork (p. 192) peut rivaliser avec Dublin sur tous les autres plans ! Son centre compact et soigné accueille un superbe ensemble de musées – et de restaurants : en la matière, des cafés bon marché aux tables gastronomiques, Cork brille sur tous les registres (p. 188). D'ailleurs, son cœur n'est autre que le fabuleux English Market, un marché couvert à ne manquer sous aucun prétexte.

De gauche à droite : English Market (p. 188), Cork City Gaol (p. 193)

GRAPHICOBJET/FOTOLIA ©

10

Côte Nord-Ouest

Côte sauvage aux stupéfiantes falaises

Pays cher au poète W. B. Yeats, la côte Nord-Ouest a pour point de mire la masse rocheuse familière du Benbulben. La région est propice à la contemplation, avec ses étendues sauvages à l'âpre beauté, mais aussi aux activités sportives, avec ses spots de surf et ses greens de golf renommés.

Falaises de Slieve League (p. 230)

ANTON_IVANOV/SHUTTERSTOCK ©

EQROY/SHUTTERSTOCK ©

Belfast

Architecture victorienne, beaux musées et pubs animés

Ultradynamique, la capitale d'Irlande du Nord (p. 271) a su mettre en valeur sa riche histoire, qu'illustrent avec brio le Titanic Belfast, hommage multimédia au célèbre paquebot (construit et inauguré à Belfast en 1911), mais aussi les couloirs lugubres et fascinants de la Crumlin Road Gaol ou les fresques politiques de West Belfast.

À gauche : affiches au Titanic Belfast (p. 274) ; à droite : découverte en black cab des fresques de West Belfast (p. 277)

11

M.V. PHOTOGRAPHY/SHUTTERSTOCK ©

Kilkenny

Artisanat et monuments du Moyen-Âge

12

Avec son imposant château et sa splendide cathédrale médiévale, Kilkenny (p. 159) est une étape incontournable. Le comté lui-même s'enorgueillit d'un artisanat d'une grande richesse, dont on trouve les produits dans les boutiques de la cité. Artisans d'un autre ordre, des grandes toques s'y établissent plutôt qu'à Dublin, afin de profiter à la source des produits exceptionnels du terroir. Et la ville compte d'innombrables pubs sympathiques.

JORG GREUEL/GETTY IMAGES ©

Ring of Kerry

Célèbre circuit traversant des paysages spectaculaires

13

Parcourir en voiture le Ring of Kerry (p. 208) est une expérience inoubliable. N'hésitez pas à quitter la route principale : une foule de détours intéressants vous tendent les bras. Près de Killorglin, la péninsule de Cromane gagne à être connue. Entre Portmagee et Waterville, on peut aussi explorer le Skellig Ring. Quant à l'intérieur de la péninsule, il offre des paysages de montagne hypnotisants.

En haut : Valentia Island (p. 208), Ring of Kerry

Avant le départ
Ce qu'il faut savoir

Quand partir

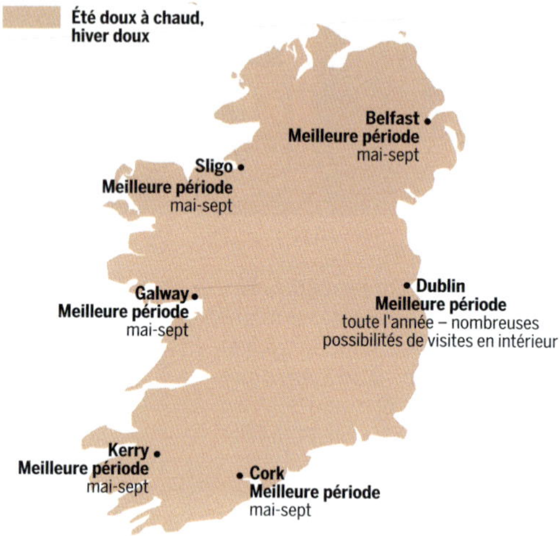

Haute saison (juin à mi-sept)

- La plus belle saison.
- Prix de l'hébergement au plus haut (surtout en août).
- Pic d'affluence à Dublin, dans le Kerry et sur les côtes.

Saison intermédiaire (Pâques à mai, mi-sept à oct)

- Temps souvent agréable ; soleil et pluie en mai. Été indien fréquent en septembre.
- Affluence moindre et hébergement moins cher qu'en été.

Basse saison (nov-fév)

- Hormis dans les grandes villes, horaires d'ouverture réduits d'octobre à Pâques, voire fermeture complète.
- Temps humide, froid et parfois brumeux dans tout le pays.

Devise

République d'Irlande : euro (€)
Irlande du Nord : livre sterling (£)

Langue

Anglais, gaélique

Visa

Aucun visa n'est requis pour les citoyens de l'UE et de la Suisse ; les Canadiens n'ont pas besoin de visa pour un séjour touristique de moins de 3 mois.

Argent

Les cartes Visa et MasterCard sont très largement acceptées ; les cartes American Express ne sont acceptées que dans les grandes chaînes.

Téléphone portable

Le forfait des voyageurs européens fonctionne en Irlande comme dans leur pays d'origine, sans surcoût. Les autres voyageurs doivent se renseigner sur les frais d'itinérance.

Heure locale

GMT/UTC nov-mars ; + 1 heure avr-oct. Toute l'année, quand il est 12h en Irlande, il est 13h à Paris, Bruxelles et Berne et 7h à Montréal.

Budget quotidien

Moins de 80 €

- Lit en dortoir : 12-20 €
- Repas dans un café ou un pub : 8-12 €
- Trajet en bus entre les villes : 12-25 € pour 200 km
- Pinte de bière : 5-6,50 €

80-150 €

- Chambre double dans un hôtel ou un B&B : 80-180 € (plus cher à Dublin)
- Plat dans un restaurant : 15-30 €
- Location de voiture : environ 30 €/jour
- Trajet de 3 heures en train : 60 €

Plus de 150 €

- Hébergement dans un 4-étoiles : à partir de 200 €
- Menu entrée-plat-dessert dans un restaurant haut de gamme : 70 €
- Partie de golf sur un parcours réputé : 100 € en semaine

Taux de change

Zone euro	1 €	0,87 £	-
Canada	1 $C	0,56 £	0,64 €
Suisse	1 CHF	0,74 £	0,85 €

Pour connaître les derniers taux de change : www.xe.com/ucc/fr.

Sites Web

Entertainment Ireland (entertainment.ie). Agenda des spectacles et divertissements en tout genre.

Failte Ireland (www.discoverireland.ie). Site officiel du tourisme en République d'Irlande.

Lonely Planet (www.lonelyplanet.fr/destinations/europe/irlande). Informations sur les destinations, forum de voyageurs, etc.

Northern Ireland Tourist Board (www.discovernorthernireland.com). Site officiel du tourisme en Irlande du Nord.

Tourisme irlandais (www.ireland.com/fr-fr). Site officiel du tourisme de toute l'Irlande.

Heures d'ouverture

Banques 10h à 16h du lundi au vendredi (jusqu'à 17h le jeudi)

Pubs 10h30 à 23h30 du lundi au jeudi, 10h30 à 0h30 vendredi et samedi, 12h à 23h le dimanche (+ 30 minutes "pour finir les verres") ; fermés à Noël et le Vendredi saint.

Restaurants 12h à 22h30 ; beaucoup ferment un jour par semaine.

Magasins 9h30 à 18h du lundi au samedi (jusqu'à 20h le jeudi dans les grandes villes), 12h à 18h le dimanche.

À l'arrivée

Aéroport de Dublin Des navettes privées partent toutes les 10 à 15 minutes pour le centre-ville (7 €). Le taxi pour le centre-ville (30-45 min) coûte 20-25 €.

Terminal portuaire de Dublin Les horaires des bus (3 € jusqu'au centre-ville) sont alignés sur les arrivées et départs des ferries.

Aéroport international de Belfast Le bus Airport Express 300 part toutes les heures de l'aéroport (aller/aller-retour 7,50/10,50 £, 30-55 min). Un taxi pour le centre coûte environ 30 £.

Aéroport de Belfast-George Best Le bus Airport Express 600 part toutes les 20 minutes (aller/aller-retour 2,50/3,80 £, 15 min). Taxi pour le centre : environ 10 £.

Comment circuler

Les transports irlandais sont efficaces et bon marché vers les villes principales (et les localités situées le long de ces itinéraires).

Train Un réseau restreint (et coûteux) relie Dublin aux grandes villes, dont Belfast.

Voiture C'est la formule idéale pour explorer l'Irlande en profondeur. On trouve des agences de location dans la plupart des villes. La conduite se fait à gauche.

Bus C'est le moyen le moins cher de visiter le pays ; le dense réseau (bus publics et privés) dessert la plupart des zones habitées.

Vélo Dublin a un système de vélos partagés, avec 100 stations dans toute la ville.

Pour plus de détails, voir la section Comment circuler, p. 338

Avant le départ

Envie de...

HONEY CLOVERZ/GETTY IMAGES ©

Cuisine irlandaise

Une vraie révolution gastronomique a commencé dans le comté de Cork dans les années 1970, avant de se propager à toute l'Irlande. On trouve partout marchés fermiers et bons restaurants.

Cork (p. 188)
Capitale gastronomique de l'Irlande, Cork abrite une foule de restaurants et le célèbre English Market.

Meilleur plat
L'assiette Producers' Plate chez Nash 19 (p. 195).

Dublin (p. 75)
Haut lieu de la cuisine moderne irlandaise, la capitale compte plusieurs restaurants étoilés au Michelin.

Meilleur plat
Chez Chapter One (p. 77), le tartare veau-champignons.

Kinsale (p. 200)
Ce joli port est réputé pour la qualité de sa cuisine : on y déguste d'excellents poissons et fruits de mer.

Meilleur plat
Le homard au beurre à l'ail des ours de Finn's Table (p. 201).

LUCKY TEAM STUDIO/SHUTTERSTOCK ©

Paysages côtiers

C'est sur le littoral irlandais battu par la houle que l'on admire beaucoup des paysages les plus extraordinaires de l'île : plages de sable doré, éperons rocheux et gigantesques falaises.

Ring of Kerry (p. 208)
Cette boucle de 179 km a pour paysages plages, ruines, lacs – et l'Atlantique parsemé d'îles.

Caherdaniel
Depuis Beenarourke (p. 209), la vue est spectaculaire.

Antrim Coast (p. 247)
La magnifique côte d'Antrim est ponctuée de falaises de basalte et de craie, et de longues plages de sable.

Chaussée des Géants
Ces colonnes hexagonales sont le clou de la côte (p. 250).

Comté de Clare (p. 141)
Façonnée par les assauts de l'Atlantique, la côte du comté de Clare recèle des paysages à couper le souffle.

Falaises de Moher
Ces parois de 200 m (p. 144) offrent une vision inoubliable.

Musique traditionnelle

De toutes les musiques folkloriques d'Europe de l'Ouest, la musique traditionnelle irlandaise est la plus vivante. C'est dans un chaleureux pub à l'ancienne qu'elle s'apprécie le mieux.

IMAGEBROKER/ALAMY STOCK PHOTO ©

Doolin (p. 156)
Ce village de la côte ouest est un haut lieu de la musique traditionnelle, jouée dans ses trois pubs.

Gus O'Connor's
Une auberge de caractère du XIXe siècle (p. 157).

Galway (p. 122)
Les pubs traditionnels proposent de la musique live ; dans les rues, des musiciens jouent les classiques.

Tig Cóilí
Un pub (p. 119) avec *céilidh* (concert dansant) chaque jour.

Derry (Londonderry ; p. 264)
Pubs conviviaux et pleins de cachet ; on trouve chaque soir à entendre de la musique live.

Peadar O'Donnell's
Sessions de musique (p. 268) endiablées tous les soirs.

Sites monastiques

La "terre des saints et des lettrés" est l'un des berceaux de la chrétienté : en témoignent d'incroyables sites.

DESIGN PICS/PATRICK SWAN/GETTY IMAGES ©

Skellig Michael (p. 210)
Le plus impressionnant des sites monastiques d'Irlande, perché sur un îlot rocheux aux pentes abruptes.

Cellules en forme de ruche
Cellules de moines du VIe siècle (p. 210).

Rock of Cashel (p. 176)
Ces ruines médiévales au sommet d'une colline fortifiée sont visibles à des kilomètres à la ronde.

Cormac's Chapel
Les plus vieilles peintures murales d'Irlande (p. 177).

Glendalough (p. 102)
Niché entre deux lacs, le site de Glendalough est l'un des lieux historiques les plus emblématiques de l'île.

St Kevin's Kitchen
Un étonnant clocher surmonte l'église du XIe siècle (p. 105).

100% local

ARNDALE/SHUTTERSTOCK ©

Activités

La meilleure manière d'appréhender l'Irlande est d'explorer la variété de ses paysages à la beauté sauvage, parfois stupéfiants. Ses montagnes escarpées et majestueuses, ses lacs bordés d'épaisses forêts, ses longues plages de sable, ses tourbières à perte de vue, ne déçoivent jamais.

Achats

La vente de souvenirs constitue toute une économie en Irlande. Presque tous les sites touristiques ont leur boutique de cadeaux. Mais au-delà des inévitables articles kitsch façon *shillelaghs* (bâtons de combat irlandais), leprechauns (lutins) en peluche et trèfles en porte-clés, on trouve une foule d'articles de grande qualité à prix honnêtes. Si les produits traditionnels – cristal, lainages, tweed – ont toujours la cote, une nouvelle vague de jeunes créateurs et d'artisans s'est lancée avec originalité dans la céramique, le textile et la bijouterie.

Où sortir

Les grandes villes comme Dublin, Belfast, Cork, Limerick et Galway offrent une scène animée en matière de spectacles. Des groupes et chanteurs célèbres se produisent notamment à la **3Arena** (☎01-819 8888 ; www.3arena.ie ; East Link Bridge, North Wall Quay ; billets 30-90 € ; ⏲18h30-23h ; 🚊The Point) de Dublin et à la **SSE Arena** (plan p. 281 ; www.ssearenabelfast.com ; 2 Queen's Quay ; 🚌Station St) de Belfast. Nombre de pubs et discothèques accueillent aussi de la musique live, avec des artistes locaux ou venus d'ailleurs en Irlande.

Extrêmement typiques, les sessions de musique traditionnelle égaient les soirées au pub d'un bout à l'autre du pays.

Où se restaurer

Ces dernières décennies, l'Irlande a "redécouvert" sa cuisine traditionnelle, sous l'égide d'une armée de chefs et de producteurs qui a mené une véritable révolution gastronomique. Le maître mot

était de redonner leurs lettres de noblesse aux recettes qui, longtemps, avaient constitué l'ordinaire des fermes irlandaises. Ce mouvement en faveur de la cuisine locale (*local food*) a pris de l'ampleur avec l'essor des marchés de producteurs, qui offrent une vitrine aux produits du terroir, et la tendance des restaurants à les mettre en avant dans leurs recettes.

★ Les meilleurs pubs traditionnels

Stag's Head (p. 79)

Monroe's Tavern (p. 119)

McGann's (p. 147)

Sin É (p. 196)

Crown Liquor Saloon (p. 278)

Où prendre un verre et faire la fête

Connue dans le monde entier pour sa Guinness et son whiskey, l'Irlande a, à juste titre, la réputation d'un pays où il fait bon s'asseoir autour d'un verre. Chaque ville – chaque hameau, même – compte au moins un pub. Une visite au pub est la meilleure manière de saisir le caractère du pays.

Le pub est souvent un centre névralgique local (que ce soit en ville ou à la campagne), un lieu de rendez-vous accueillant des soirées quiz et des groupes de musique. La spécificité du pub irlandais, c'est la persistance du "*spirit grocery*", commerce hybride combinant pub et épicerie, qui émergea au XIXe siècle, lorsque l'essor du mouvement pour la tempérance força nombre de propriétaires de pubs à diversifier leur activité pour pouvoir rester à flot.

Ces dernières années, les pubs se sont détournés des grandes marques de bière internationales en faveur des *craft beers* (bières artisanales) de fabrication locale. Ces brasseries possèdent souvent des pubs ; parfois le pub se trouve sur le site de la brasserie.

De gauche à droite : Avoca Handweavers, Avoca, comté de Wicklow (p. 109) ; Crown Liquor Saloon (p. 278), Belfast

Avant le départ
L'agenda

AITORMMFOTO/SHUTTERSTOCK ©

Février

Le mauvais temps fait de février le mois idéal pour les activités en intérieur.

Audi Dublin International Film Festival

La plupart des salles de Dublin participent au festival de cinéma de la capitale. Il met à l'honneur pendant deux semaines les nouveaux films de réalisateurs irlandais ou étrangers, avec des productions locales, des films d'art et d'essai internationaux et des avant-premières de grandes productions.

☆ Tournoi de rugby des Six Nations

L'équipe nationale irlandaise (www.irishrugby.ie) joue ses trois matchs à domicile à l'Aviva Stadium de Ballsbridge, dans la banlieue sud de Dublin. La saison de rugby court de février à avril.

Mars

Le printemps s'annonce et tout le pays prépare la plus célèbre parade irlandaise.

Saint-Patrick

Le 17 mars (www.stpatricksday.ie), une fièvre verte s'abat sur l'Irlande. À Dublin, ce sont 5 jours de concerts et de folie. Point d'orgue des festivités : l'immense parade, qui réunit quelque 600 000 personnes.

Avril

Le temps embellit, les fleurs s'ouvrent et la saison des festivals commence.

☆ Circuit of Ireland International Rally

Le "Circuit" (www.circuitofireland.net), ainsi qu'est appelé sur place le plus prestigieux rallye automobile d'Irlande du Nord, est disputé par plus de 130 concurrents. Cette course de 2 jours a lieu à Pâques, et couvre 550 km à travers l'Irlande du Nord et une partie de la république d'Irlande.

☆ Irish Grand National

Les Irlandais aiment les courses hippiques. La plus prisée est le Grand National, vitrine de la saison nationale des courses avec

LONNDUBH/SHUTTERSTOCK ©

saut d'obstacles, qui se déroule à Fairyhouse, dans le comté de Meath, le lundi de Pâques.

☆ World Irish Dancing Championships

La danse irlandaise est loin de se limiter à *Riverdance* ! Chaque année en avril, 4 500 participants venus du monde entier se retrouvent pour une grande compétition. Le lieu varie (www.clrg.ie).

Mai

Le premier lundi de mai est férié : c'est le premier grand week-end de la belle saison ; les Irlandais sont nombreux à prendre la route pour en profiter.

☆ North West 200

Parmi les plus grands événements sportifs de l'île, cette célébrissime course de motos, à la mi-mai, attire le long de son parcours triangulaire plus de 150 000 personnes venues encourager les grands noms du motocyclisme.

★ Les meilleurs festivals

Saint-Patrick, mars

Galway International Arts Festival, juillet

Dublin Fringe Festival, septembre

All-Ireland Finals, septembre

Belfast International Arts Festival, octobre

Fleadh Nua

La troisième semaine de mai, la crème de la musique traditionnelle se retrouve à Ennis, dans le comté de Clare, pour l'un des plus grands festivals irlandais (p. 148).

De gauche à droite : réjouissances de la Saint-Patrick à Temple Bar, Dublin; Fleadh Cheoil na hÉireann (p. 24)

Juin

Il n'y a que l'embarras du choix pour occuper le week-end prolongé du début de mois.

☆ Irish Derby

Durant la première semaine du mois, l'Irish Derby donne rendez-vous aux amateurs de courses hippiques et d'élégances pour la meilleure course de plat de l'île (www.curragh.ie).

Bloomsday

Le 16 juin, Dublin rend hommage à James Joyce en mettant à l'honneur Leopold Bloom, le célèbre personnage d'*Ulysse* : l'occasion de s'habiller à la mode édouardienne et de retracer son itinéraire dans la ville.

Juillet

Pas un week-end de juillet sans une grande manifestation ; la fête bat son plein tout le mois à Galway.

Galway International Arts Festival

Musique, théâtre et une foule de manifestations artistiques sont au programme du plus important festival artistique (p. 123) du pays, la deuxième quinzaine de juillet. Galway bouillonne de divertissements.

Longitude

Mi-juillet, ce mini-Glastonbury organisé sur trois jours attire la foule à Marlay Park, à Dublin, pour un festival d'électro-dance, folk indé, rock et pop. En 2017, Stormzy, The Weeknd et Mumford & Sons tenaient le haut de l'affiche.

Août

Les écoles sont fermées, le soleil brille (parfois), l'heure est aux vacances.

☆ Galway Races

L'attrait du plus grand événement hippique à l'ouest du Shannon ne se réduit pas aux courses. C'est aussi, au-delà des paris sportifs et du défilé de chapeaux extravagants, un hommage à la culture irlandaise.

Fleadh Cheoil na hÉireann

Le précurseur de tous les festivals de musique irlandaise traditionnelle (www.fleadhcheoil.ie), généralement organisé à la fin du mois, attire plus de 400 000 fêtards et mélomanes. Le lieu varie (en 2018, le festival devait se dérouler à Drogheda, dans le comté de Louth).

Rose of Tralee

Le plus grand concours de beauté du pays divise l'opinion : il gêne certains tandis que d'autres n'y voient qu'un vestige inoffensif des temps passés. Les candidates sont issues de communautés irlandaises des quatre coins du monde.

Septembre

L'été touche à sa fin mais le temps peut être étonnamment doux : la période est idéale pour profiter des derniers beaux jours sans la foule.

Dublin Fringe Festival

Plus de 100 spectacles investissent scènes, rues et bars lors de ce festival avant-gardiste, beaucoup plus innovant que le festival de théâtre qui lui succède.

☆ All-Ireland Finals

Les finales des championnats de *hurling* et de football gaélique se jouent respectivement les deuxième et quatrième dimanches du mois, devant plus de 80 000 personnes, au Croke Park de Dublin. Un des plus grands rendez-vous sportifs.

Octobre

Le temps se rafraîchit, il est tentant de se mettre au chaud. L'agenda des activités et des divertissements est toujours aussi fourni.

Belfast International Arts Festival

Le meilleur festival artistique d'Irlande du Nord attire des artistes du monde entier, pendant la deuxième quinzaine du mois. Programmation éclectique allant des arts visuels à la danse.

Avant le départ

En avant-goût

YINGHUI LIU/SHUTTERSTOCK ©

Livres

Gens de Dublin (James Joyce, 1914 ; Pocket, 2003). Un recueil de nouvelles poignantes qui ont gardé toute leur actualité.

Retrouvailles (Anne Enright, 2007 ; Actes Sud, 2009). Puissant témoignage sur l'alcoolisme et la violence domestique dans une famille irlandaise.

Le Testament caché (Sebastian Barry, 2008 ; Folio, 2010). L'histoire d'une centenaire internée dans un hôpital psychiatrique et qui écrit l'histoire de sa jeunesse.

Room (Emma Donoghue, 2010 ; Stock, 2011). Dans ce roman beau et déchirant, un petit garçon raconte comment sa mère et lui ont vécu en captivité.

Films

Gens de Dublin (John Huston, 1987). Donal McCann et Anjelica Huston incarnent à merveille les personnages de la nouvelle de Joyce *The Dead*.

Bloody Sunday (Paul Greengrass, 2002). Le récit des événements de 1972 à Derry. Incontournable.

What Richard Did (Lenny Abrahamson, 2012). Un meurtre au sein de la jeunesse dorée suscite de sérieuses remises en question. Inspiré de faits réels survenus en 2000.

'71 (Yann Demange, 2013). Un soldat est séparé de son unité lors d'une émeute à Belfast en 1971.

Jimmy's Hall (Ken Loach, 2014). Dans les années 1930, le retour au pays d'un danseur sème la zizanie dans un village.

Musique

Astral Weeks (Van Morrison, 1968). Poésie envoûtante et virtuosité musicale pour un disque hors du commun.

The Lion and the Cobra (Sinéad O'Connor, 1987). Le premier album d'O'Connor reste toujours aussi enthousiasmant.

Achtung Baby (U2, 1991). Le légendaire groupe de rock au sommet de sa créativité.

Loveless (My Bloody Valentine, 1991). Ces rockeurs d'avant-garde ont défini le style alternatif *shoegazing* chargé d'effets du milieu des années 1990.

Ci-dessus : statue de James Joyce, Dublin

Avant le départ
Itinéraires : 5 jours

De Dublin à Wicklow et Meath

Dublin vous occupera au moins trois jours. Consacrez les deux autres à des excursions hors de la capitale : même court, ce séjour vous permettra de découvrir quelques merveilles du pays.

Comté de Meath (p. 85) Le cinquième jour, rendez-vous dans le comté de Meath, au nord, pour visiter Brú na Bóinne, Tara et le site de la bataille de la Boyne.

Dublin (p. 35) Passez 2 jours dans la capitale, à profiter des lieux emblématiques et des excellents restaurants, voire d'un spectacle.

🚗 1 heure jusqu'à Powerscourt

Comté de Wicklow (p. 97) Consacrez une journée à la découverte d'Enniskerry et de Powerscourt, et une autre à explorer les Wicklow Mountains et Glendalough.

🚗 1 heure 30 jusqu'à Brú na Bóinne

De Belfast à Derry

Combinez la visite des deux grandes villes d'Irlande du Nord, dynamiques et chargées d'histoire, avec la découverte des paysages de la côte d'Antrim, notamment l'emblématique Chaussée des Géants : vous passerez par de nombreux sites rendus célèbres par la série télévisée *Game of Thrones*.

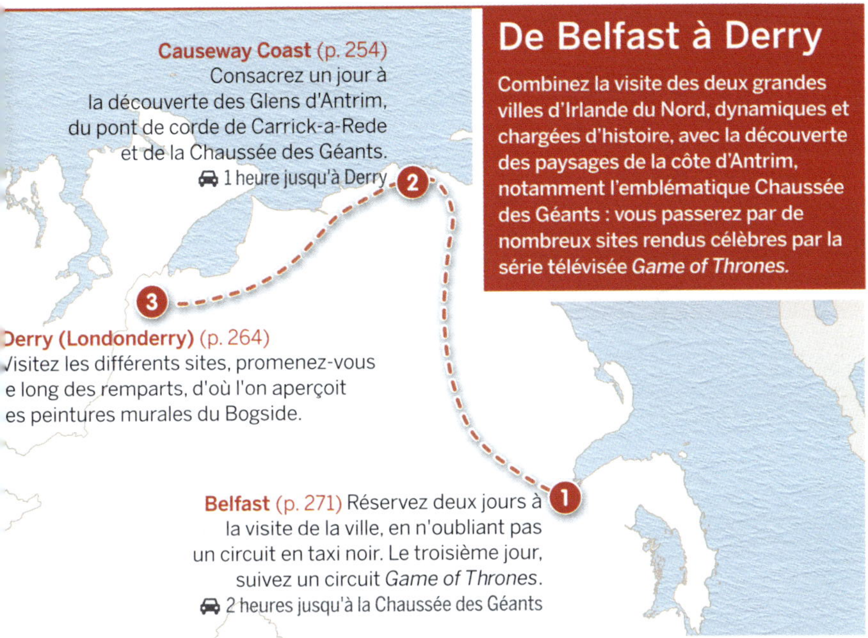

1 Belfast (p. 271) Réservez deux jours à la visite de la ville, en n'oubliant pas un circuit en taxi noir. Le troisième jour, suivez un circuit *Game of Thrones*.
🚗 2 heures jusqu'à la Chaussée des Géants

2 Causeway Coast (p. 254) Consacrez un jour à la découverte des Glens d'Antrim, du pont de corde de Carrick-a-Rede et de la Chaussée des Géants.
🚗 1 heure jusqu'à Derry

3 Derry (Londonderry) (p. 264) Visitez les différents sites, promenez-vous le long des remparts, d'où l'on aperçoit les peintures murales du Bogside.

1

2

Itinéraire : 10 jours

De Dublin à Killarney

Vous n'avez que dix jours et voulez voir le meilleur du pays. Il ne s'agit pas de traîner, mais avec un peu d'organisation, vous parviendrez à visiter les sites irlandais les plus inoubliables.

Dublin (p. 35) En un jour, vous bouclerez un rapide tour de Trinity College en apercevant son Book of Kells, du National Museum – Archæology et de la Guinness Storehouse.
🚗 3 heures jusqu'à Galway

Galway (p. 113) Prévoyez trois nuits à Galway, pour découvrir cette ville attachante puis longer en voiture les paysages de la côte du Connemara.
🚗 4 heures (en passant par les falaises de Moher) jusqu'à Ennis

Ennis (p. 148) En quittant Galway, cap au sud pour admirer les falaises de Moher. Passez la nuit à Ennis, dont les nombreux pubs accueillent des groupes de musique traditionnelle.
🚗 3 heures jusqu'à Dingle

Dingle (p. 221) Visitez la ville de Dingle l'après-midi de votre arrivée. Le lendemain, faites un tour en bateau dans le port pour saluer Fungie le dauphin ; puis empruntez en voiture la boucle du Slea Head Drive.
🚗 1 heure jusqu'à Killarney

Killarney (p. 216) Prévoyez deux nuits. Explorez le Killarney National Park, puis découvrez en voiture (ou à la faveur d'une excursion en bus) les paysages splendides du célèbre Ring of Kerry (180 km).

1

2

4

Avant le départ

Itinéraire : 2 semaines

De Belfast à Sligo

Cet itinéraire long de près de 1 500 km passe par certains des plus célèbres sites irlandais et traverse des paysages spectaculaires. On peut le boucler en moins d'une semaine, mais à quoi bon se précipiter ?

Belfast (p. 271) **et le comté d'Antrim** (p. 247) Passez deux nuits à Belfast. Consacrez une journée à la ville et une autre à une excursion en voiture jusqu'à la Chaussée des Géants.
🚗 2 heures ou 🚌 2 heures 15 jusqu'à Dublin

Dublin (p. 35) Lors d'une visite éclair d'une journée, ne manquez pas Trinity College, le National Museum of Ireland – Archæology et la Guinness Storehouse.
🚗 1 heure 30 ou 🚌 1 heure 45 jusqu'à Kilkenny

Kilkenny (p. 159) Consacrez une journée à Kilkenny et à son patrimoine médiéval – château, cathédrale, remparts –, sans compter son artisanat et ses promenades au bord de la rivière.
🚗 2 heures 30 jusqu'à Cork

Cork (p. 185) Découvrez Cashel et Blarney Castle sur la route de Cork, et passez le jour suivant à visiter la ville, sans oublier Spike Island. 🚗 40 minutes ou 🚌 50 minutes jusqu'à Kinsale

Kinsale (p. 200) Offrez-vous une journée shopping, restaurant et détente dans le joli port de plaisance de Kinsale.
🚗 1 heure 30 jusqu'à Killarney

Killarney (p. 216) Prévoyez deux nuits à Killarney, le temps de visiter le Killarney National Park et de parcourir en voiture (ou en bus) le Ring of Kerry (180 km).
🚗 5 heures par les falaises de Moher ou 🚌 4 heures (route directe) jusqu'à Galway

Galway (p. 113) Allez voir les falaises de Moher sur la route de Galway, au nord. Passez trois nuits dans cette ville ; faites un circuit en voiture ou en bus le long de la côte du Connemara.
🚗 2 heures 15 jusqu'à Sligo

Sligo (p. 227) Terminez votre périple par deux jours dans le comté de Sligo et découvrez paysages pastoraux, plages de sable et vestiges mégalithiques.

1

3

5

Avant le départ
Voyager en famille

KATERINA SKOBELEVA/SHUTTERSTOCK ©

Les Irlandais adorent les enfants. Vous trouverez partout des habitants enthousiastes, heureux d'engager la conversation au sujet de votre progéniture. Toutefois, cet état d'esprit ne trouve pas forcément une expression dans le niveau d'équipement : les tables pour changer les bébés peuvent être difficiles à trouver, de même que les chaises hautes dans les restaurants, en particulier dans les petites villes et les zones rurales.

Pour des informations d'ordre général, procurez-vous le guide *Voyager avec ses enfants* de Lonely Planet.

Restaurants et pubs

Si des dispositions légales restreignent l'accès des enfants aux pubs (ils n'y sont pas admis le soir), les restaurants acceptent en théorie les enfants de tous âges, quelle que soit l'heure. Toutefois, dans la pratique, nombre d'entre eux (surtout les établissements de catégorie supérieure, mais pas seulement) se montrent parfois quelque peu réticents, surtout aux heures de pointe, où soudain les chaises hautes ne sont plus disponibles. Si vous réservez à l'avance et que vous en avez besoin, pensez à le préciser.

Nourrir et changer son bébé

Il est rare de voir les Irlandaises allaiter leur enfant en public (d'autant plus que l'Irlande a aujourd'hui un des plus bas taux de natalité au monde), mais le faire n'est généralement pas un problème. Seuls les centres commerciaux les plus récents mettent à disposition des espaces pour changer les tout-petits.

Visites

En matière d'activités adaptées aux enfants, l'Irlande est bien mieux lotie qu'il y a dix ans encore. De nombreux prestataires conçoivent des offres destinées aux familles, avec des programmes d'activités pour enfants de tous âges. Beaucoup de musées prévoient une présentation de

JACEK ROGOZ/SHUTTERSTOCK ©

leurs collections adaptée aux enfants et certains organisent même des visites guidées spécialement dédiées.

En revanche, en dépit du nombre de parcs, de jardins et d'espaces verts, les aires de jeux et les infrastructures pour les enfants sont peu courantes. À Dublin, l'espace de jeux installé au milieu de St Stephen's Green fait figure d'exception.

★ Les meilleures activités pour enfants

Phoenix Park (p. 57)

Muckross Traditional Farms (p. 213)

Titanic Belfast (p. 274)

Pont de corde de Carrick-a-Rede (p. 259)

Fungie le dauphin (p. 222)

Comment circuler

Les moins de 5 ans voyagent gratuitement dans tous les transports publics. En dessous de 16 ans, les jeunes bénéficient souvent d'un tarif réduit. Durant le voyage, échanger avec d'autres parents et avec les habitants vous permettra souvent de dénicher des sites qui plairont à vos enfants.

Une voiture de location doit être équipée de sièges-autos ou de rehausseurs (environ 50 €-35 £/semaine) pour les enfants de moins de 36 kg ou mesurant moins de 1,50 m. Pour les enfants de moins de 9 mois, vous devrez prévoir votre propre dispositif de sécurité, car le loueur peut ne pas avoir de sièges enfants dos à la route. Renseignez-vous auprès du loueur. Si la voiture est équipée d'un airbag, veillez à ne jamais placer de siège bébé à l'avant.

De gauche à droite : Muckross Traditional Farms (p. 213), Killarney National Park ; séance d'observation de Fungie le dauphin (p. 222), baie de Dingle

NOKIA
Connecting People
www.nokia.ie
FREE SHIPPING
ZIP n' STITCH
STARBUCKS COFFEE
BURGER KING
TOURIST OFFICE DUBLIN

Le Spire (p. 69)
General Post Office (p. 69)
DUBLIN
O'Connell Street
NO ENTRY

Dans ce chapitre

Trinity College 40
Kilmainham Gaol 44
Dublin Castle 46
Chester Beatty Library 48
National Museum of Ireland 50
Parcs et jardins 56
Guinness Storehouse 60
À voir 64
Circuits organisés 72
Achats 73
Où se restaurer 75
Où prendre un verre et faire la fête ... 78
Où sortir 80

Dublin

Chaleureuse et festive, Dublin est une capitale à l'inaltérable vitalité. Si la ville a connu une histoire agitée, ses habitants font contre mauvaise fortune bon cœur et perpétuent leur art de vivre, en particulier maintenant que la récession semble derrière eux. Qu'il s'agisse de musique, d'art ou de littérature, les Dublinois tirent de surcroît une légitime fierté de leur patrimoine.

La cité compte de fascinants musées et des restaurants d'exception ; c'est la ville d'Irlande qui offre le plus de possibilités au visiteur. Et ici comme ailleurs dans le pays, le pub est au cœur de la vie sociale.

Dublin en 2 jours

Débutez par **Trinity College** (p. 40) et le Book of Kells avant de vous aventurer dans **St Stephen's Green** (p. 56) et **Merrion Square** (p. 57). L'après-midi, visitez le **National Museum of Ireland — Archæology** (p. 50). Le lendemain, faites une halte à la **Chester Beatty Library** (p. 48) en vous rendant au **Dublin Castle** (p. 46), puis passez l'après-midi à la **Guinness Storehouse** (p. 60).

Dublin en 4 jours

Suivez l'itinéraire "Dublin en 2 jours" mais en prenant le temps de faire halte dans les meilleurs pubs de la ville. Ajoutez à cela l'**Irish Museum of Modern Art** (p. 68) et **Kilmainham Gaol** (p. 44). Le quatrième jour, initiez-vous au whiskey à l'**Old Jameson Distillery** (p. 69), ou à la bière lors d'une **tournée des pubs** (p. 62).

Irish Museum of Modern Art (p. 68)

Comment s'y rendre

Aéroport de Dublin Des bus rallient la ville toutes les 10 à 15 minutes de 6h à minuit ; comptez 30 à 45 minutes en taxi (20-25 €).

Port de Dublin Les départs de bus (tarif plein/enfant 3/1,50 €, 20 min) sont calés sur les arrivées des ferries.

Busáras Tous les bus Éireann arrivent à Busáras ; les compagnies privées ont des arrêts dans différents quartiers de la ville.

Gares ferroviaires Les grandes lignes arrivent toutes aux gares de Heuston ou Connolly.

Où se loger

L'explosion du nombre de touristes et le manque relatif d'hébergements a conduit à une augmentation des prix. On trouve de bons établissements de milieu de gamme au nord de la Liffey, mais la plupart des adresses se trouvent au sud du fleuve, et vont des demeures georgiennes reconverties aux plus beaux hôtels de Dublin. Les budgets serrés pourront compter sur d'honorables auberges de jeunesse.

Pour plus de détails sur les hébergements, voir p. 83.

0
1 km
Cabra
Dublin Zoo
The Hollow
People's Garden
Kilmainham et The Liberties
Le quartier le plus ancien et le plus traditionnel de Dublin compte une poignée d'attractions touristiques majeures.
NATIONAL MUSEUM OF IRELAND
Heuston Station
Liffey
Islandbridge
War Memorial Gardens
Cammock
GUINNESS STOREHOUSE
Kilmainham
KILMAINHAM GAOL
Goldenbridge
Grafton Street
La rue la plus célèbre de Dublin, piétonne, est le cœur battant du centre-ville.
Brickfields Park
Drimnagh
Harold's Cross
Eamon Ceannt Park
Plan de Temple Bar, Grafton Street et St Stephen's Green (p. 66)
Plan du Centre de Dublin (p. 70)
Plan du Nord de la Liffey (p. 76)

Nord de la Liffey

Le Dublin d'aujourd'hui, fascinant mélange de grandeur georgienne, d'apports extérieurs vet d'un quotidien ancré dans la tradition.

Temple Bar

Ce fameux secteur de la capitale est le terrain de jeu des fêtards.

Docklands

Quelques merveilles architecturales se détachent d'entre d'étincelants immeubles d'habitation et de bureaux.

Merrion Square

Un singulier mélange de vastes édifices publics, de musées et d'immeubles résidentiels et de bureaux.

Southside

Très prisé, ce quartier, le plus chic de la ville, a aussi bien la faveur des ambassades que des potentats locaux.

Entrée principale

Trinity College

Oasis de calme dans la capitale, le campus de la plus prestigieuse université d'Irlande se distingue par ses élégants bâtiments georgiens et victoriens, ses places pavées et ses magnifiques pelouses.

Pour ceux qui aiment...

☑ Ne ratez pas

La Long Room – décor qui a inspiré les archives Jedi dans *Star Wars, épisode II : l'Attaque des clones*.

Construite sur des terres confisquées à un prieuré augustinien, cette université fut fondée en 1592 par Élisabeth Ire pour endiguer la fuite des jeunes protestants, alors enclins à partir étudier sur le continent où ils étaient "contaminés par le papisme". Trinity College devint par la suite l'une des premières universités d'Europe et forma quelques grandes figures – Jonathan Swift, Oscar Wilde et Samuel Beckett notamment.

Demeurée entièrement protestante jusqu'en 1793, elle admit par la suite des étudiants catholiques, mais l'Église ne leva qu'en 1970 la menace d'excommunier tout catholique qui s'y inscrirait.

Le campus est un chef-d'œuvre architectural et paysager au style georgien soigneusement conservé. Les bâtiments et statues, datant pour la plupart des XVIIIe et XIXe siècles, sont gracieusement répartis

Long Room

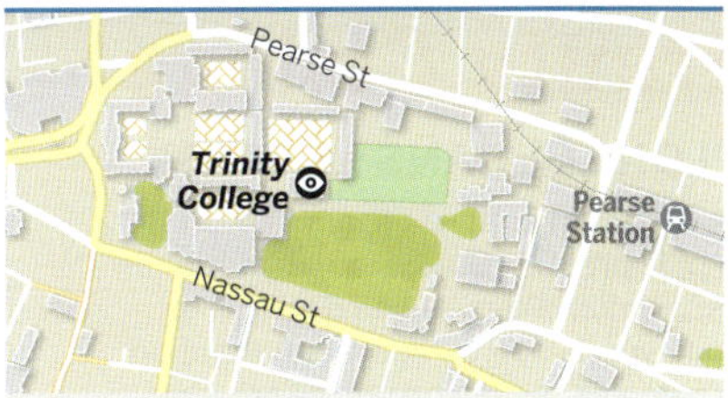

Infos pratiques

Plan p. 66 ; 01-896 1000 ; www.tcd.ie ; College Green, College Green ; 8h-22h ; tous arrêts centre-ville ; GRATUIT

Une petite faim ?

À quelques pâtés de maisons au sud-ouest, Fade Street Social (p. 76) est une bonne adresse pour déjeuner.

★ Bon plan

Les promenades guidées (Authenticity Tours ; plan p. 66 ; www.tcd.ie/visitors/tours ; Trinity College ; visite guidée 6 €, avec Book of Kells 14 € ; 10h15-15h40 lun-sam et 10h15-15h15 dim mai-sept, visites en semaine moins fréquentes oct et fév-avr) **par des étudiants partent de l'entrée de la Regent House donnant sur College Green.**

autour de places pavées et de pelouses. Parmi des ajouts les plus récents, le bâtiment des Arts et Sciences sociales (1978), adossé à Nassau Street, constitue la deuxième entrée de l'université. Conçu par Paul Koralek, tout comme la Berkeley Library, il abrite la Douglas Hyde Gallery of Modern Art.

Au sud de Library Square, d'un style plutôt austère, l'**Old Library** (plan p. 66 ; Library Sq ; tarif plein/étudiant/famille 11/9,50/22 €, billet coupe-file à réserver 14/12/28 € ; 8h30-17h lun-sam et 9h30-17h dim mai-sept, 9h30-17h lun-sam et 12h-16h30 dim oct-avr), a été construite par Thomas Burgh entre 1712 et 1732. C'est l'une des cinq bibliothèques bénéficiaires du dépôt légal en Irlande et au Royaume-Uni, ce qui lui donne droit à un exemplaire de tout livre publié sur ces îles : elle possède quelque 5 millions d'ouvrages dont seule une partie est stockée ici. On peut la découvrir à la faveur des visites guidées de la stupéfiante **Long Room**, longue de 65 m.

L'Old Library renferme des trésors et quelque 200 000 des plus anciens volumes de la bibliothèque, dont le **Book of Kells**, un manuscrit aux enluminures somptueuses contenant les quatre Évangiles, créé vers l'an 800 par des moines sur l'île écossaise d'Iona. On y trouve un exemplaire de la Proclamation de la République lue par Pearse lors de l'insurrection de Pâques 1916.

Une harpe dite "de Brian Ború" y est exposée également. L'appellation est erronée, car l'instrument n'existait pas à l'époque de la bataille de Clontarf (1014), où périt le fameux souverain. Fabriquée vers 1400, elle est, outre un symbole national, l'une des plus anciennes harpes d'Irlande. Le billet d'entrée comprend l'accès aux expositions temporaires de l'East Pavilion.

Trinity College

PLONGÉE DANS LE PASSÉ

Fondée sur l'ordre d'Élisabeth Ire en 1592, la plus prestigieuse université d'Irlande est un chef-d'œuvre architectural et un havre de paix à l'écart de l'agitation urbaine. Franchir son entrée principale et fouler ses pavés plonge le visiteur dans une époque où l'élite en ces lieux discutait philosophie et défendait l'empire avec passion.

Sur Front Square, le **1 Campanile** (30 m de haut) se dresse face à vous tandis que le **2 réfectoire** se trouve sur votre gauche. Au fond de cette cour se tient l'Old Library, dont le cœur est la magnifique **3 Long Room**, bibliothèque superbe dont s'inspirèrent les créateurs de *Star Wars, épisode II : L'Attaque des clones* pour les archives Jedi. Vous y verrez le plus grand trésor de l'université, le **4 Book of Kells**. Il vous faudra sûrement faire la queue pour admirer quelques instants ce chef-d'œuvre, mais l'attente en vaut amplement la peine.

Juste derrière l'Old Library, la très moderne **5 Berkeley Library** se fond harmonieusement dans l'esthétique des lieux. Juste en face, la **6 Sphere Within a Sphere** est la plus élégante des sculptures ornant le campus.

À NE PAS MANQUER

- La Douglas Hyde Gallery, musée d'art moderne du campus.
- Un match de cricket sur le terrain de l'université – le plus chic des passe-temps.
- Un verre au Pavilion Bar, de préférence en regardant un match de cricket.
- La visite de la Science Gallery, qui explore la relation entre la science, l'art et le monde.

RPEDROSA/GETTY IMAGES ©

Campanile
Le bâtiment le plus emblématique de Trinity College, érigé au milieu du XIXe siècle par Sir Charles Lanyon. Les sculptures sont signées Thomas Kirk.

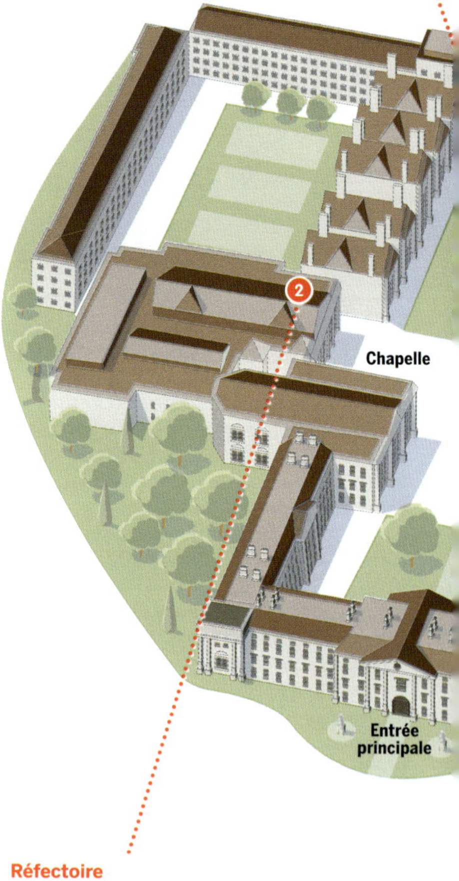

Réfectoire
Le bâtiment original conçu par Richard Cassels devait servir de pendant à l'Examination Hall situé en face, sur Front Square. Il s'effondra deux fois et fut entièrement reconstruit en 1761.

Sphere Within a Sphere

Cette sculpture d'Arnaldo Pomodoro est une sphère – la Terre –, incluse dans une seconde – le christianisme. Des variantes sont exposées à Rome, New York et Téhéran.

Berkeley Library

L'architecture brutaliste de cette bibliothèque, œuvre de Paul Koralek, pourrait détonner dans l'esthétique générale de l'université, mais le bâtiment s'avère un chef d'œuvre de modernisme.

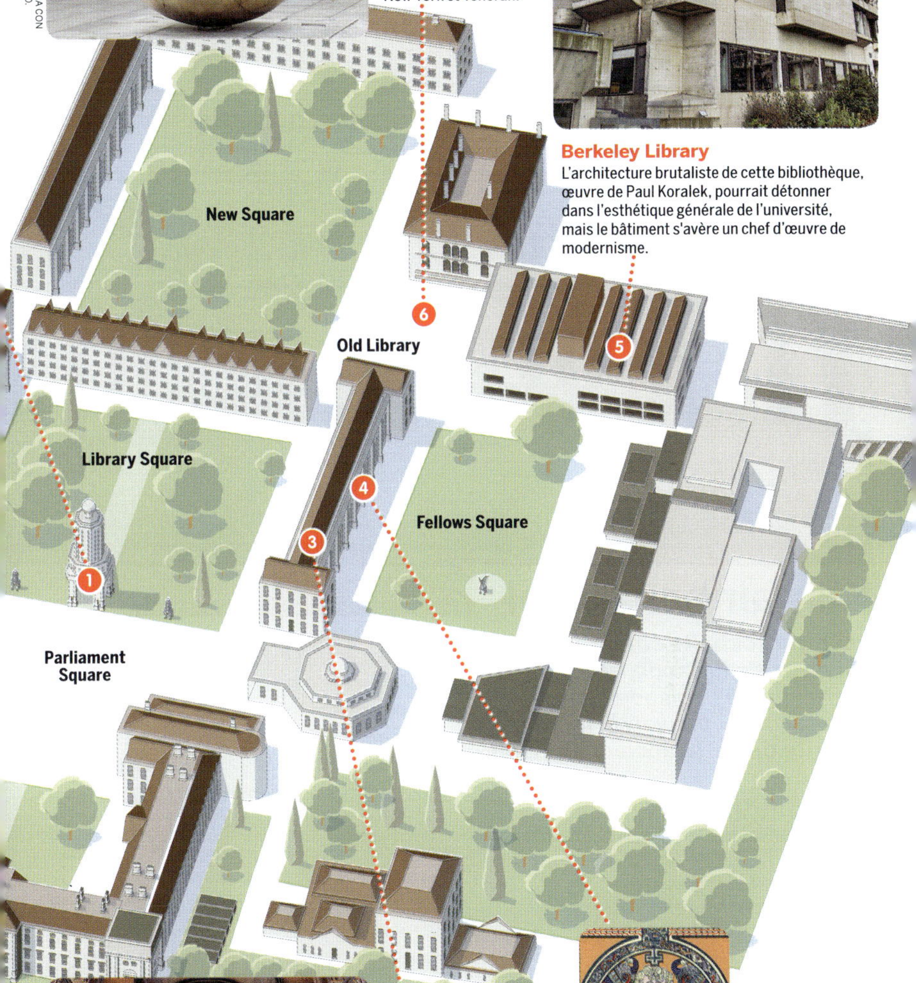

Long Room

Chef d'œuvre de Thomas Burgh, cette salle longue de 65 m, sur deux niveaux, coiffée d'une voûte en berceau, est garnie de rayonnages supportant 200 000 des plus vieux livres et manuscrits de la bibliothèque.

Book of Kells

Admirez une page (ou deux) de ce célèbre ouvrage enluminé ; réalisé par des moines sur l'île d'Iona vers l'an 800, il fut ensuite apporté à Kells, dans le comté de Meath.

Kilmainham Gaol

Pour qui souhaite comprendre l'histoire de l'Irlande, et en particulier les épisodes de résistance au pouvoir britannique, la visite de cette ancienne prison s'impose.

Pour ceux qui aiment...

☑ Ne ratez pas

Kilmainham possède un musée remarquable dédié au nationalisme irlandais et à la vie carcérale.

Construit entre 1792 et 1795, ce bâtiment gris à l'aspect menaçant joua un rôle à presque toutes les étapes du processus douloureux ayant mené à l'indépendance irlandaise. Fermé en 1924, il n'en reste pas moins redoutablement évocateur.

La population carcérale de cet établissement ouvert en 1796 était assez disparate, allant du petit délinquant au criminel. Un garçon de 6 ans y séjourna un mois en 1839 parce que son père ne pouvait pas payer son billet de train et, durant la Grande Famine, elle se remplit d'indigents emprisonnés pour avoir mendié ou volé de la nourriture. Toutefois, elle est surtout connue pour avoir hébergé des nationalistes irlandais, de Robert Emmet, en 1803, à Éamon De Valera cent-vingt ans plus tard. Les soulèvements irlandais se terminaient invariablement

MATTHI/SHUTTERSTOCK ©

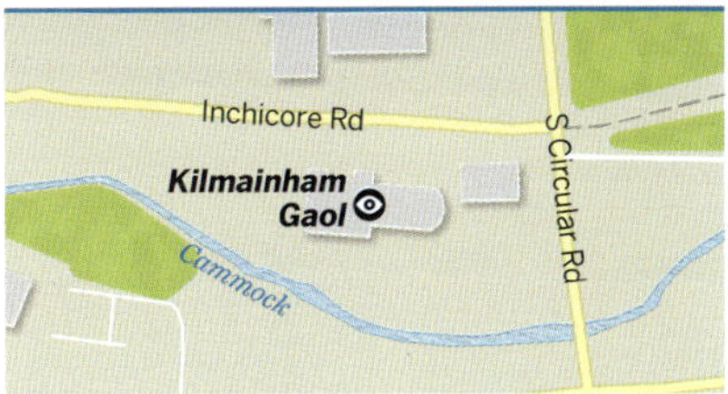

Infos pratiques

Plan p. 70 ; ☎01-453 2037 ; www.kilmainhamgaolmuseum.ie ; Inchicore Rd ; en ligne tarif plein/enfant 8/4 €, sur place tarif plein/enfant 9/5 € ; ⏲9h30-18h45 juil-août, 9h30-17h30 reste de l'année ; 🚌69, 79 depuis Aston Quay, 13, 40 depuis O'Connell St

Une petite soif ?

Le Royal Oak (p. 79), un pub de 1845, se trouve juste à l'est de Kilmainham Gaol.

★ Bon à savoir

Seules les visites guidées, très courues, sont possibles. Il est fortement recommandé de les réserver en ligne. Sans réservation, arrivez de bonne heure pour éviter toute déception.

par l'incarcération de leurs meneurs à Kilmainham, souvent dans l'attente de leur exécution.

C'est le sort réservé aux leaders arrêtés lors des Pâques sanglantes de 1916 qui grava le plus profondément cette prison dans les consciences irlandaises. Quatorze des chefs rebelles y furent fusillés dans la cour des casseurs de pierre, dont James Connolly, encore si grièvement blessé au moment de son exécution qu'il fallut le ligoter à une chaise.

La prison servit pendant la guerre civile, ironie que résume l'histoire d'Ernie O'Malley : celui-ci s'échappa de la prison où l'avaient enfermé les Britanniques, mais il y fut remis par ses anciens camarades. Cet aspect n'est pas vraiment mis en avant durant la visite et, si l'on mentionne que le dernier prisonnier de Kilmainham fut le futur président irlandais Éamon De Valera, on ne dit pas qu'il y avait été enfermé par ses compatriotes irlandais. La prison fut désaffectée en 1924.

Une intéressante présentation audiovisuelle du bâtiment précède la visite de cette prison de sinistre mémoire, plus grand bâtiment inoccupé du genre en Europe. À l'extérieur, on découvre le *Asgard*, un bateau utilisé pour livrer des armes aux nationalistes en 1914. La visite se termine dans la cour où eurent lieu les exécutions de 1916.

Chapelle royale et Record Tower

Dublin Castle

Construit en majeure partie au XVIIIe siècle, cet édifice tient davantage du palais hétéroclite que du château médiéval, bien qu'en subsiste une tour du XIIIe siècle. Il fut pendant 700 ans le bastion du pouvoir britannique en Irlande.

Pour ceux qui aiment...

☑ Ne ratez pas

La vue sur Dublin depuis le sommet de la Bedford Tower.

Ce château accueille désormais les réunions et cérémonies officielles du gouvernement irlandais. Ses plus belles salles ne peuvent se visiter que dans le cadre d'un parcours guidé (1 heure 10 ; départ toutes les 20-30 min selon le nombre de participants).

Il fut officiellement remis à Michael Collins, représentant de l'État libre d'Irlande, en 1922. Au vice-roi britannique qui lui reprochait d'avoir sept minutes de retard, Collins aurait répondu : "Nous avons attendu 700 ans, vous pouvez bien attendre sept minutes."

L'entrée principale, dans Dame Street, offre un bel aperçu architectural des bâtiments. Sur la gauche, la **chapelle royale** de style victorien (parfois incluse dans la visite guidée) est décorée de plus de 90 têtes de personnages et de saints irlandais en pierre calcaire de

Bedford Tower

DAVID SOANES/SHUTTERSTOCK ©

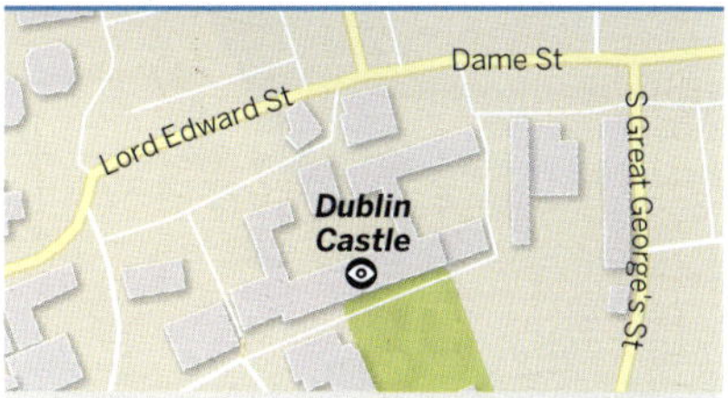

Infos pratiques

Plan p. 66 ; ☎01-677 7129 ; www.dublincastle.ie ; Dame St ; visites guidées tarif plein/enfant 10/4 €, sans guide 7/3 € ; ⏲9h45-17h45, dernière entrée 17h15 ; 🚌tous arrêts centre-ville

Une petite faim ?

De l'autre côté de la rue, le Queen of Tarts (p. 75) sert des pâtisseries excellentes ainsi que du café.

★ Bon à savoir

La visite auto-guidée ne comprend que les appartements officiels et les expositions.

Tullamore. À côté, la **Record Tower** de style normand, aux murs de 5 m d'épaisseur, est actuellement fermée pour rénovation. Sur la droite, le **Treasury Building**, de style georgien, est le plus vieil immeuble de bureaux de Dublin. À l'opposé se tient le Revenue Commissioners Building, un immeuble disgracieux des années 1960.

Éloignez-vous pour monter dans l'Upper Yard. Sur la droite, une allégorie de la Justice tourne le dos à la ville – les Dublinois y ont vu une symbolique délibérée de la part des Britanniques. Juste à côté s'élève la **Bedford Tower** (XVIIIe siècle), où furent volés en 1907 les joyaux de la couronne irlandaise, demeurés introuvables à ce jour. L'entrée des tours se trouve en face.

La visite guidée passe par les **appartements officiels** (*state appartments*), dont la plupart sont décorés avec un goût discutable. Vous verrez aussi le **St Patrick's Hall**, où se déroule la cérémonie d'investiture du président irlandais et où sont reçus les dignitaires étrangers, et enfin la pièce où John Connolly, souffrant encore d'une blessure datant des Pâques sanglantes, fut attaché à une chaise pour pouvoir être conduit au peloton d'exécution.

Le clou de la visite est la **crypte médiévale** du château, découverte par hasard en 1986. Cette partie de la visite comprend des fondations construites par les Vikings (dont le mortier, d'une grande longévité, était un mélange de sang de bœuf, de coquilles d'œufs et de crin de cheval), l'extérieur des remparts (lissés à la main pour empêcher les assaillants d'y grimper), l'escalier conduisant aux douves et l'endroit où la rivière Poddle s'y engouffrait et les remplissait avant de se jeter dans la Liffey.

Coran, exposition Sacred Traditions

Chester Beatty Library

De renom mondial, la Chester Beatty Library, logée dans une tour d'horloge à l'arrière du Dublin Castle, est sans doute le meilleur petit musée d'Irlande.

Pour ceux qui aiment...

☑ Ne ratez pas

Des fragments des Évangiles inscrits sur des papyrus datant de l'an 200 environ.

Sir Alfred Chester Beatty

Voyageur et collectionneur insatiable, le magnat américain de l'industrie minière, fasciné par tout ce qui pouvait l'édifier sur les cultures du monde, rassembla plus de 20 000 manuscrits, ouvrages rares, enluminures, tablettes d'argile, costumes et autres objets d'art. Il s'enticha de Dublin et en fit sa ville d'adoption. Le gouvernement le nomma citoyen d'honneur d'Irlande en 1957.

Bibliophilie

Les expositions sont réparties sur deux niveaux. Au rez-de-chaussée, **Art of the Book** (L'Art du livre) est une collection succincte mais fascinante d'œuvres originaires d'Occident, du monde musulman ou de l'Asie de l'Est. Parmi les pièces maîtresses figurent la plus belle

collection au monde de livres chinois en jade, ainsi que des textes européens enluminés dont la calligraphie n'a rien à envier au Book of Kells. Des présentations audiovisuelles expliquent les procédés de fabrication du papier d'imprimerie et de la reliure.

Traditions sacrées

À l'étage, l'exposition **Sacred Traditions** propose une merveilleuse plongée dans les grandes religions du monde à travers des œuvres décoratives et religieuses, un texte instructif et une amusante vidéo pastiche à l'entrée. La collection de Corans du IXe au XIXe siècle (la bibliothèque en compte plus de 270) est considérée par les experts comme le plus bel ensemble de textes musulmans enluminés au monde. Il y a aussi de remarquables exemplaires de

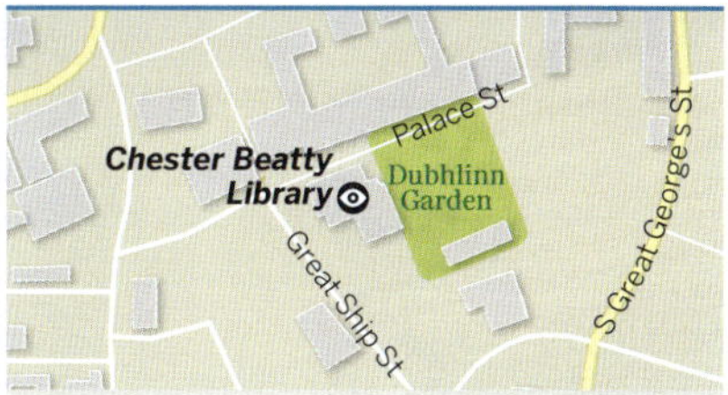

Infos pratiques

Plan p. 66 ; ☎01-407 0750 ; www.cbl.ie ; Dublin Castle ; ⏲10h-17h lun-ven, 11h-17h sam et 13h-17h dim, fermé lun nov-fév, visites gratuites 13h mer, 14h sam et 15h dim ; 🚌tous arrêts centre-ville ; GRATUIT

Une petite faim ?

Le Silk Road Café (p. 75) est idéal pour une pause repas.

★ Bon plan

La bibliothèque organise ateliers, expositions et débats sur des sujets pointus, de l'origami à la calligraphie.

papyrus anciens, dont de célèbres poèmes érotiques égyptiens du XIIe siècle av. J.-C., et des évangiles manuscrits enluminés parmi les plus anciens au monde (vers l'an 200). La collection se complète de ravissants rouleaux et objets d'art d'Asie, dont les rouleaux Chogonka (Japon ; 2 volumes), peints au XVIIe siècle par Kano Sansetu.

Le bâtiment

La bibliothèque accueille aussi des expositions temporaires remarquables. Au-delà des trésors qu'il abrite, le musée, par son aménagement même, est une réussite avec en particulier le merveilleux Silk Road Café et la boutique de cadeaux ou le toit-terrasse zen et son jardin paysager. Une visite à ne pas manquer.

National Museum of Ireland – Archaeology

National Museum of Ireland

Premier musée irlandais et institution culturelle par excellence, il fut fondé en 1977 pour servir de dépôt aux trésors nationaux.

Les collections sont si vastes qu'elles occupent quatre musées, dont trois à Dublin : l'Archaeology Museum (Kildare Stret), le Decorative Arts Museum (Collins Barracks) et le Natural History Museum (Merrion Square). Tous sont captivants, mais les pièces les plus importantes se trouvent au musée d'archéologie, où sont exposés des objets en or des âges du bronze et du fer de toute l'Europe, la collection la plus complète de ferronnerie médiévale celte au monde, ainsi que de fascinants objets préhistoriques et vikings. Des visites guidées thématiques permettent de naviguer parmi les collections.

Pour ceux qui aiment...

☑ **Ne ratez pas**

L'extraordinaire trésor d'objets préhistoriques en or de l'Archaeology Museum.

NMI – Archaeology

Le Trésor

Clou de la collection, le Trésor comprend notamment les deux artéfacts les plus célèbres d'Irlande, le **calice d'Ardagh** et

National Museum of Ireland – Archaelogy

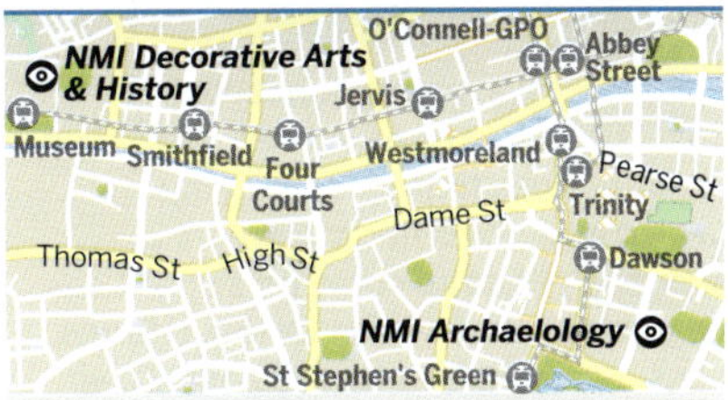

Infos pratiques

NMI Archeology Plan p. 66 ; www.museum.ie ; Kildare St ; 10h-17h mar-sam, 14h-17h dim ; tous arrêts centre-ville ; GRATUIT

NMI Decorative Arts Plan p. 70 ; www.museum.ie ; Benburb St ; 10h-17h mar-sam, 14h-17h dim ; 25, 66, 67 ou 90 depuis le centre-ville, Museum ; GRATUIT

Une petite faim ?

Vous trouverez des restaurants dans Merrion Row, juste au sud du musée d'archéologie.

★ Bon plan

On peut circuler entre les deux musées grâce à un bus touristique.

la **broche de Tara**. Le calice (VIIIe siècle) en or, argent, bronze, cuivre et plomb, de 17,8 cm de haut pour 24,2 cm de diamètre, est un magnifique exemple d'art celte. Tout aussi célèbre, la broche fut fabriquée vers l'an 700. Pour l'essentiel en bronze blanc, elle comporte des détails en or, argent, verre, cuivre, émail et en fil métallique et servait à fermer une cape. Découverte sur une plage à Bettystown, dans le comté de Meath, en 1850, elle tomba entre les mains d'un marchand d'art qui lui accola le nom de Tara, siège historique des anciens hauts rois d'Irlande. Cette broche a déclenché un regain d'intérêt pour la joaillerie de style celtique qui ne s'est pas démenti depuis. De nombreux autres objets témoignent de ce qui a valu à l'Irlande son appellation de "terre des saints et des érudits".

Ór-Ireland's Gold

Dans un autre endroit du Trésor, l'exposition "Ór-Ireland's Gold" présente de fascinants bijoux et objets décoratifs créés par des artisans celtes des âges du bronze et du fer. On y trouve notamment le **Broighter Hoard** (trésor de Broighter), qui comprend un grand collier d'or du Ier siècle av. J.-C., sans égal en Europe, ainsi qu'un vaisseau miniature en or d'un travail extraordinairement délicat. Il y a aussi la **trompe de guerre de Loughnashade** (Ier siècle av. J.-C.) : longue de 1,86 m, elle est faite de feuilles de bronze rivées les unes aux autres et d'un pavillon à la décoration complexe. Elle produit un son analogue à celui du didgeridoo australien. Le long du mur se tient un **bateau en bois long de 15 m ;** naguère immergé pour en assouplir le bois, puis abandonné, il a été retrouvé 4 000 ans plus tard, la tourbière l'ayant laissé dans un état de conservation presque parfait.

Kingship and Sacrifice

L'une des plus impressionnantes collections du musée est celle des "hommes des tourbières" de l'âge de la pierre de l'exposition "Royauté et sacrifice" – quatre corps présentant des degrés de conservation variés, déterrés dans des tourbières des Midlands. Les détails exceptionnellement préservés de ces corps (une mèche de cheveux, des jambes noueuses et des doigts aux ongles intacts) sont inoubliables, de même que les explications qui les accompagnent : les chercheurs pensent désormais que ces témoins du passé n'étaient pas d'humbles victimes, mais des notables, sacrifiés rituellement – de douloureuse manière –, en lien avec l'avènement de nouveaux rois.

Autres expositions

Pas encore rassasiés d'histoire ? Montez voir les expositions **Medieval Ireland 1150–1550, Viking Age Ireland**, où sont exposés des objets retrouvés lors des fouilles de Wood Quay, entre la Christ Church Cathedral et le fleuve et – notre préférée – une **collection de vêtements** de laine des XVIe et XVIIe siècles, découverts dans le marais.

NMI – Decorative Arts & History

Achevé en 1704, ce splendide édifice néoclassique en pierre grise, dressé sur la rive nord de la Liffey, fut en son temps la plus grande caserne au monde. Œuvre de Thomas Burgh (à qui l'on doit l'Old Library de Trinity College), le bâtiment abrite désormais les superbes expositions permanentes

Collins Barracks, National Museum of Ireland – Decorative Arts & History

Decorative Arts & History du National Museum of Ireland, retraçant notamment l'histoire de l'insurrection de Pâques ou encore la carrière de la célèbre architecte et designer irlandaise Eileen Gray (1878-1976).

Le bâtiment

La place centrale, où logeaient jadis six régiments, est un espace impressionnant entouré d'arcades et de bâtiments reliés par des passerelles. À l'indépendance en 1922, les casernes ont été rebaptisées en mémoire de Michael Collins, héros de la lutte indépendantiste, tué la même année durant la guerre civile. Aujourd'hui, la plupart des Dublinois appellent ce musée "**Collins Barracks**" (caserne Collins). On peut y voir le manteau militaire à la manche tachée de boue que Collins portait le jour de sa mort, dans le cadre de l'exposition "**Soldiers and Chiefs**", qui retrace l'histoire des soldats irlandais dans l'île et à l'étranger de 1550 au XXIe siècle.

★ Bon plan

Pour éviter la foule, le mieux est de visiter les musées un après-midi de semaine, après le départ des groupes scolaires ; évitez à tout prix les jours fériés.

BIFFBOFFBIFF/GETTY IMAGES ©

Les expositions

Les collections du musée renferment des trésors – objets en argent, en céramique et en verre, armes, mobilier… – et le lieu accueille des expositions sur l'art de vivre à travers les siècles. La passionnante exposition "**Way We Wore**" est consacrée aux vêtements et aux bijoux des 250 dernières années. Cette étude socioculturelle souligne la valeur symbolique des bijoux et des vêtements destinés à représenter le deuil, l'amour et l'identité sociale.

L'ancienne école d'équitation abrite l'exposition "**Proclaiming a Republic: The 1916 Rising**", version mise à jour et étendue en 2016 de l'exposition précédente consacrée à l'insurrection de 1916. La nouvelle exposition permet de découvrir le contexte socio-historique complexe du soulèvement, et présente des documents poignants témoignant de la violence des Blacks and Tans (des auxiliaires de police, principalement des anciens combattants, engagés par le gouvernement britannique) et des grèves de la faim qui ont suivi l'insurrection, ainsi que les certificats de décès des prisonniers républicains écrits à la main et leurs cartes postales envoyées depuis la prison de Holloway.

"**Curator's Choice**" rassemble 25 des objets les plus intéressants du musée, sélectionnés par différents conservateurs qui expliquent leur choix dans de brefs textes.

★ Bon à savoir

À 10 minutes à pied en direction de la Liffey, à l'est du musée des Arts décoratifs, le pittoresque Brazen Head (p. 79) est connu comme le plus vieux pub de Dublin.

National Museum of Ireland

TRÉSORS NATIONAUX

Le National Museum est la plus grande institution culturelle irlandaise. Son antenne la plus importante, l'**Archaeology Museum (NMI – Archaeology)**, occupe le musée d'origine, aménagé dans un beau bâtiment néoclassique (ou palladien victorien) conçu par Sir Thomas Newenham Deane et achevé en 1890. Il est enserré entre l'entrée arrière de Leinster House (le Parlement irlandais) et un bâtiment anonyme des années 1960, et on peut facilement passer devant sans le voir. Ses locaux, quoique exigus, renferment le plus riche fonds européen d'objets en or des âges du bronze et du fer, ainsi que l'extraordinaire collection dite du Trésor (Treasury). Cette dernière comprend notamment le magnifique **1 calice d'Ardagh** et la **2 broche de Tara**, finement ouvragée. Ne manquez pas non plus le **3 collier d'or de Broighter** ni la **4 trompe de guerre de Loughnashade**, deux magnifiques exemples d'art celte. Enfin, allez voir la **5 croix de Cong**, plus tardive, mais non moins splendide.

Ces joyaux admirables – tous fabriqués après l'arrivée du christianisme au Ve siècle – furent réalisés au moyen d'outils rudimentaires.

DUBLIN VIKING

Des fouilles menées à Dublin de 1961 à 1981 ont permis de vérifier l'existence d'une ville et de cimetières vikings le long de la Liffey. Les tombes recelaient des armes (épées, lances) ainsi que des bijoux et des effets personnels. La mise au jour d'outils, de poids, de balances, de lingots et de pièces d'argent renvoie à l'autre visage des Vikings qui, loin de cantonner leur activité au pillage, savaient se montrer d'excellents négociants. Ces objets font aujourd'hui partie des collections du National Museum.

PAUSE DÉJEUNER

Dégustez des pâtes maison accompagnées d'un verre de vin rouge italien chez Dunne & Crescenzi (14-16 South Frederick St), un restaurant italien authentique – ou bien une crêpe à emporter chez Lemon (Dawson St).

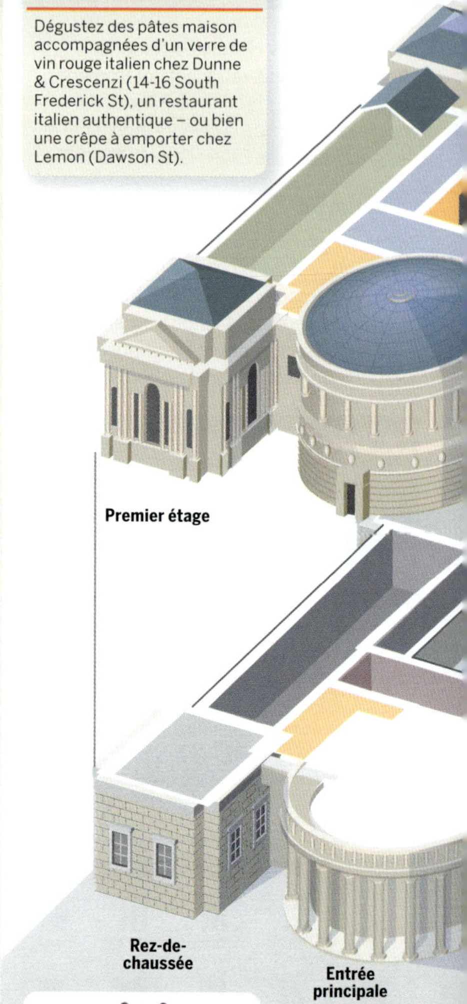

Croix de Cong
Fabriquée en 1123 comme reliquaire pour un fragment de la Vraie Croix, elle fut conservée par les augustiniens dans leur monastère de Cong (comté de Galway). Le remarquable filigrane d'or ornant ses deux faces témoigne de son importance.

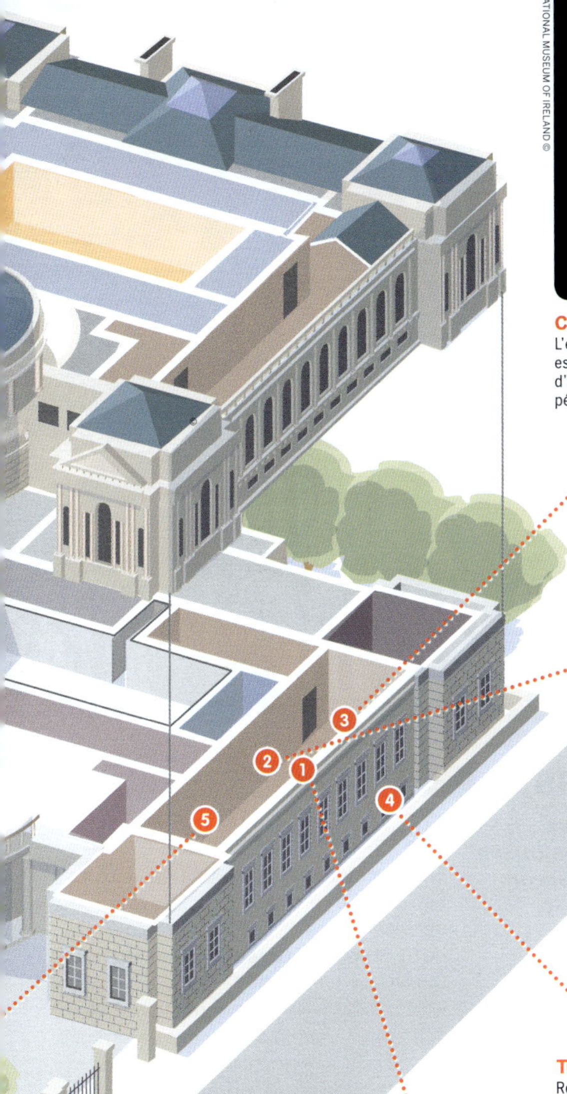

Collier d'or de Broighter
L'élément le plus raffiné du trésor de Broighter est ce torque, magnifique collier d'or décoré d'élégants motifs incurvés, et datant de la période celtique dite de La Tène.

Broche de Tara
Fabriquée vers l'an 700, cette broche servant à retenir les pans d'une cape est la seconde vedette de la collection : sa facture délicate est devenue le symbole de l'excellence de l'art irlandais.

Trompe de guerre de Loughnashade
Retrouvé, avec trois autres trompes en bronze, au fond d'un lac asséché du comté d'Armagh, ce magnifique instrument de guerre est un chef-d'œuvre de rivetage, dont le pavillon est orné de boutons de lotus. Le son qu'on en tirait était voué à susciter l'effroi chez l'ennemi.

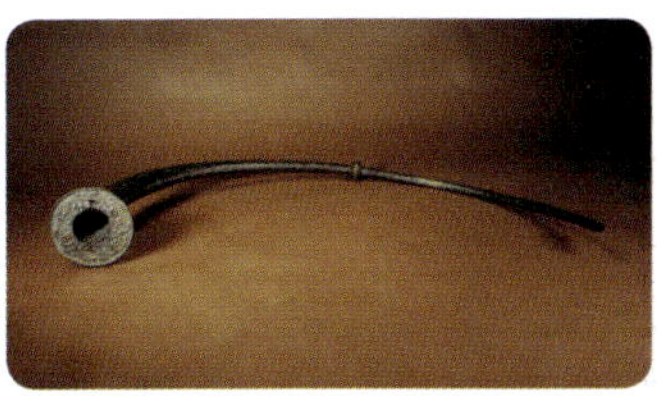

Calice d'Ardagh
Réalisé en or, argent, bronze, laiton, cuivre et plomb au XIIe siècle, ce calice est un des plus beaux exemples d'art celtique insulaire découverts à ce jour.

Harde de daims dans Phoenix Park

Parcs et jardins

Dublin compte de nombreux espaces verts, depuis les pelouses soignées de St Stephen's Green, jusqu'aux grands espaces de Phoenix Park, où l'on trouve tout à la fois la résidence présidentielle, la résidence de l'ambassadeur des États-Unis, des daims et un zoo.

Pour ceux qui aiment...

☑ Ne ratez pas

La statue d'Oscar Wilde à Merrion Square.

St Stephen's Green

En observant les enfants, les amoureux, les familles et les promeneurs solitaires qui se détendent dans les neuf hectares paysagés de **St Stephen's Green**, poumon vert de Dublin (plan p. 66 ; 7h30-crépuscule lun-sam, 9h30-crépuscule dim ; tous arrêts centre-ville, St Stephen's Green), songez que ce territoire servait jadis à l'exécution des sentences par le fouet, le bûcher ou la pendaison. De nos jours, le pire qui puisse vous arriver est d'être rappelé à l'ordre par le gardien pour avoir joué au football ou lancé un Frisbee...

Quelques installations ornent les pelouses et les allées. À l'angle nord-est du parc, le monument à Wolfe Tone, chef de la rébellion avortée de 1798, est la plus remarquable. Le décor minéral qui l'entoure a été surnommé Tonehenge (allusion à Stonehenge). À cette entrée du parc

Statue d'Oscar Wilde, Merrion Square

ATTILA JANDI/SHUTTERSTOCK ©

Bon à savoir

Beaucoup de ces parcs sont en accès libre de l'aube au crépuscule toute l'année.

Une petite faim ?

Profitez des marchés fermiers de Dublin pour pique-niquer dans le parc de votre choix.

★ Bon plan

Le bus "Hop on Hop off" de Dublin Bus, permettant montée et descente à volonté, relie St Stephen's Green, Merrion Square et Phoenix Park.

se tient aussi un mémorial à toutes les victimes de la Grande Famine (1845-1851).

Merrion Square

La plus élégante place de style georgien de la ville, **Merrion Square** (plan p. 70 ; aube-crépuscule ; tous arrêts centre-ville) est aussi la plus prestigieuse en raison des nombreuses personnalités qui y ont habité. Ses pelouses et ses parterres de fleurs sont bordés de belles demeures aux portes colorées ornées de heurtoirs, surmontées de lucarnes en éventail, avec parfois devant la porte le détail amusant du racloir à chaussures.

À l'angle nord-ouest se dresse une **statue d'Oscar Wilde**, qui vécut de l'autre côté de la rue au n°1 (aujourd'hui l'adresse de l'American University Dublin) ; arborant une veste d'intérieur, Wilde, est représenté, l'air goguenard, affalé sur un rocher. Deux piliers accompagnent la statue, ornés de citations de Wilde ; l'un deux est surmonté d'une statue de l'épouse d'Oscar Wilde enceinte.

Phoenix Park

Les Dublinois ont de quoi être fiers de cet immense **parc** (plan p. 70 ; www.phoenixpark.ie ; 24h/24 ; 10 depuis O'Connell St, 25 ou 26 depuis Middle Abbey St) GRATUIT, à la lisière nord-ouest de la ville, à une courte distance de la gare de Heuston et des quais de la Liffey. Ses 709 hectares en font l'un des plus grands parcs urbains au monde – en comparaison, Central Park occupe 337 hectares, et Phoenix Park est aussi plus grand que tous les parcs londoniens additionnés. Il abrite la résidence de la présidence irlandaise (Áras an Uachtaráin, p. 59), ainsi que celle de l'ambassadeur des États-Unis. Un groupe de daims timides se laisse parfois observer de loin en été. On y trouve aussi un **zoo** (plan p. 70 ; www.dublinzoo.ie ; tarif plein/enfant/famille 17,50/13/49 € ; 9h30-18h mars-sept, 9h30-coucher du soleil oct-fév) et des dizaines de terrains pour tous les sports. Bref, de quoi se dégourdir les jambes.

Chesterfield Avenue traverse le parc depuis l'entrée de Parkgate Street au nord-ouest jusqu'à Castleknock Gate. Près de l'entrée, côté Parkgate Street, se dresse le **Wellington Monument** (63 m) (plan p. 70), obélisque achevé en 1861. Non loin se trouvent le People's Garden (plan p. 70), datant de 1864, et le Hollow, un kiosque à musique. De l'autre côté de Chesterfield Avenue, vis-à-vis d'Áras an Uachtaráin et visible de la rue, l'imposante **croix papale** rappelle la messe célébrée ici par Jean-Paul II devant 1,25 million de fidèles en 1979. Au centre du parc, le **Phoenix Monument**, érigé par lord Chesterfield en 1747, ressemble si peu au phénix qui a donné son nom au parc qu'on l'appelle souvent Eagle Monument (le monument à l'aigle).

Iveagh Gardens

Si ces jardins n'ont pas l'élégance d'autres parcs de Dublin, la foule n'y est jamais excessive et les gardiens ne vous sermonnent pas quand vous marchez sur la pelouse. Conçus par Ninian Niven en 1865, ils comportent une grotte, une cascade, une fontaine, un labyrinthe et une roseraie ; c'était à l'origine les jardins privés d'Iveagh House. On y accède par Clonmel Street, près de Harcourt Street.

Airfield

Ancienne demeure de deux sœurs excentriques et philanthropes, Letitia et Naomi Overend, le **domaine d'Airfield** (☎01-969 6666 ; www.airfield.ie ; Upper Kilmacud Rd ; tarif plein/enfant 10/5 € ; ⏲9h30-17h sept-juin, 9h30-18h juil-août ; 🚌11, 14, 14C, 44, 44B, 75, 116 depuis le centre-ville) est désormais géré publiquement. Si la maison est fermée au public (hormis l'excellent café), le domaine de 16 ha avec jardins clos, ferme des animaux, musée de voitures

National Botanic Gardens

anciennes et jardin d'herbes médicinales, se prête à une superbe balade.

National Botanic Gardens

Créé en 1795, ce **jardin botanique** d'une vingtaine d'hectares (Botanic Rd ; ⏲9h-18h lun-sam, 11h-18h dim avr-oct, 10h-16h30 lun-sam, 11h-16h30 dim nov-mars ; 🚌13, 13A ou 19 depuis O'Connell St, ou 34 ou 34A depuis Middle Abbey St) GRATUIT abrite une série de serres curvilignes construites entre 1843 et 1869 par Richard Turner, également architecte des serres des Belfast Botanic Gardens et de la Palm House des Kew Gardens à Londres. À l'intérieur de ces édifices de l'époque victorienne, une technologie récente recrée et contrôle les conditions d'écosystèmes de différentes parties du monde. La première tentative de germination d'orchidée se déroula ici en 1844.

★ Adresses célèbres

De nombreux personnages célèbres ont vécu à Merrion Square, dont Oscar Wilde (1 North Merrion Sq), W. B. Yeats (52 East Merrion Sq) et Daniel O'Connell (58 East Merrion Sq).

PAWEL GAUL/GETTY IMAGES ©

War Memorial Gardens

Rares sont les visiteurs à s'aventurer aussi loin à l'ouest, et la plupart manquent donc les jolis jardins paysagers des **War Memorial Gardens** (www.heritageireland.ie ; South Circular Rd, Islandbridge ; ⏲8h-crépuscule lun-ven, 10h-crépuscule sam-dim ; 🚌69, 79 depuis Aston Quay, 13, 40 depuis O'Connell St) GRATUIT, conçus par sir Edwin Lutyens. Le mémorial rend hommage aux 49 400 soldats irlandais tombés lors de la Seconde Guerre mondiale, et dont les noms sont gravés dans deux immenses salles de granit à l'extrémité du monument.

Herbert Park

Cette superbe étendue de pelouses verdoyantes, d'étangs et de parterres de fleurs se trouve près du champ de foire de la Royal Dublin Society. Coincé entre les quartiers huppés de Ballsbridge et Donnybrook, le **parc** (⏲aube-crépuscule ; 🚌5, 7, 7A, 8, 45, 46, 🚉Sandymount, Lansdowne Rd), bordé par la rivière Dodder, abrite par ailleurs des courts de tennis et une aire de jeux pour enfants.

★ Áras an Uachtaráin

La résidence officielle du président irlandais est une **demeure palladienne** (www.president.ie ; Phoenix Park ; ⏲visites guidées ttes les heures 10h30-15h30 sam ; 🚌10 depuis O'Connell St, 25, 26 depuis Middle Abbey St) GRATUIT construite en 1751 puis agrandie en 1816. La reine Victoria y séjourna lors de sa visite en 1849.

Guinness Storehouse et Gravity Bar

Guinness Storehouse

Plus qu'aucune autre bière, la Guinness a transcendé sa propre marque. Ce Disneyland des amateurs de bière est un hommage multimédia au plus célèbre des produits d'exportation irlandais et au symbole le plus immuable de la ville.

Pour ceux qui aiment...

☑ Ne ratez pas

Savourez la vue depuis le Gravity Bar devant une pinte (incluse dans le prix d'entrée).

Le mythe Guinness a la vie dure : elle ne supporterait pas le voyage, son goût inimitable proviendrait de l'eau de la Liffey, elle serait bonne pour la santé – sans parler de la croyance selon laquelle on ne pourrait comprendre l'âme irlandaise sans apprivoiser son breuvage noir...
Tout cela explique que la Guinness Storehouse, au cœur de la St James's Gate Brewery, ne désemplisse pas et soit l'attraction touristique la plus visitée de Dublin. Ce grand show-room combine expositions élaborées, design spectaculaire et concepts marketing redoutablement efficaces.

Guinness Storehouse Museum

L'ancien silo à grains, seule partie de la gigantesque brasserie St James's Gate Brewery (26 ha) ouverte au public,

Guinness Gate, Rainsford Street

Infos pratiques

Plan p. 70 ; www.guinness-storehouse.com ; St James's Gate, South Market St ; tarif plein/enfant 18/16,50 €, formule connaisseur 48 € ; 9h30-17h sept-juin, 9h30-18h juil-août ; 21A, 51B, 78, 78A, 123 depuis Fleet St, James's

Une petite faim ?

L'Arthur's Pub (p. 79), au 5e niveau, sert de délicieux plats de bar au déjeuner.

★ Bon plan

Évitez l'attente et économisez en achetant votre billet à l'avance sur Internet.

est désormais un temple à la gloire de l'"or noir". Un spectaculaire atrium de verre en forme de pinte de Guinness traverse les sept niveaux du complexe, où l'on découvre en détail à travers une foule d'expositions visuelles et interactives l'histoire de la brasserie et le processus de fabrication de la célèbre bière. Au sommet, les baies vitrées du Gravity Bar offrent un vaste panorama sur Dublin que les amateurs pourront contempler en sirotant un demi de Guinness – offert.

La pinte parfaite

En montant au bar, où vous attend la meilleure des Guinness, vous serez initié aux petits secrets de cette bière mythique : de la copie du bail de 9 000 ans (dans une vitrine incrustée dans le sol) au protocole scientifique sur la façon de verser la bière, tout vise à faire comprendre que la Guinness n'est pas une bière comme les autres.

Arthur Guinness

Entre autres anecdotes, vous apprendrez que le génie est parfois accidentel. Au XVIIIe siècle, un brasseur londonien fit brûler, par inadvertance, son houblon en préparant sa bière ; c'est ainsi qu'il inventa la bière brune. Elle reçut le nom de "porter", car les *porters* (portiers ou portefaix) de Londres en étaient particulièrement friands.
Dans les années 1770, Arthur Guinness, qui brassait jusqu'alors de l'ale, se mit à s'intéresser à ce liquide brun pour se démarquer des autres brasseurs irlandais. En 1799, il décida de se consacrer exclusivement à cette bière. Il mourut quatre ans plus tard, à l'âge de 83 ans, après avoir jeté les fondations d'un empire.

Tournée des pubs à Dublin

Une chose ne changera jamais : les Dublinois sont toujours partants pour un verre. Qu'il vente ou qu'il pleuve, les pubs de la ville ne manquent pas de clients.

Départ : Lower Camden Street
Distance : 2,5 km
Durée : 1 heure… ou beaucoup plus !

6 Le **Hogan's** (35 S Great George's St ; ⏲13h30-23h30, lun-mer, 13h30-1h jeu, 13h30-2h30 ven-sam, 14h-23h dim) est depuis longtemps déjà l'une des adresses les plus courues de Dublin.

5 Installé au dernier étage d'une vieille maison de ville, le **No Name Bar** (3 Fade St ; ⏲12h30-23h30 dim-mer, 12h30-1h jeu, 12h30-2h30 ven-sam ; 🚌tous arrêts centre-ville) est l'un des meilleurs bars en ville.

1 Commencez par l'**Anseo** (11h-23h30 lun-jeu, 11h-0h30 ven-sam, 11h-23h dim ; 🚌14, 15, 65, 83), pub animé où se côtoient clientèle branchée et tout-venant.

7 Enfin, sonnez à la porte du **Vintage Cocktail Club** (www.vintagecocktailclub.com ; Crown Alley ; 17h-1h30 lun-ven, 12h30-1h30 sam-dim ; tous arrêts centre-ville)… pour peu que vous ayez eu l'endurance de pousser jusque-là votre périple !

La photo à prendre : Grogan's Castle Lounge

4 Discutez de votre roman inachevé avec les éternels aspirants écrivains qui traînent au **Grogan's Castle Lounge** (p. 79).

2 Prenez-vous pour un personnage de *Mad Men* au bar à whiskeys du très chic **37 Dawson Street** (01-902 2908 ; www.37dawsonstreet.ie ; 10h30-23h30 lun-jeu, 10h30-0h30 ven-sam, 12h-23h dim ; tous arrêts centre-ville).

3 Descendez une pinte de Guinness dans le cadre charmant et douillet de **Kehoe's** (p. 79).

À VOIR

Reportez-vous également aux suggestions de la rubrique *À ne pas manquer*, p. 40 à 61.

Grafton Street et ses environs

Little Museum of Dublin Musée

(Plan p. 66 ; ☎01-661 1000 ; www.littlemuseum.ie ; 15 St Stephen's Green N ; tarif plein/étudiant 8/6 € ; 9h30-17h lun-mer et ven, 9h30-20h jeu ; tous arrêts centre-ville, St Stephen's Green). Ce musée primé retrace l'histoire de Dublin au cours du dernier siècle à travers des documents, objets et photographies d'époque, donnés par des particuliers. L'impressionnante collection, répartie dans les pièces d'une élégante maison georgienne, comprend un pupitre utilisé par JFK lors de sa visite en Irlande en 1963 et une copie originale de la lettre remise aux émissaires irlandais envoyés pour négocier le traité de 1921, dont les instructions contradictoires furent à l'origine du conflit qui mena à la guerre civile.

National Gallery Musée

(Plan p. 66 ; www.nationalgallery.ie ; W Merrion Sq ; 9h15-17h30 lun-mer, ven-sam, 9h15-20h30 jeu, 11h-17h30 dim ; 4, 7, 8, 46A depuis le centre-ville). GRATUIT *L'Arrestation du Christ* de Caravage et une extraordinaire collection d'œuvres de Jack B. Yeats – frère cadet du poète – comptent parmi les temps forts de la visite à la National Gallery, dont l'excellente collection est riche de maîtres de la peinture irlandaise, ainsi que de nombreux grands noms de la peinture européenne, de Fra Angelico à Picasso en passant par Vermeer et Gainsborough.

Museum of Natural History Musée

(National Museum of Ireland – Natural History ; plan p. 66 ; www.museum.ie ; Upper Merrion St ; 10h-17h mar-sam, 14h-17h dim ; 7, 44 depuis le centre-ville) GRATUIT Désuet, un peu inquiétant et passionnant, ce musée n'a guère changé depuis que l'explorateur écossais David Livingstone l'a créé en 1857. Sa gigantesque collection, empreinte de charme victorien et témoignant de l'engouement pour la science de cette époque, est un hymne à l'art de la taxidermie.

St Patrick's Cathedral et St Patrick's Park (p. 68)

Temple Bar

On peut aisément faire le tour de Temple Bar en quelques heures, pourtant ce serait dommage d'y passer si peu de temps, car ce quartier aux rues pavées, depuis toujours le centre de la fête à Dublin, vaut autant pour son atmosphère que pour ses pubs. En journée y règne une ambiance bohème : vous pouvez y acheter des vêtements vintage, vous offrir un piercing, goûter des grillades mongoles, faire le plein de produits bio et dégoter le dernier album à la mode ainsi que des livres sur tous les sujets imaginables, admirer les dernières installations artistiques ou vous joindre au public autour des joueurs de djembé. Le soir et le week-end, c'est une autre histoire : les bars sont pleins à craquer de fêtards. Bruyant, tapageur… ambiance garantie.

Christ Church Cathedral Église

(Church of the Holy Trinity ; plan p. 66 ; www.christchurchcathedral.ie ; Christ Church Pl ; tarif plein/étudiant/enfant 6,50/4/2,50 €, avec Dublinia 14,50/12/7,50 € ; 9h-17h lun-sam, 12h30-14h30 dim tte l'année, horaires étendus mars-oct ; 50, 50A, 56A depuis Aston Quay, 54, 54A depuis Burgh Quay). Perchée sur une colline, et reconnaissable à ses superbes arcs-boutants, cette cathédrale est la plus photogénique de Dublin. Fondée en 1030, elle fut reconstruite à partir de 1172 à l'initiative de Richard de Clare, seigneur de Pembroke (plus connu sous le nom de Strongbow), aristocrate anglo-normand qui envahit l'Irlande en 1170 ; un monument en son honneur trône à l'intérieur de l'église.

Les **visites guidées** (tarif plein/famille 4/12 € ; 12h10, 14h et 16h lun-ven, 14h, 15h et 16h sam) font notamment découvrir le beffroi, où un carillonneur vous expliquera comment faire sonner les cloches (oui, vous pourrez essayer !).

Depuis l'entrée principale, un pont créé lors de la restauration de 1871-1878 mène à **Dublinia** (01-679 4611 ;

Le Dublin littéraire

Marsh's Library (plan p. 66 ; www.marshlibrary.ie ; St Patrick's Close ; tarif plein/enfant 3 €/gratuit ; 9h30-17h lun et mer-ven, 10h-17h sam ; 50, 50A, 56A depuis Aston Quay, 54, 54A depuis Burgh Quay). Cette bibliothèque universitaire, pratiquement inchangée depuis trois siècles, est l'un des plus grands trésors de Dublin. De belles bibliothèques en chêne foncé, surmontées de pignons sculptés et dorés, contiennent 25 000 livres, cartes et manuscrits dont certains remontent au XVe siècle.

National Library (plan p. 66 ; www.nli.ie ; Kildare St ; 9h30-19h45 mar-mer, 9h30-16h45 jeu-ven, 9h30-12h45 sam ; tous arrêts centre-ville). Dans un cadre majestueux, la collection de la bibliothèque comprend manuscrits anciens, premières éditions et cartes de grande valeur. Certaines sections sont accessibles au public, dont la salle de lecture coiffée d'une coupole où Stephen Dedalus rabâchait ses opinions sur Shakespeare dans *Ulysse* de James Joyce.

Dublin Writers Museum (plan p. 76 ; www.writersmuseum.com ; 18 N Parnell Sq ; tarif plein/enfant 8/5 € ; 9h45-16h45 lun-sam, 11h-16h30 dim ; 3, 7, 10, 11, 13, 16, 19, 46A, 123 depuis le centre-ville). Cet élégant musée logé dans deux maisons du XVIIIe siècle illustre la tradition littéraire de Dublin à partir d'une multitude de témoignages à voir ou à lire exposés dans des vitrines.

Temple Bar, Grafton Street et St Stephen's Green

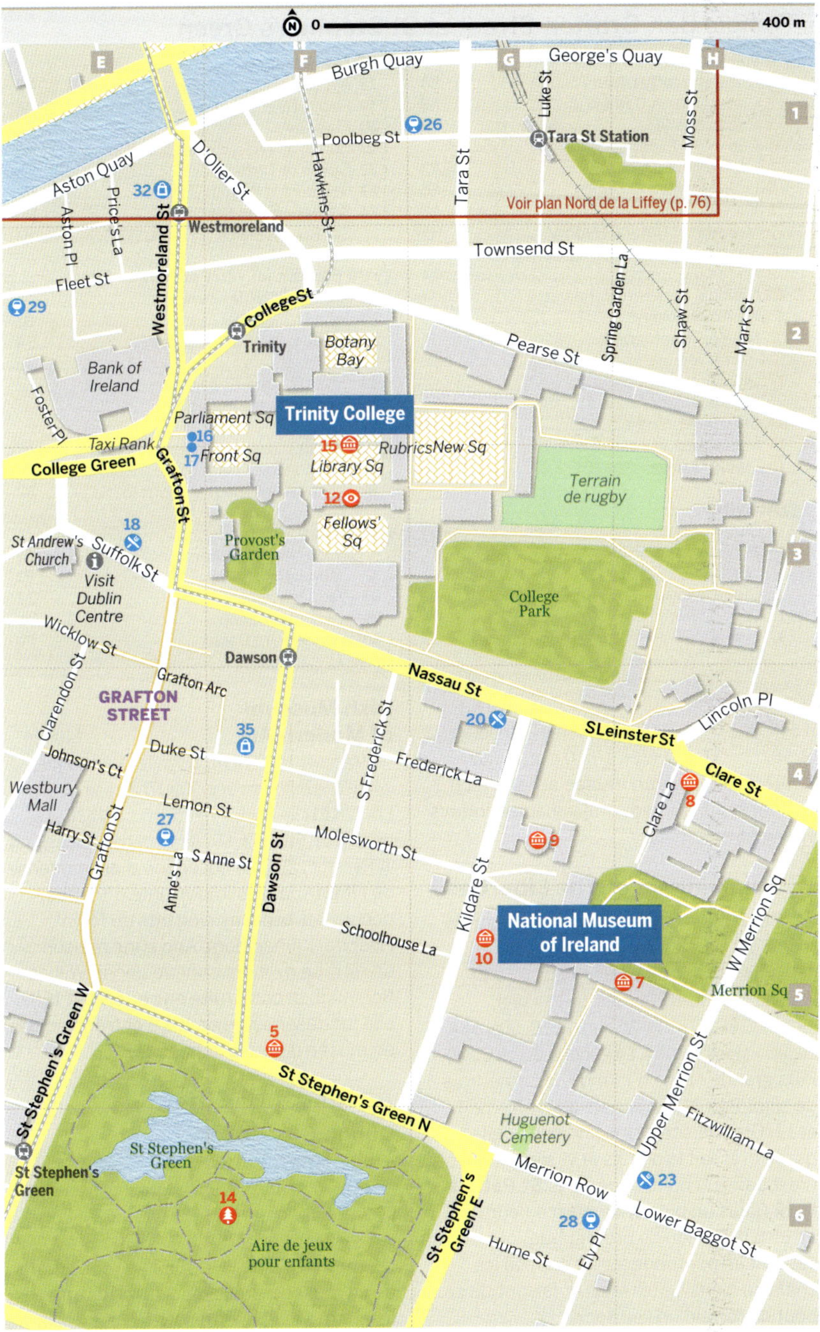
0
400 m
E
F
G
H
1
2
3
4
5
6
Burgh Quay
George's Quay
Luke St
Moss St
Poolbeg St
26
Tara St Station
Tara St
Aston Quay
D'Olier St
Hawkins St
32
Aston Pl
Price's La
Westmoreland St
Westmoreland
Voir plan Nord de la Liffey (p. 76)
Townsend St
Fleet St
29
College St
Spring Garden La
Shaw St
Mark St
Trinity
Botany Bay
Pearse St
Bank of Ireland
Foster Pl
Parliament Sq
Trinity College
16
17
Taxi Rank
College Green
Grafton St
Front Sq
15
Rubrics
New Sq
Library Sq
Terrain de rugby
12
18
Fellows' Sq
St Andrew's Church
Suffolk St
Provost's Garden
Visit Dublin Centre
College Park
Wicklow St
Dawson
Nassau St
Clarendon St
Grafton Arc
GRAFTON STREET
S Frederick St
20
S Leinster St
Lincoln Pl
35
Duke St
Frederick La
Clare St
Johnson's Ct
Westbury Mall
Lemon St
Clare La
8
Molesworth St
Harry St
27
S Anne St
9
Grafton St
Anne's La
Dawson St
Kildare St
W Merrion Sq
Schoolhouse La
National Museum of Ireland
10
7
Merrion Sq
St Stephen's Green W
5
Upper Merrion St
St Stephen's Green N
Fitzwilliam La
Huguenot Cemetery
St Stephen's Green
St Stephen's Green
Merrion Row
23
14
28
Lower Baggot St
St Stephen's Green E
Aire de jeux pour enfants
Hume St
Ely Pl

Temple Bar, Grafton Street et St Stephen's Green

À voir

1 Chester Beatty Library B4
2 Christ Church Cathedral A3
3 Dublin Castle C3
4 Dublinia – Experience Viking & Medieval Dublin A3
5 Little Museum of Dublin F5
6 Marsh's Library A6
7 Museum of Natural History H5
8 National Gallery H4
9 National Library G4
10 National Museum of Ireland – Archaeology G5
11 National Photographic Archive C2
12 Old Library & Book of Kells F3
13 St Patrick's Cathedral A5
14 St Stephen's Green F6
15 Trinity College F2

Activités

Christ Church : visites guidées .... (voir 2)
Dublin Musical Pub Crawl .... (voir 29)
Green Mile .... (voir 5)
16 Historical Walking Tour E2
17 Trinity College Walking Tour E3

Où se restaurer

18 Avoca E3
19 Fade Street Social D4
20 Pig's Ear G4
21 Queen of Tarts B3
22 Queen of Tarts B3
23 Restaurant Patrick Guilbaud H6
24 Shanahan's on the Green D6
Silk Road Café .... (voir 1)

Où prendre un verre et faire la fête

25 Grogan's Castle Lounge D4
26 John Mulligan's G1
27 Kehoe's E4
28 O'Donoghue's G6
29 Oliver St John Gogarty E2
30 Stag's Head D3

Où sortir

O'Donoghue's .... (voir 28)
31 Smock Alley Theatre D2

Achats

Avoca Handweavers .... (voir 18)
32 Claddagh Records E1
33 Claddagh Records D2
34 Irish Design Shop D4
35 Ulysses Rare Books F4

www.dublinia.ie ; tarif plein/étudiant/enfant 9,50/8,50/6 €, avec Christchurch Cathedral 14,50/12/7,50 € ; 10h-17h30 mars-sept, 10h-16h30 oct-fév), un musée aussi kitsch qu'immersif, qui redonne vie aux époques viking et médiévale.

Kilmainham et The Liberties

St Patrick's Cathedral — Cathédrale

(Plan p. 66 ; www.stpatrickscathedral.ie ; St Patrick's Close ; tarif plein/enfant 6,50 €/gratuit ; 9h30-17h lun-ven, 9h-18h sam, 9h-10h30 et 12h30-14h30 dim ; 50, 50A, 56A depuis Aston Quay, 54, 54A depuis Burgh Quay). Plus grande église d'Irlande, la cathédrale de saint Patrick fut construite entre 1191 et 1270 sur le site d'une ancienne église qui se dressait là depuis le Ve siècle. C'est dans un puits situé dans **St Patrick's Park** (jadis un bidonville mais aujourd'hui un charmant lieu de promenade) que le saint en personne aurait baptisé les chefs de clans celtes locaux, faisant de ce bout de terrain un lieu sacré.

Irish Museum of Modern Art — Musée

(IMMA ; plan p. 70 ; www.imma.ie ; Military Rd ; 11h30-17h30 mar-ven, 10h-17h30 sam, 12h-17h30 dim, visites 13h15 mer et 14h30 sam-dim ; 51, 51D, 51X, 69, 78, 79 depuis Aston Quay, Heuston) GRATUIT La collection d'art moderne de l'IMMA, la plus importante d'Irlande, occupe les espaces élégants du Royal Hospital Kilmainham. Ancienne maison de retraite militaire conçue par sir William Robinson et construite entre 1684 et 1687, elle fut désaffectée en 1928 et transformée en musée dans les années 1980.

Nord de la Liffey

Dublin City Gallery – the Hugh Lane — Musée

(Plan p. 76 ; 01-222 5550 ; www.hughlane.ie ; 22 N Parnell Sq ; 9h45-18h mar-jeu, 9h45-17h ven-sam, 11h-17h dim ; 7, 11, 13, 16, 38, 40, 46A, 123 depuis le centre-ville). GRATUIT Les collections de ce musée installé dans la remarquable Charlemont House, construite par William

Chambers en 1763, sont remarquables à tout point de vue. On y découvre le meilleur de l'art contemporain irlandais, quelques grands noms de l'impressionnisme et la reconstitution à l'identique de l'atelier de Francis Bacon.

Old Jameson Distillery Musée

(Plan p. 70 ; www.jamesonwhiskey.com ; Bow St ; tarif plein/étudiant/enfant 18/15/9 €, masterclasses 55 € ; 10h-17h lun-sam, 10h30-17h dim ; 25, 66, 67, 90 depuis le centre-ville, Smithfield). Le principal site touristique du quartier de Smithfield est dédié à la *uisce beatha* ("eau-de-vie"), surnom du whiskey en irlandais. Cependant, les consommateurs et les curieux risquent d'être déroutés par ce musée un peu tape-à-l'œil (aménagé dans une partie de l'ancienne distillerie, fermée en 1971), où les groupes de visiteurs se suivent lors de la visite obligatoire de la distillerie reconstituée, avant de se retrouver dans l'inévitable boutique de souvenirs. La visite est cependant riche en découvertes, et vous apprendrez notamment ce qui fait la différence entre un whisky écossais et un whiskey irlandais. Agréable dégustation à la fin.

Four Courts Bâtiment historique

(Plan p. 70 ; Inns Quay ; 9h-16h lun-ven ; g25, 66, 67 ou 90 depuis le centre-ville, Four Courts). GRATUIT Chef-d'œuvre de l'architecte James Gandon (1743-1823), l'imposant bâtiment du premier palais de justice d'Irlande s'étend sur 130 m le long de l'Inns Quay. C'est le plus bel exemple du style georgien de la ville. En 2010, la cour d'assises a été déplacée dans un bâtiment récent, le long de la Liffey, mais les Four Courts demeurent le cœur symbolique de la justice en Irlande. On peut explorer l'intérieur du bâtiment, mais les tribunaux et certains secteurs sont interdits d'accès.

General Post Office Bâtiment historique

(Plan p. 76 ; Lower O'Connell St ; tous arrêts centre-ville, Abbey). Cet édifice n'est pas seulement la poste centrale du pays, ou un bâtiment néoclassique saisissant : le General Post Office fut au cœur du combat irlandais pour l'indépendance. Il servit de quartier général aux rebelles durant l'insurrection de Pâques 1916. Il accueille aujourd'hui un **musée** (www.gpowitnesshistory.ie ; tarif plein/enfant 14/7 €, audioguide disponible en français inclus ; 10h-17h30 lun-sam, 12h-17h30 dim, dernière entrée à 16h30) interactif commémorant cet épisode décisif, et détaillant son origine et ses répercussions.

Le Spire

Le **Spire** (plan p. 76 ; O'Connell St ; tous arrêts centre-ville, Abbey) est le monument le plus insolite de Dublin. Cette longue flèche de 3 m de diamètre et haute de 120, érigée en 2001, se dresse dans O'Connell Street, d'où elle projette un faisceau lumineux de 15 cm de large... C'est grand, ça brille, et c'est un lieu de rendez-vous bien pratique.

Œuvre de l'architecte londonien Ian Ritchie, cette sculpture serait la plus haute au monde. Les Dublinois sont pour leur part divisés quant à sa valeur esthétique et la tournent régulièrement en dérision. Parmi les surnoms dont ils l'affublent, citons "*the Erection in the Intersection*", "*the Stiletto in the Ghetto*" (l'aiguille dans le ghetto) et, notre préférée bien sûr, "*the Eyeful Tower*" (référence à la "*Eiffel Tower*")

DAVID SOANES/SHUTTERSTOCK ©

Centre de Dublin

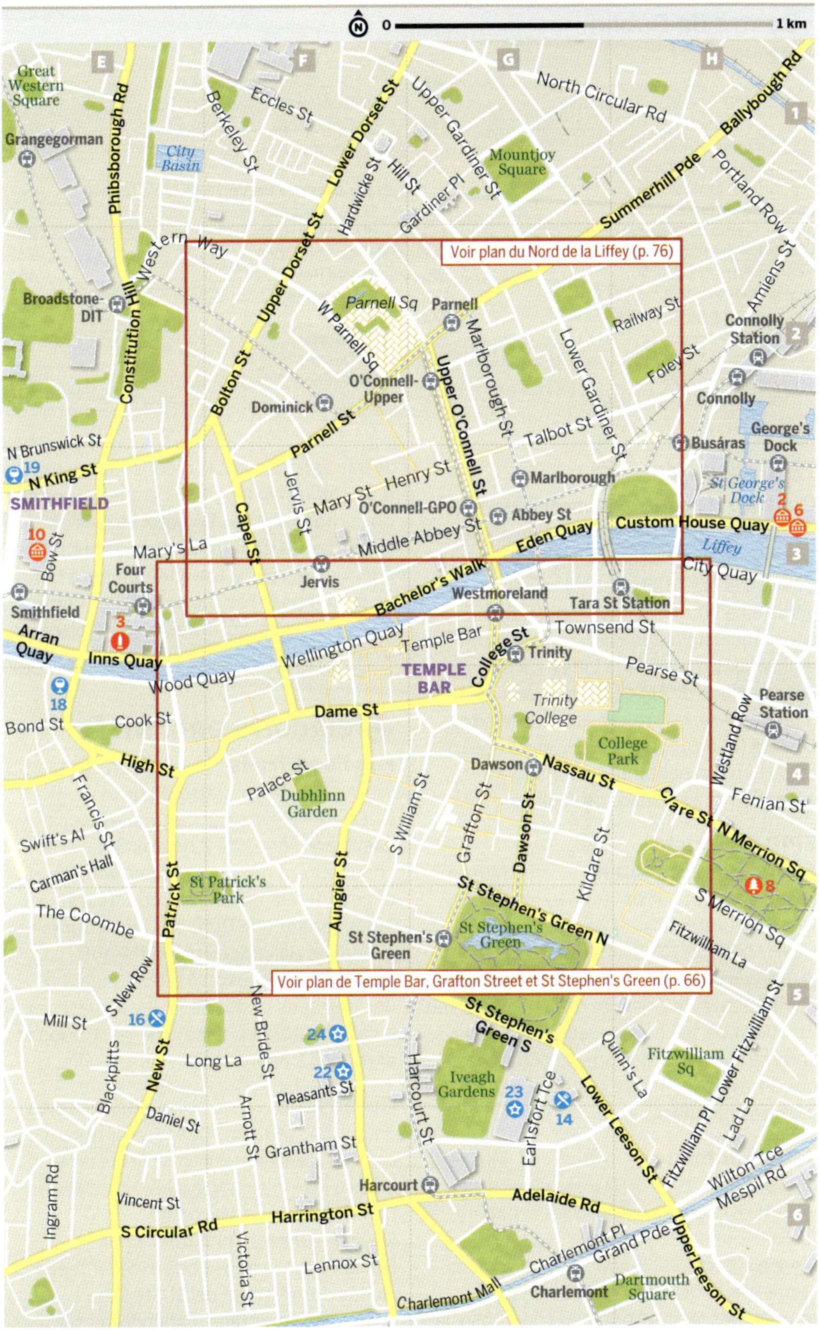
0
1 km
E
F
G
H
1
2
3
4
5
6
Great Western Square
Grangegorman
Phibsborough Rd
City Basin
Berkeley St
Eccles St
Lower Dorset St
Upper Gardiner St
North Circular Rd
Ballybough Rd
Hardwicke St
Hill St
Gardiner Pl
Mountjoy Square
Summerhill Pde
Portland Row
Western Way
Upper Dorset St
Voir plan du Nord de la Liffey (p. 76)
Amiens St
Broadstone-DIT
Constitution Hill
Parnell Sq
Parnell
W Parnell Sq
Marlborough St
Lower Gardiner St
Railway St
Connolly Station
Bolton St
O'Connell-Upper
Upper O'Connell St
Foley St
Connolly
Dominick
Parnell St
Talbot St
Busáras
George's Dock
N Brunswick St
19
N King St
SMITHFIELD
Jervis St
Mary St
Henry St
Marlborough
St George's Dock
O'Connell-GPO
Abbey St
2
6
Capel St
Custom House Quay
10
Bow St
Mary's La
Middle Abbey St
Eden Quay
Liffey
Four Courts
Jervis
City Quay
Smithfield
Bachelor's Walk
Westmoreland
Tara St Station
3
Arran Quay
Townsend St
Inns Quay
Wellington Quay
Temple Bar
College St
Trinity
TEMPLE BAR
Pearse St
Wood Quay
18
Trinity College
Pearse Station
Dame St
Westland Row
Bond St
Cook St
College Park
High St
Dawson
Nassau St
Palace St
Clare St
Fenian St
Francis St
Dubhlinn Garden
S William St
Grafton St
Dawson St
Kildare St
N Merrion Sq
Swift's Al
8
Carman's Hall
Patrick St
St Patrick's Park
Aungier St
St Stephen's Green N
S Merrion Sq
The Coombe
St Stephen's Green
Fitzwilliam La
St Stephen's Green
S New Row
Voir plan de Temple Bar, Grafton Street et St Stephen's Green (p. 66)
Lower Fitzwilliam St
Mill St
16
New Bride St
24
St Stephen's Green S
Quinn's La
Fitzwilliam Sq
Blackpitts
New St
Long La
22
Harcourt St
Iveagh Gardens
23
Earlsfort Tce
14
Lower Leeson St
Lad La
Pleasants St
Daniel St
Arnott St
Grantham St
Fitzwilliam Pl
Wilton Tce
Mespil Rd
Ingram Rd
Harcourt
Adelaide Rd
Vincent St
Harrington St
S Circular Rd
Charlemont Pl
Grand Pde
Upper Leeson St
Victoria St
Lennox St
Charlemont
Dartmouth Square
Charlemont Mall

Centre de Dublin

À voir

1 Dublin Zoo ... A2
2 EPIC The Irish Emigration Museum ... H3
3 Four Courts ... E3
4 Guinness Storehouse ... D4
5 Irish Museum of Modern Art ... B4
6 Jeanie Johnston ... H3
7 Kilmainham Gaol ... A4
8 Merrion Square ... H5
9 National Museum of Ireland – Decorative Arts & History ... D3
10 Old Jameson Distillery ... E3
11 People's Garden ... B3
12 Phoenix Park ... A2
13 Wellington Monument ... A3

Où se restaurer

1837 Bar & Brasserie ... (voir 4)
14 Coburg Brasserie ... G5
15 Fish Shop ... D3
16 Fumbally ... E5

Où prendre un verre et faire la fête

17 Arthur's ... D4
18 Brazen Head ... E4
19 Cobblestone ... E3
20 Old Royal Oak ... A4
21 Walshe's ... D3

Où sortir

22 Devitt's ... F5
23 National Concert Hall ... G6
24 Whelan's ... F5

Docklands

Custom House Bâtiment historique

(Plan p. 76 ; Custom House Quay ; tous arrêts centre-ville). L'architecte georgien James Gandon (1743-1823) a acquis sa notoriété grâce à ce bâtiment imposant (1781-1791) construit juste après Eden Quay le long d'un large tronçon de la Liffey. Ce colosse néoclassique de 114 m de long est coiffé d'un dôme en cuivre, qui abrite le **Visitor Centre** (1,50 € ; 10h-16h30 mi-mars à août), où se tient un petit musée consacré à Gandon et à l'histoire de l'édifice.

EPIC The Irish Emigration Museum Musée

(Plan p. 70 ; 01-906 0861 ; www.epicchq.com ; CHQ Bldg, Custom House Quay ; tarif plein/enfant 14/7 € ; 10h-18h45, dernière entrée 17h ; George's Dock). Une exploration high-tech et interactive de l'histoire de l'émigration en Irlande et de ses conséquences sur le pays, comme sur les 70 millions de personnes, qui, à travers le monde, ont aujourd'hui des ancêtres irlandais.

Jeanie Johnston Musée

(Plan p. 70 ; 01-473 0111 ; www.jeaniejohnston.ie ; Custom House Quay ; tarif plein/enfant 10/5,50 € ; visites guidées ttes les heures 10h-16h avr-oct, 11h-15h nov-mar ; tous arrêts centre-ville, George's Dock). L'un des sites touristiques les plus originaux de Dublin, le *Jeanie Johnston* est la reconstitution exacte d'un *coffin ship* ("bateau cercueil"), comme on surnommait ces bateaux utilisés pour emporter les émigrants affamés hors d'Irlande durant la Grande Famine. À bord, un petit musée retrace en détails l'horreur de ces voyages, qui duraient généralement 47 jours environ.

CIRCUITS ORGANISÉS

Fab Food Trails Visites à pied

(01-497 1245 www.fabfoodtrails.ie ; visite 55 € ; 10h sam). Ces visites gastronomiques de 2 heures 30, chaudement recommandées, vous feront découvrir les meilleurs producteurs indépendants de Dublin et les cultures culinaires de chacun des différents quartiers, avec jusqu'à 8 boulangeries, des marchés et des *delis*. Il y a aussi une balade "café" et une balade "gastronomie et mode". Départ dans le centre-ville.

Green Mile Visites à pied

(Plan p. 66 ; 01-661 1000 ; www.littlemuseum.ie ; Little Museum of Dublin, 15 St Stephen's Green N ; tarif plein/étudiant 7/5 € ; 11h sam-dim ; tous arrêts centre-ville, St Stephen's Green). L'historien local Donal Fallon propose ces excellentes visites d'une heure de St Stephen's Green, agrémentées d'anecdotes sur

James Joyce, l'histoire du parc et la rédaction de la constitution irlandaise. Veillez à réserver : ces visites sont très demandées. La visite guidée du Little Museum of Dublin (p. 64) incluse dans le prix.

Historical Walking Tour Visites à pied

(Plan p. 66 ; ☎01-878 0227 ; www.historicaltours.ie ; Trinity College Gate ; tarif plein/étudiant/enfant 12/10 €/gratuit ; ⏰11h et 15h mai-sept, 11h avr et oct, 11h ven-dim nov-mars ; 🚌tous arrêts centre-ville). Ce sont des diplômés d'histoire de Trinity College qui animent ces "conférences de rue" avec pour thème la Grande Famine, la révolte de Pâques, la guerre civile ou la Partition. Les itinéraires passent par le Trinity College, le City Hall, le Dublin Castle et les Four Courts. L'été, des visites thématiques sur l'architecture, les femmes dans l'histoire de l'Irlande et la naissance de l'État irlandais sont aussi proposées. Départs à l'entrée de College Green.

Dublin Musical Pub Crawl Circuit pédestre

(Plan p. 66 ; ☎01-478 0193 ; www.discoverdublin.ie ; 58-59 Fleet St ; tarif plein/étudiant 14/12 € ; ⏰19h30 tlj avr-oct, 19h30 jeu-sam nov-mars ; 🚌tous arrêts centre-ville). L'histoire de la musique traditionnelle irlandaise et son influence sur les styles contemporains expliquées en musique par deux excellents musiciens dans plusieurs pubs de Temple Bar, en 2 heures 30. Le circuit débute à l'étage du pub **Oliver St John Gogarty** (plan p. 66 ; www.gogartys.ie ; ⏰10h30-23h30 lun-jeu, 10h30-0h30 ven-sam, 12h-23h dim). Chaudement recommandé !

ACHATS

Vitrine commerciale du pays, Dublin affiche un large choix d'articles produits en Irlande – ou ailleurs. Grafton Street regroupe nombre de boutiques de marques haut de gamme, principalement britanniques, mais vous verrez dans les rues environnantes des magasins avec des produits *made in Ireland*. Au nord, Henry

Boutique de design

Les 5 meilleurs restaurants

Restaurant Patrick Guilbaud (p. 77)
Chapter One (p. 77)
Shanahan's on the Green (p. 77)
Winding Stair (p. 78)
Fade Street Social (p. 76)

De gauche à droite : Winding Stair (p. 78) ; Queen of Tarts (p. 75) ; Restaurant Patrick Guillbaud

ANDREW MONTGOMERY/LONELY PLANET ©

TYLER W. STIPP/SHUTTERSTOCK ©

Street, rue piétonne, abrite des boutiques de marques internationales et Arnott's, le meilleur grand magasin de Dublin.

Avoca Handweavers Artisanat

(Plan p. 66 ; ☎01-677 4215 ; www.avoca.ie ; 11-13 Suffolk St ; ⏲9h30-18h lun-mer et sam, 9h30-19h jeu-ven, 11h-18h dim ; 🚌tous arrêts centre-ville). Boutique de vêtements et de décoration doublée d'un espace traiteur au sous-sol et d'un excellent **café** (plan p. 66 ; plats 9-16 € ; ⏲9h30-17h30 lun-mer et sam, 9h30-19h jeu-ven, 11h-18h dim) au dernier étage, Avoca promeut un art de vivre moderne à l'irlandaise, élégant et douillet. Beaucoup des vêtements sont tissés, tricotés et teints selon des procédés naturels dans une usine de Wicklow. Le rayon enfant est vraiment plaisant. L'une des meilleures adresses pour trouver un cadeau original.

Irish Design Shop Artisanat

(Plan p. 66 ; ☎01-679 8871 ; www.irishdesignshop.com ; 41 Drury St ; ⏲10h-18h lun-mer et ven-sam, 10h-19h jeu, 13h-17h dim ; 🚌tous arrêts centre-ville). Un choix merveilleux d'objets artisanaux (bijoux, ustensiles de cuisine), soigneusement sélectionnés par les propriétaires, Clare Grennan et Laura Caffrey. Idéal pour de jolis souvenirs et cadeaux *made in Ireland*.

Ulysses Rare Books Livres

(Plan p. 66 ; ☎01-671 8676 ; www.rarebooks.ie ; 10 Duke St ; ⏲9h30-17h45 lun-sam ; 🚌tous arrêts centre-ville). Notre librairie préférée à Dublin propose une collection complète d'ouvrages sur l'Irlande. L'accent est particulièrement mis sur la littérature irlandaise du XXe siècle et les éditions originales, notamment celles de grands auteurs comme Joyce, Yeats, Beckett et Wilde.

Claddagh Records Musique

(Plan p. 66 ; ☎01-677 0262 ; www.claddaghrecords.com ; 2 Cecilia St ; ⏲10h-18h lun-sam, 12h-18h dim ; 🚌tous arrêts centre-ville). Position centrale pour cette boutique de disques proposant un beau choix de musique traditionnelle ou populaire de qualité. Le personnel, très compétent, saura vous dénicher les raretés les plus pointues. Il y a aussi une bonne section musiques du monde, et une autre **boutique** (plan p. 66 ; ☎01-888 3600 ; 5 Westmoreland St ; ⏲10h-18h lun-sam,

LONELY PLANET/GETTY IMAGES ©

12h-18h dim ; tous arrêts centre-ville) sur Westmoreland Street ; achats en ligne également possibles.

OÙ SE RESTAURER

Grafton Street et ses environs

Silk Road Café Proche-oriental €

(Plan p. 66 ; Chester Beatty Library, Dublin Castle ; plats 12 € ; 10h-16h45 lun-ven, 11h-16h45 sam-dim mai-oct, bibliothèque fermée lun nov-avr ; 50, 51B, 77, 78A, 123). Installé au rez-de-chaussée de la Chester Beatty Library (p. 48), ce petit bijou proche-oriental/nord-africain/méditerranéen n'a rien d'un café de musée ordinaire. Outre les spécialités maison de moussaka et de lasagnes aux épinards, il y a des plats du jour comme le *djaj mehshi* (poulet farci aux épices, riz, fruits secs, amandes et pignons de pin). Tous les plats sont halal et casher.

Queen of Tarts Café €

(Plan p. 66 ; 01-670 7499 ; www.queenoftarts.ie ; 4 Cork Hill ; plats 5-10 € ; 8h-20h lun-ven, 8h30-20h sam, 9h-19h dim ; tous arrêts centre-ville). Cet adorable petit café propose un beau choix de tartes, meringues, crumbles, cookies et brownies, ainsi qu'un bon petit déjeuner (nous recommandons les cakes bacon fumé-poireaux, servis avec œufs et tomates-cerise). Il y a une autre adresse plus spacieuse au coin de **Cow's Lane** (plan p. 66 ; 3-4 Cow's Lane ; plats 5-10 € ; 8h-20h lun-ven, 8h30-20h sam, 9h-19h dim ; tous arrêts centre-ville).

Coburg Brasserie Français €€

(Plan p. 70 ; 01-602 8900 ; www.thecoburgdublin.com ; Conrad International, Earlsfort Tce ; plats 11-18 € ; tous arrêts centre-ville). La cuisine d'inspiration française de cette brasserie d'hôtel rénovée fait la part belle aux produits de la mer. On y sert toute la journée des huîtres, des moules, toute une variété de plats "simples" au homard

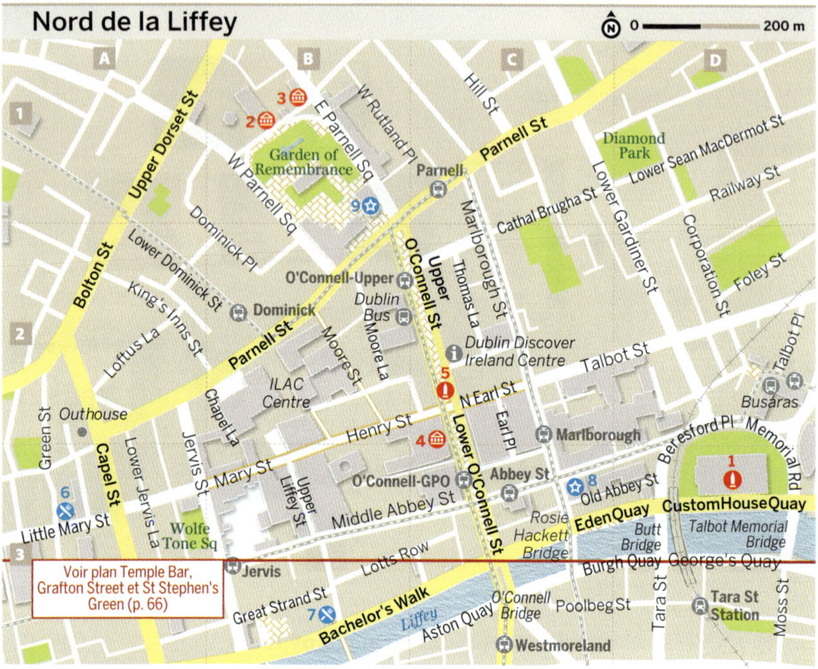

Nord de la Liffey

À voir
- 1 Custom House D3
- 2 Dublin City Gallery – the Hugh Lane B1
- 3 Dublin Writers Museum B1
- 4 General Post Office C2
- 5 Spire C2

Où se restaurer
- Chapter One .... (voir 3)
- 6 Oxmantown A3
- 7 Winding Stair B3

Où sortir
- 8 Abbey Theatre C3
- 9 Gate Theatre B1

Achats
- Winding Stair Bookstore .... (voir 7)

(en sandwich ou en sauce cocktail, par exemple), une bouillabaisse particulièrement savoureuse, des burgers à la crevette et une excellente assiette de saumon bio du Connemara mariné au whiskey. Délicieux.

Fade Street Social — Irlandais moderne €€

(Plan p. 66 ; ☎01-604 0066 ; www.fadestreetsocial.com ; 4-6 Fade St ; plats 18-32 €, tapas 5-12 € ; 🕐12h30-22h30 lun-ven, 17h-22h30 sam-dim ; 📶 ; 🚌tous arrêts centre-ville). Deux restaurants en un ici gérés par le célèbre chef Dylan McGrath. À l'entrée, dans le bar à tapas animé, sont servis des en-cas préparés dans une cuisine ouverte. À l'arrière, le restaurant, à l'ambiance plus feutrée, propose des viandes irlandaises – du veau au lapin – agrémentées de légumes bio du jardin. Il y a aussi un bar à l'étage. Réservation conseillée.

Pig's Ear — Irlandais moderne €€

(Plan p. 66 ; ☎01-670 3865 ; www.thepigsear.com ; 4 Nassau St ; plats 18-28 € ; 🕐12h-14h45 et 17h30-22h lun-sam ; 🚌tous arrêts centre-ville). Dominant les terrains de sport de Trinity

College, ce restaurant aussi décontracté que tendance, réparti sur deux niveaux, est réputé pour sa cuisine irlandaise savoureuse et innovante : poitrine de porc au barbecue, bavette de bœuf irlandais et un exceptionnel *shepherd's pie* (équivalent du hachis parmentier) de Lough Erne cuit à petit feu.

Restaurant Patrick Guilbaud Français €€€

(Plan p. 66 ; ☎01-676 4192 ; www.restaurantpatrickguilbaud.ie ; 21 Upper Merrion St ; menu midi 2/3 plats 50/60 €, soir 90-185 € ; ⏲12h30-14h30 et 19h30-22h30 mar-sam ; 🚌7, 46 depuis le centre-ville). Ce restaurant, le seul en Irlande à se targuer de deux étoiles au guide Michelin, est tenu pour la meilleure table du pays. Guillaume Lebrun porte l'art culinaire à sa plus haute expression. Excellente adresse, dont le menu de midi est une affaire dans cette catégorie. Innovant et superbement présenté.

Shanahan's on the Green Viande €€€

(Plan p. 66 ; ☎01-407 0939 ; www.shanahans.ie ; 119 St Stephen's Green W ; plats 42-49 € ; ⏲18h-22h sam-jeu, 12h-22h ven ; 🚌tous arrêts centre-ville, 🚊St Stephen's Green). Ce lieu chic a pour spécialité les pièces de bœuf Irish Angus. On s'y attable dans une ambiance chic et feutrée, placée sous le signe des Irlando-Américains – le bar du rez-de-chaussée se nomme l'Oval Office et on peut admirer un rocking-chair ayant appartenu à JFK.

Kilmainham et The Liberties

1837 Bar & Brasserie Brasserie €

(Plan p. 70 ; ☎01-471 4602 ; www.guinness-storehouse.com ; Guinness Storehouse, St James's Gate ; plats 9-14 € ; ⏲12h-15h ; 🚌21A, 51B, 78, 78A, 123 depuis Fleet St, 🚊James's). Ouverte à l'heure du déjeuner, cette brasserie propose des plats savoureux allant d'huîtres on ne peut plus fraîches à un extraordinaire burger à la Guinness, accompagné de frites avec la peau et de chutney d'oignon rouge. Côté boissons, on peut déguster plusieurs variétés de Guinness, comme la West Indian Porter ou la Golden Ale.
Ne manquez pas d'y déjeuner si vous visitez le musée.

Fumbally Café €

(Plan p. 70 ; ☎01-529 8732 ; www.thefumbally.ie ; Fumbally Lane ; plats 5-9,50 € ; ⏲8h-17h mar-ven, 10h-17h sam, plus 19h-21h30 mer ; 🚌49, 54A depuis le centre-ville). Installé dans un vaste et lumineux entrepôt, ce café sert petits déjeuners, salades et sandwichs (parfois, dans un coin, un guitariste fredonne des airs irlandais). Les dîners du mercredi (plats 16 €) sont une explosion de saveurs du monde rassemblées dans un seul plat (avec variante végétarienne) à base de produits bio et locaux, à partager aux tables communales ; réservation conseillée.

Nord de la Liffey

Oxmantown Café €

(Plan p. 76 ; www.oxmantown.com ; 16 Mary's Abbey, City Markets ; sandwichs 5,50 € ; ⏲7h30-16h lun-ven ; 🚊Four Courts, Jervis). Délicieux petits déjeuners et excellents sandwichs font de ce café l'une des meilleures adresses de la rive nord de la Liffey pour un petit remontant en journée. Si les ingrédients sont de première qualité – pain local, café de chez Cloud Picker (seul microtorréfacteur de Dublin) et viandes de fermes irlandaises – c'est également en cuisine que la magie opère.

Chapter One Irlandais moderne €€€

(Plan p. 76 ; ☎01-873 2266 ; www.chapteronerestaurant.com ; 18 N Parnell Sq ; midi 2 plats 32,50 €, soir 4 plats 75 € ; ⏲12h30-14h et 19h30-22h30 mar-ven, 19h30-22h30 sam ; 🚌3, 10, 11, 13, 16, 19 ou 22 depuis le centre-ville). Grande cuisine et ambiance détendue pour ce restaurant étoilé au Michelin installé au sous-sol du Dublin Writers Museum. C'est notre adresse préférée pour dîner. La cuisine irlandaise y est revisitée en s'inspirant des standards français. La carte évolue selon la saison et le service

Dans les environs de Dublin

Les Dublinois disent souvent, sans ironie aucune, que ce qu'ils préfèrent dans leur ville, c'est qu'il est facile d'en sortir – et ils ne s'en privent pas. Sans nécessairement aller très loin : beaucoup passent simplement le week-end dans un des nombreux villages côtiers qui entourent la capitale. Au nord, les jolis villages de **Howth** et de **Malahide** résistent comme ils le peuvent à leur absorption inexorable par l'agglomération dublinoise. Au sud, **Dalkey** a depuis longtemps rendu les armes, parvenant cependant à conserver son atmosphère de village. Accessible en 45 minutes en bus ou 30 minutes en train depuis la capitale, le **domaine de Malahide** (www.malahidecastleandgardens.ie ; 01-816 9538 ; Malahide, comté de Dublin ; tlj 9h30-17h30, visite guidée toutes les heures, dernière visite du château à 16h30 avr-oct et 15h30 nov-mars ; tarif plein/étudiant/enfant 12,50/9/6,50 € ; 42, 102 ; Malahide) se situe dans le charmant village du même nom sur la côte. C'est un excellent but d'excursion à la journée. Son château datant des XIIe et XVIIe siècles est sis dans un domaine de 105 ha. Pendant près de 800 ans, il fut le fief de la famille Talbot, arrivée de France en Angleterre avec Guillaume le Conquérant, puis établie en Irlande en 1174. Le jardin botanique, de 8 ha, fut créé par lord Milo Talbot dans les années 1940 : voyageur et collectionneur enthousiaste, celui-ci a rassemblé près de 5 000 espèces végétales. Visite du château guidée uniquement.

Malahide Castle, comté de Dublin

est très professionnel. Le menu de trois plats (39,50 €) est parfait si vous allez au **Gate Theatre** (plan p. 76 ; 01-874 4045 ; www.gatetheatre.ie ; 1 Cavendish Row ; représentations 19h30 lun-sam, plus 14h30 sam ; tous arrêts centre-ville) voisin.

Fish Shop Poisson, fruits de mer €€
(Plan p. 70 ; 01-430 8594 ; www.fish-shop.ie ; 6 Queen St ; 4 plats/menu dégustation 39/55 € ; 12h-14h30 et 17-22h mer-ven, 17h-22h mar et sam ; 25, 25A, 66, 67 depuis le centre-ville, Smithfield). Dans ce minuscule restaurant (16 couverts), le menu change quotidiennement selon les arrivages. Le choix est limité : menu 4 plats ou menu dégustation (maquereau pêché à la ligne en sauce verte, sole beurre-câpres, etc.). Mais allez-y en confiance : c'est peut-être le meilleur restaurant de poisson en ville.

Winding Stair Irlandais moderne €€
(Plan p. 76 ; 01-873 7320 ; www.winding-stair.com ; 40 Lower Ormond Quay ; déj 2 plats 22 €, plats 22-28 € ; 12h-17h et 17h30-22h30 ; tous arrêts centre-ville). Occupant une splendide maison georgienne, accueillant de longue date l'une des plus belles librairies de Dublin – aujourd'hui au rez-de-chaussée : la **Winding Stair Bookshop** (plan p. 76 ; 01-872 6576 ; 10h-18h lun-mer et ven, 10h-19h jeu et sam, 12h-18h dim) –, cet élégant restaurant concocte une superbe cuisine irlandaise (tourte au poisson et à la crème, bacon et chou bio, moules à la vapeur et fromages fermiers d'Irlande), accompagnée d'une belle carte des vins. Mémorable.

OÙ PRENDRE UN VERRE ET FAIRE LA FÊTE

Grafton Street et ses environs

O'Donoghue's Pub
(Plan p. 66 ; www.odonoghues.ie ; 15 Merrion Row ; 10h30-23h30 lun-jeu, 10h30-0h30 ven-sam, 12h-23h dim ; tous arrêts centre-ville). C'est dans ce pub, qui accueille encore quotidiennement des concerts,

que The Dubliners, piliers de la musique traditionnelle irlandaise, firent leurs débuts dans les années 1960. Mais, même sans cela, on y viendrait en nombre profiter des bonnes pintes et de la belle ambiance au vieux bar ou dans l'ancienne cour à calèches couverte.

Grogan's Castle Lounge — Pub

(Plan p. 66 ; www.groganspub.ie ; 15 S William St ; 10h30-23h30 lun-jeu, 10h30-0h30 ven-sam, 12h30-23h dim ; tous arrêts centre-ville). Le Grogan's (du nom du premier propriétaire) est une véritable institution du centre-ville, appréciée de longue date des écrivains, peintres et autres personnages bohèmes de Dublin, qui viennent y boire une Guinness ou deux en attendant de percer.

Kehoe's — Pub

(Plan p. 66 ; 9 S Anne St ; 10h30-23h30 lun-jeu, 10h30-0h30 ven-sam, 12h-23h dim ; tous arrêts centre-ville). Le pub traditionnel dublinois par excellence, dont le magnifique bar victorien et les salles douillettes sont appréciées par les habitants et les visiteurs depuis des générations, au point que l'appartement du propriétaire, à l'étage, a dû céder la place à une extension (il aura suffi d'en ôter les meubles et d'installer un bar).

Stag's Head — Pub

(Plan p. 66 ; www.louisfitzgerald.com/stagshead ; 1 Dame Ct ; 10h30-1h lun-sam, 10h30-minuit dim ; tous arrêts centre-ville). Ouvert en 1770, rénové en 1895 et inchangé depuis, ce superbe pub est si pittoresque qu'il a été plusieurs fois utilisé pour des tournages de films.

John Mulligan's — Pub

(Plan p. 66 ; www.mulligans.ie ; 8 Poolbeg St ; 10h30-23h30 lun-jeu, 10h30-0h30 ven-sam, 12h-23h dim ; tous arrêts centre-ville). Fondé en 1782 et occupant son emplacement actuel depuis 1854, ce pub a le double statut de pôle culturel local et de temple de la boisson. En 1945, John F. Kennedy vint s'y mêler à une clique d'habitués qui semble avoir à peine changé depuis.

Kilmainham et The Liberties

Old Royal Oak — Pub

(Plan p. 70 ; 11 Kilmainham Lane ; 10h30-23h30 lun-jeu, 10h30-0h30 ven-sam, 12h-23h dim ; 68, 79 depuis le centre-ville). Les habitants du quartier cultivent l'atmosphère de ce magnifique pub traditionnel, ouvert en 1845 pour servir le personnel et les patients du Royal Hospital (aujourd'hui le Museum of Modern Art). Hormis la clientèle, rien n'a changé depuis, ce qui en fait l'un des plus beaux pubs de Dublin.

Arthur's — Pub

(Plan p. 70 ; 01-402 0914 ; www.arthurspub.ie ; 28 Thomas St ; 12h-23h30 lun-jeu, 11h-0h30 ven-sam, 11h-23h dim ; 21A, 51B, 78, 78A, 123 depuis Fleet St, James's). Vu son emplacement, Arthur's aurait très bien pu tourner en piège à touristes et, de fait, nombreux sont ceux qui viennent y prolonger la visite de la Guinness Storehouse (p. 60). C'est pourtant une atmosphère chaleureuse et conviviale qui vous attend, ainsi que de bons plats de pub. La cheminée et l'éclairage à la bougie sont particulièrement enchanteurs en hiver.

Brazen Head — Pub

(Plan p. 70 ; 01-679 5186 ; www.brazenhead.com ; 20 Lower Bridge St ; 10h-minuit lun-jeu, 10h-0h30 ven-sam, 11h-minuit dim ; 51B, 78A, 123 depuis le centre-ville). À l'origine une taverne normande, le Brazen Head, ouvert en 1198, est sans doute le plus vieux pub de Dublin. Légèrement à l'écart du centre-ville, on y retrouve des étudiants en langues étrangères, des touristes et quelques vieux Irlandais bourrus.

Nord de la Liffey

Cobblestone — Pub

(Plan p. 70 ; www.cobblestonepub.ie ; N King St ; 16h30-23h30 lun-jeu, 16h30-0h30 ven-sam, 13h30-23h30 dim ; Smithfield). Se présentant comme un débit de boissons "accro à la musique", ce pilier de la vie de quartier de Smithfield accueille toute la semaine des sessions de musique traditionnelles. Les sessions Balaclava du mercredi (à partir de

Offices du soir dans les cathédrales

En 1742, les chœurs des cathédrales St Patrick's et Christ Church se réunissaient exceptionnellement dans Fishamble Street pour la création du *Messie* de Haendel, dirigée par le compositeur en personne. Les deux cathédrales cultivent fièrement leur tradition chorale et l'office du soir (*evensong*) est un enchantement pour le visiteur. À St Patrick's, le chœur chante l'office du soir à 17h30 du lundi au vendredi et à 15h15 le dimanche (moins fréquents en juillet-août) ; le chœur de Christ Church chante à 15h30 le dimanche, et à 18h du mardi au jeudi et le samedi. Si vous visitez Dublin en période de Noël, ne manquez pas les chants (*carols*) de Noël à St Patrick's. Réservations ✆01-453 9472.

19h30) permettent aux musiciens en herbe d'apprendre un nouvel instrument sous l'égide de Síomha Mulligan.

Walsh's Pub
(Plan p. 70 ; 6 Stoneybatter ; ⏲10h30-23h30 lun-jeu, 10h30-0h30 ven-sam, 12h-23h dim ; 🚌25, 25A, 66, 67 depuis le centre-ville, 🚋Museum). Quand on trouve une petite place dans l'arrière-salle de ce pub, le Walsh's offre de beaux moments de convivialité dans une ambiance particulièrement authentique. Sinon, on se rabat sur le bar à l'ancienne où le personnel sympathique et la clientèle branchée forment un cocktail réjouissant. Un pub authentiquement dublinois.

OÙ SORTIR

Croyez-le ou non, il y a une vie hors du pub : *comedy clubs*, concerts classiques, récitals, lectures littéraires, marionnettes et musique – beaucoup de musique. Dublin est également réputée pour ses théâtres, où l'on peut voir des comédies musicales légères comme des œuvres plus sérieuses de Beckett, Yeats ou O'Casey – sans parler des nombreux talents d'aujourd'hui.

O'Donoghue's Musique traditionnelle
(Plan p. 66 ; ✆01-660 7194 ; www.odonoghues.ie ; 15 Merrion Row ; ⏲à partir de 19h ; 🚌tous arrêts centre-ville). Le vieux bar de ce célèbre pub accueille tous les soirs des sessions de musique traditionnelle avec des célébrités locales telles que Tom Foley, Joe McHugh, Joe Foley et Maria O'Connell.

Devitt's Musique live
(Plan p. 70 ; ✆01-475 3414 ; www.devittspub.ie ; 78 Lower Camden St ; ⏲à partir de 21h jeu-sam ; 🚌14, 15, 65, 83). Des musiciens talentueux se retrouvent lors des sessions de Devitt's – également appelé Cusack Stand. À ne pas manquer.

Whelan's Musique live
(Plan p. 70 ; ✆01-478 0766 ; www.whelanslive.com ; 25 Wexford St ; 🚌16, 122 depuis le centre-ville). Jouxtant un pub traditionnel, cette salle de taille moyenne est l'une des plus appréciées de Dublin, notamment par les compositeurs-interprètes qui une fois leurs états d'âme exprimés sur scène peuvent partager une tournée avec leurs fans dans le pub.

National Concert Hall Musique live
(Plan p. 70 ; ✆01-417 0000 ; www.nch.ie ; Earlsfort Tce ; 🚌tous arrêts centre-ville). La première salle de concert d'Irlande accueille toutes sortes de concerts toute l'année, notamment à l'heure du déjeuner le mardi (13h-14h), de juin à août.

Smock Alley Theatre Théâtre
(Plan p. 66 ; ✆01-677 0014 ; www.smockalley.com ; 6-7 Exchange St). Ce théâtre, qui se cache dans un édifice du XVIIe siècle superbement restauré, affiche l'une des programmations les plus variées de Dublin (opéras, soirées "enquêtes policières", spectacles de marionnettes, Shakespeare, etc.) ; des réjouissances auxquelles on peut souvent assister en dînant.

Abbey Theatre Théâtre
(Plan p. 76 ; ✆01-878 7222 ; www.abbeytheatre.ie ; Lower Abbey St ; 🚌tous arrêts centre-ville,

Smock Alley Theatre

Abbey). Le théâtre national d'Irlande, fondé en 1904 par W. B. Yeats, joua un rôle central dans la prise de conscience de l'identité culturelle irlandaise. Directeurs du théâtre depuis 2017, Neil Murray et Graham McLaren, du National Theatre of Scotland, ont revisité la programmation, mêlant avec succès traditions et modernité.

Shelbourne Park Greyhound Stadium Courses de lévriers

(1890 269 969 ; www.igb.ie/go-greyhound-racing/our-stadiums/shelbourne-park-greyhound-stadium ; S Lotts Rd ; entrée 10 € ; 18h30-22h30 mar et jeu-sam ; 3, 7, 7A, 8, 45, 84 depuis le centre-ville, ou navette gratuite depuis Burgh Quay 19h ven-sam). Les courses de lévriers sont l'occasion d'une bonne soirée. Dans un restaurant surplombant la piste, grâce au service à la table (y compris pour les paris), vous n'aurez même pas à vous lever de votre siège. L'ambiance dans les gradins, d'un tout autre genre, promet un spectacle bien plus animé : bookmakers affairés pittoresques et parieurs encourageant les chiens à grands cris.

RENSEIGNEMENTS

Visit Dublin Centre (plan p. 66 ; www.visitdublin.com ; 25 Suffolk St ; 9h-17h30 lun-sam, 10h30-15h dim ; tous arrêts centre-ville). Principal centre d'information touristique, avec plans, guides et brochures d'itinéraires gratuits, ainsi que des services de réservation d'hébergements, de visites et d'événements.

DEPUIS/VERS DUBLIN

AVION

Situé à 13 km au nord du centre-ville, l'**aéroport de Dublin** (p. 334) possède deux terminaux. La plupart des vols internationaux arrivent au terminal 2 ; Air France, Swiss et Ryanair, notamment, utilisent le terminal 1. Pubs, restaurants, boutiques, DAB et agences de location de véhicules dans les deux terminaux.

BATEAU

Le **port de Dublin** (Dublin Port ; ☎01-855 2222 ; Alexandra Rd ; 🚌53 depuis Talbot St) est à 3 km au nord-est du centre-ville.

BUS

La gare routière centrale de Dublin, **Busáras** (plan p. 76 ; ☎01-836 6111 ; www.buseireann.ie ; Store St ; 🚆Connolly) est située juste au nord de la Liffey, derrière Custom House.

TRAIN

Toutes les lignes de la république d'Irlande sont gérées par **Irish Rail** (p. 339). Dublin compte deux gares ferroviaires : **Heuston Station** (☎01-836 5421 ; 🚊Heuston), à l'ouest de la ville et non loin de la Liffey, et **Connolly Station** (☎01-836 3333 ; 🚊Connolly, 🚆Connolly Station), à une courte marche au nord-est de Busáras, derrière Custom House.

VOITURE ET MOTO

Toutes les grandes agences de location sont présentes à Dublin. Il est recommandé de réserver pour obtenir les meilleurs tarifs, notamment le week-end et en été.

Avis Rent-a-Car (☎01-605 7500 ; www.avis.ie ; 35 Old Kilmainham Rd ; ⏰8h30-17h45 lun-ven, 8h30-14h30 sam-dim ; 🚌23, 25, 25A, 26, 68 ou 69 depuis le centre-ville)

Budget Rent-a-Car (☎01-837 9611 ; www.budget.ie ; 151 Lower Drumcondra Rd ; ⏰9h-18h ; 🚌41 depuis O'Connell St)

Europcar (☎01-812 2800 ; www.europcar.ie ; 1 Mark St ; ⏰8h-18h lun-ven, 8h30-15h sam-dim ; 🚌tous arrêts centre-ville)

Hertz Rent-a-Car (☎01-709 3060 ; www.hertz.com ; 151 South Circular Rd ; ⏰8h30-17h30 lun-ven, 9h-16h30 sam, 9h-15h30 dim ; 🚌9, 16, 77, 79 depuis le centre-ville)

Thrifty (☎01-844 1944 ; www.thrifty.ie ; 26 Lombard St E ; ⏰8h-18h lun-ven, 8h-15h sam-dim ; 🚌tous arrêts centre-ville)

COMMENT CIRCULER

TRANSPORTS PUBLICS

BUS

Le **Dublin Bus Office** (plan p. 76 ; ☎01-873 4222 ; www.dublinbus.ie ; 59 Upper O'Connell St ; ⏰8h30-17h30 mar-ven, 8h30-14h sam, 9h-17h30 lun ; 🚌tous arrêts centre-ville) distribue gratuitement les horaires de chacune de ses lignes. Les bus fonctionnent de 6h (5h30 pour certains) à 23h30 environ.

TRAIN

Le **Dublin Area Rapid Transport** (DART ; ☎01-836 6222 ; www.irishrail.ie) assure une desserte rapide de la côte jusqu'à Howth (30 minutes environ) au nord et jusqu'à Greystones (comté de Wicklow) au sud. Des trains passent toutes les 10 à 20 minutes, plus souvent pendant les heures de pointe, de 6h30 à minuit du lundi au samedi ; ils sont moins fréquents le dimanche.

TRAM

Le réseau de train léger **Luas** (www.luas.ie) comprend deux lignes : la verte (toutes les 5 à 15 minutes) relie Broombridge, au nord, à Brides Glen, au sud de Dublin, depuis l'extension de la ligne inaugurée fin 2017 ; la rouge (toutes les 20 minutes) relie Point Village à Tallaght et Saggart via les quais de la rive nord et la gare de Heuston.

TAXI

De nombreuses compagnies de taxis, dont **National Radio Cabs** (☎01-677 2222 ; www.nrc.ie), ont un service de radio-taxis. Autrement, essayez l'application **mytaxi** (www.mytaxi.com).

Où se loger

Dublin attire les touristes toute l'année : réservez longtemps à l'avance, notamment pour un séjour le week-end.

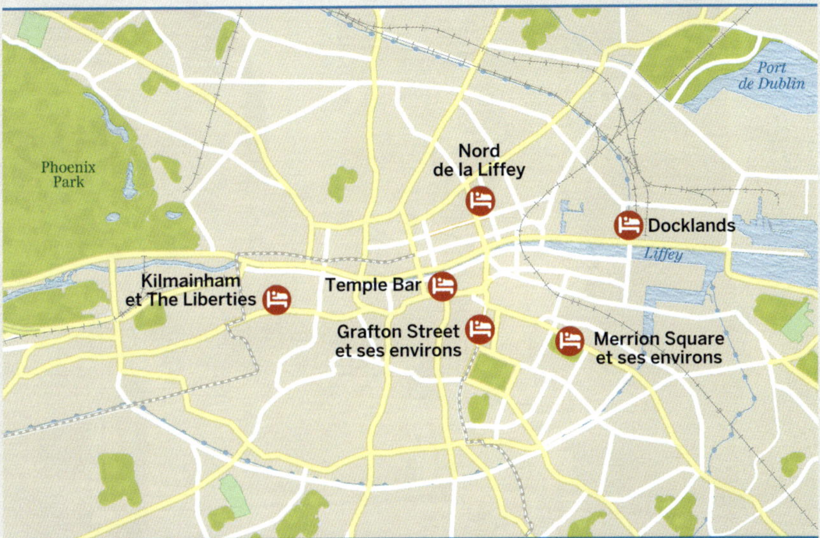

Quartier	Ambiance
Grafton Street et ses environs	Proche des principaux sites et de la vie nocturne ; bon choix d'hôtels de catégories moyenne et supérieure ; chambres généralement plus petites et tarifs souvent peu avantageux.
Merrion Square et ses environs	Quartier plaisant, hôtels élégants et B&B dans des maisons de ville ; certains des meilleurs restaurants de la capitale ; offre restreinte, surtout pour les petits budgets.
Temple Bar	Au cœur de la fête ; proche de tout ; bruyant, touristique ; rapport qualité/prix pas spécialement avantageux.
Kilmainham et The Liberties	Proche de la vieille ville et des sites de l'ouest de Dublin ; très peu de bons hébergements ; choix restreint de restaurants.
Nord de la Liffey	Grande variété d'hébergements accessibles à pied depuis les principaux sites et les lieux nocturnes ; adresses petits budgets pas toujours à la hauteur.
Docklands	Excellents hôtels modernes (certains haut de gamme) avec service de qualité ; quartier isolé et calme, nécessitant taxi ou transports publics pour rejoindre le centre.
Southside	Adresses de meilleur rapport qualité/prix, chambres plus grandes et propriétés avec jardins ; attention, quand on ne se trouve pas sur la ligne de tramway Luas, le transport en bus peut faire perdre beaucoup de temps.

Old Mellifont Abbey (p. 95)

COMTÉS DE MEATH ET DE LOUTH

Dans ce chapitre

Brú na Bóinne 88
Environs de Brú na Bóinne 94
Drogheda et ses environs 95

Comtés de Meath et de Louth

Au nord de Dublin, les riches terres du comté de Meath ont connu des peuplements dès 8000 av. J.-C. Les hommes ont peu à peu remonté les rives de la Boyne, défrichant la forêt pour aménager des terres cultivables. Meath, l'une des cinq provinces de l'Irlande primitive, a joué des siècles durant un rôle crucial dans la politique de l'île. Sur l'autre rive de la Boyne, le comté de Louth, le plus petit du pays, fut le centre de la vie ecclésiastique aux Ve et VIe siècles, grâce à la prospérité du monastère de Monasterboice et de l'abbaye cistercienne de Mellifont. Dans ces comtés riches en vestiges se concentrent plusieurs sites incontournables.

Les comtés de Meath et de Louth en 1 jour

Depuis Dublin, rejoignez Brú na Bóinne et consacrez une bonne partie de la journée à la découverte des tombes à couloirs de **Newgrange** (p. 88), **Knowth** (p. 90) et **Dowth** (p. 90). En milieu d'après-midi, visitez le **site de la bataille de la Boyne** (p. 94), sur la route de Drogheda, où vous pourrez passer la nuit.

Les comtés de Meath et de Louth en 2 jours

Le deuxième jour, après une balade à Drogheda, partez à la découverte des fascinantes ruines monastiques de **Monasterboice** (p. 95) et de l'**Old Mellifont Abbey** (p. 95). L'après-midi, en retournant vers Dublin, visitez l'ancienne capitale des hauts rois d'Irlande, perchée sur la **colline de Tara** (p. 94).

Comment s'y rendre

De nombreux bus Éireann (www. buseireann.ie) se rendent dans le comté de Meath, mais l'idéal est de louer une voiture pour sortir des sentiers battus. Les tours-opérateurs proposent des circuits passant par les sites principaux, la plupart au départ de Dublin.

Les trains de la ligne Dublin-Belfast s'arrêtent à Drogheda et Dundalk, également desservies par des bus. Des bus relient Carlingford à Dundalk.

Où se loger

On trouve de bons hébergements dans la plupart des villes et villages du comté de Meath, et la campagne est ponctuée de manoirs splendides.

Si l'on trouve quelques B&B, hôtels et auberges de jeunesse à proximité de Brú na Bóinne et de Tara, les localités de Drogheda et de Trim offrent le meilleur choix d'hébergements, ainsi qu'un bon réseau de transports. On peut aussi explorer les principaux sites des comtés de Louth et de Meath depuis Dublin.

Exposition au centre des visiteurs de Brú na Bóinne

Brú na Bóinne

La vaste nécropole néolithique de Brú na Bóinne est l'un des sites préhistoriques les plus extraordinaires d'Europe. Antérieur de mille ans à Stonehenge, c'est un témoignage remarquable du savoir-faire des hommes de ce temps.

Pour ceux qui aiment

☑ Ne ratez pas

Les belles gravures sur pierre dans le passage d'entrée du tombeau de Newgrange.

La nécropole de Brú na Bóinne ("palais de la Boyne") était destinée à accueillir les dépouilles de personnages importants, et ses tombes sont demeurées les plus grandes structures humaines d'Irlande jusqu'à l'édification des châteaux normands, quelque 4 000 ans plus tard. Brú na Bóinne comprend plusieurs sites, dont les trois principaux sont Newgrange, Knowth et Dowth.

Des siècles durant, ils ont été laissés à l'abandon, envahis de végétation et à la merci des pillards – des Vikings aux chasseurs de trésors de l'époque victorienne, dont les initiales sont gravées sur les grandes pierres de Newgrange. Les environs sont parsemés de tertres (tumulus) et de pierres dressées.

Newgrange

Vu de l'extérieur, **Newgrange** (www. newgrange.com ; centre des visiteurs et

Boyne Valley

©NATIONAL MONUMENTS SERVICE DEPT OF ARTS, HERITAGE AND THE GAELTACHT

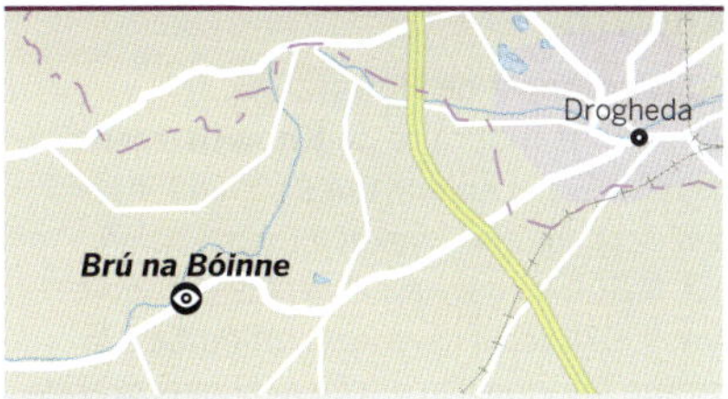

Bon à savoir

Brú na Bóinne Visitor Centre (041-988 0300 ; www.heritageireland.ie ; Donore ; tarif plein/enfant centre des visiteurs 4/3 €, centre des visiteurs et Newgrange 7/4 €, centre des visiteurs et Knowth 6/4 €, les 3 sites 13/8 € ; 9h-19h juin à mi-sept, 9h-18h30 mai et mi-sept à début oct, 9h30-17h30 fév-avr et début oct à début nov, 9h-17h début nov à jan)

Une petite faim ?

Le café du Visitor Centre sert une cuisine honnête, avec des options végétariennes.

Bon à savoir

La visite se déroule pour l'essentiel en extérieur. Équipez-vous de chaussures de marche ou de randonnée, ainsi que de vêtements de pluie.

Newgrange 7/4 € ; 9h-19h juin à mi-sept, 9h-18h30 mai et mi-sept à début oct, 9h30-17h30 fév-avr et début oct à début nov, 9h-17h début nov-janv), est un immense tumulus herbeux, d'environ 80 m de diamètre et 13 m de hauteur. Il abrite l'une des plus belles tombes à couloir de l'âge de la pierre irlandais et constitue l'un des sites préhistoriques les plus remarquables d'Europe. Datant d'environ 3200 ans avant J.-C., il est donc antérieur de six siècles aux grandes pyramides d'Égypte.

Son alignement avec le soleil lors du solstice d'hiver laisse supposer qu'il avait aussi une fonction de calendrier.

Solstice d'hiver à Newgrange

À 8h20 lors du solstice d'hiver, les rayons du soleil levant pénètrent par la lucarne de l'entrée pour s'étendre lentement dans le long passage, éclairant la chambre funéraire pendant 17 minutes. Confinant à l'expérience mystique, c'est sans doute l'un des moments les plus inoubliables qui puissent se vivre en Irlande.

Une simulation du solstice d'hiver attend les groupes qui visitent le tumulus. Pour avoir la chance d'assister au phénomène naturel, observable le matin pendant 6 jours autour du solstice (entre les 18 et 23 décembre), participez à la loterie gratuite qui a lieu fin septembre ; 50 noms sont tirés au sort et chacun des heureux gagnants peut amener un invité (sachez toutefois que plus de 30 000 personnes s'inscrivent chaque année). Remplissez votre bulletin de participation au centre des visiteurs de Brú na Bóinne ou adressez un message à brunaboinne@opw.ie.

Knowth

Au nord-ouest de Newgrange, le tumulus funéraire de **Knowth** (centre des visiteurs et Knowth 6/4 € ; 9h-19h juin à mi-sept, 9h-18h30 mai et mi-sept à début oct, 9h30-17h30 fév-avr et début oct à début nov, 9h-17h début nov à janv) fut édifié à la même époque. On y trouve la plus grande collection d'objets jamais mise au jour dans des tombes à couloir en Europe occidentale. Les premières fouilles ont dégagé un passage de 34 m conduisant à la chambre centrale, beaucoup plus long que celui de Newgrange. En 1968, un passage de 40 m a été découvert de l'autre côté du tumulus.

Le site est fréquemment fermé pour laisser place aux fouilles.

Dowth

Le tumulus de **Dowth** (24h/24) GRATUIT ou Dubhadh, qui signifie "sombre", proche par sa taille (63 m de diamètre) de celui de Newgrange, est légèrement plus élevé (14 m). Pour des raisons de sécurité, l'accès aux tombes de Dowth est interdit aux visiteurs, mais on peut voir le tumulus (et les moutons qui y paissent) en empruntant la L1607 entre Newgrange et Drogheda.

Au nord se dressent les ruines de **Dowth Castle** et **Dowth House**.

Visiter Brú na Bóinne

Mieux vaut organiser votre visite pour en profiter au maximum.

- Les visites de Brú na Bóinne démarrent du centre des visiteurs (p. 89), d'où une

Tombe à couloir ouest, Knowth

navette vous emmènera aux tombes. Si vous vous présentez à Newgrange ou Knowth, on vous enverra à ce même centre, lequel est distant de 4 km de l'un et l'autre sites. Tout est fait pour décourager les marcheurs, car les routes, étroites, sont empruntées par de nombreux cars de touristes.

- Prévoyez beaucoup de temps : une heure pour le centre des visiteurs, deux pour la visite de Newgrange ou de Knowth, et une demi-journée pour tout voir.

Où se loger

On trouve quelques B&B, hôtels et auberges de jeunesse près de Brú na Bóinne et Tara, mais le choix d'hébergements est plus vaste à Drogheda et Trim.

FRANKIX/GETTY IMAGES ©

- Le site est parfois pris d'assaut en été, notamment le week-end, avec parfois des pics de fréquentation à 2 000 personnes par jour : vous ne serez pas assuré d'accéder aux deux tombes à couloir, le nombre maximal de visiteurs étant fixé à 750 par jour. Premier arrivé, premier servi : mieux vaut donc se présenter de bonne heure ou venir en semaine, et s'armer de patience ! Autrement, les visites organisées, comme celles de Mary Gibbons Tours, garantissent de voir.

Circuits organisés

Brú na Bóinne est l'un des sites les plus visités d'Irlande. De nombreux groupes viennent spécialement de Dublin en bus.

La visite se déroule pour l'essentiel en plein air : pensez à prendre des vêtements de pluie au cas où.

Mary Gibbons Tours Visites guidées (☎086 355 1355 ; www.newgrangetours.com ; visite guidée avec entrée tarif plein/enfant 40/35 €). Le bus prend des passagers devant plusieurs hôtels de Dublin (à partir de 9h30 en semaine et 7h40 le week-end) puis entame son itinéraire : la vallée de la Boyne, avec notamment Newgrange et la colline de Tara. Visite en anglais seulement. Paiement en espèces dans le bus (pas de cartes bancaires).

★ Daniel O'Connell

En août 1843, 750 000 personnes se réunirent à Tara pour écouter parler Daniel O'Connell, leader de l'opposition à l'union avec la Grande-Bretagne.

Brú na Bóinne

La visite débute au **1 centre des visiteurs**, dont la superbe exposition commence par un bref film qui replace le site dans son contexte historique. De là, un bus-navette mène à **2 Newgrange**. Vous passerez devant les **3 orthostates**, les pierres dressées qui gardent l'entrée du **4 couloir principal** conduisant à la **5 chambre funéraire**. Un dispositif reproduit l'arrivée des premiers rayons du soleil, au matin du solstice d'hiver (mais vous pourrez tenter de gagner votre place à la loterie annuelle pour assister au phénomène réel). Pour visiter **6 Knowth**, vous devrez remonter dans le bus au centre des visiteurs. Sinon, ralliez **7 Dowth** en voiture. On ne peut pas pénétrer dans les tombes, mais des panneaux d'information présentent le site.

WIEDITMEDIA/GETTY IMAGES ©

Couloir couvert de Newgrange

Le couloir est jalonné de 43 pierres dressées, de 1,5 m de haut en moyenne : 22 côté gauche (à l'ouest) et 21 côté droit (à l'est).

FRANK BACH/SHUTTERSTOCK ©

Knowth

Le site de Knowth recèle un tiers de l'art mégalithique d'Europe occidentale, avec plus de 200 pierres travaillées, remarquables exemples d'art funéraire du néolithique. Outre les classiques spirales, losanges et cercles concentriques, on notera des motifs plus rares, en forme de croissant.

LMSPENCER/SHUTTERSTOCK ©

Orthostates de l'entrée de Newgrange

Le tumulus est entouré de 97 orthostates (blocs de pierre dressés), dont 24 encore ensevelis. Ils sont numérotés à partir de K1, la pierre ornée de l'entrée.

BON À SAVOIR

Le meilleur moment pour une visite est le début de matinée, un jour de semaine en été : il y a moins de touristes et pas de groupes scolaires.

Newgrange

La tombe en couloir de Newgrange est dans l'alignement des rayons du soleil au solstice d'hiver.

SOLSTICE

Seules 50 personnes, sélectionnées par tirage au sort, peuvent assister sur place, accompagnées d'un invité, au solstice d'hiver. On a compté 32 522 inscrits à cette loterie pour l'année 2017.

Dowth

Les deux tombes à couloir de Dowth ne sont pas accessibles au public. Le petit cratère au sommet résulte d'une tentative de fouilles lancée en 1847.

Chambre funéraire de Newgrange

La structure à encorbellement de la chambre funéraire, demeurée intacte depuis sa construction, est un chef-d'œuvre du néolithique.

Brú na Bóinne Visitor Centre

Très critiqué à son inauguration, en 1997, ce bâtiment contemporain est désormais salué pour la manière dont il se fond dans le paysage.

Croix celtique sur la colline de Tara

Environs de Brú na Bóinne

Tara

La colline de Tara occupe depuis des millénaires une place de choix dans la tradition et le folklore irlandais. La signification païenne de Tara semble s'expliquer par le lien qui l'unit à la déesse Mæve (ou Medbh) et aux pouvoirs mythiques druides ou des chefs religieux qui régnaient depuis ce lieu sur une partie du pays. Tara devint par la suite la capitale cérémonielle des hauts rois d'Irlande (142 d'entre eux s'y succédèrent) jusqu'à l'avènement du christianisme au Ve siècle. C'est aussi l'un des plus importants sites préhistoriques d'Europe avec une tombe à couloir datant de l'âge de la pierre et des tumulus vieux de 5 000 ans.

Les vestiges de Tara n'ont rien de très spectaculaire en tant que tel, mais leur portée symbolique et historique est immense.

La bataille de la Boyne

En 1690, 60 000 soldats des armées des rois Jacques II et Guillaume III, tous deux prétendants au trône d'Angleterre, s'affrontèrent sur ce territoire, à la frontière des comtés de Meath et de Louth. Au terme de la bataille, le protestant Guillaume III l'emporta sur son rival catholique, soutenu par Louis XIV, et qui s'exila pour la France.

Le **site de la bataille** (www.battleoftheboyne.ie ; Drybridge ; tarif plein/enfant 5/2 € ; ⌚9h-17h mai-sept, 9h-16h oct-avr) comprend un centre d'information et des itinéraires de promenade. Il est situé à 6 km à l'ouest du centre de Drogheda, sur Rathmullan Road (le long de la rivière). Des bus circulent entre le site et Drogheda (4,80 €, 25 min, 2/jour).

Le centre des visiteurs dresse un panorama du conflit et présente des armes d'époque, mais on peut également partir pour une balade historique dans le parc et sur le site de la bataille. Des reconstitutions en costume sont organisées l'été.

Drogheda et ses environs

À seulement 48 km au nord de Dublin, l'ancienne ville fortifiée de Drogheda, traversée par la Boyne, abrite d'imposants édifices anciens, une belle cathédrale et un musée historique passionnant. Bien desservie par les transports, elle a l'attrait de pubs pleins de charme et de bonnes tables, ainsi que de nombreux hébergements. C'est une base idéale pour explorer la région.

Les environs de Drogheda comptent plusieurs sites historiques dont la visite nécessite de disposer d'une voiture.

À VOIR

Old Mellifont Abbey Ruines

(☎041-982 6459 ; www.heritageireland.ie ; Tullyallen ; site gratuit, centre des visiteurs tarif plein/étudiant 5/3 € ; ⏲site 24h/24 tte l'année, centre des visiteurs 10h-18h juin-août). À son apogée, Mellifont fut l'abbaye cistercienne la plus influente et la plus active d'Irlande. Ses ruines, qui respirent encore la grandeur passée des lieux, méritent amplement une visite. En 1142, saint Malachie fait appel à l'abbaye de Clairvaux en France pour fonder le monastère de Mellifont. Ce sera le premier de 10 monastères cisterciens sur le sol irlandais.

L'édifice le plus reconnaissable du lieu, et l'un des plus beaux exemples d'architecture cistercienne d'Irlande, est le bâtiment octogonal du XIIIe siècle où les moines faisaient leurs ablutions. À 1,5 km de l'axe Drogheda-Collon (R168).

Monasterboice Site historique

(⏲aube-crépuscule). GRATUIT Facilement accessible par la M1 (Belfast), à 8 km environ au nord de Drogheda, ce site monastique à l'atmosphère mystérieuse (venez tôt le matin ou en fin de journée) abrite un cimetière, deux anciennes églises en ruine, l'une des tours rondes les plus belles et les plus élevées d'Irlande, et deux croix remarquables.

OÙ SE RESTAURER ET PRENDRE UN VERRE

Kitchen Méditerranéen **€€**

(☎041-983 4630 ; 2 South Quay ; plats déj 13-17 €, dîner 17-25 € ; ⏲11h-21h mer, 11h-22h jeu-sam, 12h-21h dim ; 📶). Passé la façade vert-sauge de Kitchen, on découvre l'étincelante cuisine ouverte du meilleur restaurant de Drogheda. Des produits bio d'origine locale y côtoient des ingrédients étrangers comme le *halloumi* chypriote ou le jambon Serrano. Pain fait sur place et bon choix de vins au verre. Au dessert, ne manquez pas l'Alaska au caramel salé.

Grey Goose Bar

(88 West St ; ⏲10h-minuit dim-jeu, 10h-2h ven-sam ; 📶). Cette toute nouvelle adresse branchée de Drogheda comprend un vaste bar au rez-de-chaussée, avec parquet à chevrons, vitraux et canapés en cuir. À l'étage, le lounge à cocktails, Birdcage, dispose d'un piano à queue et accueille, le samedi, un DJ résident mixant des tubes des années 1980 et 1990. Outre les 23 bières irlandaises et étrangères à la pression, on y sert des alcools locaux comme le gin Listoke et le whiskey Slane.

DEPUIS/VERS DROGHEDA

BUS

La **gare routière** (angle de Donore Rd et George's St) se trouve sur la rive sud.

Des bus **Éireann** (p. 339) se rendent à bonne fréquence à Drogheda depuis Dublin (8,30 €, 1 heure, ttes les heures) et Dundalk (7,30 €, 30 min, ttes les heures).

Matthews (☎042-937 8188 ; www.matthews.ie) propose des liaisons toutes les heures, voire davantage, à destination de Dublin (10 €) et Dundalk (€10).

TRAIN

La **gare ferroviaire** (www.irishrail.ie ; en retrait de Dublin Rd) est juste au sud de la rivière, à l'est du centre-ville. Drogheda est desservie par la ligne Belfast-Dublin (Dublin 11,80 €, 45 min ; Belfast 14,50 €, 1 heure 30 ; ttes les heures ou plus).

COMTÉ DE WICKLOW

Dans ce chapitre

Powerscourt Estate 100
Glendalough 102
Wicklow Mountains 108
Enniskerry et ses environs 108
Vale of Avoca 110

Comté de Wicklow

Situé immédiatement au sud de la capitale, le comté de Wicklow (Cill Mhantáin) est le terrain de jeux préféré des Dublinois, tout en paysages côtiers, bois et imposantes montagnes, que traverse un sentier de randonnée très prisé, la Wicklow Way. Cet itinéraire long de 127 km, depuis les faubourgs sud de Dublin jusqu'aux champs vallonnés du comté de Carlow, est jalonné de tourbières, de lacs et de forêts. En chemin, vous pourrez visiter ruines monastiques, jardins romantiques et splendides demeures du XVIIIe siècle.

Le comté de Wicklow en 1 jour

Si vous n'avez qu'une journée, filez tout droit vers **Powerscourt Estate** (p. 100) et passez la matinée à flâner dans les somptueux jardins. Après un déjeuner au café de Powerscourt House, cap au sud pour visiter le site monastique ancien de **Glendalough** (p. 102) avant une belle balade au bord de l'Upper Lake, en fin d'après-midi.

Le comté de Wicklow en 2 jours

Si vous disposez de deux jours, vous pourrez prendre votre temps. Le premier jour, visitez **Powerscourt Estate** (p. 100) et le village d'Enniskerry avant de filer pour chiner et déjeuner chez **Avoca Handweavers** (p. 109), à Kilmacanogue. Le deuxième jour, visitez **Glendalough** (p. 102) le matin et consacrez l'après-midi à l'un des célèbres jardins de Wicklow, comme **Mt Usher** (p. 109) ou les **Kilmacurragh Botanic Gardens** (p. 109).

Comment s'y rendre

Enniskerry est situé à 18 km au sud de Dublin, à 3 km à l'ouest de la M11 sur la R117. On peut accéder sans difficulté à pied à la Powerscourt House, située à 500 m d'Enniskerry.

Les **bus St Kevin's** (p. 105) relient Dublin et Bray à Roundwood et à Glendalough (2/jour). Le Dublin Bus 65 dessert les localités jusqu'à Blessington.

Où se loger

En matière d'hébergement, on trouve ici de tout, des auberges de jeunesse et campings pour randonneurs aux fermes aménagées en B&B et aux manoirs transformés en hôtels de luxe. Le comté est une destination de week-end appréciée des Dublinois : songez à réserver.

Enniskerry est une bonne base pour visiter Powerscourt ; pour explorer Glendalough, les villes d'Enniskerry ou de Blessington sont toutes deux pratiques.

Powerscourt House

Powerscourt Estate

Ce domaine remarquable de 64 km² est le site le plus visité du comté. Un manoir palladien occupe le cœur du parc, mais ce sont les jardins paysagers et leur vue exceptionnelle qui constituent les principaux atouts du lieu.

Pour ceux qui aiment...

☑ Ne ratez pas

Le cimetière des animaux, où reposent les animaux domestiques et les chevaux de la famille Wingfield.

Histoire

L'existence du domaine remonte à 1 300 ans environ, lorsque la famille LePoer (anglicisé en Power) fit construire un château. Powerscourt passa ensuite entre les mains de familles anglo-normandes, avant de devenir, en 1603, la propriété de Richard Wingfield, maréchal de l'armée d'Irlande. Ses descendants l'occupèrent pendant 350 ans. En 1730, l'architecte Richard Cassels (ou Castle) fut chargé d'édifier une demeure palladienne de 68 pièces près de l'ancien château.

Après le départ des Wingfield dans les années 1950, le bâtiment subit une importante restauration, mais à la veille de sa réouverture en 1974, un incendie le ravagea entièrement. Le domaine fut racheté par la famille Slazenger, qui entreprit une nouvelle restauration et

Jardins de Powerscourt

BRUNO_IL_SEGRETARIO/GETTY IMAGES ©

l'ajout d'équipements, notamment les deux terrains de golf et un hôtel chic.

Les jardins

Point d'orgue du domaine, les 20 ha de jardins paysagers, créés dans les années 1740, furent réaménagés au XIXe siècle par Daniel Robertson, éminent horticulteur dont la passion pour les plantes n'avait d'égale que sa prédilection pour la boisson. On raconte qu'à partir d'une certaine heure de la journée, trop ivre pour tenir debout, il devait être transporté en brouette à travers le parc.

Son style imaginatif s'exprime à travers la grande variété des jardins, les vastes terrasses, les statues, les plans d'eau artificiels, les grottes dissimulées ou les sentiers tortueux, et dans les différents espaces clos où poussent plus de

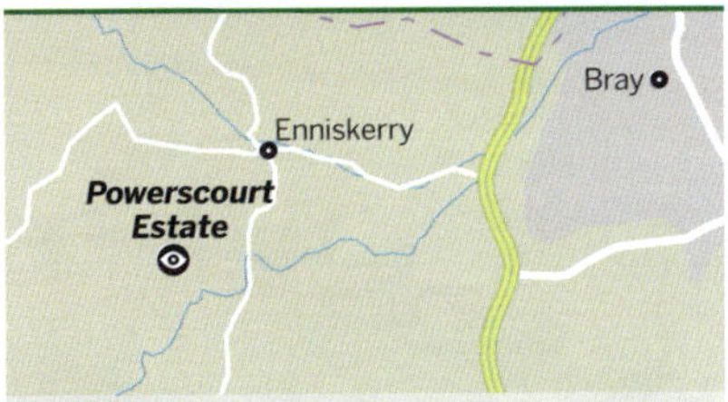

Infos pratiques

01-204 6000 ; www.powerscourt.com ; Enniskerry ; accès libre au bâtiment, jardins tarif plein/enfant 10/5 € ; 9h30-17h30 mars-oct, 9h30-crépuscule nov-fév ; P

Une petite faim ?

Déjeunez à la terrasse du café de Powerscourt House, qui jouit d'une belle vue sur le sommet du Great Sugarloaf.

★ Bon plan

Si vous êtes en voiture, pique-niquez à la chute d'eau de Powerscourt (à 5 km du domaine, entrée tarif plein/enfant/famille 6/3,50/16 €).

200 variétés d'arbres et de végétaux. Une carte, indiquant des balades de 40 minutes à 1 heure, est fournie à l'entrée du parc.

Powerscourt House

Bien qu'elle impressionne par sa taille, on n'aperçoit pas grand-chose à l'intérieur de la bâtisse, en raison d'un rigoureux programme de rénovation. On peut toutefois accéder au rez-de-chaussée pour rejoindre le café Avoca ou la boutique d'artisanat. Le **Museum of Childhood** (musée de l'Enfance ; Tara's Palace ; 01-274 8090 ; www.childhoodmuseum.org ; Powerscourt Estate ; tarif plein/enfant/famille 5/3/12 € ; 10h-17h lun-sam, 12h-17h dim ; P), abrite une collection de miniatures et de maisons de poupées, dont le Tara's Palace, un modèle à l'échelle 1/12, inspiré de demeures palladiennes comme Castletown House (p. 110), Leinster House et Carton House. Ses 22 minuscules pièces sont décorées et meublées d'objets fabriqués à la main.

Cathedral of St Peter and St Paul (p. 104)

Glendalough

Glendalough est l'un des plus beaux sites d'Irlande. Ses paysages sauvages et romantiques ont attiré maints voyageurs sur l'île d'Émeraude.

Pour ceux qui aiment...

☑ Ne ratez pas

La tour ronde, haute de 33 m et vieille de 1 000 ans, au cœur du site.

Histoire

En 498, un jeune moine du nom de Kevin arriva à Glendalough (Gleann dá Loch, "vallée des deux lacs") en quête d'un lieu pour s'installer, méditer et ne faire qu'un avec la nature. Il s'abrita dans un ancien tombeau datant de l'âge du bronze, sur la rive sud de l'Upper Lake. De nombreux disciples affluèrent au fil des ans pour vivre auprès de l'ermite, et la communauté s'agrandit peu à peu. Plusieurs siècles plus tard, Glendalough devint la première cité monastique d'Irlande, dépassant même Clonmacnoise (voir p. 120) à partir du IXe siècle. Des milliers de disciples résidaient alors dans cette communauté prospère, à l'extension considérable. Revers de la médaille, le site de Glendalough devint la cible des Vikings, qui pillèrent le monastère à quatre reprises, entre 775 et 1071.

Tour ronde (p. 104)

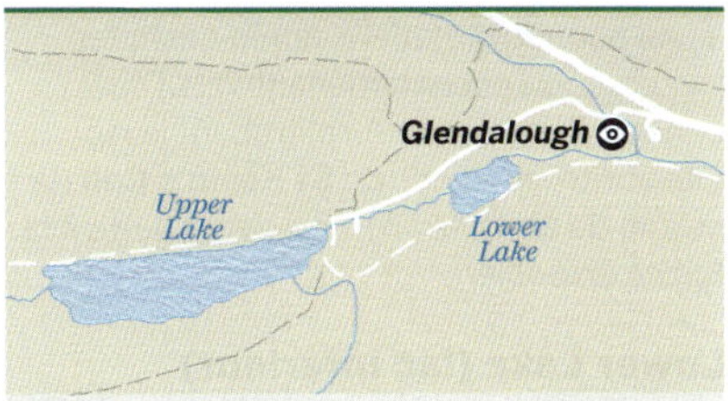

Infos pratiques

www.glendalough.ie ; 25 km au sud de Dublin ; 24h/24 ; P ; St Kevin's Bus GRATUIT

Une petite faim ?

Le **Wicklow Heather** (0404-45157 ; www.wicklowheather.ie ; Glendalough Rd, Laragh ; plats 13-29 € ; 8h-21h30 lun-jeu, 8h-22h ven-sam, 8h-21h dim ; P) est la meilleure adresse pour un vrai repas.

★ Bon plan

Avant d'explorer le site monastique, faites un tour au centre d'accueil des visiteurs (0404-45352 ; www.heritageireland.ie ; tarif plein/enfant 5/3 € ; 9h30-18h mi-mars à mi-oct, 9h30-17h mi-oct à mi-mars) **pour vous familiariser avec son histoire.**

Le coup de grâce advint en 1398, quand l'armée anglaise venue de Dublin détruisit entièrement la cité monastique. Le site continua d'être occupé par quelques moines jusqu'au XVIIe siècle, avant une désaffection complète.

Upper Lake (lac supérieur)

Au pied des falaises dominant la rive sud de l'Upper Lake, **Teampall na Skellig**, le campement originel de saint Kevin, n'est accessible que par bateau. Vous devrez vous contenter de deviner le site depuis la rive opposée, car aucun moyen de transport ne permet de l'atteindre. Les ruines reconstruites d'une église et d'un cimetière sont visibles sur la corniche en terrasse. Des huttes en bois se dressaient jadis sur le terrain surélevé attenant. Ici et là gisent de vieilles dalles funéraires et de simples croix de pierre.

Tout près à l'est, à 10 m au-dessus des eaux du lac, se cache une grotte artificielle profonde de 2 m, **St Kevin's Bed**, dans laquelle le saint aurait vécu. On sait par ailleurs désormais que la vallée était habitée bien avant l'arrivée du moine. Dans la zone verdoyante dominant l'actuel parking, le grand mur circulaire est sans doute le vestige d'un **fort en pierre** (*caher*) datant du début de l'époque chrétienne.

En suivant les rives du lac, au sud-ouest du parking, on rejoint les vestiges de la **Reefert Church**, qui domine le Poulanass, un cours d'eau. Il s'agit d'un petit édifice roman du XIe siècle dont certains arcs et murs ont été remontés. Le Reefert ("cimetière royal") était traditionnellement le lieu de sépulture des chefs des O'Toole, une famille de la région. Quelques croix en pierre et dalles funéraires, la plupart en micaschiste, se dressent dans le cimetière voisin.

Au bout du cimetière, après quelques marches, un chemin menant vers l'ouest conduit à une saillie surplombant le lac. Elle abrite les ruines de **St Kevin's Cell** (la cellule de saint Kevin), une petite hutte à la forme arrondie.

Lower Lake (lac inférieur)

Si le lac supérieur offre les meilleurs panoramas, c'est dans la partie basse de la vallée, à l'est du lac inférieur, que se concentrent les édifices les plus intéressants de l'ancien **site monastique**.

Au détour du chemin, après le Glendalough Hotel, se dresse l'arche de pierre de la **loge du monastère**, seul exemple en Irlande d'une entrée de monastère ayant résisté au temps. L'intérieur abrite une grande dalle gravée d'une croix.

À l'arrière, le **cimetière** est toujours utilisé. La **tour ronde** (Xe siècle), haute de 33 m, est d'une circonférence, à sa base, de 16 m. Les étages supérieurs et le toit conique ont été reconstruits en 1876. Au sud-est de la tour s'élève la **Cathedral of St Peter and St Paul**, dont la nef date du Xe siècle et le chœur et la sacristie du XIIe siècle.

Au centre du cimetière et au sud de la tour ronde, la **Priest's House**, étrange édifice construit vers 1170 et largement restauré, aurait abrité, selon la légende, les reliques de saint Kevin. Plus tard, au temps des lois pénales qui limitaient les pouvoirs des catholiques, elle devint un lieu de sépulture pour les prêtres locaux, d'où son nom. À 140 m au sud-ouest de la tour ronde, la **St Mary's Church** (Xe siècle) était probablement située à l'extérieur des murs du monastère et appartenait à des nonnes.

Upper Lake et Lower Lake

La porte ouest est remarquable. Un peu plus à l'ouest subsistent quelques ruines de la **St Kieran's Church**, la plus petite église de Glendalough.

À l'extrémité sud de la clôture s'élève la **St Kevin's Kitchen** (ou **Church**). C'est l'emblème de Glendalough. Son beffroi, qui rappelle une tour ronde miniature, sa sacristie en saillie et son toit incliné en pierre en font un chef-d'œuvre. Si les parties les plus anciennes datent du XIe siècle, la structure a été largement modifiée au cours des siècles. Elle reste néanmoins un remarquable exemple d'architecture religieuse classique.

☑ Ne ratez pas

Si vous avez un peu de temps, suivez l'itinéraire qui longe à pied la rive sud du Lower Lake entre le site monastique et l'Upper Lake.

CHRISTINA NEIMA/SHUTTERSTOCK ©

Au croisement avec Green Road, franchissez la rivière au sud des deux églises et vous découvrirez la **Deer Stone**, au milieu d'un ensemble de pierres. Une légende raconte que saint Kevin, à la recherche de nourriture pour deux orphelins, trouva une biche qui se laissa traire. Il s'agit en réalité d'un *bullaun* (pierre utilisée pour broyer des herbes médicinales ou des aliments).

La route qui part vers l'est conduit à **St Saviour's Church**, ornée de minutieuses sculptures romanes. À l'ouest, un sentier forestier passe devant le Lower Lake et conduit à l'Upper Lake.

Circuits organisés

Wild Wicklow Tour (01-280 1899 ; www.wildwicklow.ie ; tarif plein 28 €, étudiant/enfant 25 € ; départ 9h) organise des visites en bus à Glendalough, Avoca et au Sally Gap ; les participants sont généralement enthousiasmés par l'ambiance et les paysages. Les premiers passagers embarquent devant le Shelbourne Hotel et l'**office de tourisme** (14 Upper O'Connell St ; 9h-17h lun-sam ; tous arrêts du centre-ville), mais il y a de nombreux arrêts à travers Dublin ; renseignez-vous pour trouver le plus proche de votre hébergement. Le bus revient à Dublin vers 17h30.

Depuis/vers Glendalough

St Kevin's Bus (01-281 8119 ; www.glendaloughbus.com) organise des dessertes en bus depuis St Stephen's Green North, à Dublin, tous les jours à 11h30 et 18h (aller simple/aller-retour 13/20 €, 1 heure 30) ; de mars à octobre, le bus du soir part à 19h le samedi et le dimanche. Les véhicules marquent également l'arrêt à l'hôtel de ville de Bray (aller simple/aller-retour 9/15 €, 40 min), et repartent de Glendalough à 7h15 et 16h30 en semaine, 9h45 et 17h40 le week-end. Billets en vente à bord des bus.

Une petite faim ?

Il fait beau ? Pique-niquez sur la plage de galets à l'extrémité est de l'Upper Lake.

Glendalough

PROMENADE À PIED

La visite de Glendalough offre une plongée au cœur de l'histoire, doublée d'une belle balade dans des collines ponctuées de vestiges. Le site monastique, fondé par saint Kevin au Ve siècle, atteignit son apogée au IXe siècle, puis tomba dans un progressif oubli après 1398.

Un ensemble de ruines majeures vous attend dès l' **1 entrée principale** de la cité monastique : la **2 tour ronde**, édifice du IXe siècle quasiment intact, la **3 Cathedral of St Peter and St Paul** ou encore l'église **4 St Kevin's Kitchen**. Traversez le cours d'eau, passez devant la **5 Deer Stone**, où l'on situe l'épisode de Kevin trayant une biche, puis bifurquez vers l'ouest. Une marche de 1,5 km vous conduira jusqu'à l' **6 Upper Lake**. Sur la rive sud du lac s'étend un autre ensemble de vestiges, dont **7 Reefert Church**, une église romane du XIe siècle dans laquelle la puissante famille O'Toole faisait enterrer ses défunts, et les restes de **8 St Kevin's Cell**, cellule en nid d'abeille où aurait vécu saint Kevin.

SAINT KEVIN

Le jeune moine serait arrivé dans les environs de Glendalough vers 498. Un ange l'aurait mené à une tombe de l'âge de bronze qui lui aurait servi d'abri, appelée par la suite St Kevin's Bed. Pendant quelques années, il mena une vie d'ermite, dédiée à la méditation. Sa proximité avec la nature se retrouve dans sa légende. Il aurait ainsi amené une biche à donner chaque jour son lait à deux orphelins, lequel était recueilli dans une cavité de la pierre désormais connue sous le nom de Deer Stone (pierre de la biche). Un groupe de disciples ne tarda pas à rejoindre Kevin et le site se développa, par-delà sa mort, jusqu'à rivaliser avec Clonmacnoise au IXe siècle pour le titre de première ville monastique de l'île. Kevin aurait vécu jusqu'à l'âge de 120 ans. Il fut canonisé en 1903. En Irlande, Il est le patron de Dublin, et le deuxième saint le plus vénéré après Patrick.

OLOS/SHUTTERSTOCK ©

Tour ronde
Le site le plus célèbre de Glendalough est sa tour ronde, haute de 33 m. Elle n'a pas changé depuis sa construction, il y a mille ans, à l'exception de son toit, remplacé en 1876 après avoir été endommagé par la foudre.

Deer Stone
Cette pierre est en fait un grand mortier (*bullaun*) où l'on broyait aliments et remèdes.

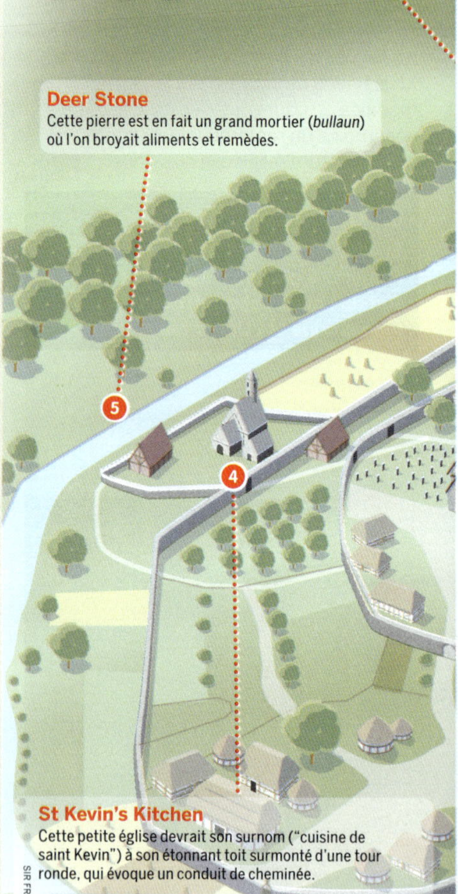

St Kevin's Kitchen
Cette petite église devrait son surnom ("cuisine de saint Kevin") à son étonnant toit surmonté d'une tour ronde, qui évoque un conduit de cheminée.

SIR FRANCIS CANKER PHOTOGRAPHY/GETTY IMAGES ©

St Kevin's Cell

C'est dans cet abri en pierre sèche que saint Kevin aurait eu l'habitude de prier et de méditer – à ne pas confondre avec St Kevin's Bed, la grotte où il dormait.

Reefert Church

Son nom vient de l'irlandais *righ fearta*, qui signifie "lieu de sépulture des rois". Sept princes de la puissante famille O'Toole furent enterrés ici.

Upper Lake

Le site du campement d'origine de saint Kevin se trouve au bord de l'Upper Lake, l'un des deux lacs auxquels Glendalough (la "vallée des deux lacs") doit son nom.

RAFAL STACHURA/GETTY IMAGES ©

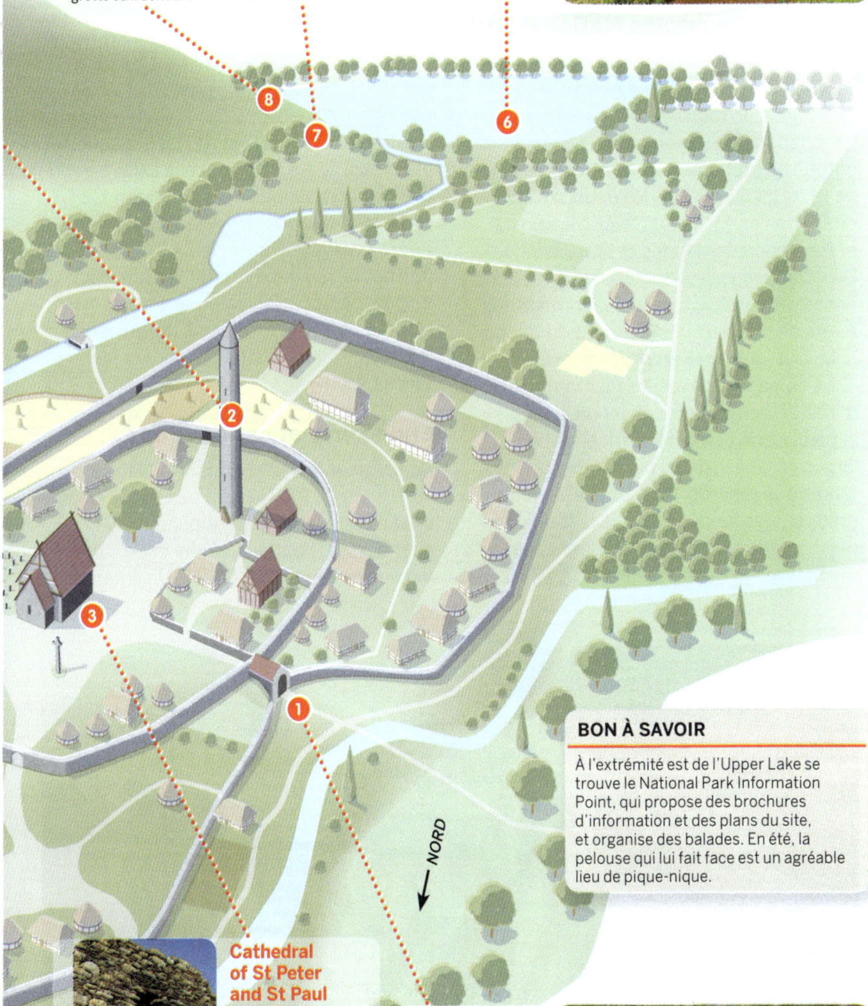

BON À SAVOIR

À l'extrémité est de l'Upper Lake se trouve le National Park Information Point, qui propose des brochures d'information et des plans du site, et organise des balades. En été, la pelouse qui lui fait face est un agréable lieu de pique-nique.

MICHAEL J THOMPSON/SHUTTERSTOCK ©

Cathedral of St Peter and St Paul

Cette cathédrale, la plus grande des sept églises de Glendalough, fut bâtie entre le Xe et le XIIIe siècle. La partie la plus ancienne en est la nef, où l'on peut encore observer l'ante (pilier légèrement saillant à la tête du mur) qui servait à soutenir le toit en bois.

Porte d'entrée principale

La dernière entrée du site encore debout est composée de deux arches, dont l'une est plus haute que l'autre, afin de compenser l'inclinaison de la chaussée.

GERARDO BORBOLLA/SHUTTERSTOCK ©

Wicklow Mountains

Reportez-vous également aux p. 100 et 102 pour Powerscourt Estate et Glendalough.

Wicklow Mountains National Park

Le Wicklow Mountains National Park couvre 200 km^2 de paysages de montagne, de tourbières et de forêts. Ce parc national comprend deux réserves naturelles protégées par le Wildlife Act de 1976. La plus vaste des deux, à l'ouest du Glendalough Visitor Centre, assure la préservation des landes et tourbières de la Glendalough Valley, de l'Upper Lake et des flancs de la vallée. La seconde protège les forêts de chênes qui s'étendent de l'Upper Lake à la route de Rathdrum à l'est.

La plupart des espèces de mammifères d'Irlande peuvent être observées dans le parc. Cerfs et biches gambadent en larges groupes sur les pentes des collines, tandis que renards, blaireaux et lièvres préfèrent les hautes terres. Les forêts de pins, notamment autour d'Upper Lake, ont la faveur des écureuils roux. Le parc est également un refuge pour de vastes populations d'oiseaux de proie et de marécages comme le lagopède des saules, menacé ailleurs en Irlande.

Pour plus d'informations, le **National Park Information** (☎0404-45425 ; www.wicklowmountainsnationalpark.ie ; ⏰10h-17h30 mai-sept, jusqu'au crépuscule sam-dim oct-avr), est à 2 km à l'ouest du Glendalough Visitor Centre, près du parking de l'Upper Lake.

En bus, St Kevin's Bus relie Dublin et Bray à Roundwood et Glendalough (2/j) ; de Dublin, des bus 65 rallient Blessington. En train, depuis Dublin, le DART (p. 82) permet de gagner Bray. En voiture, l'accès au parc se fait principalement par la N11/M11 (Dublin-Wexford) et la N81 qui longe les Wicklow Mountains par l'ouest via Blessington.

Enniskerry et ses environs

Au sommet des "21 Bends" ("21 lacets"), surnom de la R117 venant de Bray, le beau village d'Enniskerry est jalonné de magasins haut de gamme et de cafés bio quelque peu prétentieux. Un snobisme

Powerscourt Waterfall

à des années-lumière des origines de l'endroit, qui remontent à 1760, époque où le vicomte de Powerscourt, Richard Wingfield, y fit construire des maisons mitoyennes pour loger ses ouvriers agricoles.

À VOIR

Powerscourt Waterfall Cascade

(www.powerscourt.com/waterfall ; Powerscourt Estate ; tarif plein/enfant 6/3,50 € ; 9h30-19h mai-août, 10h30-17h30 mars-avr et sept-oct, 9h30-16h30 nov-fév ; P). En lisière de Powerscourt Estate, à 6 km au sud de Powerscourt House, cette cascade de 121 m est la plus haute d'Irlande. Elle est particulièrement impressionnante après de fortes pluies. Elle est indiquée depuis l'entrée principale du domaine. Il est déconseillé de la rejoindre à pied, les routes étant étroites et dépourvues de trottoirs.

Un sentier serpente au pied de la cascade parmi séquoias géants, chênes anciens, hêtres, bouleaux et sorbiers.

Great Sugarloaf Montagne

Si le Great Sugarloaf ("le grand pain de sucre"), culminant à 503 m, est loin d'être le plus haut sommet du comté de Wicklow, il n'en est pas moins l'un des plus emblématiques du pays, avec sa silhouette en forme de cône visible à des kilomètres à la ronde. L'éminence domine le village de Kilmacanogue, sur la N11 à 35 km au sud de Dublin ; on peut en faire l'ascension (raide mais simple ; 1 heure aller-retour) depuis un parking au bord de la route secondaire L1031 (par la R755, à 7,5 km au sud d'Enniskerry).

CIRCUITS ORGANISÉS

DoDublin Bus Tour En bus

(www.dodublin.ie ; tarif plein/enfant 21,60/9,60 € ; 10h30 tlj avr-oct). Partant à 10h30 du bureau de Dublin Bus (59 Upper O'Connell St à Dublin), ce circuit en bus permet de visiter Glendalough et Powerscourt. Retour à Dublin à 17h.

Jardins du comté de Wicklow

Kilmacurragh Botanic Gardens

(0404-48844 ; www.botanicgardens.ie ; Kilbride ; 9h-18h mi-fév à oct, 9h-16h30 nov à mi-fév). GRATUIT Aménagés autour d'un manoir du XVIIIe siècle, ces jardins ornementaux ont été créés en 1712 avant d'être repensés au XIXe siècle pour refléter le style plus sauvage de William Robinson (1838-1935). Les conifères sud-américains, les rhododendrons colorés et l'allée des ifs sont particulièrement remarquables. Le lieu est à 3 km à l'est de Rathdrum (itinéraire sur le site Web).

Mt Usher Gardens (0404-40205 ; www.mountushergardens.ie ; Ashford ; tarif plein/enfant 7,50/3,50 € ; 10h-18h). Les Mt Usher Gardens (8 ha), à 10 km au sud de Greystones par la N11, comptent parmi les lieux qui valent au comté de Wicklow son surnom de "jardin de l'Irlande". Arbres, buissons et plantes herbacées du monde entier ont été plantés en un savant désordre, à l'imitation de celui de la nature. Ce style fut en rupture avec celui des jardins de son temps.

Mt Usher Gardens
OSHER AVZIROV/SHUTTERSTOCK ©

ACHATS

Avoca Handweavers Artisanat

(01-286 7466 ; www.avoca.ie ; Main St, Kilmacanogue ; 9h-18h lun-ven, 9h30-18h sam-dim ;). Avec 7 succursales dans toute l'Irlande, Avoca doit sa belle réputation à ses articles ruraux traditionnels agrémentés d'une touche d'élégance moderne. Le siège de la compagnie, au cœur d'un

Castletown House

Cette magnifique **demeure palladienne** (01-628 8252 ; www.castletownhouse.ie ; Celbridge ; tarif plein/réduit 8/3,50 €, visite guidée 10/5 € ; 10h-18h mi-mars à oct ; 67 de Dublin à Celbridge Main Street, 45 min, puis 10 min de marche) du comté de Kildare témoigne de l'immense richesse de la bourgeoisie anglo-irlandaise du XVIIIe siècle. La maison fut construite pour William Conolly, président de la Chambre des communes irlandaise. Un premier palais avait été conçu par Alessandro Galilei en 1718 dans le style des palais italiens du XVIe siècle, puis sir Edward Lovett Pearce ajouta en 1724 les colonnades et les pavillons des extrémités. La "Long Gallery" est l'une des pièces phares de l'opulent intérieur, avec ses portraits de famille et ses stucs.

À proximité, citons la "Conolly Folly", un curieux **obélisque** de 42,6 m, ou encore la **Wonderful Barn** (Leixlip ; aube-crépuscule), grange conique de six étages ceinte d'un escalier en spirale !

arboretum du XIXe siècle à 5 km au sud-est d'Enniskerry, abrite une boutique débordant de vêtements en laine, textiles, céramiques, jouets et articles de maison en tous genres, ainsi que de délicieux produits gastronomiques.

Dans l'excellent **café** (plats 7-15 €) sont vendus des livres de cuisine Avoca.

OÙ SE RESTAURER

Johnnie Fox's Produits de la mer **€€**

(01-295 5647 ; www.jfp.ie ; Glencullen ; plats 11-30 € ; service 12h30-21h30 ; P). Les soirs d'été, Johnnie Fox accueille des touristes par bus entiers, avec ses spectacles de musique et de danse pseudo-traditionnels. Mais les fruits de mer sont si savoureux qu'on s'y attarde avec plaisir. À 3 km d'Enniskerry.

DEPUIS/VERS ENNISKERRY ET SES ENVIRONS

Enniskerry se trouve à 18 km au sud de Dublin, à 3 km à l'ouest de la M11 sur la R117. Powerscourt House ne se trouve qu'à 500 m d'Enniskerry.

Le **bus Éireann** (01-836 6111 ; www.buseireann.ie) n°133 reliant Dublin à la ville de Wicklow marque l'arrêt à Kilmacanogue (aller simple/aller-retour 4,90/8,30 €, 45 min, 10/jour).

Blessington

Avec ses pubs, ses magasins et ses jolies maisons de ville du XVIIIe siècle, Blessington est un camp de base pratique pour explorer les environs.

À VOIR

Russborough House Bâtiment historique

(045-865 239 ; www.russboroughhouse.ie ; Blessington ; tarif plein/enfant visite guidée 12/6 € ; 10h-18 tlj mars-23 déc). Cette demeure palladienne située à 4 km de Blessington est l'une des plus belles d'Irlande. Elle fut construite pour Joseph Leeson (1701-1783), qui fut le premier comte de Milltown, avant de se faire appeler lord Russborough. Depuis 1952, le bâtiment abrite une remarquable collection d'œuvres d'art, dont des tableaux de Vélasquez, Vermeer, Goya et Rubens. Le ticket donne droit à une visite guidée de 45 minutes.

Vale of Avoca

L'un des plus beaux paysages du comté de Wicklow est la Vale of Avoca, une vallée densément boisée qui s'ouvre à l'endroit où se rejoignent les rivières Avonbeg et Avonmore pour former la rivière Avoca. Une confluence qui porte bien son nom (Meeting of the Waters, "rencontre des eaux"), et qu'a rendue célèbre un poème de Thomas Moore de ce nom, écrit en 1808.

C'est dans le minuscule village d'Avoca (Abhóca), assez agréable par ailleurs, qu'est née la plus célèbre des chaînes d'articles traditionnels irlandais, Avoca Handweavers.

Renseignez-vous à l'**office du tourisme** pour découvrir les balades à faire alentour.

ACHATS

Avoca Handweavers Artisanat

(☎0402-35105 ; www.avoca.ie ; Main St ; ⏰boutique 9h30-18h mai-sept, 9h30-17h30 oct-avr). C'est ici, dans le plus vieux moulin en activité d'Irlande, qu'est né Avoca Handweavers (p. 109). Le moulin (10h-16h30) produit lainages et autres textiles depuis 1723. On y retrouve (ainsi que dans la boutique voisine) une bonne part des articles de la gamme.

On se promène parmi les tisserands à l'œuvre (n'hésitez pas à discuter avec eux). Excellent café. Arrivez tôt, ou tard, pour éviter les cars de touristes.

OÙ PRENDRE UN VERRE ET FAIRE LA FÊTE

Meetings Pub

(☎0402-35226 ; www.themeetings.ie ; Meeting of the Waters ; ⏰12h-23h ; wifi). Cet excellent pub accueille des musiciens le week-end toute l'année. On y trouve aussi le Lily's Restaurant (ven-dim), un café-galerie d'artisanat avec belle terrasse sur la rivière, et des chambres chics et modernes (doubles à partir de 95 €).

RENSEIGNEMENTS

L'**office du tourisme** (☎0402-35022 ; Old Courthouse ; ⏰10h-17h lun-sam) est installé dans un cottage d'Avoca appelé The Courthouse.

DEPUIS/VERS LA VALLÉE DE L'AVOCA

Des **bus Éireann** (☎01-836 6111 ; www.buseireann.ie) n°133 partent toutes les heures de Dublin (Georges Quay) pour la ville de Wicklow ; deux par jour poursuivent vers Avoca (11 €, 2 heures) via Rathdrum et Meeting of the Waters.

Ireland's Ancient East

Surfant sur le succès de la Wild Atlantic Way, l'office du tourisme irlandais s'est lancé dans une nouvelle aventure : l'**Ireland's Ancient East** (www.irelandsancienteast.com). Des panneaux routiers flambant neufs, frappés du logo "Ancient East", indiquent désormais des sites d'intérêt à travers tout l'est du pays.

Contrairement à la Wild Atlantic Way, il ne s'agit pas d'un circuit routier, mais plutôt d'une opération marketing à grande échelle. La campagne touristique comprend des sites majeurs tels que Newgrange (p. 88), Glendalough (p. 102) et le Rock of Cashel (p. 176), et encourage également les visiteurs à visiter des sites moins célèbres au centre et à l'est de l'île.

Des centaines de lieux à travers 17 comtés sont recensés sur le site Internet et l'application, et l'on peut explorer différents thèmes ("Irlande sacrée", "Châteaux et conquêtes", "Vikings") agrémentés d'anecdotes, et télécharger des itinéraires sur mesure.

Glendalough (p. 102)
PETER ZELEI/GETTY IMAGES ©

Galway (p. 122)

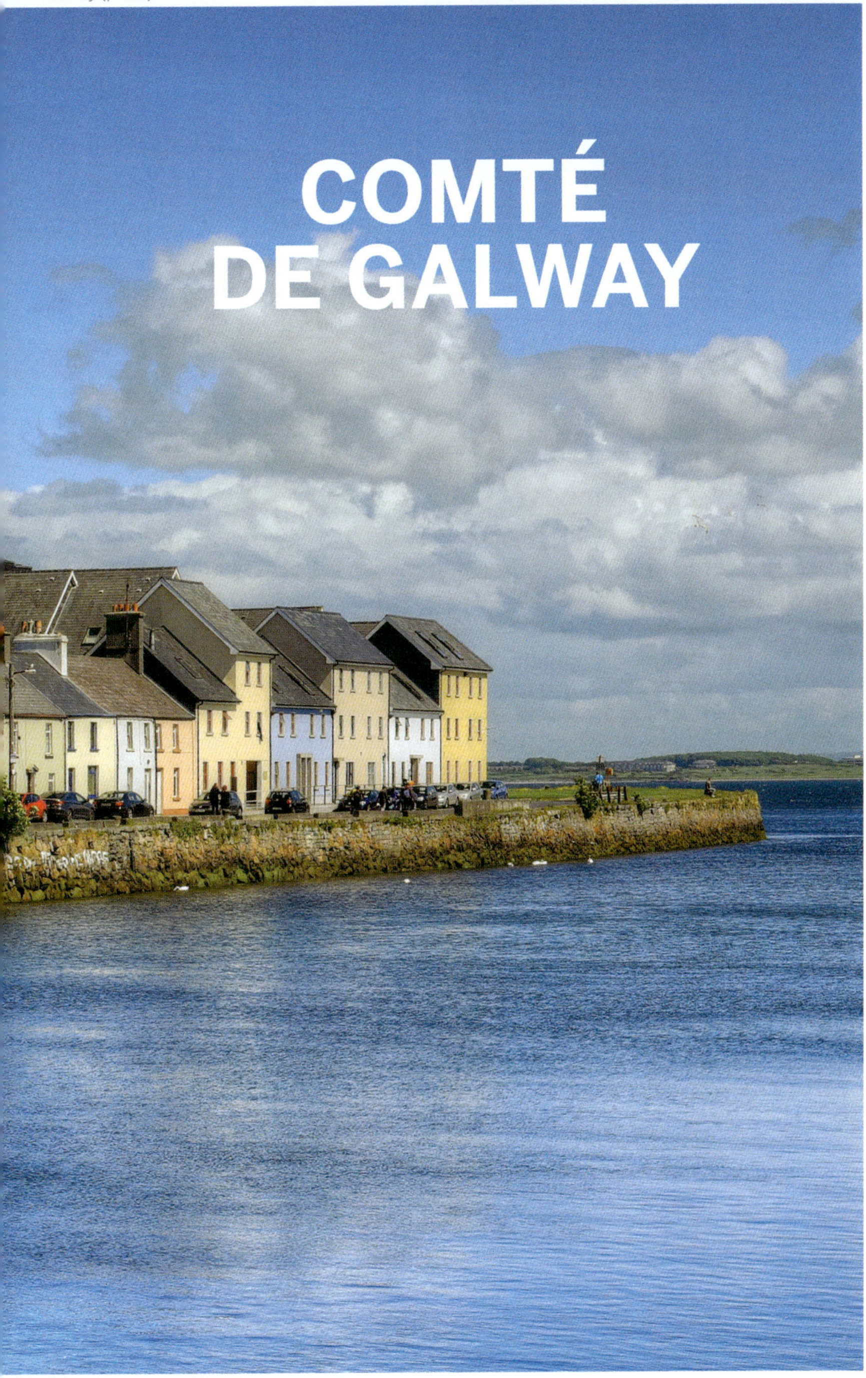

Dans ce chapitre

Route côtière du Connemara 116
Tournée des pubs à Galway 118
Clonmacnoise 120
Galway 122
Connemara....................................126

Comté de Galway

L'exubérante ville de Galway, au cœur du comté du même nom, est le seul centre urbain d'importance de la Wild Atlantic Way : les boutiques colorées y côtoient de vénérables pubs où se joue de la musique traditionnelle, et des restaurants servant une cuisine élaborée.

Par-delà la ville s'étendent des paysages parmi les plus beaux d'Irlande, notamment sur la péninsule du Connemara, dont la côte, bordée d'îles et de splendides plages, est sillonnée de routes étroites reliant de jolis villages. L'intérieur de la péninsule est une vaste étendue de tourbières tapissées de bruyère, ponctuée de lacs scintillants, de montagnes et de vallées isolées.

Le comté de Galway en 2 jours

Consacrez le premier jour à la ville de Galway – visitez le **City Museum** (p. 123), puis déjeunez au café **Ard Bia** (p. 125). Le week-end, faites un tour au **marché de Galway** (p. 123). Le soir, accordez-vous une tournée des pubs au son de la musique traditionnelle. Le deuxième jour, offrez-vous une croisière sur le **Lough Corrib** (p. 128).

Le comté de Galway en 4 jours

Le troisième jour, suivez notre **route côtière du Connemara** (p. 116) jusqu'au joli village de **Clifden** où vous pourrez passer la nuit, après un dîner chez **Mitchell's** (p. 129) ; pensez à réserver. Le quatrième jour, retournez à Galway via **Kylemore Abbey** (p. 129) et les tourbières sauvages du **Connemara National Park** (p. 129).

Comment s'y rendre

La voiture est le meilleur moyen de visiter le comté. Si vous utilisez les transports publics, logez à Galway et choisissez les circuits organisés en bus pour découvrir les environs.

Il y a jusqu'à neuf trains par jour entre Dublin (Heuston Station) et Galway (à partir de 35 €, 2 heures 15). Les bus Citylink relient deux fois par jour Galway à Killarney (30 €, 3 heures).

Où se loger

Il est possible d'explorer le comté en enchaînant les excursions d'une journée au départ de Galway, où vous trouverez un vaste choix d'hébergements (pensez à réserver aux périodes d'affluence). Mais, si vous souhaitez vous y attarder, la campagne recèle son lot d'auberges de jeunesse, de B&B, d'auberges et de splendides hôtels. Notez toutefois que les hébergements ruraux sont souvent fermés hors saison – renseignez-vous à l'avance.

Route côtière du Connemara

Lacs noirs aux reflets d'argent, montagnes aux teintes pâles, vallées solitaires et arcs-en-ciel à foison : le Connemara est un lieu magique. Les panneaux en anglais ne sont pas légion ; mieux vaut s'équiper d'une bonne carte routière.

Départ Barna Woods
Distance 90 km
Durée 5-7 heures

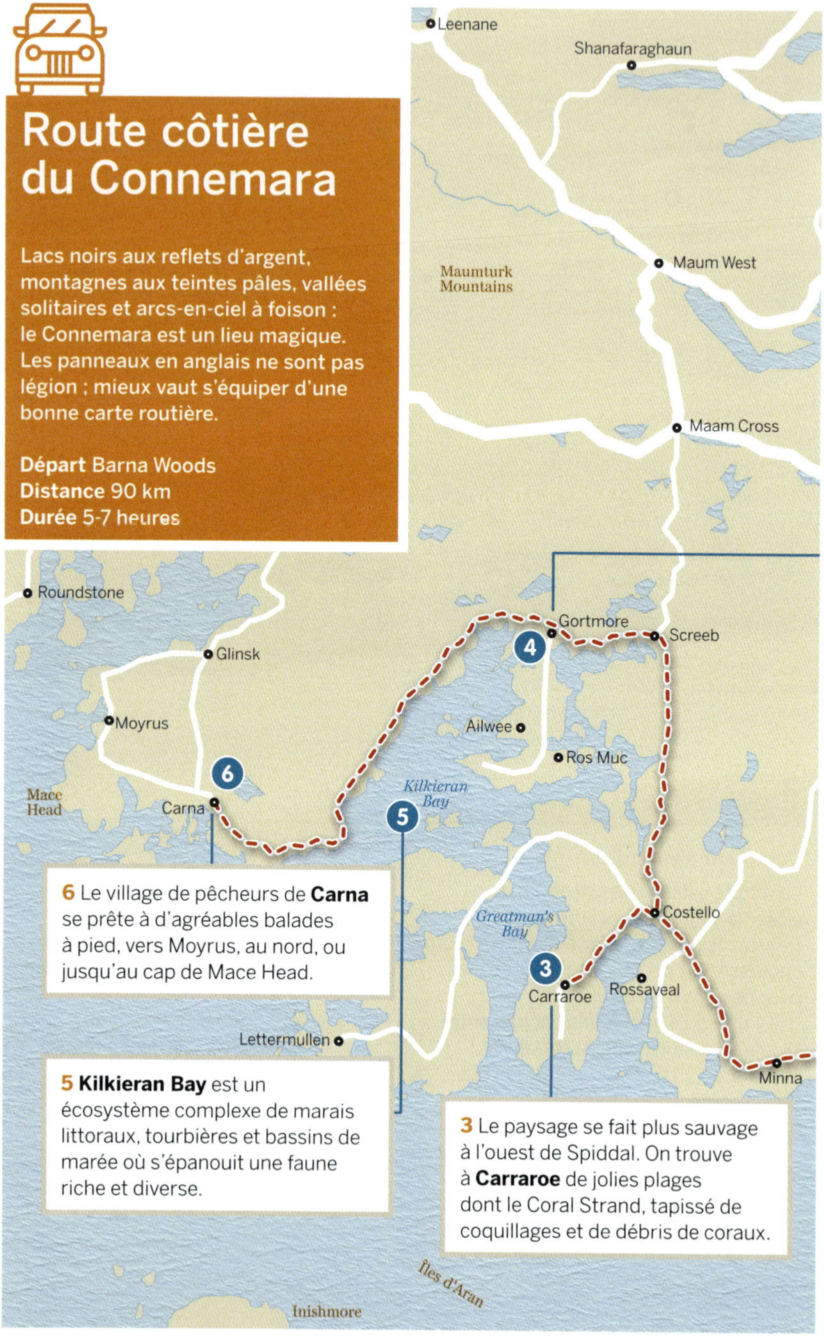

6 Le village de pêcheurs de **Carna** se prête à d'agréables balades à pied, vers Moyrus, au nord, ou jusqu'au cap de Mace Head.

5 Kilkieran Bay est un écosystème complexe de marais littoraux, tourbières et bassins de marée où s'épanouit une faune riche et diverse.

3 Le paysage se fait plus sauvage à l'ouest de Spiddal. On trouve à **Carraroe** de jolies plages dont le Coral Strand, tapissé de coquillages et de débris de coraux.

La photo à prendre :
Patrick Pearse's Cottage

4 Patrick Pearse's Cottage (Teach an Phiarsaigh ; www.heritageireland.ie ; R 340, Ros Muc ; tarif plein/enfant 4/2 € ; 9h30-18h Pâques-sept, 10h-16h oct-Pâques) était jadis la demeure de l'homme qui mena l'insurrection de Pâques aux côtés de James Connolly en 1916.

1 Dense et verdoyante, la forêt de **Barna Woods** abrite les plus grands chênes sauvages de l'ouest de l'Irlande.

Une petite faim ?

Détendez-vous devant un café et une pâtisserie au café Builín Blasta (www.builinblasta.com ; repas 4,50-14 € ; 10h-17h lun-ven, 11h-17h sam-dim), **près de Spiddal.**

2 Faites la tournée des ateliers d'artisanat et de design de Ceardlann Spiddal, dans le village joliment préservé de **Spiddal**, avant de déguster une part de gâteau chez Builín Blasta.

Tournée des pubs à Galway

La ville compte d'innombrables pubs traditionnels où se produisent des musiciens, ainsi que de beaux bars à vins et à cocktails. Tous ont la faveur d'une clientèle nombreuse et joviale, notamment le week-end.

Pour ceux qui aiment...

☑ Ne ratez pas

Un *céilidh* (musique et danse traditionnelles) au Tig Cóilí (p. ci-contre), un pub authentique et toujours bondé.

Tigh Neachtain Pub

(www.tighneachtain.com ; 17 Upper Cross St ; 11h30-minuit lun-jeu, 11h30-1h ven, 10h30-1h sam, 12h30-23h30 dim). Peint en bleu vif, ce pub du XIXe siècle, que les habitants appellent simplement Neáchtain's (*nock-tans*) ou Naughtons, a, aux beaux jours, des tables en terrasse. L'intérieur lambrissé est on ne peut plus agréable, avec sa grande cheminée. Outre la Guinness, on y sert plus de 130 whiskeys et un choix de bières brassées spécialement par Galway Hooker.

O'Connor's Pub

(091-523 468 ; www.oconnorsbar.com ; Upper Salthill Rd, Salthill ; 19h30-tard). Ce pub ouvert en 1942 abrite dans ses moindres recoins des antiquités en tous genres : horloges, vaisselle, outils agricoles, lampes à gaz, machines à coudre, matériel de pêche, un trophée de chasse et une statue

HEMIS/ALAMY STOCK PHOTO ©

au réalisme saisissant de John Wayne dans *L'Homme tranquille*. Toutes ont une histoire, que vous pourrez découvrir (en même temps que celle du pays) de la bouche du conteur Brian Nolan, à la faveur de son "Fireside Tour", "la plus courte promenade guidée d'Irlande".

Crane Bar — Pub

(www.thecranebar.com ; 2 Sea Rd ; ⌚10h30-23h30 lun-ven, 10h30-0h30 sam, 12h30-23h dim). À l'ouest du Corrib, ce pub sur deux niveaux, invariablement bondé, est le meilleur endroit en ville pour assister à un *céilidh* (session de musique et danse traditionnelles). On y joue de la musique, à l'un et l'autre étages, à partir de 21h30.

Tig Cóilí — Pub

(www.tigcoiligalway.com ; Mainguard St ; ⌚10h30-23h30 lun-jeu, 10h30-0h30 ven-sam, 12h30-23h dim). Deux *céilidh* quotidiens attirent les foules dans ce pub authentique, d'un superbe rouge pompier, voisin de High Street. Les murs portent des photos des musiciens qui ont joué en ces lieux. Tout le monde vient boire et jouer de la musique dans un joyeux mélange. Ambiance garantie !

Róisín Dubh — Pub

(www.roisindubh.net ; 9 Upper Dominick St ; ⌚17h-2h dim-jeu, 17h-2h30 ven-sam). Cette adresse vaut pour son toit-terrasse, avec vue panoramique sur Galway, et sa programmation d'artistes, peu connus mais prometteurs. On vient y écouter de la bonne musique mais aussi des humoristes.

Monroe's Tavern — Pub

(www.monroes.ie ; Upper Dominick St ; ⌚10h-23h30 dim-jeu, 10h-1h ven-sam). Dans ce pub, souvent photographié pour sa façade blanche et noire, on écoute de la musique et des ballades traditionnelles. C'est le seul pub de Galway à accueillir régulièrement des danses irlandaises. Musique live tous les soirs.

ℹ Bon à savoir

La plupart des pubs de Galway programment de la musique live (traditionnelle ou non) au moins deux soirs par semaine.

Une petite faim ?

Allez savourer les succulents *fish and chips* de **McDonagh's** (☎091-565 001 ; www.mcdonaghs.net ; 22 Quay St ; café et plats à emporter 6-14,50 €, plats restaurant 13,50-26 € ; ⌚café et à emporter 12h-23h lun-sam, 14h-21h dim, restaurant 17h-22h lun-sam).

★ Bon plan

Goûtez les bières artisanales (à la pression partout en ville) de la brasserie locale Galway Hooker (www.galwayhooker.ie), en plein essor. Son nom vient des emblématiques bateaux de pêche de la région.

Clonmacnoise

Dominant majestueusement la rivière Shannon, Clonmacnoise est un ancien monastère qui fut l'un des plus importants d'Irlande. Le lieu se trouve dans le comté d'Offaly, mais est aisément accessible depuis Galway.

Pour ceux qui aiment...

☑ Ne ratez pas

La Scripture Cross (croix des Écritures) est l'une des plus remarquables croix celtiques d'Irlande.

Lorsque saint Ciarán fonda le monastère en l'an 548, Clonmacnoise était déjà un carrefour important, à l'intersection de l'artère de trafic nord-sud constituée par le Shannon et du grand axe est-ouest, l'Esker Riada (route des rois).

Les débuts du monastère furent chaotiques, et Ciarán disparut sept mois après en avoir fait bâtir la première église. Toutefois, au fil des siècles, Clonmacnoise s'affirma comme un bastion de la religion, de la littérature et de l'art irlandais, attirant moines et laïcs. Entre le VIIe et le XIIe siècle, ce fut un haut lieu de l'enseignement et de la spiritualité dans l'Europe chrétienne, un de ces centres qui valurent à l'Irlande son surnom de “terre des saints et des érudits”.

L'enceinte monastique abrite plusieurs monuments remarquablement conservés : églises primitives (temples), hautes croix

Croix celtique

MICHAEL MANTKE/SHUTTERSTOCK ©

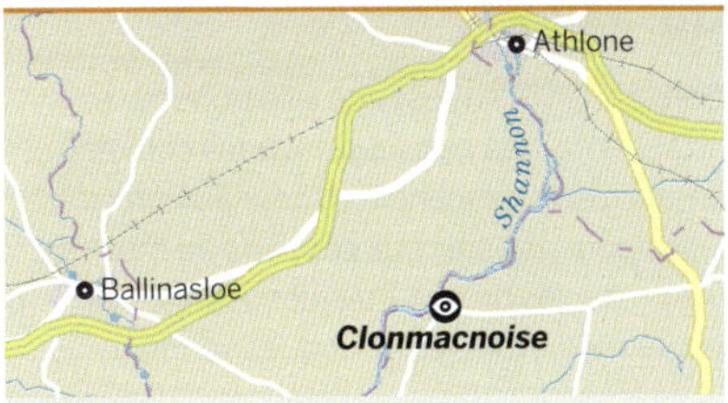

Bon à savoir

www.heritageireland.ie ; tarif plein/enfant 8/4 € ; 9h-18h30 juin-août, 10h-18h mi-mars à mai et sept-oct, 10h-17h30 nov à mi-mars ; P

Une petite faim ?

Le café du centre des visiteurs est le seul établissement servant à boire et à manger à proximité.

★ Bon plan

Si vous prévoyez de visiter plusieurs sites labellisés Heritage Ireland, envisagez l'achat de la Heritage Card (25 €) de l'OPW (Office of Public Works), disponible sur les sites de l'OPW ou dans les offices du tourisme de Dublin.

(*high crosses*), tours rondes et dalles funéraires. Les alentours marécageux, appelés Shannon Callows, abritent de nombreuses plantes rares et des oiseaux tel le râle des genêts (un cousin de la foulque, à la robe pastel), menacés d'extinction.

L'essentiel de ce que l'on voit aujourd'hui date des Xe-XIIe siècles. Les moines vivaient alors dans de petites huttes autour du monastère. Le site fut incendié et pillé des dizaines de fois, par les Vikings comme par les Irlandais. Après le XIIe siècle, le monastère amorça son déclin. Au XVe siècle, seul un évêque désargenté y résidait encore, avant que la garnison anglaise d'Athlone n'anéantisse le site en 1552.

Centre d'accueil des visiteurs

Trois bâtiments conçus pour rappeler les huttes rondes en pierres abritent le **musée du centre d'accueil** (090-967 4195 ; tarif plein/enfant 8/4 € ; dernière entrée 1 heure avant la fermeture). La présentation audiovisuelle (20 min) est une excellente introduction.

L'espace d'expositions renferme les hautes croix originales (des répliques ont été placées à leurs emplacements initiaux, à l'extérieur) et des artefacts mis au jour durant les fouilles, dont des broches en argent, des perles de verre et une pierre gravée d'oghams (inscriptions runiques ; plus ancienne forme d'écriture d'Irlande).

Cathédrale

Plus vaste bâtiment de Clonmacnoise, la **cathédrale**, bâtie en l'an 909, a largement été remaniée au fil des siècles. Les sculptures des saints François, Patrick et Dominique coiffent l'entrée principale, un portail gothique du XVe siècle. L'acoustique de l'intérieur du bâtiment permettait aux prêtres de confesser les fidèles atteints de lèpre tout en se tenant à distance.

Galway

Galway (Gaillimh) est une ville bohème et attachante. Ses pubs aux façades colorées et ses terrasses placent le visiteur aux premières loges pour assister aux sessions de musique et spectacles de rue. Près des vestiges de la cité médiévale, les boutiques vendent anneaux de Claddagh, livres et instruments. Des ponts enjambent le Corrib, foisonnant de saumons, et une promenade mène à Salthill, où sont élevées les huîtres de Galway Bay.

Au-delà de sa riche histoire, la ville doit également à ses nombreux étudiants d'avoir été désignée capitale européenne de la culture pour 2020.

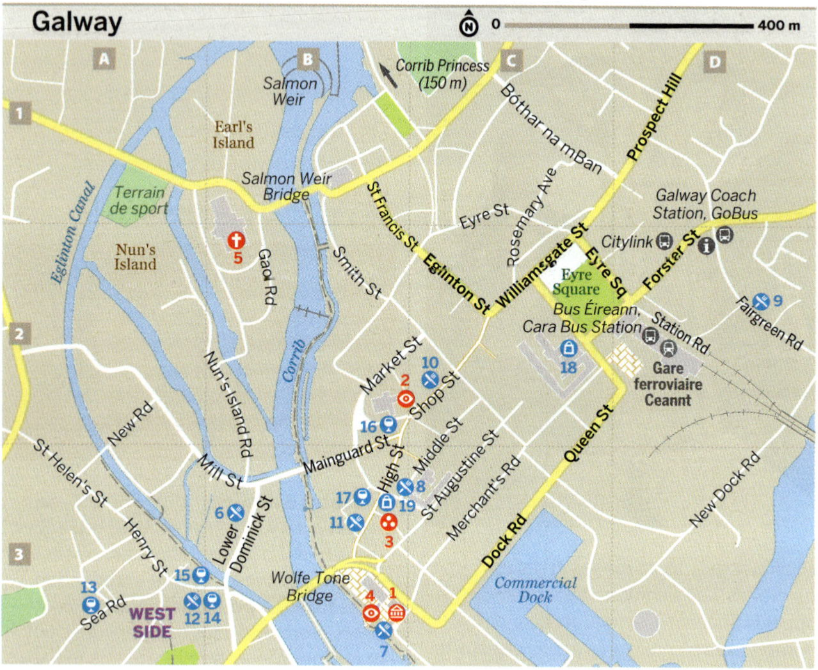

Galway

À voir

1 Galway City Museum B3
2 Galway Market B2
3 Hall of the Red Earl B3
4 Spanish Arch B3
5 Galway Cathedral B2

Activités

Aniar Boutique Cookery School .... (voir 6)
Galway Food Tours .... (voir 10)

Où se restaurer

6 Aniar B3
7 Ard Bia at Nimmo's B3
8 Cava Bodega B3
9 Loam D2
10 McCambridge's C2
11 McDonagh's B3
12 Oscar's A3

Où prendre un verre et faire la fête

13 Crane Bar A3
14 Monroe's Tavern B3
15 Róisín Dubh A3
16 Tig Cóilí B2
17 Tigh Neachtain B3

Achats

18 Eyre Square Centre C2
19 Thomas Dillon's Claddagh Gold B3

À VOIR

Galway City Museum — Musée

(www.galwaycitymuseum.ie ; Spanish Parade House, Merchant's Rd ; 10h-17h mar-sam tte l'année, 12h-17h dim Pâques-sept). GRATUIT Ce musée moderne, portant sur l'histoire de Galway de 1800 à 1950, présente notamment un *Galway hooker* (bateau de pêche local), une série de *currachs* (barques constituées de lattes de bois ou d'osier tendues de toile goudronnée – naguère, de la peau de bœuf enduite de graisse), une section sur Galway et la Grande Guerre, ainsi qu'une autre sur la ville et le cinéma.

Spanish Arch — Site historique

Cette arche était à l'origine un tronçon des remparts de l'époque médiévale destinés à protéger les bateaux amarrés au port pendant qu'ils déchargeaient les marchandises en provenance d'Espagne. Les remparts furent en partie détruits par le tsunami subséquent au tremblement de terre de Lisbonne (1755). L'endroit vibre désormais au rythme des percussions, habitants et visiteurs investissant berges et pelouses par beau temps pendant que les kayakistes négocient les rapides liées à la marée sur le Corrib.

Galway Market — Marché

(www.galwaymarket.com ; Church Lane ; 8h-18h sam, 12h-18h dim). L'esprit bohème de Galway s'exprime dans ce marché de rue installé là depuis des siècles. Le samedi, les fermiers des environs s'installent à côté des stands d'artisanat et vendent de délicieux plats à emporter. Le marché a également lieu de 12h à 18h les jours fériés, le vendredi en juillet-août et tous les jours pendant le Galway International Arts Festival. Les spectacles de rue contribuent à l'atmosphère festive.

Hall of the Red Earl — Site archéologique

(www.galwaycivictrust.ie ; Druid Lane ; 9h30-17h lun-ven tte l'année, 10h-13h sam mai-sept). GRATUIT Au XIIIe siècle, alors que la famille Burgh régnait sur Galway, Richard, le "Comte Rouge", fit ériger un vaste édifice pour réunir le pouvoir local. Après la prise de pouvoir des 14 familles (ou "tribus"), consécutive à l'octroi d'une

Le meilleur des festivals de Galway

Les festivals de Galway font de la ville et des villages alentour le cadre d'une fête quasi permanente. Les rues débordent de noceurs, tandis que pubs et restaurants prolongent le plaisir.

Galway Food Festival (www.galwayfoodfestival.com ; Pâques). La gastronomie locale est à l'honneur pendant 5 jours de dégustations, de circuits "cueillette" et de démonstrations de cuisine. Un marché également.

Cúirt International Festival of Literature (www.cuirt.ie ; fin avr). Des auteurs se retrouvent à Galway pour l'un des plus prestigieux festivals littéraires d'Irlande. Déclamations de poèmes, représentations théâtrales et lectures.

Galway Film Fleadh (www.galwayfilmfleadh.com ; début juil). Projections de films d'avant-garde pendant 6 jours, début juillet.

Galway International Arts Festival (www.giaf.ie ; mi juil à fin juil). Riche programmation d'expositions et de spectacles proposés par des troupes de théâtre, des musiciens, comiques et autres artistes pendant deux semaines.

Galway International Oyster & Seafood Festival (www.galwayoysterfest.com ; fin sept). La plus ancienne fête de l'huître au monde attire des milliers de visiteurs depuis 1954, avec concours d'ouverture d'huîtres, concerts, carnaval masqué et activités pour les enfants.

Galway International Arts Festival
JOSE IGNACIO RETAMAL/SHUTTERSTOCK ©

charte par Richard II, en 1396, le bâtiment fut abandonné. On n'en retrouva la trace qu'en 1997, lors de l'agrandissement de la Custom House qui en révéla les fondations. Plus de 11 000 artefacts furent mis au jour, dont pipes en argile et boutons de manchette en or. Le nouveau bâtiment fut élevé sur pilotis, pour laisser visibles les vestiges.

Galway Cathedral — Église

(www.galwaycathedral.ie ; Gaol Rd ; don à l'entrée ; 8h30-18h30). Cette cathédrale de taille imposante, en surplomb de la Corrib, fut consacrée en 1965 par le cardinal de Boston. L'intérieur, joliment restauré, comprend une coupole, des arcades romanes, des mosaïques remarquables et des ouvertures taillées dans la pierre et décorées de vitraux. Une chapelle latérale abrite une mosaïque de la Résurrection qui montre John Kennedy priant. L'acoustique du bâtiment fait des merveilles lors des **récitals d'orgue** (renseignements sur le site web).

Depuis la Spanish Arch, un sentier longe la rivière et traverse le Salmon Weir Bridge pour rejoindre la cathédrale.

Salmon Weir — Barrage

En amont du Salmon Weir Bridge, qui enjambe la rivière au nord-est de la cathédrale, ce barrage permet de réguler le niveau du Lough Corrib. Au moment de la migration des saumons, on peut observer les bancs de poissons patienter à cet endroit avant de remonter la rivière pour frayer. La saison du saumon et de la truite de mer dure de février à septembre, mais la plupart des poissons franchissent le Salmon Weir en mai-juin.

L'endroit est prisé des pêcheurs à la ligne, bien que la pêche soit limitée à une prise par jour en mai-juin. Un saumon peut peser jusqu'à 7 kg ! Contacter Inland Fisheries Ireland (www.fisheriesireland.ie) pour les permis.

CIRCUITS ORGANISÉS

Corrib Princess — Croisière

(091-563 846 ; www.corribprincess.ie ; Woodquay ; tarif plein/enfant 16/7 € ; mai-sept). Ces croisières de 1 heure 30 à bord d'un bateau à toit ouvert de 157 places longent des sites historiques bordant le Corrib avant de rejoindre le plus grand lac de la république

Les 5 meilleurs restaurants

Loam (p. 125)
Ard Bia at Nimmo's (p. 125)
Aniar (p. 125)
O'Dowd's (p. 128)
Mitchell's (p. 129)

De gauche à droite : Ard Bia at Nimmo's (p. 125) ; huîtres de Galway

KIT LEONG/SHUTTERSTOCK ©

MARIAKOVALEVA/SHUTTERSTOCK ©

d'Irlande, Lough Corrib. Départs 2 fois par jour de Woodquay, derrière le Salmon Weir Bridge.

Galway Food Tours Gastronomie
(☎086 733 2885 ; www.galwayfoodtours.com ; 35 € ; ⏲sur rendez-vous). Cette promenade guidée de 2 heures passe par des boutiques gastronomiques et des restaurants réputés, avec dégustations de fromages locaux, de pain artisanal et d'huîtres de la baie. On peut aller plus loin, notamment avec la tournée des pubs de Galway et du Connemara (6 heures, 80 €). Frais de réservation 2 €. Départ de chez **McCambridge's** (www.mccambridges.com ; 38/39 Shop St ; plats 5-14 € ; ⏲café 8h30-17h30 lun-mer, 8h30-21h jeu-sam, 9h30-18h dim, deli 8h-19h lun-mer, 8h-21h jeu-sam, 9h30-18h dim).

OÙ SE RESTAURER

Ard Bia at Nimmo's Irlandais moderne €€
(☎091-561 114 ; www.ardbia.com ; Spanish Arch, Longwalk ; plats café 6-12 €, plats dîner 20-28 € ; ⏲café 10h-15h30 lun-ven, 10h-15h sam-dim, restaurant 18h-21h ; 🍷). Installé dans la Custom House (XVIIIe siècle) près de la Spanish Arch (p. 123), Ard Bia ("haute gastronomie", en irlandais) est décoré d'œuvres d'artistes locaux et de mobilier de récupération. Les menus saisonniers du restaurant de l'étage (flanqué d'un bar à vins) et du café du rez-de-chaussée font la part belle aux produits bio (certains cueillis en pleine nature). Le café sert des brunchs fantastiques et, au déjeuner, des plats tels que la soupe de tomates au fenouil.

Oscar's Poisson, fruits de mer €€
(☎091-582 180 ; www.oscarsseafoodbistro.com ; Upper Dominick St ; plats 15,50-25,50 € ; ⏲18h-21h30 lun-sam). Le menu change tous les jours dans cet excellent restaurant de fruits de mer. On pourra y savourer de la lotte pochée au vin blanc safrané avec des coques, du homard de la baie de Galway bouilli dans un bain d'algues et nappé de beurre à l'ail et au citron, ou encore de la sole citronnée accompagnée de salicorne. Menu de 2 plats à prix cassé (18,50 €) avant 19h du lundi au jeudi.

Cava Bodega Tapas €€
(☎091-539 884 ; www.cavarestaurant.ie ; 1 Middle St ; tapas 4-16 €, paella 15 € ; ⏲17h-22h lun-mer, 17h-22h30 jeu, 16h-23h ven, 12h-23h30 sam, 12h-21h30 dim ; 🍷). Plus de 50 tapas espagnoles régionales sont revisitées par le chef vedette J. P. McMahon, qui officie également dans le restaurant étoilé Aniar (ci-dessous). Ne manquez pas la morue salée à la confiture d'algues, le cake aux olives noires, les œufs de caille à l'huile de chorizo ou encore la betterave en croûte de pignons, le tout assorti d'un choix d'une centaine de crus espagnols. Le bar de la bodega ferme tard le vendredi et le samedi.

Loam Gastronomie €€€
(☎091-569 727 ; www.loamgalway.com ; menu 2/3 plats 40/50 €, menu 7 plats 70 €, avec accords mets-vins 105 € ; ⏲18h-23h mar-sam). Enda McEvoy, l'un des chefs les plus novateurs d'Irlande (une étoile au Michelin), élabore des saveurs inspirées, à partir de produits cultivés sur place ou dans la région, voire cueillis dans la nature : foin séché, mousse fraîche, fleurs comestibles, avoine sauvage, groseilles à maquereaux, légumes marins de Salthill et tourbe récoltée à la main (dont McEvoy fait une extraordinaire glace fumée).

Aniar Irlandais moderne €€€
(☎091-535 947 ; aniarrestaurant.ie ; 53 Lower Dominick St ; menu déj 55 €, menus dîner 70-115 €, avec accords mets-vins 105-180 € ; ⏲18h-21h30 mar-jeu, 17h30-21h30 ven, 12h-14h et 17h30-21h30 sam). Le chef de ce restaurant spécialisé dans les produits du terroir, J. P. McMahon, se passionne pour les saveurs et les petits producteurs (notamment de vins) de Galway et de l'ouest irlandais. Les menus dégustation ont valu au restaurant une étoile au Michelin, mais la salle d'un vert printanier est restée d'une agréable simplicité. Réservez au moins 2 semaines à l'avance.

OÙ PRENDRE UN VERRE ET FAIRE LA FÊTE

On ne s'ennuie jamais le soir à Galway ; voir *Tournée des pubs à Galway* (p. 118).

Le gaélique, langue vivante

L'une des plus grandes régions *gaeltacht* (parlant le gaélique) d'Irlande commence autour de Spiddal, à l'est du Connemara, et s'étend vers l'ouest jusqu'à Cashel et vers le nord jusqu'au comté de Mayo.

Le renouveau de la langue irlandaise à travers le pays est à mettre en partie au crédit des médias du Connemara et de Galway. La station de radio nationale irlandaise en gaélique, Radio na Gaeltachta (www.rte.ie/rnag), et sa chaîne de TV en irlandais, TG4 (www.tg4.ie), sont apparues dans les années 1990, et leur succès ne s'est pas démenti depuis.

Connemara
PETR BREZINA/SHUTTERSTOCK ©

RENSEIGNEMENTS

Vaste et efficace, l'**office du tourisme** (091-537 700 ; www.discoverireland.ie ; Forster St ; 9h-17h lun-sam) de Galway peut réserver des visites ; c'est une mine d'informations sur la ville et la région.

DEPUIS/VERS GALWAY

BUS

Bus Éireann (www.buseireann.ie ; Cara Bus Station, Station Rd) propose des départs quotidiens vers toutes les grandes villes de la république d'Irlande et vers le Nord à la gare routière **Cara Bus Station** (091-562 000 ; Station Rd), près de la gare ferroviaire. Il y a un bus par heure pour Dublin (15,70 €, 3 heures 45). D'autres lignes desservent toute la région.

Les bus de **Citylink** (www.citylink.ie ; billetterie 17 Forster St ; h billetterie 9h-18h ;) partent de la **Galway Coach Station** (New Coach Station ; Fairgreen Rd), près de l'office du tourisme, et desservent notamment Clifden, Cork et Dublin.

GoBus (www.gobus.ie ; gare routière de Galway ;) propose des bus fréquents au départ de la Galway Coach Station pour Dublin (3 heures 30), et l'aéroport de Dublin (3 heures), à partir de 18 €.

TRAIN

La **gare ferroviaire** (www.irishrail.ie), près d'Eyre Square, compte 10 trains directs par jour depuis/vers la gare Heuston de Dublin (à partir de 18 €, 2 heures 15), et 5 par jour pour Ennis (10 €, 1 heure 15). Correspondances à Athlone (à partir de 18 €, 1 heure).

Kinvara

Le petit port de Kinvara (parfois orthographié Kinvarra) occupe fièrement l'angle sud-est de Galway Bay, d'où son nom irlandais, Cinn Mhara (Chef de la mer). Ce village séduisant constitue une halte idéale entre les comtés de Galway et de Clare.

À 900 m au nord de la ville, **Dunguaire Castle** (www.shannonheritage.com ; par la N67 ; tarif plein/enfant 7/3,80 € ; 10h-17h avr-sept) fut construit dans les années 1520 par le clan O'Hynes. Le château occuperait l'ancien emplacement du palais royal (VIe siècle) de Guaire Aidhne, roi du Connaught. La vue sur Galway Bay et Kinvara est superbe depuis le dernier étage.

Connemara

Connemara (Conamara) signifie "les bras de mer" : sur cette portion de la Wild Atlantic Way, les routes longeant les petites baies et criques révèlent des paysages sublimes (voir *Route côtière du Connemara* p. 116).

Le spectacle désolé de l'intérieur des terres, traversé par la N59, non moins saisissant, est un kaléidoscope de tourbières couleur rouille, de vallées isolées et de lacs noirs aux reflets argentés. Au centre de ce territoire se dressent les Maumturk Mountains et les Twelve Bens, un massif montagneux de quartzite sillonné de pistes de randonnée à parcourir à pied ou à vélo.

RENSEIGNEMENTS

L'**office du tourisme** (www.goconnemara.com) de Galway fournit de nombreuses informations.

COMMENT S'Y RENDRE ET CIRCULER

BUS

Bus Éireann (www.buseireann.ie) dessert presque tout le Connemara. Les bus sont parfois peu fréquents, et certains ne circulent que de mai à septembre, voire de juillet à août.

Citylink (www.citylink.ie) propose des liaisons quotidiennes entre la ville de Galway et Clifden via Oughterard ; les bus poursuivent vers Cleggan et Letterfrack.

Il est parfois possible de demander au chauffeur de pouvoir descendre entre les villes et villages.

VOITURE

La voiture est le meilleur moyen de transport pour sortir des sentiers battus. Prenez garde aux murets (les routes sont étroites) et aux moutons égarés.

Oughterard et ses environs

Le village charmant et sans prétention d'Oughterard (Uachtar Árd) est posé sur la rive du plus grand lac de la république d'Irlande, Lough Corrib. Cette étendue d'eau longue de 48 km pour une surface d'environ 200 km^2 isole quasiment l'ouest de Galway du reste du pays, et compte plus de 360 îles.

À VOIR ET À FAIRE

Aughnanure Castle — Château

(www.heritageireland.ie ; en retrait de la N59 ; tarif plein/enfant 5/3 € ; 9h30-18h mars à fin oct). Construite vers 1500, cette forteresse superbement préservée, indiquée à 4,2 km à l'est d'Oughterard, était le bastion de la famille O'Flaherty, qui régna sur la région pendant des siècles après en avoir chassé les Normands. Haut de six étages, le **donjon**, restauré, se dresse sur un affleurement rocheux en surplomb du Lough Corrib.

Les vestiges d'un double enclos (zone entourée de remparts autour du château) sont visibles, ainsi qu'une salle de banquet et une petite **tour de guet** au toit conique. La rivière Drimneen encerclait jadis le château sur trois côtés, mais passe aujourd'hui sous l'édifice via des grottes naturelles.

Inchagoill

Plus grande île sur le Lough Corrib à n'être pas reliée d'une manière ou d'une autre aux berges du lac, Inchagoill, à 2 km des rives et à 4,5 km au nord d'Oughterard, est un endroit désolé et parsemé de vestiges anciens. **Corrib Cruises** y organise des excursions tous les jours, mais vous pourrez aussi louer votre propre bateau chez **Molloy's Boats** (091-866 954 ; Baurisheen ; bateau à moteur/à rames 65/35 €/j, bateau à moteur avec guide 140 € ; sur rendez-vous).

Quoique d'aspect modeste, le vestige le plus mémorable de l'île est la **Lie Lugnaedon Macc Li Menueh** ("pierre de Lugnaedon, fils de Menueh"), une stèle de 75 cm marquant un site funéraire près de Saints' Church.

L'inscription chrétienne en latin qu'elle comporte serait la deuxième plus ancienne d'Europe à nous être parvenue, après celles des catacombes de Rome.

La plus belle église est **Teampall na Naoimh** (Saints' Church), de style roman, sans doute construite au IXe ou Xe siècle et reconnaissable à sa porte à voussure sculptée. **Teampall Phádraig** (église St Patrick) est un oratoire de conception primitive ayant subi des ajouts.

Ruines d'église, Inchagoill
REMIZOV/SHUTTERSTOCK ©

National Museum of Country Life

Ce captivant **musée** (☎094-903 1755 ; www.museum.ie ; sur la N5, Turlough Park ; ⏱10h-17h mar-sam, 14h-17h dim ; GRATUIT) célèbre l'Irlande rurale à travers une exploration de ses traditions et techniques. L'édifice, construit tout exprès au bord d'un lac dans le somptueux domaine du manoir de Turlough (comté de Mayo), est une annexe du National Museum of Ireland (p. 50). On y apprend beaucoup : importance de la pomme de terre, construction de bateaux, médecine traditionnelle à base d'herbes, habitudes vestimentaires... Les expositions se concentrent sur la période allant de 1850 à 1950. Le café et la boutique méritent un passage. Le musée est à 8 km au nord-est de Castlebar.

Corrib Cruises Croisière

(☎087 994 6380 ; www.corribcruises.com ; Oughterard Pier ; tarif plein/enfant 28/14 € ; ⏱12h mer-lun juil-août). Croisières au départ d'Oughterard vers l'île d'**Inchagoill** et le château d'Ashford près de Cong, dans le comté de Mayo (6 heures aller-retour). Horaires des départs sur le site Internet.

DEPUIS/VERS OUGHTERARD

Bus Éireann (www.buseireann.ie) propose jusqu'à 8 liaisons quotidiennes depuis/vers Galway (8,30 €, 40 min) et Clifden (15,50 €, 2 heures) via Roundstone (15,50 €, 1 heure 30).

Les 5 plus beaux sites historiques

- **Clonmacnoise** (p. 120)
- **Kylemore Abbey** (p. 129)
- **Inchagoill** (p. 127)
- **Hall of the Red Earl** (p. 123)
- **Aughnanure Castle** (p. 127)

Citylink (www.citylink.ie) propose 5 liaisons par jour depuis/vers Galway (9 €, 40 min) et Clifden (13 €, 50 min) par la N59, plus rapide.

Roundstone

Le village de carte postale de Roundstone (Cloch na Rón) est lové autour d'un port rempli de bateaux. Des maisons mitoyennes colorées et des pubs accueillants sont posés en rang d'oignon au bord de l'étincelante Bertraghboy Bay, où chalutiers de homards et traditionnels *currachs*, aux coques en toile goudronnée tendue sur une armature en osier, profitent de spectaculaires marées.

OÙ SE RESTAURER

O'Dowd's Poisson, fruits de mer €€

(☎095-35809 ; www.odowdsseafoodbar.com ; Main St ; plats restaurant 13-22 €, bar 13-15 € ; ⏱restaurant 17h-21h30, menu bar 10h-21h30 ; 📶). Les cuisiniers de ce pub délicieusement authentique n'ont que quelques mètres à parcourir pour s'approvisionner, sur le vieux quai de pierre, en homard de Roundstone, colin des îles d'Aran, plie, bar, crabe et maquereau (fumé sur place). Légumes du potager. Copieux plateaux de fruits de mer pour 29 €, et vaste choix de bières et cidres artisanaux irlandais. Ouvert en été, le **cafwé** (plats 5,50-11,50 € ; ⏱9h-18h mars-oct ; 📶) d'à côté sert petits déjeuners et déjeuners.

Clifden et ses environs

Escale incontournable sur la Wild Atlantic Way, Clifden (An Clochán, "pierres de gué", en gaélique), la "capitale" du Connemara, est une jolie bourgade victorienne dominant la baie où l'Owenglin rejoint l'océan.

ACTIVITÉS

Sky Road Route panoramique

Indiqué depuis l'ouest de Market Square, ce circuit routier et cycliste de 15 km dessine une boucle spectaculaire vers le hameau de Kingston avant de revenir à Clifden, à travers des paysages côtiers magnifiquement désolés. Pour profiter au mieux du panorama, parcourez la route dans le sens des aiguilles d'une montre en commençant par le sud et visez le coucher du soleil.

OÙ SE RESTAURER

Mitchell's Poisson, fruits de mer €€

(☎095-21867 ; www.mitchellsrestaurantclifden.com ; Market St ; plats déj 10,50-15 €, dîner 18-28 €, plateau de fruits de mer 24 € ; 12h-22h). Cet élégant restaurant met à l'honneur les produits de la mer locaux, servis au déjeuner dans des sandwichs (maquereau fumé par exemple), des soupes de poisson onctueuses et un exceptionnel "plateau du Connemara" (aussi servi au dîner) avec crevettes de Rossaveal, huîtres d'Oranmore, saumon fumé du Connemara et crabe de Dunloughan. Belle carte des vins. Réservez pour dîner.

Letterfrack et ses environs

Ce site quaker du milieu du XIXe siècle appelé Letterfrack (Leitir Fraic) se résume à un carrefour doté de quelques pubs et B&B, mais attire les amoureux de la nature, séduits par l'environnement boisé et la côte proche. La randonnée de 4 km menant au sommet de la **Tully Mountain** (356 m) dure 40 minutes environ ; belle vue sur l'océan.

À VOIR

Connemara National Park Parc national

(www.connemaranationalpark.ie ; sur la N59 ; 24h/24). GRATUIT Le splendide Connemara National Park s'étend juste au sud de Letterfrack, sur 2 957 ha de tourbières, montagnes, landes et forêts. Le parc compte plusieurs des monts **Twelve Bens**. En son centre s'étend le **Gleann Mór** (Grand Glen), traversé par la rivière Polladirk. Le *glen* et les montagnes alentour se prêtent à de belles randonnées, comme à des balades plus courtes. Des **randonnées nature** (www.connemaranationalpark.ie ; 11h mer et ven début juil à août) guidées par les rangers du parc partent du **centre des visiteurs** (www.connemaranationalpark.ie ; près de la N59 ; 9h-17h30 mars-oct).

Anneaux de Claddagh

Le village de pêche de Claddagh a été absorbé par le centre-ville de Galway il y a longtemps, mais ses célèbres anneaux rappellent l'histoire ancestrale du lieu.

Portés par maints membres de la diaspora irlandaise, ces anneaux sont ornés d'un cœur (l'amour) enserré de deux mains (l'amitié) et coiffé d'une couronne (la loyauté). Parmi les bijoutiers qui en vendent se trouve à Galway le plus ancien d'Irlande, **Thomas Dillon's Claddagh Gold** (www.claddaghring.ie ; 1 Quay St ; 10h-17h30 lun-sam, 12-17h dim).

Kylemore Abbey Édifice historique

(www.kylemoreabbey.com ; près de la N59 ; tarif plein/enfant 13 €/gratuit ; 9h-19h juil-août, 9h30-17h30 sept-oct, 9h-18h avr-juin, 10h-16h30 nov-mars). Joliment située sur la rive du Pollacapall Lough, à 4,3 km à l'est de Letterfrack, cette fantaisie néogothique fut construite au XIXe siècle pour Mitchell Henry, riche homme d'affaires anglais. Seul le rez-de-chaussée se visite, mais on peut se promener jusqu'à l'**église gothique**, et visiter les extravagants **jardins victoriens**, à 20 minutes de marche (navette gratuite d'avril à octobre).

DEPUIS/VERS LETTERFRACK

Les bus de **Citylink** (www.citylink.ie) se rendent à Letterfrack depuis Galway (15 €, 2 heures, 3/jour) et poursuivent vers Clifden (5 €, 20 min).

MATTHI/SHUTTERSTOCK ©

Inishmore (p. 136)

Dans ce chapitre

Dún Aengus 134
Inishmore 136
Inishmaan 137
Inisheer 138

Îles d'Aran

Au large des côtes des comtés de Galway et de Clare, la beauté désolée de ces trois cailloux fouettés par les vents, que l'on aperçoit aisément depuis la Wild Atlantic Way, attire de nombreux visiteurs à la journée. Quiconque voudra y faire étape, plutôt que de se contenter d'une simple excursion, se sentira bientôt à des années-lumière du reste de l'Irlande, pourtant seulement à 45 minutes de ferry ou 10 minutes en avion.

Prolongement du plateau karstique du Burren, dans le comté de Clare, les îles sont tapissées d'une fine couche de terre parsemée de fleurs sauvages où broute le bétail le long de falaises battues par la houle. Les forts qui s'y dressent sont parmi les plus vieux vestiges archéologiques d'Irlande.

Les îles d'Aran en 1 jour

Il est difficile de visiter plus d'une île par jour ; si vous n'avez qu'une journée, optez pour **Inishmore** (p. 136) et l'impressionnant fort protohistorique de **Dún Aengus** (p. 134), ainsi que ses petits cousins **Dún Eochla** (p. 134) et **Dún Eoghanachta** (p. 135). S'il vous reste du temps, déjeunez dans le chaleureux **Tí Joe Watty's Bar** (p. 136).

Les îles d'Aran en 2 jours

Une visite de 2 jours permet de passer la nuit sur Inishmore et de profiter, en soirée, de la musique traditionnelle au **Tí Joe Watty's Bar** (p. 136), ou bien de retourner à Galway pour la nuit avant de filer vers **Inisheer** (p. 138) et découvrir l'**O'Brien's Castle** (p. 138) ainsi que l'épave du **Plassy** (p. 138).

Comment s'y rendre

Avion Vols depuis/vers l'aéroport du Connemara, à 35 km à l'ouest de Galway. La compagnie **Aer Arann Islands** dessert les îles plusieurs fois par jour (10 min, 49 € aller-retour, ttes les heures en été).

Bateau Les ferries pour les îles d'Aran partent de Rossaveal, 40 km à l'ouest de Galway City. Des bus effectuent la liaison Galway/Rossaveal (Queen St, tarif plein/enfant 7/4 €) qui coïncident avec les traversées. De mars à octobre, départs également du port de **Doolin** (p. 157).

Où se loger

Les soirs d'été, après le départ des excursionnistes, les îles retrouvent leur tranquillité. Toutes trois comptent des B&B et des chambres en pubs, et il y a des auberges sur Inishmaan et Inishmore. Cette dernière est dotée d'un superbe camping et d'une auberge de jeunesse (il y en a une autre sur Inisheer). Il est essentiel de réserver pour un séjour en été et pendant les festivals. À noter, certains établissements n'acceptent que les règlements en espèces, et beaucoup ferment en hiver.

ECOVENTURESTRAVEL/SHUTTERSTOCK ©

Dún Aengus

Trois forts érigés voici quelque 3 000 ans montent la garde sur Inishmore. Le plus imposant, Dún Aengus, compte trois épais remparts en pierres sèches, qui filent jusqu'aux à-pics plongeant dans l'océan.

Pour ceux qui aiment...

☑ **Ne ratez pas**

Le panorama depuis les falaises à l'ouest de Dún Aengus.

Le fort est protégé par de remarquables "chevaux de frise", un rempart défensif composé de pierres pointues dressées. Un petit centre des visiteurs propose une mise en contexte avec panneaux d'information. Un sentier assez raide serpente sur 900 m jusqu'au fort. Dún Aengus se trouve à 7 km à l'ouest de Kilronan.

Attention ! Dans le vœu de conserver le site tel qu'à l'origine, il n'y a été installé aucun garde-fou ; or il y souffle parfois des vents violents. Par le passé, des touristes y ont fait des chutes mortelles.

Sites historiques des environs

Sur la route entre Kilronan et Dún Aengus se dresse le petit fort parfaitement circulaire de **Dún Eochla** GRATUIT, que l'on rejoint au terme d'une bonne marche depuis la route principale.

Touristes sur les falaises de Dún Aengus

STEFANO_VALERI/SHUTTERSTOCK ©

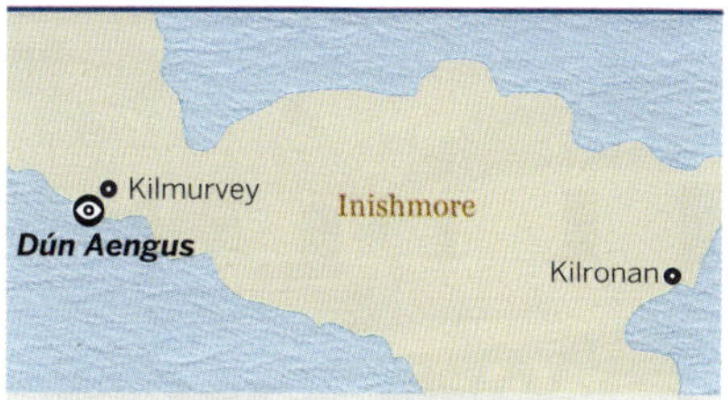

Infos pratiques

Dún Aonghasa ; www.heritageireland.ie ; site tarif plein/enfant 5/3 €, centre des visiteurs 2/1 € ; 9h30-18h avr-oct, 9h30-16h nov-mars

Une petite faim ?

Essayez le *fish and chips* du Tí Joe Watty's Bar (p. 136).

★ Bon plan

Le vélo est le moyen de locomotion idéal pour explorer les curiosités de l'île.

Les ruines de nombreuses églises en pierre témoignent du passé monastique de l'île, comme le petit **Teampall Chiaráin** (église Saint-Kieran) et son cimetière doté d'une croix celtique, près de Kilronan.

À l'ouest de Kilmurvey trône le **Clochán na Carraige**, un abri en pierres sèches du début de l'ère chrétienne, de 2,5 m de hauteur, ainsi qu'un ensemble de la même époque, les **Na Seacht dTeampaill** (sept églises) ; il s'agit d'églises en ruines, d'habitats monastiques et de fragments d'une croix celtique du VIIIe ou IXe siècle. Au sud, le **Dún Eoghanachta** GRATUIT est un autre fort circulaire.

Sur la côte nord, moins élevée, la petite baie abritée de **Port Chorrúch** héberge quelques dizaines de phoques gris, qui s'y prélassent parfois au soleil. Plus loin, la plage de **Kilmurvey** est un endroit agréable pour faire une pause.

Au sud-est, à proximité de la baie de Cill Éinne Bay, se dresse une église du début de l'époque chrétienne, **Teampall Bheanáin** (église Saint-Benen). À proximité de la piste d'atterrissage de l'aérodrome, se trouvent les vestiges engloutis d'une église, qui serait le site du **monastère St Enda's** du Ve siècle, bien que les datations relevées indiquent plutôt le VIIIe siècle.

Au sud-ouest de Kilronan, le fort de **Dún Dúchathair** GRATUIT (le fort noir) occupe un site spectaculaire sur un étroit promontoire cerné par la falaise sur trois côtés.

Shopping sur Inishmore

Kilmurvey Craft Village (Kilmurvey ; horaires variables). Parmi les objets artisanaux en vente dans ce charmant ensemble de cottages traditionnels près de Dún Aengus (p. 134), on trouve des vêtements en laine tricotés à la main ainsi que des pierres sculptées et des bijoux ornés de symboles celtiques.

Man of Aran Gift Shop (manofaran.eu ; Kilronan ; film 5/3 € tarif plein/enfant ; 9h-20h ;). Cette boutique de l'intersection principale de Kilronan vend de nombreux souvenirs, dont des tee-shirts, des vitraux et des bijoux celtiques. Cinq fois par jour, le film *L'Homme d'Aran* de Robert Flaherty (1934) y est projeté dans une salle de 24 places. Wi-Fi (gratuit si vous achetez quelque chose) et bon bar servant du café italien.

Kilmurvey Craft Village
MARIA_JANUS/SHUTTERSTOCK ©

Inishmore

La majorité des visiteurs qui s'aventurent sur les îles d'Aran se content de débarquer sur Inishmore (Inis Mór), la plus grande et la plus proche de Galway, et d'explorer le fort protohistorique de Dún Aengus (p. 134), perché au sommet d'une falaise.

L'île mesure 14,5 km de long, pour une largeur de 4 km maximum. Les bateaux arrivent et partent à **Kilronan** (Cill Rónáin), village principal de l'île, qui en occupe l'extrémité est. Les paysages arides de l'ouest sont sillonnés de murs de pierre et parsemés de rochers, d'une poignée de maisons et de quelques parcelles d'herbe ou de pommes de terre.

Le tourisme est aujourd'hui au centre de l'économie locale, et des minibus accueillent de mai à septembre les voyageurs débarqués des ferries et des avions, pour leur proposer des visites de l'île.

OÙ SE RESTAURER ET PRENDRE UN VERRE

Bayview Restaurant International €€

(086 792 9925 ; www.bayviewrestaurantinishmore.com ; plats déj 10-15 €, dîner 19-40 € ; 12h-21h ;). Installé dans un bâtiment historique peint en rose à 200 m à l'ouest du quai, Bayview sert au déjeuner, dans une salle ornée d'art local, des classiques tels que le ragoût de bœuf à la Guinness. Les dîners sont plus raffinés : homard entier, steaks grillés et des desserts fantastiques comme l'ananas grillé mariné à la cannelle et au gingembre, servi avec de la glace à la vanille et un coulis de gingembre. Enfants bienvenus.

Pier House Irlandais €€

(099-61417 ; www.pierhousearan.com ; Kilronan ; plats 14,50-27 € ; 12h-17h et 18h-22h mai-sept ;). Une fois arrivé dans ce restaurant, qui occupe le rez-de-chaussée de la pension du même nom, installez-vous sur la terrasse pour regarder passer les ferries, ou réchauffez-vous près de la cheminée. Le menu est centré sur les produits de la mer (crabe, huîtres, homard, saumon et maquereau fumés, crevettes et pêche du jour), mais comporte également des plats du terroir comme le bœuf irlandais Wellington. Menu enfant disponible.

Tí Joe Watty's Bar Pub

(www.joewattys.ie ; Kilronan ; 12h-minuit dim-jeu, 11h30-0h30 ven-sam avr-oct, et 16h-minuit lun-ven, 12h-minuit sam-dim nov-mars). Chauffé à la tourbe, le plus vieux pub de l'île (et le plus populaire) accueille des sessions de musique traditionnelle à partir de 21h tous les soirs d'été et le week-end le reste de l'année. Les soirées fléchettes du mercredi sont une institution locale. Vaste *beer garden* et un grand choix de gins, bières artisanales et whiskeys.

Excellent menu (plats 10-16,50 €) de poisson et fruits de mer ; réservez pour le dîner en été.

RENSEIGNEMENTS

L'**office du tourisme** (☎099-61263 ; www.aranislands.ie ; Kilronan ; ⏰10h-17h) se trouve sur le front de mer, à 50 m au nord-ouest du débarcadère des ferries de Kilronan.

COMMENT CIRCULER

De mai à septembre, des minibus proposent des visites de 2 heures 30 à travers l'île (10 €) en groupes, avec commentaires. Comptez 45 minutes de route entre Kilronan et **Dún Aengus** (p. 134). Possibilité d'organiser une visite avec un groupe déjà constitué.

Pour découvrir l'île à un rythme plus tranquille, on optera pour une balade en calèche avec cocher de mai à septembre, entre Kilronan et Dún Aengus (aller-retour 50-100 € pour un groupe de 4 personnes maximum).

De nombreux hébergements proposent des vélos gratuits ou à louer ; autrement, **Aran Bike Hire** (☎099-61132 ; www.aranislandsbikehire.com ; Inishmore Pier ; location vélo et VTT 10 €/j, vélos électriques à partir de 30 €, caution 20-30 € ; ⏰avr-oct) loue vélos de route, électriques et VTT, que l'on vous livrera n'importe où sur l'île.

Inishmaan

La moins visitée et la moins peuplée des îles d'Aran, Inishmaan (Inis Meáin) est un rocher désolé d'environ 5 km de long sur 3 km de large, qui attira jadis les premiers moines chrétiens en quête de solitude, et où l'écrivain J. M. Synge (1871-1909) passa cinq étés, entre 1898 et 1902.

Le cottage à toit de chaume de **Teach Synge** (☎099-73036 ; 3 € ; ⏰sur rendez-vous avr à mi-sept), vieux de 300 ans, où logeait l'homme de lettres, abrite aujourd'hui un petit musée.

À l'extrémité ouest de l'île, **Synge's Chair** (la chaise de Synge) est un point de

Murs de pierre emblématiques des îles d'Aran

De gauche à droite : O'Brien's Castle ; âne sur Inishmore (p. 136) ; épave du Plassy

vue au bord d'une falaise calcaire abrupte qui surplombe les eaux de Gregory's Sound. Le lieu est relativement abrité du vent ; à la façon de Synge, vous pourrez vous installer pour contempler la beauté des lieux.

Inisheer

La plus petite des îles d'Aran (4 km de large par 2 km de long), Inisheer (Inis Oírr) doit son atmosphère enchanteresse à ses étendues couvertes de fleurs sauvages et à sa culture traditionnelle, nourrie de mythes ancestraux.

À VOIR

Tobar Éinne Site historique

Ce lieu de pèlerinage fréquenté par les locaux est une source sacrée, dédié à saint Enda, et située dans une étendue rocheuse isolée du sud-ouest de l'île. Il faut, pour accomplir le rituel complet, revenir trois dimanches d'affilée, ramasser sept pierres et faire sept fois le tour du puits en récitant le rosaire et en déposant une pierre à chaque tour jusqu'à ce qu'apparaisse au fond de l'eau une anguille.

Si vous avez la chance de voir l'anguille, on dit que votre langue aura des pouvoirs guérisseurs sur les blessures.

O'Brien's Castle Bâtiment

(Caisleán Uí Bhriain). GRATUIT Cette tour fut construite sur le point culminant de l'île en 1585, au milieu des ruines d'un fort circulaire appelé Dún Formna, lequel remonterait au Ier siècle. Une ascension de 100 m conduit à un panorama à 360° sur des prairies de trèfles plongeant vers la plage et le port. La vue est particulièrement enchanteresse au coucher du soleil. N'hésitez pas à vous promener parmi les ruines.

Plassy Épave

Chalutier à vapeur mis à l'eau en 1940, le *Plassy* s'échoua sur des rochers le 8 mars 1960, avant d'être poussé à terre, quelques semaines plus tard, par une nouvelle tempête. Si sa cargaison de whiskey ne put être sauvée, tous les marins à bord le furent, par miracle. On peut voir au pub Tigh Ned (p. 139) une collection de

TINY AL/GETTY IMAGES ©

photographies et autres documents sur les opérations de sauvetage. Un plan aérien de l'épave apparaît dans la séquence d'ouverture de la série anglo-irlandaise culte *Father Ted*.

OÙ SE RESTAURER

Teach an Tae **Café €**

(099-75092 ; cafearan.ie ; plats 3,50-9,50 € ; 11h-17h mai à début nov). Les recettes de ce café incorporent framboises et myrtilles sauvages de l'île, légumes cultivés sur place, œufs du poulailler et fruits des 30 vénérables pommiers du verger. On y savoure d'excellentes tartes pomme-rhubarbe et des scones à la confiture maison ; côté salé, goûtez le lieu jaune à l'oseille avec couscous aux herbes, ou encore la tourte au chèvre des îles d'Aran. Règlement en espèces.

Tigh Ned **Cuisine de pub €**

(099-75004 ; tighned.com ; plats 7-10,50 € ; cuisine 12h-16h et bar 10h-minuit, avr-oct). Ouvert depuis 1897, Tigh Ned est un pub accueillant et sans prétention servant des déjeuners bon marché (sandwichs, *cottage pie* – hachis parmentier –, *fish and chips*), bières artisanales, whiskey et Guinness. Les tables installées dans le jardin donnent sur le port. Sessions de musique traditionnelle animées le week-end de juin à août.

Le Burren (p. 155)

COMTÉ DE CLARE ET LIMERICK

Dans ce chapitre

Falaises de Moher 144
Musique traditionnelle 146
Ennis 148
Bunratty 149
Limerick 151
Loop Head 153
Miltown Malbay 154
Le Burren 155
Doolin 156

Comté de Clare et Limerick

La côte du comté de Clare, longée par la Wild Atlantic Way, est martelée sans relâche par l'océan, qui creuse la roche en saillants et falaises abruptes, à l'exemple de celles, emblématiques, de Moher ou de l'extrémité de la péninsule de Loop Head. Sur le littoral, les vagues attirent les foules et plusieurs écoles de surf investissent, l'été venu, les plages du comté.

La terre du comté de Clare est dure mais son âme est vibrante : la culture et la musique traditionnelles sont vivaces. Dans les gros bourgs, comme les simples villages, des musiciens se produisent à tout moment de l'année, pour un public de touristes et d'habitants. Aux portes du comté, la ville de Limerick, sur le Shannon, est également une destination animée.

Comté de Clare et Limerick en un jour

Explorez la ville d'**Ennis** (p. 148) et **Ennis Friary** (p. 148), puis déjeunez copieusement au pub **Nora Culligans** (p. 148). Partez ensuite vers l'ouest, appareil photo en main, pour admirer les **falaises de Moher** (p. 144). Passez la nuit à Doolin, non loin, pour contempler le couchant du haut des falaises et assister à une **session de musique traditionnelle** (p. 146) dans un pub.

Comté de Clare et Limerick en 2 jours

Tout dépend de votre itinéraire général. Si vous vous dirigez vers le Kerry, au sud, allez à **Loop Head** (p. 153) admirer encore un peu la côte avant de traverser le Shannon en ferry pour rejoindre Tarbert et la route de Dingle. Si vous prévoyez plutôt d'aller à Galway, au nord, réservez un **circuit guidé** (p. 155) à travers les fascinants paysages karstiques du **Burren** (p. 155).

Comment s'y rendre

Explorer le comté de Clare en transports en commun est difficile et demande d'avoir du temps. Si vous n'êtes pas en voiture, le mieux est de séjourner à Galway et de vous rendre aux falaises de Moher et à Doolin dans le cadre d'un circuit organisé en car, par exemple avec **Burren Wild Tours** (p. 155).

Plusieurs bus Éirann et trains relient chaque jour Ennis et Limerick.

Où se loger

Ennis est un bon point de chute pour visiter le comté de Clare. On trouve toutefois des campings, auberges de jeunesse, B&B, pubs et hôtels dans tout le comté, notamment à Doolin et Lahinch, et alentour. Beaucoup d'établissements n'ouvrent qu'entre Pâques et octobre et affichent rapidement complet le week-end et pendant les vacances scolaires – il faut alors réserver. Limerick est plus éloignée, mais si vous y faites étape, tâchez de trouver un hébergement proche du centre-ville et de son animation.

Falaises de Moher

Les falaises de Moher sont d'une beauté à couper le souffle, et quand la visibilité est bonne, la vue s'étend jusqu'aux îles d'Aran et aux collines du Connemara. Au crépuscule, le ciel devient une mosaïque d'ambre, de rose et de grenat.

Pour ceux qui aiment...

☑ Ne ratez pas

La vue à l'ouest sur les falaises au coucher du soleil, quand le paysage est plus grandiose que jamais.

Culminant à 203 m, ces falaises plongent à la verticale dans une mer la plupart du temps agitée. Cap après cap, cet ensemble de calcaire et de schiste donne l'impression d'un défilé en formation serrée. Par temps clair, le regard porte jusqu'aux îles d'Aran, au cœur de Galway Bay, et à l'ouest on distingue les collines du Connemara dans le comté de Galway.

Le site, souvent envahi par les touristes débarqués par cars entiers, ne se prête guère à la contemplation solitaire. Cependant, les vents d'ouest couvrent le bruit des groupes et l'on peut s'éloigner pour éviter la foule. À l'endroit où l'accès est autorisé, un grand centre des visiteurs a été aménagé à flanc de colline, tandis qu'un haut mur garde-fou (un peu trop, 1,5 m) garantit les visiteurs du danger, tant sur les sentiers que sur les points de vue.

Centre d'accueil des visiteurs, falaises de Moher

Infos pratiques

Centre d'accueil des visiteurs (☎065-708 6141 ; www.cliffsofmoher.ie ; tarif plein/enfant avec parking 6 €/gratuit, O'Brien's Tower 2/1 € ; ⏲9h-21h juil-août, 9h-19h30 lun-ven et 9h-20h sam-dim juin et sept, horaires restreints le reste de l'année)

Une petite faim ?

Évitez les cafés bondés du centre d'accueil en apportant un pique-nique à manger le long des falaises.

★ Bon à savoir

N'oubliez pas d'apporter des jumelles. On peut observer plus de 30 espèces d'oiseaux dont d'adorables macareux.

Sentiers de randonnée

Dix minutes de marche à pied suffisent pour retrouver un peu de liberté, et surtout jouir d'un panorama unique. Passé le Moher Wall au sud, un sentier longe les falaises jusqu'à Hag's Head (5,5 km). On peut poursuivre jusqu'à Liscannor (12 km, 3 heures 30). L'autre option est de remonter au nord, en suivant le Doolin Trail qui rallie le village de Doolin (7 km, 2 heures 30) en passant par O'Brien's Tower. La totalité du parcours entre Liscannor et Doolin, via les falaises, est désormais balisée. Attention, le sentier monte et descend beaucoup et compte nombre de sections étroites en bord de falaise.

Centre d'accueil des visiteurs

Le centre d'accueil des visiteurs, relativement récent, abrite de nombreuses boutiques, quelques cafés et une intéressante exposition sur la faune, la flore, la géologie et le microclimat de ce territoire balayé par vents et marées. Deux films (l'un, immersif, de 5 minutes, l'autre de 10 minutes) passent en boucle pour conclure la visite. Un espace ludique destiné aux enfants leur permet de créer des images numériques. Au rez-de-chaussée, le Puffin's Nest Cafe est un café sans âme qui semble conçu pour vous pousser à monter au Cliffs View Cafe, plus cher.

CHRIS HOWES/WILD PLACES PHOTOGRAPHY/ALAMY STOCK PHOTO ©

Musique traditionnelle

Que ce soit dans un authentique pub de village ou dans l'ambiance enfiévrée d'un bar d'Ennis, le comté de Clare est l'une des meilleures destinations du pays pour écouter de la musique traditionnelle.

Pour ceux qui aiment...

☑ Ne ratez pas

Une session au Vaughan's, à Kilfenora, l'une des meilleures adresses sur l'île.

Ennis

Il est possible, presque chaque soir, de s'offrir une tournée des pub musicaux, en particulier l'été. Des musiciens de tout le pays se produisent à Ennis, où les bonnes adresses sont légion.

Brogan's Pub

(www.brogansbarandrestaurant.com ; 24 O'Connell St ; ⌚12h-minuit). Les salles de ce grand pub à l'angle de Cooke's Lane accueillent de très bons musiciens garantissant une ambiance endiablée. À partir de 21h environ du lundi au jeudi (davantage en été).

Doolin

Ce village compte plusieurs pubs où l'on entend, tous les soirs, de la musique traditionnelle. Sachez toutefois que vous

Eugene's, Ennistymon

MARIA_JANUS/SHUTTERSTOCK ©

devrez sans doute jouer des coudes pour en profiter.

McGann's Pub

(☎065-707 4133 ; www.mcgannspubdoolin.com ; Roadford ; ⏱10h-23h30 lun-mer, 10h-0h30 jeu-sam, 10h-23h dim ; 📶). C'est le pub musical irlandais par excellence. Les clients, souvent trop nombreux, débordent alors jusque dans la rue, sur une petite terrasse couverte. Des trois pubs du village, c'est celui où l'on mange le mieux (essayez les pinces de crabe !). Les habitués sont occupés à jouer aux fléchettes dans le dédale de petites salles où, dans l'âtre, se consume un feu de tourbe.

Kilfenora

Un petit village à la tradition musicale bien ancrée comme en témoigne le Vaughan's, l'excellent pub local.

ℹ Infos pratiques

Avant votre départ, consultez les sites Internet des pubs pour connaître la programmation et les dates de sessions, et réservez vos hébergements en conséquence.

Une petite faim ?

La plupart des pubs musicaux proposent une cuisine de pub correcte. Le McGann's, à Doolin, est l'une des meilleures tables.

★ Bon plan

Arrivez au moins 1 heure avant le début de la session pour avoir une chance d'obtenir une place assise près des musiciens.

Vaughan's Pub Pub

(www.vaughanspub.ie ; Main St ; ⏱10h30-23h30, horaires variables). Réputée parmi les mélomanes irlandais, cette adresse sert du poisson et des fruits de mer, et des plats traditionnels à base de produits locaux. Savourez votre pinte à l'ombre du grand arbre. Musique au bar tous les soirs en été et assez souvent le reste de l'année. La grange voisine accueille de formidables **spectacles de quadrille irlandais** (*set-dancing*) les jeudi (22h) et dimanche (21h).

Ennistymon

L'authenticité des quelques pubs de ce discret village agricole de l'arrière-pays de Doolin attire les meilleurs talents locaux.

Eugene's Pub

(Main St ; ⏱10h30-23h30 lun-jeu, 10h30-0h30 ven-sam, 12h30-23h dim). Reconnaissable à sa façade décorée de peintures, Eugene's est un classique du genre. Intime et douillet, il se distingue par son intérieur tapissé de cartes de visite, mais également par sa belle collection de whiskeys et ses magnifiques vitraux.

Violoniste jouant des airs traditionnels
MICHAEL KEVIN DALY/FUSE/GETTY IMAGES ©

Festivals de musique traditionnelle

Ennis Trad Festival (www.ennistradfest.com ; mi-nov). En novembre, la musique et la bonne humeur investissent, cinq jours durant, les établissements de la ville d'Ennis.

Fleadh Nua (www.fleadhnua.com; mai). Chant, danse et ateliers sont au programme de ce festival de huit jours.

Russell Memorial Weekend (www.michorussellweekend.ie ; fév). Le dernier week-end de février à Doolin, ce festival rend hommage au légendaire musicien Micho Russell et à ses frères. Ateliers, cours de danse et sessions de musique traditionnelle ont lieu partout dans la ville.

Ennis

Sur les rives de la Fergus, la charmante Ennis (Inis) est la capitale du comté. Elle compte peu de sites touristiques mais les ruelles piétonnes du centre invitent à la flânerie. À quelque 23 km au nord de l'**aéroport de Shannon** (Shannon Airport, SNN ; 061-712 000 ; www.shannonairport.ie ;), Ennis permet de rallier en moins de 2 heures n'importe quel point du comté.

À VOIR

Ennis Friary Église

(www.heritageireland.ie ; Abbey St ; tarif plein/enfant 5/3 € ; 10h-18h Pâques-sept, 10h-17h oct). Au nord du Square, cette abbaye fut fondée par Donnchadh Cairbreach O'Brien, roi de Thomond, entre 1240 et 1249. Riche de différents éléments construits entre le XIIe et XIXe siècle, elle se distingue notamment par une fenêtre en cinq parties de la fin du XIIIe siècle, le tombeau d'un McMahon (1460) orné de scènes de la Passion sculptées sur des panneaux d'albâtre et un très bel *Ecce Homo*, bas-relief représentant le Christ et les symboles de la Passion.

OÙ SE RESTAURER ET PRENDRE UN VERRE

Food Heaven Café €

(www.food-heaven.ie ; 21 Lower Market St ; plats 5-11 € ; 8h30-18h lun-sam ;). Les assiettes inventives et fraîches de ce petit café-traiteur sont à la hauteur de son nom (le "paradis des gourmets"). Pour le petit déjeuner, optez pour une délicieuse omelette (chèvre-tomates cerises, thym-champignons...). Prévoyez de l'attente à midi, avant de pouvoir vous régaler d'un sandwich au pain complet, d'un friand à la saucisse maison à la sauce tomate (aussi maison) ou d'un gâteau de pomme de terre à la mayonnaise au piment doux.

Nora Culligans Pub

(Abbey St ; 12h-minuit lun-jeu, 12h-2h ven-sam, 12h-1h dim ;). Habilement rénové, cet immense pub a gardé plusieurs de ses éléments d'origine, à l'exemple des somptueux placards à whiskey à deux étages, derrière le comptoir, et des boiseries de l'arrière-salle. Il accueille des musiciens de tous les styles, depuis le jazz et le blues jusqu'aux auteurs-compositeurs-interprètes acoustiques, en passant par le reggae et la musique traditionnelle.

Poet's Corner Bar Pub

(www.flynnhotels.com ; Old Ground Hotel, O'Connell St ; 11h-23h30 lun-jeu, 11h-0h30 ven-sam, 12h-23h dim ;). Le pub de l'Old Ground Hotel séduit aussi bien une clientèle d'habitués que de touristes, avec ses boiseries, son plafond à caissons et ses sessions de musique traditionnelle (du jeudi au dimanche toute l'année ; tous les soirs de juin à août).

RENSEIGNEMENTS

L'**office du tourisme** d'Ennis (☎065-682 8366 ; www.visitennis.com ; Arthur's Row ; ⏲9h-17h30 lun-ven, 9h-17h sam) occupe le même bâtiment que le **Clare Museum** (www.clarelibrary.ie ; Arthur's Row ; ⏲9h30-13h et 14h-17h30 lun-sam juin-sept, 9h30-13h et 14h-17h30 mar-sam oct-mai) GRATUIT.

DEPUIS/VERS ENNIS

La rocade de la M18 Limerick-Galway contourne Ennis par l'est.

BUS

Les **bus Éireann** (www.buseireann.ie) stationnent à la **gare routière** (Station Rd), à côté de celle du chemin de fer. Correspondance à Galway ou Limerick pour Dublin.

Liaisons pour les destinations suivantes :

Cork 19 €, 3 heures, ttes les heures

Doolin 14,30 €, 50 minutes, 4/jour, via Corofin, Ennistimon, Lahinch, Liscannor, les falaises de Moher

Galway 12,50 €, 1 heure 30, ttes les heures, via Gort

Limerick 10 €, 1 heure, ttes les heures, via Bunratty

Aéroport de Shannon 8,60 €, 30 minutes, ttes les heures

TRAIN

Irish Rail (www.irishrail.ie) assure au départ de la **gare ferroviaire** (Station Rd) une liaison pour Limerick (15 €, 40 min, 7/jour), d'où partent des trains pour des destinations plus lointaines, notamment Dublin.

La ligne Ennis-Galway (7,50 €, 1 heure 45, 7/jour), traverse les beaux paysages du Burren.

Bunratty

Bunratty (Bun Raite) abrite un magnifique château, adossé à un parc thématique reconstituant un village irlandais d'autrefois – un duo gagnant, qui lui vaut une belle affluence de touristes, et ce d'autant plus que l'aéroport de Shannon (p. 334) n'est qu'à 13 km à l'ouest.

Ennis Friary

LUKASZ PAJOR/SHUTTERSTOCK ©

De gauche à droite : phare de Loop Head ; Bunratty Castle ; Bunratty Folk Park

À VOIR

Bunratty Castle & Folk Park Château

(☎061-360 788 ; www.shannonheritage.com/BunrattyCastleAndFolkPark ; château et Folk Park tarif plein/enfant 16,50/14 € ; ⌚château 9h-16h, Folk Park 9h-17h50). Carré et massif, le château de Bunratty date du XVe siècle, mais n'est que le dernier d'une succession d'édifices bâtis à cet emplacement, au bord de la Ratty. Site viking jusqu'au Xe siècle, le château est devenu en 1270 la résidence de Thomas de Clare, seigneur hiberno-normand. On y accède via le *Folk Park*, écomusée qui reconstitue un village irlandais d'antan. Il compte des maisons aux toits de chaume et aux cheminées fumantes, une forge et un forgeron à l'ouvrage, des tisserands, une poste, un pub-épicerie, un petit café et d'autres curiosités. Offres spéciales en ligne.

OÙ SORTIR

Irish Evening at Bunratty Spectacle dînatoire

(☎061-360 788 ; www.shannonheritage.com/IrishEvening ; tarif plein/enfant 50/27.50 € ; ⌚19h-21h30 avr-oct). Ces soirées pleines d'entrain se déroulent dans une halle aux grains du Folk Park du château de Bunratty. Les serveurs apportent des classiques irlandais (ragoûts, saumon poché, tarte aux pommes), sur fond de contes, danses et musiques traditionnels. Le vin aidant, vous ne tarderez pas à pousser la chansonnette.

Bunratty Castle Medieval Banquet Banquet

(☎061-360 788 ; www.shannonheritage.com/BunrattyCastleMedievalBanquet ; tarif plein/enfant 58/38 € ; ⌚17h30 et 20h45). Ces banquets médiévaux, donnés au château et à la lueur des chandelles, sont animés par des damoiselles jouant de la harpe et des bouffons. Les plats d'époque, largement carnés (options végétariennes possibles), sont à arroser d'hydromel. Ces événements sont prisés des groupes ; réservez bien à l'avance. Offres avantageuses en ligne.

Killaloe et Ballina

Deux localités distinctes à cheval sur deux comtés, mais un site unique, à la pointe sud

du Lough Derg. Enjambant le chenal, un beau pont (sens unique) de 13 arches les relie.

Killaloe (Cill Da Lúa) incarne le comté de Clare dans ce qu'il a de plus charmant. La localité est située sur la berge occidentale du Loch Deirgeirt, et adossé à la chaîne des Slieve Bernagh. À l'est, les Arra Mountains créent un équilibre harmonieux.

Moins pittoresque, Ballina (Béal an Átha), dans le comté de Tipperary, compte quelques pubs et restaurants agréables

Limerick

L'ambiance de cette cité sur le Shannon change de la tranquillité de la campagne alentour. Troisième ville du pays, forte d'une belle population estudiantine, Limerick connaît de l'animation tout au long de l'année, et on y trouve suffisamment d'activités culturelles et de sites historiques pour s'occuper une bonne journée. Durement frappée par la crise de la fin des années 2000, la ville s'est rapidement rétablie, et fut en 2014 la première cité irlandaise à devenir capitale de la culture européenne. Les investissements qui en ont découlé ont conduit à de nombreux travaux de restauration. Limerick, riche de ses édifices médiévaux et georgiens, accueille par ailleurs de plus en plus de galeries d'art et d'adresses pour gourmets.

À VOIR

King John's Castle Château

(www.shannonheritage.com ; Nicholas St ; tarif plein/enfant 12/6 € ; 9h30-18h avr-sept, 9h30-17h oct-mars). La rive ouest du Shannon est sans doute le meilleur endroit pour admirer les tours et les remparts massifs de cet emblème de Limerick. Le château fut érigé par le roi Jean sans Terre entre 1200 et 1212. Les tours jumelles encadrant la porte du château sont encore debout.

Une expérience multimédia fournit une excellente introduction à l'histoire de l'Irlande en général, et de Limerick en particulier. Elle est suivie par une exposition archéologiques dans la crypte et une visite de la cour et des fortifications.

Ne ratez pas, au-dessus du café, l'exposition sur l'archéologie du château et le développement de la ville à l'époque georgienne, ni la vue depuis les tours – même

STEFAN THIERMAYER/FOTOLIA ©

King John's Castle, Limerick

si le panorama le plus saisissant reste celui qu'on a du château depuis la berge opposée du Shannon. Des réductions sont appliquées lorsqu'on réserve en ligne.

Hunt Museum Musée

(www.huntmuseum.com ; Custom House, Rutland St ; tarif plein/enfant 5/2,50 € ; 10h-17h lun-sam, 14h-17h dim). Ce musée propose une véritable chasse au trésor à ses visiteurs, qui sont invités à y ouvrir et explorer une multitude de tiroirs, et à flâner parmi plus de 2 000 objets des âges du bronze et du fer, et du Moyen Âge. Ouvrez l'œil pour ne pas manquer la pièce d'argent qui serait l'une des 30 perçues par Judas pour trahir le Christ, les sculptures des Cyclades, un dessin de Giacometti et des œuvres de Renoir, Picasso et Jack B. Yeats. Des visites guidées gratuites d'une heure sont effectuées par des bénévoles enthousiastes. Le musée dispose d'un bon café.

Limerick City Gallery of Art Musée

(www.limerickcitygallery.ie ; Carnegie Building, Pery Sq ; 10h-17h30 lun-mer et ven-sam, 10h-20h jeu, 12h-17h30 dim). GRATUIT Cet excellent musée de Limerick jouxte le paisible People's Park, au cœur de la ville georgienne. La collection permanente de peintures des trois derniers siècles comprend des œuvres de Sean Keating et Jack B. Yeats. Les expositions temporaires sont souvent consacrées à l'art contemporain conceptuel. Les années paires, la galerie accueille également des expositions de l'**Eva International** (www.eva.ie ; mi-avr à mi-juil), la biennale d'art contemporain irlandais. Informations sur le site web. Agréable café (9h30-17h).

St Mary's Cathedral Cathédrale

(061-310 293 ; www.cathedral.limerick.anglican.org ; Bridge St ; don de 4 € suggéré ; variables, environ 9h-17h lun-ven, 9h-16h sam-dim). La cathédrale de Limerick fut fondée en 1168 sur l'ordre de Donal Mór O'Brien, roi de Munster. Il reste de cette époque des portions de style roman du portail ouest, de la nef et des allées. Les magnifiques miséricordes (assises placées sur les sièges relevables des stalles permettant, durant les offices, de s'appuyer tout en ayant l'air d'être debout) en chêne noir du XVe siècle sont uniques en Irlande, et sont ornées de créatures fantastiques sculptées. Appelez pour vous renseigner sur la programmation musicale.

OÙ SE RESTAURER

La gastronomie a le vent en poupe à Limerick : beaucoup d'adresses mettent à l'honneur les produits frais irlandais, et chaque été un marché de *street food* s'installe le mercredi (plats 4-7 € ; 11h-16h) sur la promenade de Harvey's Quay, au bord du Shannon. On trouve aussi des étals le reste de la semaine dans la partie nord d'O'Connell Street, entre Sarsfield et Denmark Street.

Azur Irlandais, européen €€

(061-314 994 ; azurrestaurant.ie ; 8 George's Quay ; plats 17-25 € ; 17h-23h lun-sam, 13h-20h dim ;). C'est dans un cadre tout en élégance – architecture georgienne et design moderne – qu'Azur, l'un des meilleurs restaurants de Limerick, régale ses convives. Le service est professionnel mais détendu, la liste des vins est exemplaire et le menu utilise les meilleurs produits irlandais dans des plats telles les Saint-Jacques poêlées au boudin noir et crumble de bacon fumé, ou encore la poitrine de porc croustillante à la confiture d'oignon rouge et au chou frisé.

Milk Market Marché €

(www.milkmarketlimerick.ie ; Cornmarket Row ; 10h-15h ven, 8h-15h sam, 11h-15h dim). Faites votre choix de fruits et légumes bio, de fromages et de produits régionaux, ou flânez entre les boutiques d'objets artisanaux dans la vieille halle du marché de Limerick. De la musique traditionnelle ajoute encore à l'atmosphère.

DEPUIS/VERS LIMERICK

AVION

L'aéroport de Shannon (p. 334) se trouve à 26 km au nord-ouest de Limerick (30 min de voiture) et accueille des vols intérieurs et internationaux.

BUS

Des **bus Éireann** (1850 836 611 ; www.buseireann.ie ; Parnell St), notamment, relient Limerick à Galway, Ennis, Dublin et de nombreuses autres villes. Les autres compagnies incluent **Citylink** (091-564 164 ; www.citylink.ie) et **JJ Kavanagh & Sons** (0818 333 222 ; www.jjkavanagh.ie).

TRAIN

Des trains (www.irishrail.ie) partent de la **gare ferroviaire de Limerick** (061-315 555 ; Parnell St) notamment pour Dublin Heuston (53 €, 2 heures 30, 1/h), Ennis (11,35 €, 40 min, 9/j) et Galway (22,70 €, 2 heures, 4/j). D'autres lignes, comme celle de Cork, arrivent à **Limerick Junction**, à 20 km au sud-est de Limerick.

Autres falaises du comté de Clare

Les routes menant à la pointe sud de Loop Head offrent des panoramas à couper le souffle.

Depuis Carrigaholt, descendez Church Street vers le sud sur 2 km environ jusqu'à un embranchement, puis tournez à droite pour prendre la L2002 (Coast Road). Intégrée à la Wild Atlantic Way, bien balisée, cette route panoramique, qui embrasse le littoral, a une superbe vue sur la mer. Elle traverse le village de Rhinevilla et rejoint la R487 à Kilbaha.

En quittant Loop Head vers l'est, suivez la R487 jusqu'à Cavan, puis tournez à gauche pour prendre la Coast Road (L2000). Suivez les indications jusqu'à Kilkee. Vous rejoindrez la R487, mais pourrez repartir vers le nord en empruntant, juste après Oughterard ou Cross, des petites routes allant dans cette direction et ponctuées de vues splendides sur de majestueuses falaises côtières.

Loop Head

Prise entre l'estuaire du Shannon et l'Atlantique rugissant, cette péninsule battue par les vents a des airs de bout du monde. En empruntant vers le sud-ouest la R487, on en rejoint la pointe solitaire. Par temps clair, le promontoire de Loop

Un festival incontournable

Natif de Miltown Malbay, Willie Clancy (1918-1973) reste, dans les mémoires, l'un des plus grands joueurs de cornemuse d'Irlande. L'hommage que lui rend chaque année sa ville natale est l'un des plus grands événements musicaux du pays. Début juillet, pendant neuf jours, des sessions impromptues fleurissent jour et nuit et les pubs de la ville ne désemplissent pas. En parallèle, la **Willie Clancy Summer School** (☎065-708 4148 ; scoilsamhraidhwillieclancy.com ; ⏰juil) propose cours et ateliers.

Head (Ceann Léime) couronné d'un phare, point le plus méridional du comté de Clare, ménage une vue magnifique sur les comtés de Kerry et Galway. Cette péninsule sauvage et déserte se prête merveilleusement à la découverte. Cependant, restez prudent et ne vous approchez pas des bords de la falaise qui risquent à tout moment de s'effondrer sous le pas d'un marcheur imprudent.

Côté nord, des crevasses dans la falaise offrent un habitat à de vastes populations d'oiseaux, que vous entendrez avant de les voir. Guillemots, *pyrrhocorax* et pingouins torda y nichent en masse.

Un sentier longe les falaises jusqu'à Kilkee, le plus grand des villages de la péninsule, dont la jolie plage de sable fin est très courue l'été.

À VOIR ET À FAIRE

Bog Road Bike Tours Vélo

(☎086 278 0161 ; www.bogroadbiketours.com ; Erin St ; circuit 2/4 heures 25/45 € ; ⏰circuits 10h et 16h sam-dim). Explorez les ruelles interdites aux voitures autour de Loop Head lors d'un amusant circuit mené par Cillian Murphy. Vous saurez tout sur l'histoire de Kilkee et Loop Head, de la Grande Famine aux tempêtes et naufrages. Circuits de deux heures (16 km) ou quatre heures (plus de 40 km). La location du vélo est comprise.

Phare de Loop Head Phare

(Tarif plein/enfant 5/2 € ; ⏰10h-18h mi-mars-début nov). Perché à 90 m de hauteur, ce phare en activité de 23 m de haut, équipé de lentilles Fresnel, domine la péninsule. La visite guidée (comprise dans le droit d'entrée) vous conduira au sommet de la tour et sur le balcon. Par beau temps, on distingue les îles Blasket et le Connemara. Un phare se dresse ici depuis 1670, mais l'édifice actuel ne date que de 1854. L'électricité y a été installée en 1871 et l'ensemble est automatisé depuis 1991.

Miltown Malbay

Fief florissant de la musique irlandaise dans le comté de Clare, Miltown Malbay accueille chaque année la Willie Clancy Summer School, l'une des plus importantes manifestations de musique traditionnelle du pays (ci-contre). Cette ancienne station balnéaire, chère aux classes aisées de la période victorienne, est pourtant loin de la mer : la plage la plus proche se trouve en effet à 2 km au sud de **Spanish Point**. À 12 km au nord par la N67, la belle plage de Lahinch, réputée chez les surfeurs, est très fréquentée l'été.

OÙ PRENDRE UN VERRE ET FAIRE LA FÊTE

Les pubs de Miltown Malbay accueillent toute l'année de fabuleuses sessions de musique traditionnelle.

Hillery's Pub

(Main St ; ⏰12h-23h lun-jeu, 12h-minuit ven-sam, 12h-18h dim). Ouvert en 1891, le plus vieux pub de la ville encore en activité est agrémenté de vitraux et ses murs sont tapissées de photos encadrées. Sessions musicales tous les week-ends de l'année et presque tous les soirs d'été.

Friel's Bar Pub
(Lynch's ; Mullagh Rd ; 18h-minuit lun-jeu, 18h-1h ven-sam, 13h-minuit dim). Fort de son charme à l'ancienne, cet endroit voit régulièrement se produire des musiciens – presque tous les soirs en été et jusqu'à quatre fois par semaine le reste de l'année.

Le Burren

Dans le nord du comté de Clare, cette région rocailleuse et battue par les vents offre un spectacle unique. Ses paysages karstiques gris striés, d'aspect lunaire, ont été façonnés sous les mers des premiers âges, avant de s'élever et de s'assécher sous l'effet d'un cataclysme géologique. Le Burren s'étend sur 560 km^2, dont 250 km^2 de roche calcaire nue.

Au printemps, les fleurs sauvages parsèment de notes colorées sa beauté désolée. Plusieurs villages de la région méritent le détour, comme Doolin, haut lieu musical de la côte ouest, Kilfenora, dans l'arrière-pays, ou le ravissant Ballyvaughan, plus au nord, dans la baie de Galway.

Flore et faune

Le Burren a beau être plutôt aride, la terre qui s'immisce dans les fissures et les failles est bien drainée et riche en nutriments. Le climat océanique tempéré favorise le développement d'une variété de végétaux méditerranéens, arctiques et alpestres. Près de 75% de la flore sauvage de l'île est visible, dont 24 splendides variétés d'orchidées, le rosier pimprenelle à la robe crème et blanc, les saxifrages bryoïdes aux fleurs étoilées, ou encore le géranium sanguin. Des plantes qui n'aiment pas les sols calcaires, comme la bruyère, côtoient là des végétaux qui au contraire y poussent très bien. L'une des principales menaces qui pèse sur cette diversité est la prolifération des noisetiers et des prunelliers – sujette à régulation.

Le Burren constitue aussi un réservoir de nombreux mammifères, à l'instar de la discrète martre, espèce cousine de la fouine. Blaireaux, renards et hermines sont familiers de la région, tandis que loutres et phoques fréquentent les côtes aux alentours de Bell Harbour, New Quay et Finavarra Point. Le Burren Code est une initiative visant à inciter les visiteurs à se montrer plus respectueux de ce biotope unique.

Randonnées guidées

Burren Guided Walks & Hikes (087 244 6807, 065-707 6100 ; www.burrenguidedwalks.com ; à partir de 20 € ; sur réservation). Mary Howard, guide chevronnée, emmène des groupes lors de balades variées. Au programme : randonnée hors des sentiers battus sur des itinéraires pleins de surprises.

Heart of Burren Walks (087 292 5487 ; www.heartofburrenwalks.com ; 20 € ; sur réservation mar-sam). Balades et randonnées archéologiques (2 heures) avec l'auteur Tony Kirby, spécialiste du Burren. Espèces uniquement.

Burren Wild Tours (087 877 9565 ; www.burrenwalks.com ; L1014, Oughtmama, Bellharbour ; 20-30 € ; sur rendez-vous). Itinéraires de niveau modéré ou plus exigeant, proposés par John Connolly. Départ du café de Hazel Mountain Chocolate (065-707 8847 ; www.hazelmountainchocolate.com ; L1014, Oughtmama ; circuit tarif plein/enfant 12/5 € ; boutique et café 10h-17h30, circuits 13h sam et dim).

Roches calcaires du Burren
MARTIN FOWLER/SHUTTERSTOCK ©

Gus O'Connor's

ACTIVITÉS

Le Burren est un paradis pour les randonneurs. C'est à pied qu'on profite le mieux de la beauté de ses paysages, ainsi que des nombreux sentiers et sites anciens. Les *green roads*, anciennes routes en partie balisées, courent à travers collines et vallées pour rallier les coins les plus reculés de la région. La plupart, non pavées, ont été tracées pendant la Grande Famine pour donner du travail aux plus pauvres. Elles sont désormais surtout empruntées par les randonneurs et, à l'occasion, par les agriculteurs.

Reliant Lahinch à Corofin, le **Burren Way** est un réseau de sentiers balisés de 123 km qui sillonnent la région.

Des promenades guidées axées sur la nature, l'histoire, l'archéologie et la vie sauvage, sont proposées (généralement de 10 à 35 €). Les options ne manquent pas, y compris en individuel. Vous pouvez contacter notamment Burren Guided Walks & Hikes (p. 155), Heart of Burren Walks (p. 155) ou Burren Wild Tours (p. 155).

DEPUIS/VERS LE BURREN

Les **bus Éireann** (www.buseireann.ie) de la ligne Limerick-Ennis-Galway desservent différentes villes du Burren, notamment Ballyvaughan, Corofin, Doolin, Fanore et Lisdoonvarna.

Depuis Kilfenora, de rares bus rallient Ennis et quelques villes côtières du comté de Clare. Quelques bus circulent entre New Quay et la ville de Galway. Il vous faudra rallier Carron par vos propres moyens.

Doolin

Haut lieu de la musique traditionnelle, Doolin doit sa réputation à ses trois pubs musicaux, qui accueillent des sessions toute l'année. Situé à 6 km au nord-est des falaises de Moher (p. 144), dans un paysage criblé de grottes et parcouru de sentiers, le lieu est aussi le point de départ des tours en bateau vers les falaises et des ferries des îles d'Aran.

Dépourvue de centre, cette localité étendue est formée de trois hameaux ne comptant chacun que quelques bâtiments : le ravissant **Fisherstreet** est bordé de maisons traditionnelles pittoresques et l'on a, depuis son port, une vue spectaculaire sur les vagues (suivez la côte vers l'ouest sur 1,5 km). Doolin se trouve à environ 1 km à l'est de la petite rivière Aille. **Roadford** est situé 1 km plus à l'est.

Si la musique égaie les pubs de Doolin, sa qualité est parfois, pression touristique oblige, en deçà de celle que l'on trouve dans des villages moins courus du comté de Clare.

OÙ PRENDRE UN VERRE ET FAIRE LA FÊTE

Les célèbres pubs de Doolin – Gus O'Connor's à Fisherstreet, et McGann's (p. 147) et McDermott's à Roadford – accueillent des sessions toute l'année, ainsi que le Fitz's. Pour écouter de la musique traditionnelle dans l'intimité d'une maison irlandaise, réservez une soirée à la **Doolin Music House** (065-707 4584 ; www.doolinmusichouse.com ; R478, Caherkinalla ; 20 € ; sur réservation 19h-20h30 lun, mer et ven).

Gus O'Connor's — Pub

(www.gusoconnorspubdoolin.net ; Fisherstreet ; 10h-minuit lun-jeu, 10h-2h ven-dim). À l'embouchure du fleuve, ce vaste pub, fondé en 1832, est gagné par une joyeuse ambiance lorsque des musiciens viennent y jouer. En été, l'accès est même difficile tant les clients sont nombreux. Les sessions commencent à 21h30 tous les soirs de fin février à novembre, et à 18h tous les dimanches de l'année.

McDermott's — Pub

(MacDiarmada's ; Roadford ; bar 11h-minuit, cuisine 9h-21h30). Ce pub rouge et blanc, sans chichis, doit son succès à son énergie tapageuse. Des tables de pique-nique sont installées en terrasse. L'intérieur est plutôt sobre, tout comme le menu (sandwichs et viande rôtie). La musique démarre à 21h30, tous les soirs de Pâques à octobre, et plusieurs fois par semaine le reste de l'année.

Fitz's — Pub

(www.hoteldoolin.ie ; Doolin ; 12h-23h30 lun-jeu, 12h-0h30 ven-sam, 12h-23h dim). Assez récent, le pub de l'hôtel Doolin accueille deux sessions de musique traditionnelle par soirée, d'avril à octobre, et au moins trois par semaine de novembre à mars. Outre un superbe choix de whiskeys, il propose d'excellents cidres et bières artisanaux (dégustation possible), et ses propres bières, brassées à Doolin. Excellente cuisine de pub (plats 13-24 €).

RENSEIGNEMENTS

Le site Internet www.doolin.ie propose des informations touristiques très complètes.

DEPUIS/VERS DOOLIN

BATEAU

De mi-mars à octobre, **Doolin Pier** (près de la R439) est l'un des deux points de départ pour les îles d'Aran (l'autre étant le **Rossaveal Ferry Terminal**, à Rossaveal, à 37 km à l'ouest de Galway). La traversée est souvent annulée quand la mer agitée ou le niveau de la marée rendent le petit quai inaccessible.

Doolin 2 Aran Ferries (065-707 5949 ; www.doolin2aranferries.com ; Doolin Pier ; mi-mars à oct) et **O'Brien Line** (065-707 5618 ; www.obrienline.com ; Doolin Pier ; mi-mars à oct) proposent des traversées vers Inisheer (aller simple/retour 10/20 €, 30 min, 4/jour), Inishmore (15/25 €, 1 heure 15, 2/jour) et Inishmaan (20/25 €, 45 min, 2/jour). Avec un billet de ferry inter-îles, comptez 10 € par traversée.

Les **croisières vers les falaises de Moher** (15 €, 1 heure) sont plus agréables en fin d'après-midi, pour profiter de la lumière de l'ouest.

Billets combinés et des offres spéciales en ligne.

BUS

Quatre **Bus Éireann** (www.buseireann.ie) desservent quotidiennement Ennis (14,30 €, 50 min) via les falaises de Moher (3,30 €, 10 min), et Galway (19,50 €, 2 heures) via Ballyvaughan (8,60 €, une heure).

En été, diverses navettes desservent Doolin au départ de Galway et d'autres endroits du comté de Clare.

ROLF G WACKENBERG/SHUTTERSTOCK ©

La Nore, Kilkenny

Dans ce chapitre

Kilkenny Castle.....162
À voir.....164
Circuits organisés.....168
Achats.....168
Où se restaurer.....169
Où prendre un verre et faire la fête.....170
Où sortir.....171

Kilkenny

Kilkenny ("Cill Chainnigh" signifie "église de St Canice" en gaélique) incarne l'Irlande fantasmée. Largement bâtie dans une pierre calcaire sombre constellée de fossiles, la cité est aussi connue sous le nom de "ville de marbre". Les ruelles et monuments historiques du "Medieval Mile", qui s'étend du château à la cathédrale sur les rives de la Nore, constituent l'un des principaux sites touristiques du sud-est du pays. Ce centre artisanal majeur compte maints sympathiques restaurants, cafés, pubs et boutiques. Son atmosphère unique mérite bien de braver la foule.

Kilkenny en 1 jour

Passez la matinée à arpenter les salles aristocratiques de **Kilkenny Castle** (p. 162), puis traversez la rue pour déjeuner et faire quelques achats au **Kilkenny Design Centre** (p. 168). L'après-midi, découvrez le **Medieval Mile Museum** (p. 164) et les trésors historiques de **St Canice's Cathedral** (p. 165) avant de vous attabler au restaurant étoilé **Campagne** (p. 169) pour dîner.

Kilkenny en 2 jours

Le lendemain matin, visitez le musée **Rothe House & Garden** (p. 167), puis, si vous avez une voiture, passez à l'office du tourisme chercher une brochure **Made in Kilkenny** (circuit d'artisanat) et consacrez le reste de la journée à sillonner les routes secondaires du comté, jalonnées d'ateliers de potiers, de souffleurs de verre et autres artisans.

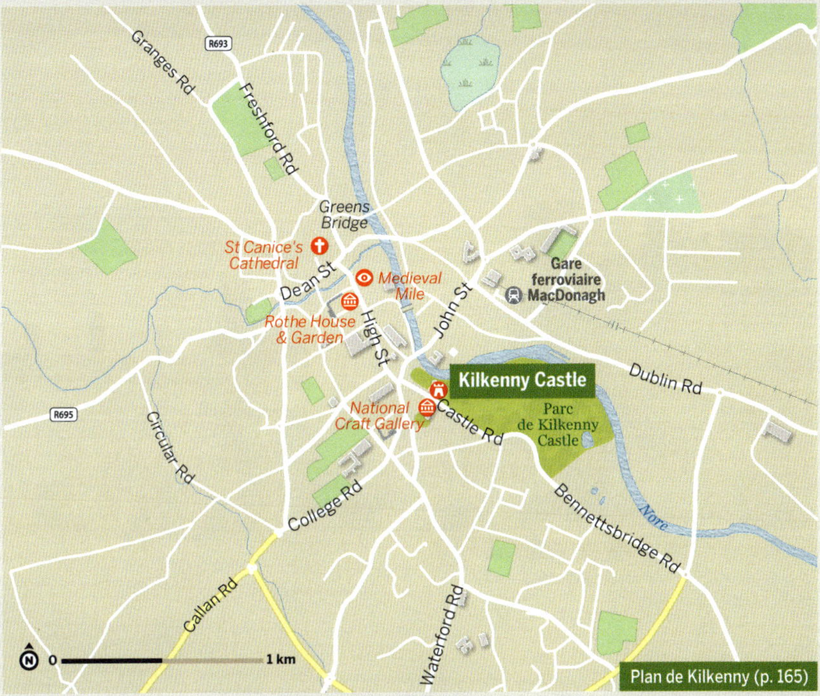

Comment s'y rendre

Des liaisons régulières en train et en bus permettent de gagner Kilkenny depuis Dublin et Waterford. Pour Cork, le bus est la seule option.

La **gare ferroviaire Kilkenny MacDonagh** est à 10 minutes à pied au nord-est du centre-ville.

Les **bus Éireann** desservent la gare ferroviaire et Ormonde Road (à côté du centre) ; les bus **J. J. Kavanagh** (www.jjkavanagh.ie) au départ de l'aéroport desservent uniquement Ormonde Road.

Où se loger

Kilkenny compte un large choix d'hébergements, des campings et auberges de jeunesse aux hôtels de luxe. Ailleurs dans le comté, les B&B rustiques et les hôtels de type manoir ne manquent pas.

Si vous arrivez en ville sans avoir prévu d'hébergement (ce qui est risqué le week-end, l'été et en période de festivals), l'**office du tourisme** (p. 171) assure un service efficace de réservation (4 €).

Kilkenny Castle

Dominant la Nore, Kilkenny Castle est l'un des sites historiques les plus visités d'Irlande. L'histoire de ce bastion de la famille Butler remonte au XIIe siècle. Il doit cependant le plus clair de son actuel aspect aux remaniements de l'ère victorienne.

Pour ceux qui aiment...

☑ Ne ratez pas

La superbe cheminée sculptée en marbre de Carrare de la Long Gallery.

Histoire

Richard de Clare, le conquérant anglo-normand de l'Irlande, plus connu sous le nom de Strongbow, choisit cet emplacement stratégique au bord de la Nore pour bâtir un donjon en bois en 1172. Vingt ans plus tard, son gendre, Guillaume de Clare (William Marshall), érigea un château en pierre flanqué de quatre tours, dont trois subsistent. Le château fut racheté en 1391 par la puissante famille Butler (qui allait recevoir plus tard les titres de comtes et ducs d'Ormonde), qui y vécut de génération en génération jusqu'en 1935. Les Butler durent vendre aux enchères une grande partie du mobilier pour financer l'entretien des lieux. La propriété fut finalement cédée à la ville en 1967 pour la modique somme de 50 £.

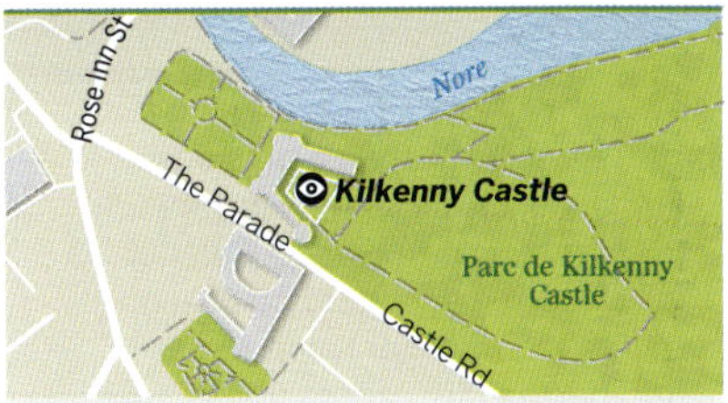

Infos pratiques

056-770 4100 ; www.kilkennycastle.ie ; The Parade ; tarif plein/enfant 8/4 € ; 9h30-17h30 avr-sept, 9h30-17h mars, 9h30-16h30 oct-fév

Une petite faim ?

Depuis le château, traversez la rue pour reprendre des forces au restaurant du Kilkenny Design Centre (p. 169).

Bon à savoir

Un chemin descend du château jusqu'à la rivière, d'où vous pouvez retourner en ville à pied.

Visite du château

On vient ici avant tout pour admirer les portraits de la famille Butler, accrochés aux murs de la **Long Gallery**, et dont le plus ancien date du XVIIe siècle. Le plafond en bois, partiellement vitré, de ce long couloir est agrémenté de motifs celtiques, médiévaux et préraphaélites signés John Hungerford Pollen (1820-1902). On doit également à cet artiste et architecte la magnifique cheminée en marbre de Carrare dont les fines sculptures illustrent l'histoire de la famille Butler. En hiver (nov-jan), les visites sont nécessairement guidées (40 min). De février à octobre, la visite est libre. Un excellent salon de thé occupe les anciennes cuisines du château, toutes de marbre blanc et de cuivre étincelant.

Au sous-sol du château, dans la **Butler Gallery** (056-776 1106 ; www.butlergallery.com ; 10h-17h30 mai-sept, 10h-13h et 14h-16h30 oct-avr) GRATUIT sont présentées, à la faveur d'expositions temporaires, les œuvres d'artistes contemporains. L'accès à la galerie et au café est gratuit.

Les 20 hectares de **parc public** (Castle Rd ; 8h30-20h30 mai-août, 8h30-19h avr et sept, horaires réduits oct-mars), au sud-ouest du château, donnent à voir une belle vue sur le mont Leinster. Au nord-ouest de la place forte s'étend une roseraie aux allées formant une croix celtique.

Kilkenny

Au Moyen Âge, Kilkenny fut par intermittence la capitale officieuse de l'Irlande, où siégeait en propre un parlement anglo-normand. Celui-ci vota, en 1366, les statuts de Kilkenny, destinés à empêcher l'aristocratie anglo-normande d'adopter la culture et la langue irlandaises – interdiction d'épouser des Irlandais, de pratiquer un sport irlandais, de parler gaélique, de s'habiller à l'irlandaise et de jouer de la musique irlandaise. Ces lois, restées en vigueur quelque deux siècles, n'ont jamais été véritablement appliquées, et ne purent non plus prévenir l'acculturation progressive des élites.

Lors de la Première Révolution anglaise des années 1640, Kilkenny prit le parti des catholiques royalistes. La Confédération de Kilkenny de 1641, alliance fragile entre Irlandais et Anglo-Normands, tenta de remettre la terre et le pouvoir entre des mains catholiques. Après l'exécution de Charles Ier, Cromwell assiégea la ville pendant cinq jours, détruisant le plus gros des remparts sud du château avant que la famille Ormonde ne rende les armes. Cette défaite signa la fin de l'influence politique de Kilkenny sur les affaires du pays.

Si la ville se concentre aujourd'hui essentiellement sur le tourisme, le comté de Kilkenny reste un bastion régional d'activités plus traditionnelles, comme l'agriculture – on y voit ainsi des fermiers croiser nonchalamment en tracteur les cars de touristes.

À VOIR

Medieval Mile Museum Musée

(☎056-781 7022 ; www.medievalmilemuseum.ie ; 2 St Mary's Lane ; tarif plein/enfant 7/3 € ; 🕙10h-18h avr-oct, 11h-16h30 nov-mars). St Mary's Church (début du XIIIe siècle) a été transformée en un fascinant musée moderne retraçant l'histoire médiévale de Kilkenny. Admirez Rothe Chapel, où s'alignent de somptueuses tombes du XVIe et du XVIIe siècle taillées dans le calcaire, les vestiges du toit en bois du

St Canice's Cathedral

GEORGE MUNDAY/GETTY IMAGES ©

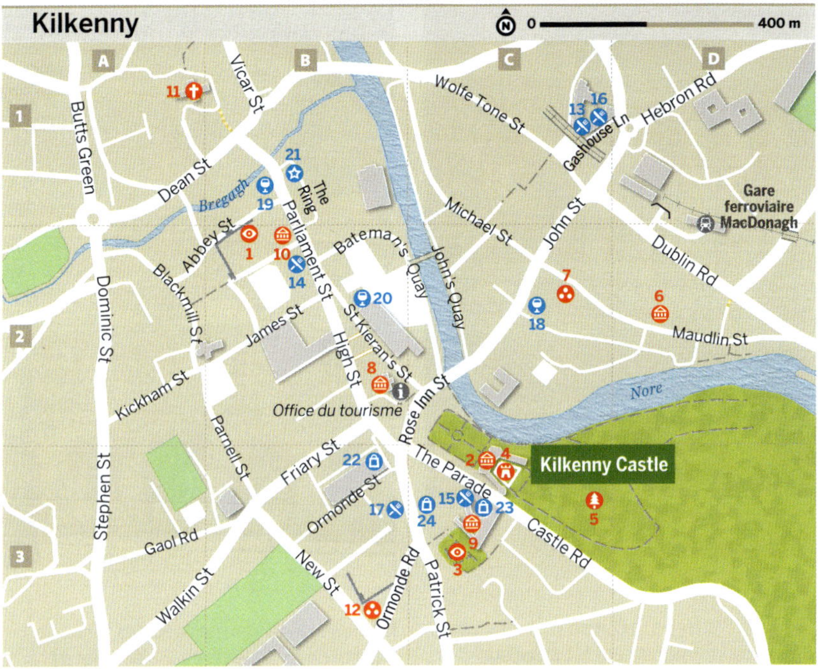

Kilkenny

À voir

1 Black Freren Gate ... B2
2 Butler Gallery ... C3
3 Butler House Gardens ... C3
4 Kilkenny Castle ... C3
5 Parc de Kilkenny Castle ... C3
6 Maudlin Castle ... D2
7 Maudlin Tower ... C2
8 Medieval Mile Museum ... B2
9 National Craft Gallery ... C3
10 Rothe House & Garden ... B2
11 St Canice's Cathedral ... A1
12 Talbot's Tower ... B3

Où se restaurer

13 Campagne ... C1
14 Foodworks ... B2
15 Kilkenny Design Centre Foodhall & Restaurant ... C3
16 Mocha's Vintage Tearooms ... C1
17 Zuni ... B3

Où prendre un verre et faire la fête

18 Bridie's General Store ... C2
19 John Cleere's ... B1
20 Kyteler's Inn ... B2
O'Hara's Brewery Corner ... (voir 19)

Où sortir

21 Watergate Theatre ... B1

Achats

22 Kilkenny Book Centre ... B3
23 Kilkenny Design Centre ... C3
24 Rudolf Heltzel Goldsmith ... C3

XVIIe siècle au-dessus de la croisée du transept et les dalles funéraires des XIIIe et XIVe siècles. Un immense plan interactif de Kilkenny permet d'explorer des cartes et d'autres documents relatifs à la cité médiévale.

St Canice's Cathedral Cathédrale

(☎056-776 4971 ; www.stcanicescathedral.ie ; St Canice's Pl ; cathédrale/tour circulaire/billet combiné 4/3/6 € ; ⏱9h-18h lun-sam et 13h-18h dim juin-août, horaires restreints sept-mai). La deuxième plus grande cathédrale d'Irlande

MADRUGADA VERDE/SHUTTERSTOCK ©

GIMAS/SHUTTERSTOCK ©

De gauche à droite : St Canice's Cathedral (p. 165) ; Rothe House ; Butler House

(après St Patrick's, à Dublin) est chargée d'histoire. Un monastère fut érigé sur le site dès le VIe siècle par saint Canice, patron de Kilkenny. L'édifice actuel fut construit entre le XIIIe et le XVIe siècle, puis largement rénové au XIXe siècle. Il abrite d'antiques pierres tombales, ainsi que le sépulcre de la dynastie des Butler, maîtres de Kilkenny Castle. Une tour circulaire de 30 m jouxte la cathédrale. C'est l'une des deux seules tours de ce type en Irlande ouvertes à la visite.

À en croire les archives, une église en bois se dressait à ce même emplacement, avant d'être réduite en cendres en 1087. L'ossature de la cathédrale actuelle fut bâtie entre 1202 et 1285, avant de connaître une succession de désastres et de résurrections. La première catastrophe survint en 1322, lorsque le clocher s'effondra. Dame Alice Kyteler en fut tenue responsable et condamnée, avec sa servante Petronella, pour faits de sorcellerie. La malheureuse servante fut brûlée vive, mais Dame Alice parvint à s'enfuir à Londres. Son fils William Outlaw racheta sa vie en finançant la réfection de la toiture de St Canice avec des tuiles de plomb. En 1332, le clocher s'écroula de nouveau sous le poids du métal.

Les troupes de Cromwell endommagèrent fortement la cathédrale en 1650 en s'en servant d'écurie. Les réparations commencèrent en 1661 et le magnifique plafond de la nef fut achevé en 1863.

À l'intérieur, des **pierres tombales** polies par les siècles ornent les murs et le sol ; sur le mur nord se trouve celle, ornée d'inscriptions en normand, de Jose de Keteller, mort en 1280. Malgré l'orthographe différente, on suppose qu'il s'agit du père d'Alice Kyteler. Le **trône en pierre de St Kieran**, solidaire de la paroi, date du XIIIe siècle. Le mausolée en l'honneur d'Honorina Grace, à l'extrémité ouest de l'aile sud, fut taillé dans le magnifique calcaire noir de la région. Le bras sud du transept abrite l'élégant **tombeau noir de Piers Butler**, comte d'Ormonde, mort en 1539, et de son épouse, Margaret Fitzgerald. De nombreux mausolées et tombes en l'honneur des membres illustres de la famille Butler se

GIMAS/SHUTTERSTOCK ©

trouvent également dans cette partie de la cathédrale (un panneau les recense dans l'aile sud). Il y a aussi une maquette de Kilkenny en 1642.

La **tour ronde** du IXe siècle est en excellent état, exception faite de son sommet manquant. L'intérieur en est exigu, et l'ascension des 100 marches sur des échelles en pente raide est assez éprouvante (entrée interdite aux moins de 12 ans).

En vous dirigeant vers la cathédrale depuis Parliament Street, vous foulerez l'Irishtown Bridge et les **marches de St Canice** datant de 1614 ; le mur en haut de ces dernières est orné de fragments de sculptures médiévales. Des pierres tombales branlantes sont disséminées autour de la cathédrale.

Rothe House & Garden Musée

(☎056-772 2893 ; www.rothehouse.com ; Parliament St ; tarif plein/enfant 5,50/4,50 € ; ⏲10h30-17h lun-sam et 12h-17h dim avr-oct, 10h30-16h30 lun-sam nov-mars). Ce musée occupe la plus belle maison de marchand de style Tudor d'Irlande, laquelle, construite autour d'une enfilade de cours intérieures, est ceinte d'un jardin médiéval. Quelques objets représentatifs de l'histoire locale y sont exposés, dont une épée viking corrodée et un visage grimaçant taillé dans la pierre par un artiste celte. Mais l'intérêt principal du musée réside dans son jardin, séparé comme au XVIIe siècle par des murs en plusieurs sections : verger, potager, et une parcelle d'herbes aromatiques.

Dans les années 1640, la riche famille Rothe adhéra à la confédération de Kilkenny, ce qui valut plus tard à Peter Rothe, fils du propriétaire originel de la maison, de se voir confisquer tous ses biens. Sa sœur parvint à les récupérer, mais la famille prit ensuite fait et cause pour Jacques II juste avant la bataille de la Boyne et perdit sa demeure pour de bon. Une bannière de la confédération fut retrouvée dans la propriété en 1850 ; elle est exposée depuis au National Museum de Dublin.

National Craft Gallery Galerie

(☎056-779 6147 ; www.nationalcraftgallery.ie ; Castle Yard ; ⏲10h-17h30 mar-dim ; 👪). GRATUIT Ces galeries imaginatives, aménagées dans d'anciennes écuries en face du château et à côté du Kilkenny Design Centre (p. 168), font honneur à l'artisanat irlandais contemporain. Le lieu fait la part belle à la céramique, mais du mobilier, des bijoux et des tapisseries signés de membres du Crafts Council of Ireland y sont aussi exposés. Des journées familiales ont lieu le troisième samedi du mois, avec une visite des galeries et des ateliers gratuits pour les enfants. Consultez le site Internet pour plus de détails sur les événements et les autres ateliers.

À l'arrière du complexe, franchissez la grille menant aux magnifiques **Butler House Gardens** (jardins ; The Parade ; ⏰10h-17h lun-ven, 10h-12h sam-dim) GRATUIT, dont le bassin est entouré de débris de la colonne Nelson construite par les Britanniques et qui trônait jadis sur O'Connell Street, à Dublin, mais fut détruite par l'IRA en 1966.

CIRCUITS ORGANISÉS

Pat Tynan Walking Tours — Circuits à pied

(☎087 265 1745 ; www.kilkennywalkingtours.ie ; 7 € ; ⏰11h et 14h tlj mi-mars à oct). Des parcours aussi plaisants qu'instructifs, d'une durée de 1 heure 10, à travers les ruelles de Kilkenny, ses escaliers et ses passages piétonniers. Départ de l'office du tourisme (p. 171).

Kilkenny Cycling Tours — Vélo

(☎086 895 4961 ; www.kilkennycyclingtours.com ; tarif plein/enfant à partir de 25/16 € ; 👪). Explorez la ville et ses environs à la faveur d'un circuit à vélo (2 heures 30) comprenant le déjeuner. Réservation indispensable, au moins 48 heures à l'avance. Les vélos vous seront livrés.

ACHATS

Kilkenny Design Centre — Art et artisanat

(☎056-772 2118 ; www.kilkennydesign.com ; Castle Yard ; ⏰10h-19h). Art et artisanat irlandais de haute qualité, en provenance

Le meilleur de l'artisanat

Kilkenny compte la plus grande concentration d'artisans et artistes d'Irlande : quelque 130 sont en activité dans le comté, tirant profit de la qualité des matières premières et des paysages de la région.

Parmi les meilleurs endroits pour admirer leur travail et leur talent :

Le **Kilkenny Design Centre** expose le travail de plus d'une dizaine d'artisans de la région.

La **National Craft Gallery** (p. 167) propose du mobilier, des bijoux et des tissus venus de tout le pays.

Rudolf Heltzel Goldsmith (☎056-772 1497 ; rudolfheltzel.com ; 10 Patrick St ; ⏰9h30-13h et 14h-17h30 lun-sam). Bijouterie d'art.

Jerpoint Glass Studio (www.jerpointglass.com ; Glenmore, Stoneyford; ⏰10h-18h lun-sam et 12h-17h dim mars-oct, horaires restreints nov-fév). GRATUIT Admirez les souffleurs de verre à l'ouvrage.

Moth to a Flame (☎056-772 7826 ; www.mothtoaflame.ie ; Kilkenny Rd, Bennettsbridge ; ⏰9h-18h lun-sam). Bougies artistiques faites à la main.

Clay Creations (☎087 257 0735 ; www.bridlyonsceramics.com ; Low St, Thomastown ; ⏰10h-17h30 mer-sam, sur rendez-vous lun-mar). Une galerie présentant de singuliers objets en céramique.

Procurez-vous la brochure **Made in Kilkenny** (www.visitkilkenny.ie/craft_trail) pour la liste complète des ateliers et boutiques.

National Craft Gallery (p. 167)

de tout le pays : couvertures en laine de John Hanly, articles en laine Cushendale, écharpes Foxford et planches à découper Bunbury.

Kilkenny Book Centre Librairie
(☎056-776 2117 ; thebookcentre.ie ; 10 High St ; ⏲10h-17h lun-sam). La plus grande librairie de la ville : fiction irlandaise, périodiques et cartes routières. Café à l'étage.

OÙ SE RESTAURER

Mocha's Vintage Tearooms Café €
(www.facebook.com/thevintagetearoomsbymocha ; 4 The Arches, Gashouse Lane ; plats 7-14 € ; ⏲8h30-17h30 lun-sam). Un agréable salon de thé à l'ancienne aux murs couverts de photos. Outre le thé, servi dans une belle porcelaine à motifs de roses, et les gâteaux, il y a un menu petit déjeuner avec bagels, ou un autre avec le petit déjeuner irlandais traditionnel (*fry*), ainsi que des plats du jour dont des *fish and chips*.

Zuni Irlandais €€
(☎056-772 3999 ; zuni.ie ; 26 Patrick St ; plats déj 8-14 €, dîner 20-27 € ; ⏲12h30-14h30 tlj et 18h-21h30 lun-sam, 18h-21h dim ; 📶).
Cette adresse animée, à l'élégance décontractée, parvient à rester aussi innovante qu'à son ouverture, à l'orée des années 2000. On y relève d'une note raffinée de solides classiques, comme le steak d'aloyau aux oignons accompagné de focaccia à la crème de champignons rôtis. Un régal.

Foodworks Bistrot, Café €€
(☎056-777 7696 ; www.foodworks.ie ; 7 Parliament St ; déj plats 14 €, dîner 3 plats 30 € ; ⏲12h-16h30 dim-mer, 12h-21h30 jeu-sam ; 📶👪).
Les propriétaires de ce bistrot élèvent leurs propres cochons et cultivent leurs salades. On aurait tort de ne pas goûter la poitrine de porc farcie au boudin noir ou le pied de porc confit. Les plats sont délicieux, le café, excellent, et le service chaleureux. Rien d'étonnant à ce que l'endroit soit aussi populaire. Réservation conseillée.

Remparts de Kilkenny

On peut admirer les vestiges des remparts médiévaux de Kilkenny (XIVe et XVe siècles) en plusieurs points de la ville, notamment autour de la **Talbot's Tower** (angle Ormonde Rd et New St), de la **Maudlin Tower** (Maudlin St) et de la **Black Freren Gate** (Abbey St) – la seule porte de la ville encore debout. Le **Maudlin Castle** (Maudlin St) est un donjon plus massif construit vers 1500 qui protégeait jadis le flanc est de la ville.

Black Freren Gate
DOUGLAS PFEIFFER/SHUTTERSTOCK ©

Kilkenny Design Centre Foodhall & Restaurant Cafétéria €€
(www.kilkennydesign.com ; Castle Yard ; plats 7-15 € ; ⏲10h-18h ; 📶👪). Ce self-service à la déco artistique, situé au-dessus de la boutique, affiche de nombreux produits bio, du pain maison, des scones, une excellente soupe de poisson, une grande variété de salades, des sandwichs délicieux, des plats du jour et de somptueux desserts.

Campagne Irlandais moderne €€€
(☎056-777 2858 ; www.campagne.ie ; 5 Gashouse Lane ; plats 30-33 € ; ⏲12h30-14h30 ven-dim, et 18h-22h mar-jeu, 17h30-22h ven-sam). Le chef Garrett Byrne, natif de Kilkenny, mérite bien son étoile au Michelin. Il soutient avec passion les producteurs et artisans locaux et sa cuisine, qui se renouvelle sans cesse, est toujours mémorable, invariablement inspirée de la gastronomie française. La formule déjeuner

Kyteler's Inn

de 3 plats et le menu "début de soirée" (jusqu'à 19h mar-jeu, jusqu'à 18h ven-sam) sont à 34 €.

OÙ PRENDRE UN VERRE ET FAIRE LA FÊTE

John Street s'anime le soir venu, tout comme Parliament Street, où se concentrent quelques pubs traditionnels.

Kyteler's Inn Pub
(056-772 1064 ; www.kytelersinn.com ; 27 St Kieran's St ; 11h-minuit dim-jeu, 11h-2h ven-sam). Construite en 1263, cette bâtisse renvoie à l'affaire de sorcellerie qui valut à sa propriétaire, Dame Kyteler, d'être mise en cause en 1323. Belle salle principale en pierre apparente et bois sombre, terrasse, salle en sous-sol et grande salle à l'étage. Les concerts vont de la musique traditionnelle au blues (tous les soirs de mars à octobre).

John Cleere's Pub
(056-776 2573 ; www.cleeres.com ; 22 Parliament St ; 11h30-23h30 lun-jeu, 11h30-0h30 ven-sam, 13h-23h dim). L'un des meilleurs lieux de Kilkenny pour assister à un concert, à une pièce ou à un spectacle d'humour. On y joue du blues, du jazz et du rock, ainsi que de la musique traditionnelle le lundi et le mercredi. La cuisine est ouverte toute la journée et propose des soupes, des sandwichs, des pizzas et du ragoût irlandais (*Irish stew*).

O'Hara's Brewery Corner Pub
(056-780 5081 ; www.carlowbrewing.com/our-pub ; 29 Parliament St ; 13h-23h30 lun-jeu, 13h-0h30 ven-sam, 13h-23h dim). Il n'y a pas, à Kilkenny, meilleur endroit où goûter des bières artisanales que ce pub tout en longueur de la Carlow Brewing Company. Le service est assez inégal, en particulier aux heures de moindre affluence, mais le choix d'ales, dont l'IPA maison, mérite le détour.

Bridie's General Store Pub
(056-776 5133 ; John St ; 11h-22h dim-mer, 18h-2h jeu-sam). Les propriétaires du Langton House Hotel ont déployé tout leur talent pour restituer l'atmosphère

d'un pub-épicerie d'antan. Le résultat est saisissant. La boutique, mémorable, réunit un bric-à-brac de souvenirs, farces et attrapes, jouets, conserves et articles d'épicerie fine. Derrière les portes battantes, le pub entre deux âges cache de belles faïences et un jardin tout aussi chic à l'arrière.

OÙ SORTIR

Watergate Theatre Théâtre

(☎billetterie 056-776 1674 ; www.watergatetheatre.com ; Parliament St). La meilleure salle de Kilkenny accueille des pièces de théâtre, des spectacles comiques et des concerts. Profitez de l'entracte de 18 minutes pour aller boire une pinte au pub John Cleere's.

RENSEIGNEMENTS

Office du tourisme de Kilkenny (☎056-775 1500 ; www.visitkilkenny.ie ; Rose Inn St ; ⌚9h-18h lun-sam, 10h30-16h dim). Installé dans la Shee Alms House, un ancien hospice construit en 1582. Excellents guides de la ville et cartes de randonnées.

DEPUIS/VERS KILKENNY

BUS

Les **bus Éireann** (p. 339) et **DublinCoach** (www.dublincoach.ie) s'arrêtent à la gare ferroviaire et sur Ormonde Road (plus proche du centre) ; les bus **J. J. Kavanagh** (www.jjkavanagh.ie) à destination de l'aéroport de Dublin partent uniquement d'Ormonde Road.

Carlow (10,40 €, 35 minutes, 4/jour) Bus Éireann

Cork (15 €, 2 heures 30, toutes les 2 heures) DublinCoach M9 Express

Dublin (14,50 €, 2 heures 15, 2/jour) Bus Éireann X4

Aéroport de Dublin (20 €, 2-3 heures, 7/jour) J. J. Kavanagh

Festivals de Kilkenny

Kilkenny attire les festivaliers par milliers, à la faveur d'événements de classe mondiale :

Cat Laughs Comedy Festival (☎056-776 3837 ; www.thecatlaughs.com ; ⌚mai-juin). Ce rassemblement d'humoristes internationaux, qui remporte un grand succès, est organisé dans les hôtels et les pubs de Kilkenny le temps d'un long week-end, fin mai-début juin. À l'affiche notamment : des vedettes irlandaises comme Dara O'Briain et Aisling Bea.

Kilkenny Arts Festival (☎056-776 3663 ; www.kilkennyarts.ie ; ⌚août ; 👪). En août, théâtre, cinéma, musique, littérature, arts visuels, animations pour enfants et spectacles de rue investissent la ville 10 jours durant.

Kilkenny Rhythm & Roots (☎056-776 3669 ; www.kilkennyroots.com ; ⌚avr-mai). Plus de 30 pubs et autres lieux participent fin avril-début mai à ce grand festival, où country et musique traditionnelle américaine sont à l'honneur.

Waterford (5 €, 40 minutes, toutes les 2 heures) DublinCoach M9 Express

TRAIN

La **gare ferroviaire** MacDonagh (Dublin Rd) de Kilkenny se trouve à 10 minutes de marche au nord-est du centre-ville ; trains pour Dublin Heuston (25,85 €, 1 heure 30, 6/jour) et Waterford (13,85 €, 40 min, 7/jour).

Cahir Castle (p. 182)

COMTÉ DE TIPPERARY

Dans ce chapitre

Rock of Cashel 176
Cashel 180
Cahir 182

Comté de Tipperary

Le comté de Tipperary, au cœur des terres, jouit d'un sol particulièrement fertile. Le centre de la région est occupé par une plaine de basse altitude, tandis qu'à sa lisière viennent aboutir les collines des comtés voisins. Des traditions aristocratiques perdurent, et en hiver la saison de la chasse à courre bat son plein.

Le comté, fort de son charme bucolique, est idéal pour les balades à pied ou à vélo, notamment dans le Glen d'Aherlow près de la ville de Tipperary. Mais les sites touristiques mythiques de Rock of Cashel et Cahir Castle tiennent la vedette.

Le comté de Tipperary en 1 jour

Il vous faudra 2 heures pour admirer le **Rock of Cashel** (p. 176) : consacrez-lui la matinée puis déjeunez copieusement au **Cafe Hans** (p. 181). L'après-midi, visitez les musées de la ville, le **Brú Ború** (p. 180) et le **Cashel Folk Village** (p. 180), avant d'aller marcher jusqu'aux ruines pittoresques de **Hore Abbey** (p. 180).

Le comté de Tipperary en 2 jours

Le deuxième jour, rendez-vous à **Cahir** (p. 182) pour une visite de l'impressionnant **Cahir Castle** (p. 182), suivie d'une agréable promenade sur les rives boisées de la Suir pour rejoindre le merveilleux et improbable **Swiss Cottage** (p. 183). Si vous êtes en route vers le comté de Clare à l'ouest, profitez de l'après-midi pour emprunter la route panoramique menant au ravissant **Glen d'Aherlow** (p. 182).

Comment s'y rendre

L'autoroute M8 relie Dublin à Cashel, Cahir et Mitchelstown. Clonmel et les principales agglomérations sont facilement accessibles en bus depuis Dublin et Cork. Le train n'est vraiment utile que pour se rendre de Waterford à Clonmel, Cahir et Tipperary. Les bus Éireann assurent, à raison de huit dessertes par jour, la liaison entre Cashel et Cork.

Où se loger

Le choix d'hébergements est plus important dans les grandes villes du comté comme Clonmel, Cashel et Cahir, mais on trouve quelques bonnes auberges rustiques et de nombreux B&B disséminés dans la campagne. Les meilleurs campings se trouvent dans les environs de Clonmel et dans le Glen d'Aherlow, à l'ouest.

Rock of Cashel

Pendant plus de 1 000 ans, le Rock of Cashel fut un symbole de pouvoir et de légitimité pour les rois et les prêtres. Plongez dans le passé fascinant de l'Irlande en explorant cet édifice monumental.

Pour ceux qui aiment...

☑ Ne ratez pas

La gravure d'un centaure décochant une flèche à un lion dans Cormac's Chapel.

Le Rock of Cashel est l'un des sites historiques les plus spectaculaires du pays. Il s'agit d'une colline couverte de végétation, ceinte d'affleurements de calcaire, dressée au milieu d'une plaine herbeuse où trônent les vestiges d'ouvrages fortifiés. On y trouve une tour ronde bien conservée, une cathédrale gothique du XIIIe siècle et une chapelle romane du XIIe siècle, sans doute la plus belle d'Irlande (avec ses fresques, parmi les plus anciennes du pays), le tout protégé par de solides remparts.

Cinq minutes de marche suffisent pour atteindre le Rock depuis le centre-ville. De là, la vue sur la campagne du comté est superbe.

Histoire

Le mot "*cashel*" est la version anglicisée de l'irlandais *caiseal* qui signifie "forteresse"

(étymologiquement proche de l'anglais "*castle*", du latin *castellum*). Au IVe siècle, le clan des Eóghanachta, originaire du pays de Galles, choisit de s'installer sur le Rock of Cashel, avant de conquérir une grande partie de la province de Munster et d'établir sa royauté sur la région. Pendant près de 400 ans, ce site rivalisa d'importance avec Tara, l'autre grand centre du pouvoir de l'Irlande d'alors. Le clan avait des affinités avec saint Patrick, d'où l'autre nom donné au lieu, St Patrick's Rock. Au Xe siècle, la forteresse tomba aux mains des O'Brien, ou Dál gCais, clan dirigé par Brian Ború. En 1101, le roi Muirchertach O'Brien offrit le Rocher à l'Église, en manière de propitiation visant à s'attirer les faveurs des évêques et à mettre fin à la rivalité séculaire avec les Eóghanachta, désormais connus sous le nom de MacCarthy.

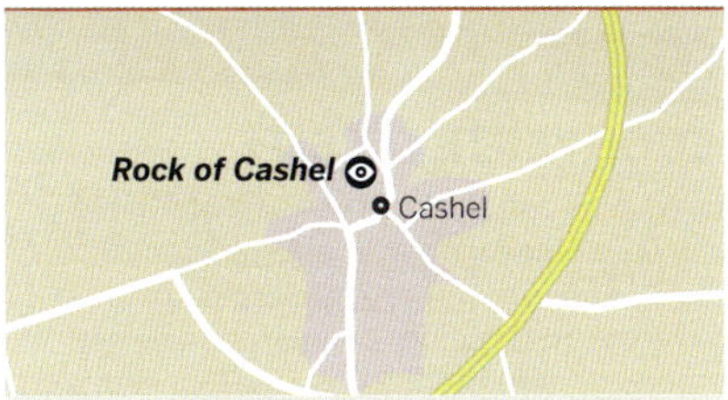

Infos pratiques

www.heritageireland.ie ; tarif plein/enfant 8/4 € ; 9h-19h début juin à mi-sept, 9h-17h30 mi-mars à début juin et mi-sept à mi-oct, 9h-16h30 mi-oct à mi-mars

Une petite faim ?

Filez au Cafe Hans (p. 181) dans le village surplombé par le Rock.

★ Bon plan

Téléchargez gratuitement une visite audioguidée de Cashel sur le site Internet de l'office du tourisme (www.cashel.ie/audio-tour).

Monuments

Parmi les nombreux bâtiments édifiés sur la colline au fil des siècles, les vestiges religieux sont ceux qui ont le mieux survécu, malgré les dégâts causés par l'armée de Cromwell en 1647. La **cathédrale** est restée un lieu de culte jusqu'au milieu du XVIIIe siècle. Au milieu des sépultures se trouvent une haute croix et un mausolée du XIXe siècle érigés pour la famille Scully, propriétaires terriens locaux. Le sommet de la croix fut détruit par la foudre en 1976.

Mais le clou du spectacle est incontestablement la **Cormac's Chapel**. Cette chapelle du début du XIIe siècle est un bijou d'architecture romane, avec ses portes magnifiquement sculptées et ses précieux vestiges de fresques. Téléphonez pour plus de détails sur la visite guidée (45 min ; comprise dans le droit d'entrée).

Rock of Cashel

DÉCOUVERTE DU SITE

Durant plus de 1 000 ans, le Rock of Cashel fut un symbole de pouvoir et la résidence des rois et des membres du clergé qui gouvernaient la région. L'exploration de cet ensemble monumental offre une fascinante immersion dans l'Irlande d'antan.

Entrez par le (1) **Hall of the Vicars Choral**, construit au XVe siècle pour loger les choristes de la cathédrale. Dans sa crypte sont notamment exposés des pièces d'argenterie rares, des reliefs en pierre et une croix de saint Patrick, érodée par le temps. Vous trouverez dans la cour une réplique de cette (2) **croix de saint Patrick**. Un petit porche mène à la (3) **cathédrale** gothique du XIIIe siècle. L'(4) **Archbishop's Residence** (résidence de l'archevêque) jouxte l'ouest de la nef. Dominant l'angle nord-est du bras nord du transept de la cathédrale, la (5) **tour ronde**, du XIe ou XIIe siècle, est le plus ancien édifice du site. Nichée dans l'angle sud-est de la cathédrale, la magnifique (6) **Cormac's Chapel** est le plus ancien édifice religieux de style roman conservé en Irlande. Bâtie en 1127, elle a gardé les traces d'une architecture marquée de diverses influences d'Europe continentale. L'intérieur de la chapelle abrite, du côté gauche, un sarcophage (daté d'entre 1125 et 1150), connu comme celui du roi Cormac. Avant de partir, prenez le temps d'admirer les (7) **remparts et la tour d'angle**.

BON À SAVOIR

- Si vous souhaitez prendre en photo le Rock, le rond-point de Dublin Road (sur la route menant à Cashel) et les petites routes à l'ouest du centre offrent de beaux points de vue.
- L'idéal reste toutefois de photographier l'ensemble depuis les jolies ruines de Hore Abbey, à 1 km à l'ouest.

ANTON IVANOV/SHUTTERSTOCK ©

Hall of the Vicars Choral

Montez au-dessus de la billetterie pour voir la cuisine et le réfectoire des choristes, restaurés, lesquels renferment du mobilier, des tapisseries et des peintures d'époque sous un plafond et une galerie de chêne finement sculptés.

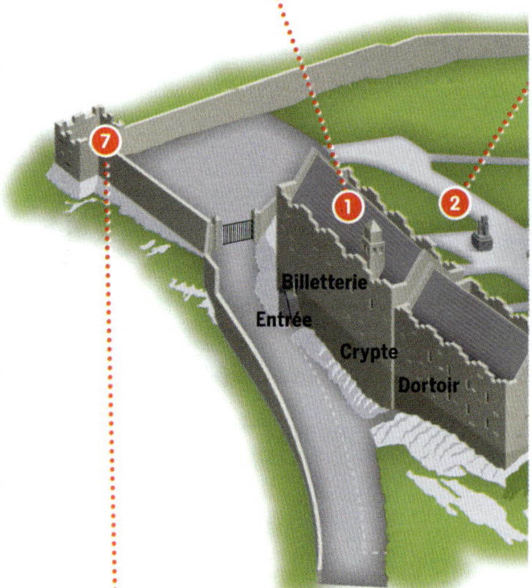

Remparts et tour d'angle

Construits avec du mortier de chaux vers le XVe siècle et comportant à l'origine cinq portes, les remparts en pierre font le tour du site. La tour d'angle qui subsiste servait vraisemblablement de tour de garde.

MATTHI/SHUTTERSTOCK ©

Croix de saint Patrick

Cette croix est une réplique de celle trônant dans le Hall of the Vicars Choral – une impressionnante croix celtique du XIIe siècle ornée d'une scène de Crucifixion d'un côté et de motifs zoomorphes de l'autre.

GEORGE MUNDAY/GETTY IMAGES ©

Archbishop's Residence

Le flanc ouest de la cathédrale est occupé par la résidence de l'archevêque, un château du XVe siècle haut de quatre étages dont la salle principale fut bâtie sur la nef, réduisant sa longueur. Elle fut habitée jusqu'au milieu du XVIIIe siècle.

Cathédrale

Une énorme tour carrée flanquée d'une tourelle à l'angle sud-ouest domine la cathédrale. Celle-ci contient notamment des monuments, un autel-tombeau du XVIe siècle, des armoiries et des effigies en pierre ornant les chapiteaux et les encorbellements.

ANTON IVANOV/SHUTTERSTOCK ©

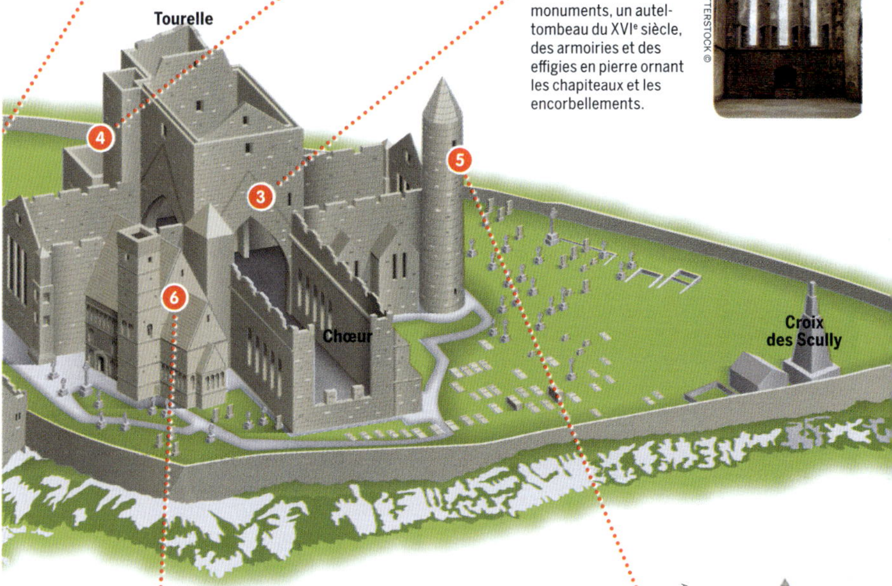

ATTILA JANDI/SHUTTERSTOCK ©

Cormac's Chapel

Observez bien les arches de la porte, l'arche du grand chœur et la voûte en berceau à nervures, ainsi que les vignettes sculptées. Vous verrez notamment une figure grotesque à la queue en forme de trèfle et un centaure coiffé d'un casque normand, représenté décochant une flèche à un lion déchaîné.

ROBERT ZAHLER/SHUTTERSTOCK ©

Tour ronde

La porte de cet édifice de 28 m de haut se situe à 3,5 m au-dessus du sol, sans doute pour des raisons architecturales plutôt que stratégiques. La tour pourrait avoir près de 1 000 ans.

Athassel Priory

À 7 km au sud-ouest de Cashel, dans la vallée verdoyante et peu encaissée de la Suir, se dressent les ruines – aussi émouvantes le jour que lugubres à la tombée de la nuit – de l'**Athassel Priory** (Golden ; aube-crépuscule). L'édifice original date de 1205, époque où Athassel était l'un des monastères les plus riches et les plus puissants d'Irlande. Il reste le corps de garde et la herse du portail, le cloître et certaines parties du mur d'enceinte, ainsi que quelques effigies de tombeaux médiévaux.

Pour parvenir au site, suivez la N74 jusqu'au village de Golden, puis prenez vers le sud, sur l'étroite route L4304 indiquant Athassel Abbey, pendant 2 km. Il est difficile de se garer au bord de la route.

Cashel

Cela n'est pas étonnant, Cashel (*Caiseal Mumhan*) est très populaire (la reine en personne y fit un passage lors de sa visite historique de 2011). Les emblématiques édifices religieux qui couronnent le sommet battu par les vents de Rock of Cashel (p. 176) semblent comme nés du paysage, et c'est de plus un vrai plaisir que de se promener dans les rues pleines de charme de la petite ville en contrebas.

À VOIR

Hore Abbey — Ruines

(aube-crépuscule). GRATUIT Les ruines du XIIIe siècle délicieusement sinistres de l'abbaye de Hore (également connue sous le nom de Hoare Abbey ou St Mary) se dressent au milieu des champs à moins de 1 km au nord du Rock. Des moines bénédictins venus de Glastonbury, en Angleterre, s'y installèrent à la fin du XIIe siècle. Ils furent chassés au XIIIe siècle par un évêque qui avait rêvé qu'ils complotaient pour l'assassiner, et qui offrit ensuite l'abbaye à l'ordre cistercien.

Brú Ború — Musée

(062-61122 ; www.bruboru.ie ; The Kiln ; tarif plein/enfant 5/3 € ; 9h-17h lun-ven). Ce centre culturel privé est établi à côté du parking au pied du Rock of Cashel. On s'y imprègne de musique, de danse et de chansons traditionnelles irlandaises. L'exposition **Sounds of History** (les sons de l'histoire) y raconte l'Histoire de l'Irlande et de sa musique au moyen d'installations sonores bien conçues. Des événements musicaux variés sont organisés l'été.

Cashel Folk Village — Musée

(062-63601 ; www.cashelfolkvillage.ie ; St Dominic St ; tarif plein/enfant 5/3,50 € ; 9h-19h30 mi-juin à mi-sept, 9h30-17h30 mi-mars à mi-juin et mi-sept à mi-oct, 9h30-16h30 mi-oct à mi-mars). Exposition permanente sur la ville, ses vénérables édifices, ses vitrines de magasins, ainsi qu'une collection d'objets anciens. La présentation, quoique un peu brouillonne, ne manque pas de charme.

Cashel Heritage Centre — Musée

(062-61333 ; www.cashel.ie ; Main St ; 9h30-17h30 tlj mars-oct, lun-ven nov-fév). GRATUIT Aménagé dans l'hôtel de ville, à côté de l'office du tourisme, ce musée expose une maquette de Cashel au milieu des années 1640 accompagnée d'une bande-son.

Swiss Cottage (p. 183)

OÙ SE RESTAURER

Cashel est connue en Irlande, et au-delà, pour son fromage fermier primé, le Cashel Blue, premier bleu produit dans le pays. Bien qu'il soit toujours fabriqué à la main exclusivement dans la région, il est singulièrement difficile d'en trouver dans les boutiques et les restaurants de la bourgade.

Cafe Hans Café €€

(062-63660 ; Dominic St ; plats 13-23 € ; 12h-17h30 mar-sam ;). La concurrence est rude pour décrocher l'une des 32 places de ce café gastronomique tenu par la même famille que Chez Hans, juste à côté. Excellent choix de salades, de tartines (dont de succulentes crevettes roses à la sauce Marie Rose – tomates, mayonnaise, citron) et de généreux plats de poisson, de crustacés, d'agneau ou encore végétariens. Très bon choix de vins, et alléchants desserts. Pas de paiement par carte. L'accès se fait via Moor Lane.

Arrivez avant ou après l'heure du déjeuner si vous voulez éviter d'attendre.

Chez Hans Irlandais €€€

(062-61177 ; www.chezhans.net ; Dominic St ; menu déj 2/3 plats 16/20 €, menu dîner 2/3 plats 28/33 € ; 18h-22h mar-sam). Cette église désaffectée est, depuis 1968, un lieu de recueillement pour les gastronomes d'Irlande et d'ailleurs. Toujours aussi bon et créatif, le menu change régulièrement. Bénies soient les spécialités irlandaises comme les moules de Galway, la tarte au chèvre et l'aile de raie poêlée au poivre ! Pas de paiement par carte.

RENSEIGNEMENTS

Office du tourisme (062-61333 ; www.cashel.ie ; Town Hall, Main St ; 9h30-17h30 tlj mars-oct, lun-ven nov-fév). Ce bureau accueillant propose quantité d'informations sur la région.

DEPUIS/VERS CASHEL

Les **bus Éireann** (www.buseireann.ie) assurent 8 liaisons par jour entre Cashel et Cork (16 €, 1 heure 45) via Cahir (6 €, 20 min, 6/jour). L'arrêt de bus pour Cork se trouve devant la

Glen d'Aherlow

La vaste et fertile vallée (*glen*) d'Aherlow, qui s'étend entre les pentes boisées des Slievenamuck Hills et les harmonieuses Galtee Mountains, est l'une des contrées les plus spectaculaires du comté de Tipperary et un trésor caché parmi les nombreux que recèle l'Irlande.

Indiquée depuis Tipperary, une magnifique **route panoramique** serpente tranquillement sur 25 km à travers le *glen*. À l'extrémité est du *glen*, entre Tipperary et Cahir, le village de Bansha (An Bháinseach) marque le point de départ d'un itinéraire de 20 km partant vers l'ouest en direction de Galbally, à parcourir à vélo ou en voiture le long de la pittoresque R663. Le parcours est un florilège des plus beaux paysages du *glen*.

La R663 en provenance de Bansha et la R664 arrivant du sud de Tipperary fusionnent à Newtown au niveau du **Coach Road Inn**, un vieux pub prisé des randonneurs. Derrière le pub se cache l'**office du tourisme** (☎062-56331 ; aherlow.com ; Newtown ; ⌚9h-17h lun-ven, 10h-16h sam juin-août) du Glen d'Aherlow, tenu par un personnel enthousiaste, véritable mine d'informations sur la région, et notamment sur les festivals de randonnée.

Bake House dans Main Street. Celui pour Dublin (16 €, 2 heures 30, 6/jour) est en face.

Ring a Link (☎1890 424 141 ; www.ringalink.ie), service associatif destiné aux résidents des campagnes, est également ouvert aux touristes. Le minibus, qui assure la liaison entre Tipperary et Cashel (3 €, 50 min), doit être réservé à l'avance par téléphone.

Il est moins coûteux de se garer en ville que sur le parking aménagé au pied du Rock of Cashel, qui de surcroît est bondé.

Cahir

À 15 km au sud de Cashel, à l'extrême est des Galtee Mountains, Cahir (An Cathair) est une ville compacte et agréable, à proximité du beau Cahir Castle. Des sentiers pédestres, propices à des promenades d'une ou deux heures, longent la Suir, un cours d'eau qui fait les délices des pêcheurs de truite.

À VOIR

Cahir Castle Site historique

(☎052-744 1011 ; www.heritageireland.ie ; Castle St ; tarif plein/enfant 5/3 € ; ⌚9h-18h30 mi-juin à août, 9h30-17h30 mars à mi-juin et sept à mi-oct, 9h30-16h30 mi-oct à fév). Le splendide château de Cahir trône sur une île au milieu d'une rivière. Il est doté d'épais remparts, de tourelles, d'un donjon, de fenêtres à meneaux, d'immenses cheminées et de cachots. Érigé par Conor O'Brien en 1142 et occupé par la famille Butler à partir de 1375, c'est l'un des plus grands châteaux d'Irlande. Ses remparts furent détruits à coups de canon par le comte d'Essex en 1599, péripétie décrite au moyen d'une grande maquette exposée ici. Ne manquez pas le **Banquet Hall** et son mur orné d'impressionnants bois de cerf. Le **donjon** se visite également.

L'édifice fut pris par Cromwell en 1650, après reddition sans résistance, et échappa à la destruction. Aujourd'hui intact et toujours impressionnant, il a été restauré dans les années 1840, puis dans les années 1960, une fois devenu propriété de l'État.

Une vidéo de 15 minutes compare Cahir avec d'autres châteaux irlandais. Les bâtiments dans l'enceinte du château ne sont que peu meublés, mais certaines expositions se révèlent intéressantes, notamment celle sur les femmes dans l'Irlande médiévale. Visites guidées fréquentes.

Swiss Cottage Bâtiment historique
(☎052-744 1144 ; www.heritageireland.ie ; Cahir Park ; tarif plein/enfant 5/3 € ; ⏲10h-18h Pâques-oct). Au départ du parking de Cahir Castle, une promenade de 30 minutes à pied le long de la rivière mène à ce cottage au toit de chaume entouré de roses, de lavande et de chèvrefeuille. Somptueux représentant du style pittoresque Régence, il fut construit en 1810 pour servir de retraite à Richard Butler, 12e baron de Cahir, et à son épouse. C'est l'œuvre de l'architecte londonien John Nash, également créateur du Royal Pavilion de Brighton. Les visites guidées de 30 minutes (obligatoires) sont fort agréables.

Le style "*cottage orné*" est né en Angleterre à la fin du XVIIIe–début du XIXe siècle, en réaction au goût dominant pour le pittoresque. Toits de chaume, bois naturel et bardeaux sculptés en étaient les principales caractéristiques. La plupart de ces bâtiments disséminés dans les propriétés étaient purement ornementaux. Le cottage a été restauré dans les années 1980, sous la direction de la décoratrice d'intérieur irlandaise Sybil Connolly.

ACHATS

The Craft Granary Art et artisanat
(☎052-744 1473 ; www.craftgranary.ie ; Church St ; ⏲10h-18h lun-ven, 9h-17h sam). Au XIXe siècle, les habitants de la région travaillaient par centaines dans une filature de lin tristement célèbre. Presque 200 ans plus tard, le bâtiment a connu une résurrection et accueille désormais le Cahir Craft Granary, où des artistes de la région réalisent et vendent leurs travaux : poteries, gravures, peintures et bijoux. Au nord du Square, après le bureau de poste.

OÙ SE RESTAURER

Ne manquez pas le **marché des producteurs** (www.facebook.com/pg/cahirfarmersmarket ; parking du château ; ⏲9h-13h sam) qui offre un aperçu des meilleurs produits du comté.

Galileo Italien €€
(www.galileocafe.com ; Church St ; plats 11-24 € ; ⏲12h-22h lun-sam, 13h-21h dim). Régalant les habitants de Cahir de ses pizzas et de ses pâtes depuis plus de 10 ans, Galileo est une pizzeria élégante à la déco moderne et au service irréprochable. Pas d'alcool : on apporte son propre vin.

RENSEIGNEMENTS

Office du tourisme (☎052-744 1453 ; parking de Cahir Castle ; ⏲9h30-13h et 13h45-17h30 mar-sam avr-oct). Informations sur la ville et la région.

DEPUIS/VERS CAHIR

BUS

Cahir se trouve sur plusieurs itinéraires des **bus Éireann** (www.buseireann.ie), notamment Dublin-Cork, Limerick-Waterford, Galway-Waterford, Kilkenny-Cork et Cork-Athlone.

Six bus par jour partent pour Cashel (6 €, 20 min).

Les bus s'arrêtent sur le parking à côté du château.

TRAIN

Du lundi au samedi, le train Waterford-Limerick Junction dessert Clonmel et Cahir (16,25 €, 1 heure, 2/jour).

MSHEV/SHUTTERSTOCK ©

Bantry House (p. 202)

COMTÉ DE CORK

Dans ce chapitre

Cork gastronomique 188
Blarney Castle 199
Cork 192
Midleton 199
Cobh 199
Kinsale 200
Bantry 202

Comté de Cork

Découvrir ce comté, c'est se frotter au meilleur de l'Irlande. Deuxième ville du pays, Cork est une cité florissante, qui tire autant son renom de sa situation géographique que de l'hédonisme presque rabelaisien qui la caractérise. Ses innombrables marchés, ses restaurants aussi divers qu'animés, ses pubs, ses spectacles et autres événements culturels font la fierté de ses habitants. La ville est entourée de paysages verdoyants émaillés de charmants villages qui sont autant de promesses de moments d'indolence. Le littoral voisin, escarpé, est quant à lui ponctué de criques et de vieux bourgs de pêcheurs.

Le comté de Cork en 2 jours

Après la visite de **Blarney Castle** (p. 199), explorez la cité de Cork sans omettre le **Cork City Gaol** (p. 193) et l'**English Market** (p. 188). Un déjeuner au **Farmgate Cafe** (p. 188) s'impose, tout comme un dîner dans l'un des nombreux restaurants de la ville.
Le lendemain, rejoignez en ferry la fascinante **Spike Island** (p. 197), depuis Cobh, l'agglomération voisine.

Le comté de Cork en 4 jours

Le troisième jour, lancez-vous dans les rues embaumées d'embruns de **Kinsale** (p. 200). Flânez jusqu'au **Charles Fort** (p. 200) puis dînez dans l'un des excellents restaurants de fruits de mer.
Le dernier jour, empruntez la route panoramique qui longe la côte de Cork jusqu'à la **Bantry House** (p. 202), puis régalez-vous au **Manning's Emporium** (p. 203) avant de reprendre la route pour Killarney.

Comment s'y rendre

L'**aéroport de Cork** est à 8 km au sud du centre-ville. Des bus font la navette entre l'aéroport, la gare ferroviaire et la gare routière toutes les 30 minutes entre 6h et 22h (5,60 €, 30 min).

La **gare ferroviaire de Kent** se trouve au nord de la Lee, à 10-15 minutes de marche du centre-ville.

La **gare routière de Cork** se trouve à Parnell Place, dans le centre-ville.

Où se loger

Cork compte des hébergements pour tous les budgets, des auberges de jeunesse aux hôtels de luxe, en passant par les hôtels de chaîne ou encore les B&B et pensions de charme de la périphérie. Accueillant de longue date les vacanciers, la côte compte de nombreux B&B rustiques, campings et hôtels de bord de mer. Toutefois, les établissements sont nombreux à fermer l'hiver, en particulier dans les zones les plus reculées.

English Market

GABRIEL12/SHUTTERSTOCK ©

Cork gastronomique

Le plus grand comté d'Irlande peut légitimement revendiquer le titre de capitale gastronomique du pays. Ses marchés fermiers et ses restaurants sont à découvrir absolument.

Pour ceux qui aiment…

☑ Ne ratez pas

Fromages fermiers et charcuterie irlandaise chez **On the Pig's Back** (021-427 0232 ; www.onthepigsback.ie ; English Market ; 9h-17h30 lun-sam) dans l'English Market.

English Market Marché

(www.englishmarket.ie ; entrée principale Princes St ; 8h-18h lun-sam). Le caractère victorien de l'architecture de la halle est très présent, aussi bien dans la structure que l'ornementation. Temple du bien manger local, l'English Market réunit étals de viande, de fromage ou d'excellents plats tout prêts. Par beau temps, faites vos emplettes pour un délicieux pique-nique au Bishop Lucey Park voisin. Une institution du repas en plein air !

Farmgate Cafe Café, bistrot €

(021-427 8134 ; www.farmgate.ie ; Princes St, English Market ; plats 8-14 € ; 8h30-17h lun-sam). Expérience incontournable au cœur de l'English Market, le Farmgate est perché sur une terrasse surplombant les étals du marché, où il se procure ses produits frais – du crabe aux huîtres, en

Farmgate Cafe

JAMES SMART/LONELY PLANET ©

passant par l'agneau du ragoût irlandais. Prenez à gauche en haut des escaliers pour vous installer à une table ; à droite pour manger au bar.

Midleton Farmers Market Marché
(Main St ; 9h-13h sam). Le marché fermier de Midleton est l'un des meilleurs de Cork, grâce à la variété des produits locaux et la faconde des commerçants. Le marché est situé derrière le grand rond-point au nord de Main Street.

Farmgate Restaurant Irlandais **€€**
(021-463 2771 ; www.farmgate.ie ; Broderick St ; plats déj 11-18 €, dîner 15-26 € ; 9h-17h mar-sam, 18h30-21h30 jeu-sam). Plus ancien des deux Farmgate de la ville (page ci-contre), ce restaurant de Midleton propose un fabuleux mélange de saveurs irlandaises, entre tradition et modernité. Faufilez-vous

Infos pratiques

On trouve en ligne (www.slowfoodireland.com) une liste de fournisseurs de produits fermiers et artisanaux, pour la plupart du comté de Cork.

Une petite faim ?

Dûment approvisionné à l'English Market, joignez-vous aux nombreux habitants pique-niquant dans le Bishop Lucey Park voisin.

★ Bon à savoir

La ville de Cork est réputée pour ses cafés-boutiques – essayez Cork Coffee Roasters (p. 195) ou Filter (p. 195).

entre les étals de pâtisseries et produits régionaux du *deli* pour rejoindre le cadre feutré de ce café-restaurant.

Ballymaloe Cookery School Cours de cuisine
(021-464 6785 ; www.ballymaloecookeryschool.com ; Shanagarry). La célèbre école de cuisine de Ballymaloe est tenue par la médiatique Darina Allen, belle-fille de Myrtle Allen, de Ballymaloe House (p. 199). Sa propre belle-fille, Rachel Allen, chef et auteur connue, y donne régulièrement des cours. Comptez 70 € pour une simple démonstration de recettes, de 95 à 135 € pour une demi-journée de formation et 10 995 € pour préparer un certificat en 12 semaines. Ces leçons très courues affichent complet bien longtemps à l'avance. On peut dormir sur place dans de charmants cottages répartis sur un domaine de 40 ha. L'école se trouve à 3 km à l'est de Ballymaloe House.

Blarney Castle

Si vous êtes sensible à la puissance évocatrice de l'Histoire, ne manquez pas ce château du XVe siècle, l'un des sites les plus visités d'Irlande.

Les visiteurs s'agglutinent autour de la Blarney Stone ("pierre de Blarney") pour y coller leurs lèvres, rituel censé accorder le don d'éloquence. La Blarney Stone est perchée au sommet du château. On y accède par un étroit escalier en colimaçon. Puis on s'allonge sur le bord des remparts, le corps penché en arrière au-dessus du vide (une grille de sécurité et un employé préviennent tout drame) pour embrasser la pierre. La posture est d'un ridicule achevé, mais l'atmosphère est bon enfant. Essayez de ne pas prêter l'oreille aux rumeurs locales relatives aux fluides imprégnant la pierre (lesquels ne se limiteraient pas à de la salive). Voire : abstenez-vous de l'embrasser. N'oubliez pas d'admirer le panorama avant de redescendre.

Si la coutume consistant à embrasser la pierre est relativement récente, Blarney

Pour ceux qui aiment...

☑ Ne ratez pas

La plupart des touristes viennent avant tout pour embrasser la pierre, mais le Poison Garden et Rock Close réservent par ailleurs de somptueux paysages.

DENNIS COX/ALAMY STOCK PHOTO ©

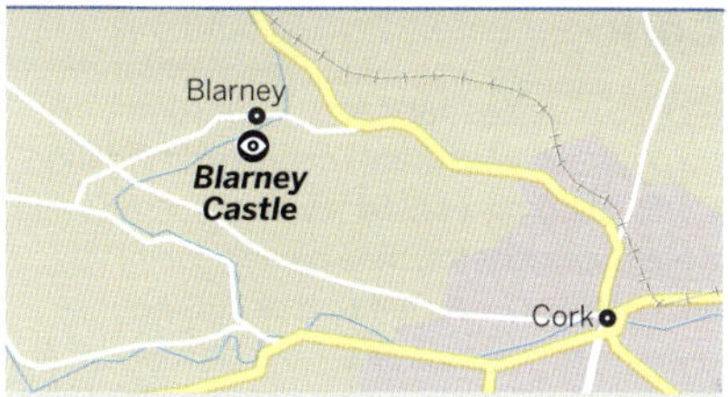

Infos pratiques

021-438 5252 ; www.blarneycastle.ie ; tarif plein/enfant 15/6 € ; 9h-19h lun-sam, 9h-18h dim juin-août, horaires réduits sept-mai ; P

Une petite faim ?

Le **Lemon Tree Restaurant** (021-438 5116 ; www.blarneycastlehotel.com ; Blarney Castle Hotel, The Square, Blarney ; plats 10-17 € ; 7h30-11h, 12h-16h30 et 18h-21h30 ; P), voisin des écuries situées à quelque 700 m du château, sert des petits déjeuners, déjeuners et dîners de style "pub".

Bon plan

Bénéficiez d'une réduction en achetant vos billets sur le site Internet du château. La Blarney House, un manoir voisin, est ouverte de début juin à fin août du lundi au samedi.

et l'éloquence sont associés de bien plus longue date. On raconte que la reine Élisabeth Ire aurait inventé l'expression "parler Blarney" dans son exaspération face à la prodigieuse capacité de lord Blarney à palabrer sans pour autant jamais accéder à ses demandes. Et aujourd'hui encore, en anglais, "*to barney*" signifie convaincre en utilisant l'éloquence et la flatterie.

Blarney Castle est un imposant donjon du XVIe siècle au cœur d'un somptueux domaine. Fuyez la foule en vous promenant dans l'Arboretum, qui réunit des variétés d'arbres du monde entier (notamment des ifs et châtaigniers vieux de plus de six siècles), et dans le pittoresque Fern Garden, le jardin aux fougères (hautes de 2 m !).

Digne de l'univers d'Harry Potter, le Poison Garden ("jardin du poison"), niché derrière les remparts du château, abrite des plantes hautement toxiques, voire mortelles, comme la belladone et la ciguë. On y trouve encore la mandragore, qui, de longue date, fait l'objet de fantasmes, autant pour l'aspect anthropomorphe de ses racines que pour sa toxicité et ses propriétés sédatives et hallucinogènes. Le spécimen de cette plante, dans le Poison Garden, est d'ailleurs protégé d'une grille.

On peut aussi explorer les recoins rocheux artificiels du Rock Close, où des sentiers tracés au XVIIIe siècle serpentent parmi les arbres séculaires et les aménagements paysagers – pierres levées, Wishing Steps (marches des vœux), Fairy Glade (clairière des fées) et jardin de tourbière.

Blarney se trouve à 8 km au nord-ouest de Cork et est accessible en bus depuis la gare routière (7,80 € aller-retour, 20 min).

Cork

Aux yeux de ses habitants, la deuxième ville du pays est la "véritable capitale de l'Irlande". Cette cité progressiste, jeune et cosmopolite a été durement touchée par la crise économique, mais fait tout depuis pour se réinventer : les rues et le front de mer ont été rénovés, et on trouve des cafés artisanaux (en apparence du moins) à chaque coin de rue. Si une scène branchée s'y développe, Cork reste, par essence, résolument traditionnelle, tant en matière de pubs que de restaurants – et de chaleur de l'accueil.

À VOIR

La meilleure manière d'appréhender Cork est d'arpenter la ville et de s'imprégner de son atmosphère. Un complexe destiné à accueillir conférences et événements, et qui abritera une salle de concerts de 6 000 places, un centre d'information touristique, des restaurants,

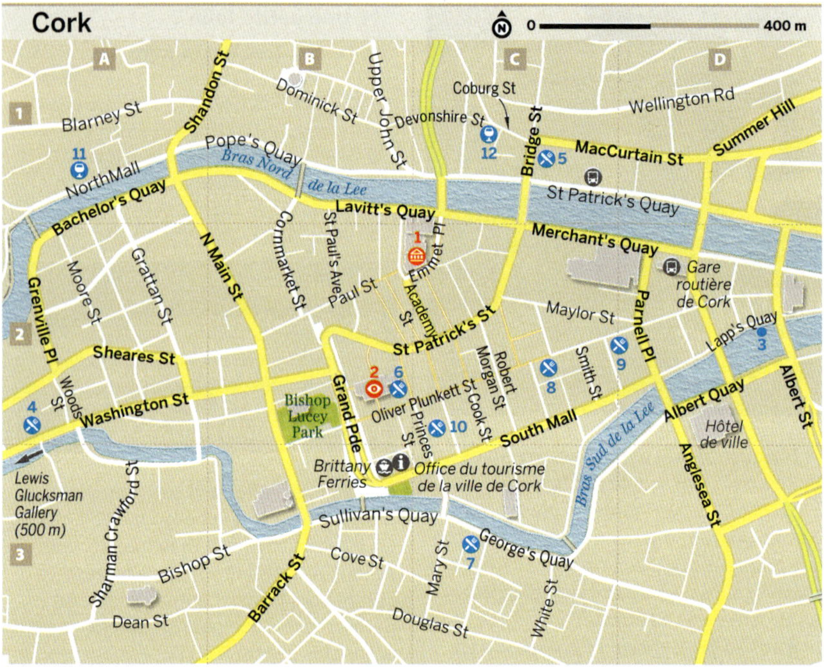

Cork

À voir

1 Crawford Municipal Art Gallery C2
2 English Market B2

Activités

3 Atlantic Sea Kayaking D2

Où se restaurer

4 Cafe Paradiso A2
5 Cork Coffee Roasters C1
6 Farmgate Cafe B2
7 Filter C3
8 Jacques Restaurant C2
9 Market Lane D2
10 Nash 19 .... C2

Où prendre un verre et faire la fête

11 Franciscan Well Brewery A1
12 Sin É C1

Achats

On the Pig's Back .... (voir 2)

Cork

des boutiques, des galeries et des appartements, devrait ouvrir en 2019 : il constituera le cœur du nouveau **Brewery Quarter** (quartier de l'ancienne brasserie Beamish & Crawford, où se dresse notamment l'emblématique "maison des comptes" de style néo-Tudor), à un pâté de maisons à l'ouest de l'English Market.

Le quartier de **Shandon**, perché à flanc de colline et dominant le centre-ville plus au nord, vaut le détour ne serait-ce que pour la vue ; mais on y trouve aussi des galeries, des antiquaires et des cafés. Les rangées de petites maisons mitoyennes, où des générations d'ouvriers élevaient des familles nombreuses dans des conditions de vie spartiates, sont aujourd'hui des pied-à-terre urbains recherchés. Prenez une brochure *Cork Walks – Shandon* à l'office du tourisme pour profiter pleinement de votre exploration.

Cork City Gaol Musée

(☎021-430 5022 ; www.corkcitygaol.com ; Convent Ave ; tarif plein/enfant 8/5 € ; ⏲9h30-17h avr-sept, 10h-16h oct-mars). Cette ancienne et imposante prison mérite amplement une visite, ne serait-ce que pour se faire une idée de l'horreur de la vie de détenu il y a un siècle. L'audioguide (2 € en sus) vous conduira à travers les cellules restaurées, peuplées de sinistres mannequins de prisonniers et de gardes.

L'émouvante visite rend bien compte de la sévérité de la justice au XIXe siècle, lorsque des malheureux étaient condamnés aux travaux forcés pour avoir, par dénuement, chapardé une simple miche de pain. Des visites pittoresques ont lieu tous les soirs en semaine à 17h45 (10 €).

Pour gagner le musée, prenez le bus pour l'université de Cork (UCC), puis marchez vers le nord sur Mardyke Walk, traversez le fleuve et remontez la colline en suivant les panneaux (10 min).

La prison a fermé en 1926 avant d'accueillir, en 1927, une station de radio qui y resta jusque dans les années 1950. La maison du gouverneur a été reconvertie en **musée de la Radio** (Radio Museum ; ☎021-430 5022 ; www.corkcitygaol.com/radio-museum ; Cork City Gaol, Convent Ave ; Cork City Gaol inclus tarif plein/enfant 8/5 € ; ⏲9h30-17h avr-sept, 10h-16h oct-mars ; 🚌), où vous pourrez voir une belle collection de vieux postes et écouter l'histoire de la conquête des ondes par Guglielmo Marconi.

Crawford Municipal Art Gallery Musée

(☎021-480 5042 ; www.crawfordartgallery.ie ; Emmet Pl ; ⏱10h-17h lun-mer et ven-sam, 10h-20h jeu). GRATUIT Le musée d'art municipal de Cork présente une modeste mais excellente collection allant du XVIIe siècle à nos jours. Y sont notamment exposés des tableaux de sir John Lavery, de Jack B. Yeats et de Nathaniel Hone. Dans la salle consacrée aux femmes peintres irlandaises de 1886 à 1978, ne manquez pas les œuvres de Mainie Jellet et d'Evie Hone.

Lewis Glucksman Gallery Musée

(☎021-490 1844 ; www.glucksman.org ; University College Cork, Western Rd ; don suggéré 5 € ; ⏱10h-17h mar-sam, 14h-17h dim ; 👪). GRATUIT Cet immeuble primé est un singulier assemblage de bois, d'acier et de calcaire. Les deux niveaux de galeries, aux sols couverts de projections de peinture, affichent une sélection des meilleures œuvres contemporaines et d'installations irlandaises et internationales. Ne manquez pas les visites guidées gratuites bimensuelles. Le **café du musée** (☎021-490 1848 ; www.glucksman.org ; Lewis Glucksman Gallery, Western Rd ; plats 6-12 € ; ⏱10h-17h mar-sam, 12h-17h dim ; 👪) est excellent.

CIRCUITS ORGANISÉS

Atlantic Sea Kayaking Kayak

(☎028-21058 ; www.atlanticseakayaking.com ; Lapp's Quay ; 50 €). Propose des circuits de "kayak urbain" sur les voies d'eau de Cork, de 18h30 à 21h (à réserver, 2 pers minimum), ainsi qu'une excursion de 4 heures (4 pers minimum, 65 €) à Cobh et Spike Island (p. 197).

Cork City Tour Bus

(☎021-430 9090 ; www.corkcitytour.com ; tarif plein/étudiant/enfant 15/13/5 € ; ⏱mars-nov). Un bus à toit ouvert, d'où l'on monte et descend à volonté, passe devant les principaux sites touristiques de la ville. Un circuit plus long (23 €/adulte) dessert le musée Jameson Experience (p. 199), à Midleton.

ARSTY/GETTY IMAGES ©

OÙ SE RESTAURER

Cork Coffee Roasters Café €

(☎021-731 9158 ; www.facebook.com/CorkCoffee ; 2 Bridge St ; plats 3-6 € ; 7h30-18h30 lun-ven, 8h-18h30 sam, 9h-17h dim ;). Tenu par des artisans torréfacteurs, ce charmant établissement, souvent bondé, sert l'un des meilleurs cafés d'Irlande, à accompagner d'une pâtisserie au beurre, d'un scone ou d'une part de tarte. Idéal pour commencer la journée du bon pied.

Filter Café €

(☎021-455 0050 ; filtercork@gmail.com ; 19 George's Quay ; plats 4-7 € ; 8h-18h lun-ven, 9h-18h sam, 10h-17h dim ;). Voici un temple dédié au café, à la déco rétro et rustique. Le personnel concocte avec expertise des expressos à partir de grains de café d'origines certifiées et torréfiés sur place. La carte des sandwichs au pain artisanal n'est pas en reste : pastrami, chorizo et jarret de porc, entre autres.

Nash 19 International €€

(☎021-427 0880 ; www.nash19.com ; Princes St ; plats 10-17 € ; 7h30-16h30 lun-ven, 8h30-16h30 sam). Ce sensationnel bistrot-*deli* sert des petits déjeuners et déjeuners à base de produits frais, à prendre sur place ou à emporter. Les scones tout juste sortis du four attirent une clientèle matinale, et l'établissement a également un grand succès au déjeuner avec ses plats du jour (soupes, salades, desserts, etc.), ses tourtes au poulet fermier et ses assiettes de poisson fumé de chez Frank Hederman (p. 196). L'assiette-dégustation de produits locaux (Producers' Plate) est exceptionnelle.

Market Lane Irlandais, international €€

(☎021-427 4710 ; www.marketlane.ie ; 5 Oliver Plunkett St ; plats 12-27 € ; 12h-21h30 lun-jeu, 12h-22h30 ven-sam, 13h-21h30 dim ;). On ne chôme pas dans ce bistrot bien éclairé, à l'angle de deux rues. Le menu affiche une belle variété de plats consistants, et change au gré des produits de saison proposés par l'English Market :

Le top des restaurants

Nash 19 (p. 195)
Bastion (p. 201)
Manning's Emporium (p. 203)
Farmgate Cafe (p. 188)
Finn's Table (p. 201)

De gauche à droite : Cork City Gaol (p. 193) ; Lewis Glucksman Gallery ; Jameson Experience, Midleton (p. 199)

JAMES SMART/LONELY PLANET ©

DRSERG/SHUTTERSTOCK ©

Un fumet alléchant

On ne saurait terminer un séjour dans le comté sans rendre visite à un producteur local. Le sémillant Frank Hederman vous fera volontiers découvrir la **Belvelly Smokehouse** (021-481 1089 ; www.frankhederman.com ; Belvelly ; gratuit sauf pour les groupes ; sur réservation 10h-17h lun-ven), la plus ancienne et la dernière fumerie d'Irlande. Celle-ci est à 19 km à l'est de Cork, sur la R624 en direction de Cobh. Réservez par téléphone.

Fruits de mer et fromages – et même du beurre ! – sont fumés sur place, mais la spécialité maison est le poisson, en particulier le saumon. Le processus traditionnel prend 24 heures en tout : le poisson est découpé et salé, puis séché sur des copeaux de hêtre. Le résultat est d'une délicieuse subtilité.

Vous pourrez aussi passer voir Frank Hederman à son étal au marché fermier de Cobh (086 199 7643 ; www.facebook.com/cobhfarmers ; The Promenade ; 10h-14h ven) ou de **Midleton** (p. 189). Ses produits sont également vendus à l'**English Market** (p. 188) de Cork.

Saumon fumé

MATEUSZ GZIK/SHUTTERSTOCK ©

vous savourerez peut-être de la morue rôtie à la sauce au beurre d'algues, ou du risotto aux petits pois, à l'orge et au chèvre. Réservations à partir de six personnes uniquement. Possibilité de prendre un verre au comptoir en attendant qu'une table se libère. Vaste choix de vins au verre.

Cafe Paradiso Végétarien **€€**

(021-427 7939 ; www.cafeparadiso.ie ; 16 Lancaster Quay ; menu 2/3 plats 33/40 € ; 17h30-22h lun-sam ;). Cet aspirant au titre de meilleur restaurant de Cork, toutes catégories confondues, sert des plats végétariens contemporains, et quelques délices végétaliens, tels ces artichauts confits, fèves et oignons verts accompagnés de risotto au citron et de noisette pilée... Réservation indispensable.

La formule associant dîner, nuit dans les chambres stylées à l'étage et petit déjeuner coûte au minimum 180/220 € pour une chambre simple/double.

Jacques Restaurant Irlandais moderne **€€**

(021-427 7387 ; www.jacquesrestaurant.ie ; 23 Oliver Plunkett St ; plats déj 7-14 €, dîner 22-26 € ; 10h-16h lun, 10h-22h mar-sam). Jacqueline et Eithne Barry s'appuient sur leur vaste réseau de fournisseurs, qu'elles ont passé trois décennies à constituer, pour proposer les produits les plus frais de la ville, cuisinés simplement et sans chichis. Le menu change tous les jours. Parmi les spécialités, la caille fumée avec céleri rémoulade ou le crabe de Castletownbere accompagné de spaghettis aux herbes. Profitez du menu deux plats (24 €) le mardi et le jeudi soir, ainsi que le vendredi et le samedi soir avant 18h30.

OÙ PRENDRE UN VERRE ET FAIRE LA FÊTE

Sin É Pub

(021-450 2266 ; www.facebook.com/sinecork ; 8 Coburg St ; 12h30-23h30 lun-jeu, 12h30-0h30 ven-sam, 12h30-23h dim). On passerait volontiers la journée dans ce pub authentique et sans prétention, au *craic* (bonne ambiance) caractéristique – Sin É signifie "C'est ça ! Bingo !". Sessions tous les soirs à partir de 18h30 de mai à septembre, et tous les mardis, vendredis et dimanches le reste de l'année – il s'agit habituellement de musique traditionnelle mais il y a parfois des surprises...

Franciscan Well Brewery Pub
(☎021-439 3434 ; www.franciscanwellbrewery.com ; 14 North Mall ; ⏲15h-23h30 lun-jeu, 15h-0h30 ven-sam, 15h-23h dim ; 📶). Comme le laissent deviner les fûts en cuivre derrière le bar, le Franciscan Well brasse sa propre bière. Installez-vous dans l'immense *beer garden* à l'arrière de la salle. Le pub organise fréquemment des festivals de la bière avec d'autres brasseries irlandaises indépendantes.

RENSEIGNEMENTS

Le **Cork City Tourist Office** (☎021-425 5100 ; www.discoverireland.ie/corkcity ; Grand Pde ; ⏲9h-18h lun-sam tte l'année, et 10h-17h dim juil-août) abrite une boutique de souvenirs et un bureau d'information. Vente de cartes Ordnance Survey.

DEPUIS/VERS CORK

AVION

Aéroport de Cork (Cork Airport ; ☎021-431 3131 ; www.corkairport.com). Il accueille des vols Air France, Aer Lingus et Ryanair.

BATEAU

Brittany Ferries (☎021-427 7801 ; www.brittanyferries.ie ; 42 Grand Pde) dessert Roscoff, en France, au moins une fois par semaine de fin mars à fin octobre. La traversée dure 14 heures et les tarifs sont très variables. Le terminal des ferries se trouve à Ringaskiddy, à 15 minutes en voiture au sud-est de Cork par la N28.

BUS

Les **bus Éireann** (☎021-455 7178 ; www.buseireann.ie) partent de la **gare routière** (angle Merchant's Quay et Parnell Place), les bus **AirCoach** (☎01-844 7118 ; www.aircoach.ie) et **Citylink** (☎091-564 164 ; www.citylink.ie ; 📶) partent de **St Patrick's Quay**, de l'autre côté de la Lee, tandis que ceux de **GoBus** (☎091-564 600 ; www.gobus.ie) 📶 partent de Parnell Place, non loin de là.

Dublin (15 €, 3 heures 15, 6/jour)

Spike Island

Au large du port de Cork, cette **île** (☎085 851 8818 ; www.spikeislandcork.com ; Cork Harbour ; tarif plein/enfant ferry inclus 18/10 € ; ⏲11h-17h30 tlj juin-août, 12h-16h30 tlj mai, 12h-16h30 sam-dim avr et sept, 12h-16h30 dim oct) verdoyante, surmontée d'un fort d'artillerie du XVIIIe siècle, était un élément de défense essentiel du port. Elle servit de prison dans la deuxième moitié du XIXe siècle, pendant la guerre d'Indépendance irlandaise, puis à nouveau entre 1984 et 2004, ce qui lui a valu le surnom d'"Alcatraz irlandais". Aujourd'hui, on peut suivre la visite guidée des bâtiments de l'ancienne prison, puis explorer seul les lieux. Le ferry part de Kennedy Pier, à Cobh.

La visite comprend la nouvelle prison, les anciennes cellules d'isolement, le dépôt d'obus (autrefois une prison pour enfants) et le bastion n°2, avec son énorme canon de marine de 6 pouces (152 mm), sans oublier le **Gun Park** et son imposante collection d'artillerie (principalement du XXe siècle), et le **Mitchel Hall** qui retrace l'histoire de l'*Aud*, navire allemand dédié au trafic d'armes pendant la Première Guerre mondiale, qui fut coulé à l'entrée du port de Cork. Depuis le **Glacis Walk**, un sentier de 1,5 km qui fait le tour du fort, on jouit d'une magnifique vue sur Cobh et l'entrée du port. Comptez environ 4 heures pour profiter au mieux de la visite.

Mitchel Hall

La larme de l'Irlande

Le **Fastnet Rock** était le dernier morceau d'Irlande qu'apercevaient les émigrants en route pour l'Amérique, d'où son triste surnom ("Ireland's teardrop").

Point le plus méridional du pays, cette dent rocheuse isolée, surmontée d'un phare impressionnant, est située à 6,5 km de Cape Clear Island. Elle est visible par temps clair depuis de nombreux points du littoral entre Baltimore et Mizen Head. On la retrouve sur pléthore de cartes postales, en couverture de nombreux livres et en affiche sur biens des murs.

Le phare de Fastnet, tenu pour l'un des plus aboutis au monde, a été construit en 1904 avec des blocs de granit de Cornouailles ingénieusement imbriqués. Vous pourrez découvrir les secrets de sa construction au **Mizen Head Visitor Centre** (☎028-35115 ; www.mizenhead.ie ; Mizen Head ; tarif plein/enfant 7,50/4,50 € ; ⏰10h-18h juin-août, 10h30-17h mi-mars à mai et sept-oct, 11h-16h sam-dim nov à mi-mars ; 👪) et au **Cape Clear Museum** (☎028-39119 ; www.capeclearmuseum.ie ; 3 € ; ⏰14h30-17h juin-août).

De mai à août, **Fastnet Experience** (☎087 389 9711 ; www.fastnettour.com ; tarif plein/famille 35/80 €) propose des excursions en bateau jusqu'au rocher au départ de Schull, Baltimore et Cape Clear Island. Les excursions dépendent de la météo et durent entre 2 heures 30 et 3 heures (1 heure 30 au départ de Cape Clear).

Phare de Fastnet

Dublin (AirCoach ; 16 €, 3 heures, ttes les heures)

Dublin (GoBus ; 17 €, 3 heures, 6-9/jour)

Aéroport de Dublin (AirCoach ; 20 €, 3 heures 30, ttes les heures)

Galway (Citylink ; 21 €, 3 heures, 5/jour)

Kilkenny (21 €, 3 heures, 2/jour)

Killarney (27 €, 2 heures, ttes les heures)

Limerick (Citylink ; 17 €, 1 heure 30, 5/jour)

Waterford (23,50 €, 2 heures 15, ttes les heures)

TRAIN

La **gare ferroviaire de Kent** (☎021-450 6766) se trouve au nord de la Lee, sur Lower Glanmire Road, à 10-15 minutes à pied du centre-ville. Le bus 205 vous conduira au centre-ville (2 €, 5 min, ttes les 15 min).

COMMENT CIRCULER

DEPUIS/VERS L'AÉROPORT

Le **bus Éireann** (p. 197) 226A fait la navette entre la gare ferroviaire, la gare routière et l'aéroport de Cork toutes les 30 minutes entre 6h et 22h (5,60 €, 30 min). Un taxi coûte de 22 à 26 € dans un sens comme dans l'autre.

BUS

Du centre-ville, vous pourrez aisément rejoindre à pied la plupart des sites à visiter. Le ticket à l'unité coûte 2,05 €, le forfait journalier 5 €. Tous s'achètent à bord des bus.

TAXI

Cork Taxi Co-op (☎021-427 22 22 ; www.corktaxi.ie)

Shandon Cabs (☎021-450 22 55)

VOITURE

Vous vous épargnerez les tracas du stationnement en centre-ville en vous garant dans le **Black Ash Park & Ride** sur la South City Link Road, la route de l'aéroport, moyennant 5 € la journée. Des bus se rendent dans le centre-ville toutes les 15 minutes au moins (trajet 10 min).

Midleton

Midleton est un nom familier aux amateurs de whiskey irlandais. La motivation principale d'un détour par ce bourg animé est d'ailleurs la possibilité de visiter l'ancienne distillerie Jameson – et de prendre un repas dans l'un des restaurants réputés de la ville. Mais les villages pittoresques et le littoral escarpé des alentours valent également le coup d'œil. La région compte de surcroît de merveilleux hôtels rustiques à l'exemple de la **Ballymaloe House** (☎021-465 2531 ; www.ballymaloe.ie ; Shanagarry ; ch à partir de 250 € ; P).

À VOIR

Jameson Experience Musée

(☎021-461 3594 ; www.jamesonwhiskey.com ; Old Distillery Walk ; visites guidées tarif plein/enfant 18/9 € ; boutique 10h-18h ; P). Les cars déversent des flots de touristes devant cette distillerie restaurée, vieille de deux siècles. La collection et les visites guidées (proposées entre 10h et 16h) retracent le processus de fabrication, de l'orge au fût (Jameson produit désormais son whiskey dans une usine moderne de Cork). Les rayons de la boutique sont pleins d'idées de cadeaux et le **Malt House Restaurant** (12h-15h) programme de la musique live le dimanche.

DEPUIS/VERS MIDLETON

Midleton est situé à 20 km à l'est de Cork. La gare ferroviaire se trouve à 1,5 km (20 min à pied) au nord de **Jameson Experience** (p. 199). Les trains depuis Cork sont fréquents (6,25 €, 25 min, ttes les heures au moins).

Il y a aussi de nombreux bus depuis la gare routière de Cork (8 €, 30 min, tte les 15 à 45 min). Une voiture est en revanche indispensable pour explorer les environs.

Cobh

Cobh (prononcez "cove"), sur Great Island, est une charmante bourgade d'estuaire, ponctuée de maisons aux couleurs vives et dominée par une splendide cathédrale. On peine à imaginer qu'en d'autres temps, plus de 70 000 malheureux ont embarqué ici pour échapper à la Grande Famine. Cobh fut aussi le dernier port ayant vu le *Titanic* ; un musée rend un hommage poignant aux victimes du tragique naufrage.

À VOIR

Cobh, The Queenstown Story Musée

(☎021-481 3591 ; www.cobhheritage.com ; Lower Rd ; tarif plein/enfant 9,50/5 € ; 9h30-18h mai-oct, 9h30-17h nov-avr). Ce musée interactif, aménagé dans l'ancienne gare ferroviaire (et tout proche de la nouvelle gare), raconte au fil de mises en scène très vivantes les vagues d'émigration irlandaise née de la Grande Famine.

Titanic Experience Cobh Musée

(☎021-481 4412 ; www.titanicexperiencecobh.ie ; 20 Casement Sq ; tarif plein/enfant 9,50/6,50 € ; 9h-18h avr-sept, 10h-17h30 oct-mars ;). Ouvert dans les anciens locaux de la White Star Line d'où 123 passagers embarquèrent sur le RMS *Titanic*, ce musée revient sur la dernière traversée du paquebot. On y pénètre pour des visites à heures fixes, lesquelles sont en partie guidées, en partie interactives, avec hologrammes, vidéos et expositions. Prévoyez au minimum une heure. L'aspect technologique est impressionnant, mais le plus marquant reste de s'imaginer les malheureux passagers embarquant de ce lieu.

DEPUIS/VERS COBH

Voiture Par la route, Cobh se trouve à 23 km au sud-est de Cork, non loin de la nationale N25 Cork-Rosslare ; une chaussée permet d'accéder à Great Island.

Train Liaison toutes les heures entre Cobh et Cork (6,15 €, 25 min), via Fota.

Kinsale

Le port de plaisance de Kinsale (Cionn tSáile) est l'un de ces nombreux joyaux colorés émaillant le littoral du comté de Cork. Les rues étroites et tortueuses sont ponctuées de galeries, de boutiques de souvenirs, de bars animés et de bons restaurants. De nombreux yachts sont amarrés dans le port naturel protégé par une forteresse du XVIIe siècle. Une ville pleine de charme où passer une journée.

À VOIR

Charles Fort Fort

(☎021-477 2263 ; www.heritageireland.ie ; Summercove ; tarif plein/enfant 5/3 € ; ⏱10h-18h mi-mars à oct, jusqu'à 17h nov à mi-mars ; P). Cette vaste forteresse du XVIIe siècle est l'un des forts d'artillerie en étoile les mieux préservés d'Europe. Le magnifique panorama justifierait en soi une visite, mais les vestiges des XVIIIe et XIXe siècles, à l'intérieur des murs, font tout le sel de sa découverte. Le fort est à 3 km au sud-est de Kinsale par la petite route qui traverse Scilly. Si vous en avez le temps, allez-y à pied par **Scilly Walk**.

Signal Tower & Lusitania Museum Phare, musée

(☎021-419 1285 ; www.oldheadofkinsale.com ; Signal Tower, Old Head of Kinsale ; tarif plein/réduit 4/3 € ; ⏱10h-18h tlj avr-oct).
Ce phare vieux de 200 ans a été restauré et converti en un musée dédié au RMS *Lusitania*, lequel fut torpillé en 1915 par un *U-boat* (sous-marin) allemand, un drame qui coûta la vie à quelque 1 200 passagers. Une balade sur les falaises autour du musée gratifie le promeneur d'une vue impressionnante sur l'Old Head au sud, la terre la plus proche du lieu du naufrage.
Un **golf privé** (☎021-477 8444 ; www.oldhead.com ; Old Head of Kinsale ; green-fees 160-230 €) bloque l'accès au phare situé à l'extrémité de la péninsule. Le musée se trouve à 13 km au sud de la ville par la R604.

GABRIELI2/SHUTTERSTOCK ©

PETE SEAWARD/LONELY PLANET ©

De gauche à droite : Charles Fort ; homard thermidor au Fishy Fishy Cafe ; port de Kinsale

OÙ SE RESTAURER

Black Pig Wine Bar Irlandais €€
(021-477 4101 ; www.facebook.com/theblackpigwinebar ; 66 Lower O'Connell St ; plats 10-18 € ; 17h30-23h mer-jeu et dim, 17h30-23h30 ven-sam). Ce havre raffiné, installé dans une remise à calèches du XVIIIe siècle, a l'attrait d'une belle cour pavée à l'arrière. Les en-cas et assiettes de charcuterie et de fromages artisanaux, issus d'élevages locaux, mettent l'eau à la bouche. La carte des vins, primée, aligne pas moins de 200 crus à la bouteille et 100 au verre, dont de nombreux vins bio. Réservation recommandée.

Bastion Irlandais moderne €€€
(021-470 9696 ; www.bastionkinsale.com ; angle Main St et Market St ; plats 18-31 € ; 17h-22h mer-dim ;). Récompensé d'un Bib Gourmand en 2016, le dernier venu d'importance sur la scène gastronomique de Kinsale fournit une introduction détendue et informelle au monde de la haute cuisine. Les serveurs vous présenteront volontiers les options à la carte (huîtres, bœuf, poisson et chevreuil du cru), mais laissez-vous plutôt tenter par le menu dégustation de 7 plats (65 €) ou le menu "début de soirée" de 5 plats (avant 18h ; 45 €).

Finn's Table Irlandais moderne €€€
(021-470 9636 ; www.finnstable.com ; 6 Main St ; plats 23-34 € ; 18h-22h lun-mar et jeu-sam). Le restaurant gastronomique de John et Julie Finn est à la fois chic et sans affectation. L'accueil y est chaleureux, et les produits saisonniers locaux contribuent à de mémorables repas. Les fruits de mer (dont le homard, en saison) viennent de l'ouest du comté de Cork et la viande est fournie par les bouchers de la famille.

Fishy Fishy Cafe Poisson, fruits de mer €€€
(021-470 0415 ; www.fishyfishy.ie ; Crowley's Quay ; plats 16-27 €; 12h-21h mars-oct, horaires réduits le reste de l'année). Fishy Fishy est l'un des restaurants de fruits de mer les plus réputés de tout le pays. Les murs, d'un blanc immaculé, sont couverts d'œuvres d'art hautes en couleur et de sculptures de poissons. La terrasse

ANDREI NEKRASSOV/SHUTTERSTOCK ©

Festival gastronomique

Le **Kinsale Gourmet Festival** (www.kinsalerestaurants.com ; oct) organise trois jours de dégustations et de démonstrations de cuisine. Il s'ouvre par l'épreuve de sélection pour le concours national de soupe de poisson (All Ireland Chowder Cook-Off), dont la finale a lieu à Kinsale en avril.

Kinsale
TYLER W. STIPP/SHUTTERSTOCK ©

en bois, devant le restaurant, est très agréable. Tout est pêché localement, du homard thermidor aux fruits de mer de l'assiette froide, accompagnés de mayonnaise maison.

RENSEIGNEMENTS

L'**office du tourisme** (021-477 2234 ; www.kinsale.ie ; angle Pier Rd et Emmet Pl ; 9h15-17h mar-sam tte l'année, 9h15-17h lun avr-oct, 10h-17h dim juil-août) distribue une carte détaillée des randonnées à Kinsale et dans ses alentours.

DEPUIS/VERS KINSALE

Le **bus Éireann** (021-450 8188 ; www.buseireann.ie) 226 relie Kinsale à la gare routière de Cork (9,60 €, 1 heure, ttes les heures) en passant par l'aéroport de Cork. **L'arrêt de bus se trouve sur Pier Road, près de l'office du tourisme.**

Bantry

Nichée entre les collines de Sheep's Head et les Caha Mountains, la vaste et magnifique baie de Bantry offre l'un des paysages littoraux les plus beaux d'Irlande. Protégée par les îles à l'entrée de la baie, la ville du même nom est une cité proprette, avec ses rues étroites jalonnées de commerces à l'ancienne et son pittoresque front de mer.

Le site principal de la ville est la Bantry House, où résida un certain Richard White, resté dans l'Histoire pour avoir prévenu les autorités de l'arrivée imminente du patriote Wolfe Tone et de son armada française venus soutenir la rébellion des United Irishmen, en 1798. Une tempête empêcha finalement les navires d'accoster, changeant ainsi le cours de l'histoire de l'Irlande. Une statue et une place à son nom célèbrent la mémoire de Wolfe Tone.

À VOIR

Bantry House & Garden Édifice historique

(027-50047 ; www.bantryhouse.com ; Bantry Bay ; manoir et jardin tarif plein/enfant 11/3 €, jardin seul 5 €/gratuit ; 10h-17h tlj juin-août, mar-dim avr-mai et sept-oct ; P). Atmosphère mélancolique et splendeur passée : la visite de cette demeure du XVIIIe siècle est à ne pas manquer. Le clou reste le jardin, aux immenses pelouses plongeant vers l'océan. Montez les 100 marches du splendide jardin italien à l'arrière du manoir pour contempler le spectaculaire panorama. L'entrée du domaine se trouve à 1 km au sud-ouest du centre-ville par la N71.

Bantry House appartient à la famille White depuis 1729, et ses pièces débordent des souvenirs de voyage de plusieurs générations. Le sol du vestibule est couvert de mosaïques de Pompéi, les murs sont ornés de tapisseries françaises et flamandes, des coffres du Japon y côtoient des autels russes et une magnifique bibliothèque à colonnades. Les chambres à l'étage, quoique fanées, ont une vue époustouflante sur la baie. Les bons pianistes sont invités à essayer l'antique piano à queue de la bibliothèque.

Bantry Bay

Les propriétaires ont aménagé un B&B dans une des ailes du manoir.

OÙ SE RESTAURER

Organico Cafe €

(☎027-55905 ; www.organico.ie ; 2 Glengarriff Rd ; plats 7-11 € ; ⏱9h-18h lun-sam ; 📶✍). Ce café-épicerie lumineux et animé propose des salades on ne peut plus fraîches, des sandwichs et des soupes, et des plats du jour au déjeuner comme une assiette de falafels avec houmous. Le café et les gâteaux sont délicieux.

Manning's Emporium Café, traiteur €

(☎027-50456 ; www.manningsemporium.ie ; Ballylickey ; plats 8-13 € ; ⏱7h30-18h mar et jeu-ven, 9h-21h sam, 9h-18h dim, brunch 10h-15h sam-dim ; P📶). Ce café-*deli* gastronomique est une caverne d'Ali Baba des délices de l'ouest de Cork. Asseyez-vous à une table pour consulter la carte et commandez au comptoir. Les assiettes de dégustation se prêtent à goûter la production artisanale locale et les fromages fermiers. Des animations culinaires ont lieu régulièrement. Sur la N71 à Ballylickey (à droite quand on arrive de Bantry).

Fish Kitchen Fruits de mer €€

(☎027-56651 ; thefishkitchen.ie ; New St ; plats déj 8-12 €, dîner 15-28 € ; ⏱12h-15h et 17h30-21h mar-sam). Dans ce petit restaurant, aménagé au-dessus d'une poissonnerie, on prépare à merveille les fruits de mer, notamment les huîtres, directement tirées du vivier (servies avec citron et tabasco), et les moules de Bantry Bay au vin blanc. Si vous n'êtes pas amateur, optez pour un steak juteux. Sympathique, délicieux et sans chichis.

RENSEIGNEMENTS

Office du tourisme (☎027-50229 ; www.visitbantry.ie ; Wolfe Tone Sq ; ⏱10h-18h lun-sam avr-oct). Le service étant assuré par des bénévoles, les horaires varient.

DEPUIS/VERS BANTRY

Les **bus Éireann** (www.buseireann.ie) assurent 4 à 6 liaisons quotidiennes entre Bantry et Cork (22 €, 2 heures).

Ross Castle, Killarney National Park (p. 213)

COMTÉ DE KERRY

Dans ce chapitre

Le Ring of Kerry en voiture..........208
Skellig Michael..............................210
Killarney National Park..................212
Killarney 216
Cahersiveen 219
Kenmare...220
Péninsule de Dingle.......................221

Comté de Kerry

Le Kerry compte certains des paysages les plus mémorables d'Irlande : falaises battues par la houle, plages de sable doré, prés verdoyants bordés de murets, marécages et éminences nimbées de brume. Avec pour jardin l'un des plus beaux parcs nationaux du pays, la ville touristique de Killarney compte pléthore de boutiques, ainsi que des pubs où l'on entend de la musique traditionnelle. Killarney est aussi le point de départ de deux circuits routiers célèbres. Le plus long est le Ring of Kerry, qui fait le tour de la péninsule d'Iveragh, montagneuse et entourée de nombreuses îles. La péninsule de Dingle, plus compacte, est une sorte de condensé de sa voisine méridionale.

Le comté de Kerry en 2 jours

Après avoir flâné dans Killarney, faites une **balade en calèche** (p. 216) jusqu'à **Muckross House** (p. 213), puis embarquez pour une excursion au Lough Leane. Le lendemain, faites le tour du **Ring of Kerry** (p. 208) en voiture, avec une pause déjeuner chez **QCs** (p. 220), à Cahersiveen, ou à la **Boathouse** (p. 220) de Kenmare.

Le comté de Kerry en 4 jours

Le troisième jour, vous aurez le choix. Si le temps est clément (entre mai et septembre), optez pour l'excursion inoubliable à **Skellig Michael** (p. 210). Sinon, rejoignez tranquillement le pittoresque **Gap of Dunloe** (p. 220) en bateau et à vélo (ou bien en bus et en calèche). Le dernier jour, rejoignez **Dingle** (p. 221) pour déjeuner, et consacrez l'après-midi à explorer Slea Head en voiture.

Comment s'y rendre

L'**aéroport de Kerry** (p. 218) se trouve à Farranfore, à 17 km au nord de Killarney sur la N22.

La **gare ferroviaire de Killarney** est située derrière le Malton Hotel, légèrement à l'est du centre.

Les **bus Éireann** desservent Killarney et Dingle Town une ou deux fois par jour depuis Dublin et Cork. **Citylink** dessert également Killarney au départ de Galway.

Où se loger

Comptant maints campings, auberges de jeunesses, B&B et grands hôtels, Killarney constitue une excellente base pour explorer le comté. La ville de Dingle est également bien fournie en hébergements. Réservez bien à l'avance pour l'été et les périodes de festivals. Ailleurs, vous trouverez quelques charmants B&B rustiques, auberges et pubs avec chambres, mais attention, certains ferment en hiver.

Le Ring of Kerry en voiture

Plages battues par les vents, falaises escarpées malmenées par la houle, ruines médiévales, montagnes et lacs scintillants vous attendent sur le Ring of Kerry.

Départ Killorglin
Distance 179 km
Durée 1 à 2 jours

La photo à prendre : île de Valentia

3 Prenez le ferry pour l'**île de Valentia**, un coin somptueux et trop peu visité, à l'histoire fascinante.

4 Empruntez la boucle peu fréquentée du **Skellig Ring** qui relie Portmagee à Waterville en traversant une région *gaeltacht* (où l'on parle gaélique).

Une petite faim?

À Portmagee, joli port aux maisons colorées, le **Bridge Bar** (066-947 7108 ; www.moorings.ie ; 11h-23h30 lun-sam, 12h-23h dim), est idéal pour déjeuner.

1 Donnant sur la N70 entre Killorglin et Glenbeigh, le **Kerry Bog Village Museum** (www.kerrybogvillage.ie ; Ballincleave, Glenbeigh ; tarif plein/enfant 6,50/4,50 € ; 9h-18h) est la reconstitution d'un village de marais du XIXe siècle.

2 L'ancienne caserne de Cahersiveen a été transformée en musée, l'**Old Barracks Heritage Centre** (p. 220), et la campagne environnante se prête à de belles balades.

5 Continuez jusqu'à **Waterville**, station balnéaire à l'ancienne réputée pour son golf et pour la pêche. Charlie Chaplin y passait ses vacances dans les années 1960.

6 À **Caherdaniel** se dresse la maison ancestrale de Daniel O'Connell, "le Libérateur". Sa famille – des contrebandiers – opérait depuis la Derrynane House, près des dunes.

7 L'arrivée se fait à **Kenmare**, joli village aux rues jalonnées de boutiques d'artisanat, de galeries, de cafés et de bons restaurants.

STEFAN MISSING/SHUTTERSTOCK ©

Skellig Michael

Une excursion dans les îles Skellig, deux pitons rocheux livrés à la houle, à 12 km au large des côtes, est une expérience inoubliable. On y trouve notamment le monastère le plus ancien et le plus isolé de toute l'Irlande.

Pour ceux qui aiment...

☑ Ne ratez pas

Les cellules en pierre en forme de nids d'abeilles du VIe siècle au sommet de Skellig Michael.

Amas rocheux acéré culminant à 217 m au-dessus de l'océan, Skellig Michael (ou rocher de l'archange saint Michel), le plus grand des deux îlots, est inscrit au patrimoine mondial de l'Unesco. Les premiers moines chrétiens y ont établi au VIe siècle une communauté qui survécut jusqu'au XIIe ou XIIIe siècle. Accrochés à la falaise à 150 m au-dessus des flots, les bâtiments monastiques sont accessibles par 600 marches abruptes, taillées dans la paroi rocheuse.

Les oratoires et **cellules en nids d'abeilles**, bâtis au VIe siècle, diffèrent par la taille ; la plus grande des cellules mesure 4,50 m sur 3,60 m au sol. On peut voir, au sud, le potager des moines et leur citerne. Les plateformes faites de terre et de murs de pierres sèches qu'ils aménagèrent dans la pente pour établir

Vue de Little Skellig depuis Skellig Michael

Infos pratiques

www.heritageireland.ie ; mai-sept ; GRATUIT

Une petite faim ?

Il n'y a aucun commerce à Skellig Michael – pensez à emporter un pique-nique.

★ Bon plan

Pour voir les îles de près, sans accoster, embarquez pour une excursion avec Skellig Experience (066-947 6306 ; www.skelligexperience.com ; tarif plein/enfant 5/3 €, avec croisière 35/20 € ; 10h-19h juil-août, 10h-18h mai-juin et sept, 10h-16h30 ven-mer mars-avr et oct-nov) **depuis l'île de Valentia.**

leur ermitage restent leur ouvrage le plus impressionnant.

Influencée par l'Église copte (fondée par saint Antoine dans les déserts d'Égypte et de Libye), la quête contemplative des moines les conduisit sur ces pitons rocheux, isolés et battus par les vents. Si la vie du monastère demeure obscure, il existe des récits concernant des raids vikings en 812 et en 823, au cours desquels certains moines périrent ou furent enlevés. La communauté perdura malgré tout. Un oratoire rectangulaire fut érigé au XIe siècle, puis agrandi au XIIe siècle. Pourtant, ce fut vers cette époque que les moines abandonnèrent le rocher.

Après l'introduction du calendrier grégorien, en 1582, l'interdiction de se marier pendant le carême fit de Skellig Michael un site privilégié. Le maintien de l'ancien calendrier julien aux Skellig permettait en effet, à qui le souhaitait, de ne pas attendre Pâques pour convoler, moyennant une simple traversée jusqu'aux îles.

Ici ont également été tournées plusieurs scènes des films *Star Wars VII : le Réveil de la Force* (2015) et *Star Wars VIII : les Derniers Jedi* (2017), ce qui vaut à cette île d'une beauté spectaculaire une nouvelle vague de visiteurs.

Alors que Skellig Michael est constitué de deux triangles reliés entre eux par un éperon, l'îlot de **Little Skellig** est plus long, plus bas et plus escarpé encore. Y réside une colonie de plus de 20 000 couples de fous de Bassan, soit la deuxième plus importante au monde. La plupart des bateaux font le tour de l'île pour permettre à leurs passagers d'observer les oiseaux, voire des phoques qui se prélassent parfois sur les rochers. Il est à noter que, Little Skellig étant une réserve ornithologique protégée, il est interdit d'y accoster.

NICOLAS KIPOURAX PAQUET/GETTY IMAGES ©

Killarney National Park

On oublie bien vite, à explorer les lacs et les forêts du sublime Killarney National Park, le kitsch des boutiques de souvenirs et de leurs trèfles de pacotille.

Pour ceux qui aiment...

☑ Ne ratez pas

Une croisière sur les lacs de Killarney.

Au cœur du parc national se trouve le Muckross Estate, légué à l'État irlandais par le sénateur Arthur Vincent en 1932. Le parc a été classé réserve de biosphère par l'Unesco en 1982. Les lacs de Killarney – Lough Leane (lac bas, ou "Lac du savoir"), le lac Muckross (lac du milieu) et l'Upper Lake (lac haut) – représentent environ un quart de sa superficie. Environnés de landes, ils sont bordés de chênes sauvages et de forêts d'ifs, et dominés par les hauts pitons de Purple Mountain (832 m), à l'ouest, et de Knockrower (552 m), au sud.

Une riche faune sauvage hante ces paysages grandioses : des cerfs se jettent à l'eau pour aller brouter l'herbe fraîche des îles qui parsèment les lacs, des écureuils roux et des martres des pins gambadent dans les forêts et les eaux cristallines du parc sont peuplées de saumons et de

Cerf élaphe

GABE9000C/GETTY IMAGES ©

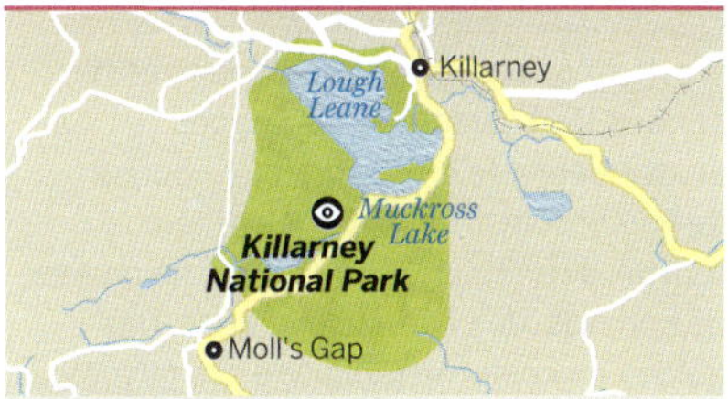

Infos pratiques

www.killarneynationalpark.ie ; GRATUIT

Une petite soif ?

Le centre des visiteurs, près de Muckross House, comprend un bon café.

★ Bon à savoir

Muni de jumelles, vous aurez une chance d'apercevoir des pygargues à queue blanche, une espèce rare, tournoyant au-dessus du lac Muckross.

truites brunes. Quinze aigles barbus ont été réintroduits dans le parc en 2007. En 2015, on en comptait au moins quatre couples dans le comté de Kerry, dont l'un a donné naissance à des aiglons dans le parc national.

Ross Castle Château

(☎064-663 5851 ; www.heritageireland.ie ; Ross Rd, Killarney ; visite guidée tarif plein/enfant 5/3 € ; ⏲9h30-17h45 début mars à oct ; P). Ross Castle, construit au XVe siècle par le clan des O'Donoghue, fut la dernière forteresse de la province celtique du Munster à tomber aux mains de Cromwell. Son astucieux escalier en spirale, dont chaque marche a une hauteur distincte, devait ralentir l'ascension des assaillants. Le château est accessible par une agréable promenade à pied de 3 km à partir de l'entrée piétonne du parc, qui permet parfois d'apercevoir des cerfs.

Muckross House Édifice historique

(☎064-667 0144 ; www.muckross-house.ie ; Muckross Estate ; visite guidée uniquement tarif plein/enfant 9/6 €, avec Muckross Traditional Farms 15/10,50 € ; ⏲9h-19h juil-août, 9h-17h30 sept-juin ; P). Cet impressionnant manoir victorien recèle des objets fascinants (dont 70% d'époque). Des portraits signés John Singer Sargent ornent les murs entre les trophées de chasse et les énormes truites empaillées. Du mobilier ancien de Killarney, reconnaissable aux paysages de la région gravés dans le bois, pare les somptueux appartements, au côté des tapisseries, des tapis persans, de l'argenterie et de la porcelaine spécialement commandés pour la visite de la reine Victoria en 1861. Le domaine se trouve à 5 km au sud de Killarney ; suivre les panneaux depuis la N71. Visite guidée uniquement.

Muckross Traditional Farms Musée

(☎064-663 0804 ; www.muckross-house.ie ; Muckross Estate ; tarif plein/enfant 9/6 €, avec Muckross House 15/10,50 € ; ⏲10h-18h juin-août,

13h-18h mai et sept, 13h-18h sam-dim mars-avr et oct). Ces reconstitutions de fermes des années 1930 évoquent les images, les sons et les odeurs de la vie agricole – bouse de vache, foin, terre mouillée et feu de tourbe, ainsi qu'une cacophonie de poules, de canards, de cochons et d'ânes. Des guides en costume font vivre ces fermes traditionnelles, et les enfants peuvent faire connaissance dans un espace dédié avec porcelets, agneaux, canetons et poussins. Les fermes sont situées sur le côté est de Muckross House ; comptez 2 heures pour profiter pleinement de la visite.

Muckross Abbey — Ruines

(www.muckross-house.ie ; Muckross Estate ; 24h/24). GRATUIT Ces ruines bien conservées sont en fait celles d'un couvent (même si tout le monde en parle comme d'une abbaye) fondé en 1448 et incendié par les troupes de Cromwell en 1652. On y découvre une église à clocher carré et un petit cloître, avec un grand if en son centre (selon la légende, l'arbre serait aussi vieux que le couvent). Dans le chœur, on trouve le tombeau des chefs du clan McCarthy Mór, ainsi qu'un mémorial, érigé en l'honneur de la philanthrope locale Lucy Gallwey. Le couvent est situé à 1,5 km au nord de Muckross House (suivre les panneaux).

Inisfallen — Île

Le premier monastère d'Inisfallen Island (la plus grande des îles du parc) aurait été fondé au VIIe siècle par saint Finian le Lépreux. Les vastes ruines d'un **prieuré augustinien** du XIIe siècle et d'un oratoire au portail roman sculpté se dressent sur le site originel de St Finian. Vous pourrez

Muckross House (p. 213)

accéder à l'île en bateau à moteur avec pilote (environ 10 €, 10 min) depuis Ross Castle. Par temps calme, vous pourrez vous y rendre à la force de vos bras, en barque (5 €/heure, comptez 30 minutes de traversée dans chaque sens).

Knockreer House & Gardens Parc

(9h-18h). GRATUIT La Killarney House, construite pour le comte de Kenmare dans les années 1870, fut réduite en cendres en 1913. L'actuelle Knockreer House, bâtie sur le même emplacement en 1958, abrite aujourd'hui un centre éducatif sur la nature. Le centre n'est pas accessible au public, mais ses jardins avec pelouses en terrasses et résidence d'été ont une vue splendide sur les montagnes par-delà les lacs. Suivez le sentier à droite de l'entrée du parc en face de St Mary Cathedral sur environ 500 m.

Killarney Lake Tours Excursion en bateau

(064-663 2638 ; www.killarneylaketours.ie ; Ross Castle Pier ; tarif plein/enfant 10/5 € ; avr-oct). Les croisières sur le Lough Leane se font à bord de bateaux confortables, qui partent du ponton jouxtant Ross Castle (4/jour). On y découvre (sans y débarquer) l'île d'Inisfallen, ainsi que la cascade O'Sullivan (une chute d'eau sur la rive ouest).

Explorer le parc

La marche, le vélo et les excursions en bateau sont les meilleurs moyens d'explorer le parc. Deux entrées pour piétons/cyclistes donnent dans Killarney : face à la cathédrale St Mary (entrée 24h/24), et au niveau des **Golden Gates**, au rond-point sur Muckross Road (9h-18h).

Des calèches partent de Kenmare Place au centre de Killarney, et de la Jaunting Car Entrance de Muckross Estate, sur un parking à 3 km au sud de la ville sur la N71. Comptez de 15 à 20 € par personne pour une promenade aller-retour de Killarney à Ross Castle. Prix variables, négociez pour une longue promenade.

Infos pratiques

Pour les randonneurs : l'office du tourisme de Killarney dispose de guides et de plans du parc national.

Muckross House (p. 213)

★ Muckross Lake Loop Trail

Cette boucle de randonnée donne à voir certains des plus beaux paysages du parc, notamment la "croisée des eaux" où se rejoignent des canaux issus des trois lacs de Killarney.

Killarney

Dédiée au tourisme depuis plus de 250 ans, Killarney est une cité plantée au milieu d'un cadre sublime de lacs, cascades et forêts (voir *Killarney National Park*, p. 212), avec en toile de fond des sommets de plus de 1 000 m. La forte concurrence garantit aux visiteurs de bons repas, de bons pubs et des hébergements confortables à tout budget.

La fin du printemps ou le début de l'automne sont idéaux pour visiter Killarney, avec moins de touristes mais une douceur qui permet de profiter des activités en extérieur.

CIRCUITS ORGANISÉS

Jaunting Car Tours Calèches

(☎064-663 3358 ; killarneyjauntingcars.ie ; Kenmare Pl ; 30-80 €/calèche, max 4 pers/calèche). Ces calèches traditionnelles proposent des promenades jusqu'à Ross Castle et Muckross Estate (p. 215), avec commentaires du cocher (appelé *jarvey*). Les tarifs dépendent de la distance. Le départ, surnommé le "Ha Ha" ou "the Block" est sur Kenmare Place.

Killarney Guided Walks Promenade

(☎087 639 4362 ; www.killarneyguidedwalks.com ; tarif plein/enfant 9/5 €). Rendez-vous

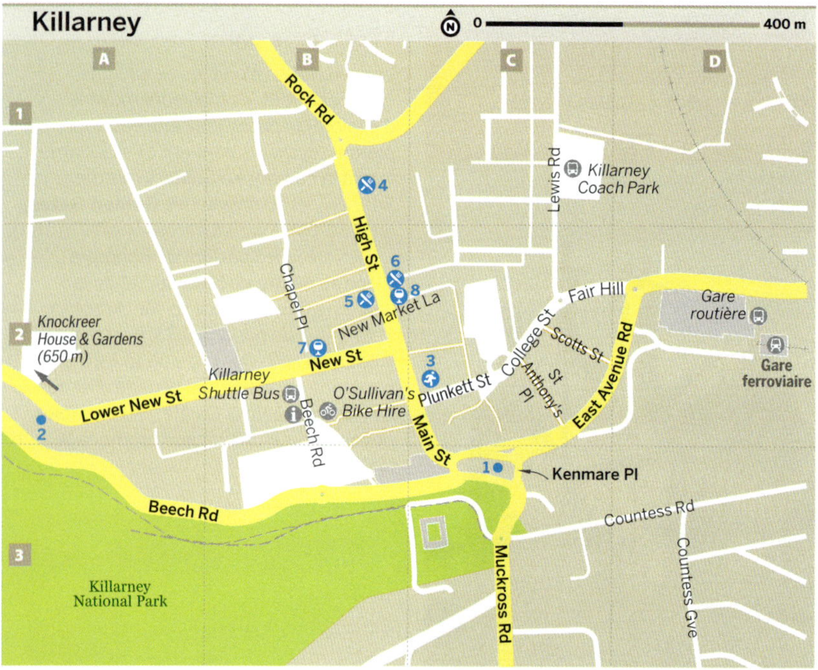

Killarney

Activités
- Gap of Dunloe Tours .... (voir 9)
- 1 Jaunting Car Tours C3
- 2 Killarney Guided Walks A2
- 3 O'Neill's C2

Où se restaurer
- 4 Gaby's Seafood Restaurant B1
- 5 Khao B2
- 6 Smoke House B2

Où prendre un verre et faire la fête
- 7 Celtic Whiskey Bar & Larder B2
- 8 O'Connor's B2

tous les jours à 11h à l'extrémité ouest de New Street, face à St Mary's Cathedral, pour 2 heures de visite guidée du parc. La réservation est obligatoire de novembre à avril. Après avoir exploré les Knockreer Gardens (p. 215), vous verrez le lieu où Charles de Gaulle passa ses vacances en 1969, celui où David Lean a tourné *La Fille de Ryan* et celui où Brother Cudda, un moine, aurait dormi deux siècles durant.

Sorties à d'autres horaires sur demande.

Killarney Golf & Fishing Club Golf
(☎064-663 1034 ; www.killarneygolfclub.com ; green-fees 65-110 €). Ce club qui a accueilli plusieurs fois l'Open d'Irlande possède trois terrains de golf de championnat en bordure de lac, avec vue sur la montagne. À 3,4 km à l'ouest de Killarney, via la N72.

OÙ SE RESTAURER

Khao Asiatique €
(☎064-667 1040 ; 66 High St ; plats 11-12 € ; ⏲12h-22h30 ; ☑). Des effluves épicés s'échappent de ce restaurant au cadre douillet, où sont servis d'authentiques poêlées et nouilles sautées au wok, ainsi que d'onctueux currys, des plats de riz et des soupes de nouilles, à base de produits bio exclusivement. Nombreuses options végétariennes. Le menu déjeuner de 2 plats, servi de midi à 17h, est une excellente affaire. Sur place ou à emporter.

Smoke House Steak, fruits de mer €€
(☎064-663 9336 ; www.thesmokehouse.ie ; 8 High St ; plats 13-31 € ; ⏲17h-22h lun-ven, 12h-22h sam-dim). Ce bistrot branché est l'un des plus animés de la ville. C'est le premier restaurant d'Irlande à avoir utilisé un Josper (l'alliance d'un four à charbon haute température et d'un barbecue). L'assiette terre-mer du Kerry – demi-homard et tournedos de bœuf – est exceptionnelle. Autrement, vous pourrez choisir les côtes d'agneau des montagnes du Kerry ou le gibier sauvage de la région. Brunch le week-end de 12h à 15h, avec œufs Bénédicte ou œufs à la florentine.

Aghadoe

Depuis plusieurs siècles, on vient admirer Killarney, les lacs et Inisfallen Island du haut de cette colline, à 5 km à l'ouest de la ville. À la pointe est de la prairie se dressent les ruines d'une église romane et de Parkavonear Castle (XIIIe siècle), dont le donjon cylindrique, encore debout, est l'un des rares construits par les Normands en Irlande.

Il n'y aucun transport public, mais de nombreux cars de tourisme font escale ici.

Ruines d'une église
JOHN FREEMAN/GETTY IMAGES ©

Gaby's Seafood Restaurant Poisson et fruits de mer €€€
(☎064-663 2519 ; www.gabys.ie ; 27 High St ; plats 30-50 € ; ⏲18h-22h lun-sam). Gaby's est un restaurant raffiné, où sont servis d'excellents plats de poisson et de fruits de mer. Parcourez le menu près du feu avant de gagner la salle à l'éclairage tamisé, en passant devant la cave à vin, pour déguster de délicieux plats tels le homard au cognac et à la crème, ou les poissons préparés avec talent. Le sommelier vous aidera à vous y retrouver dans le vaste choix de crus. Tenue chic (à l'image des mets) recommandée. Service élégant.

OÙ PRENDRE UN VERRE ET FAIRE LA FÊTE

O'Connor's Pub
(☎064-663 9424 ; www.oconnorstraditionalpub.com ; 7 High St ;

Pêcher dans les lacs de Killarney

Truite La pêche à la truite brune, dans les lacs du Killarney National Park (p. 212), ne requiert pas de permis. La saison s'étend du 15 février au 12 octobre. Il est possible de s'installer sur la rive, mais le plus amusant est de louer un bateau. Vous en trouverez à **Ross Castle** (085 174 2997 ; Ross Castle Pier ; 9h30-17h avr-oct, sur réservation nov-mars) ou chez **Sweeney's** (064-664 4207 ; www.theinvicta.com ; Invicta B&B, Tomies, Beaufort), à l'extrémité ouest de Lough Leane, pour 40 €/jour (moteur hors-bord compris ; jusqu'à 3 pers).

Saumon La rivière Laune, qui coule de Lough Leane vers l'océan, est l'une des plus riches en saumons d'Irlande. La saison dure du 17 janvier au 30 septembre, et la meilleure période pour pêcher commence fin juillet. Il faut un permis (20 €/jour) et une licence de pêche d'État (1 jour/3 semaines 20/40 €). Vous pourrez aussi pêcher le saumon dans les lacs de Killarney (sans permis, mais avec une licence d'État).

O'Neill's (064-663 1970 ; 6 Plunkett St ; 10h-21h30 lun-ven, 10h-21h sam-dim), magasin de pêche de Killarney, fournit des renseignements, loue des cannes à pêche et du matériel, et vend permis et licences.

Ross Castle

10h30-23h lun-jeu, 10h30-0h30 ven-sam, 12h30-23h dim). Derrière la porte à petits carreaux, c'est l'un des rendez-vous les plus courus de Killarney, notamment pour ses concerts quotidiens. Par temps doux, la clientèle se répand dans la rue.

Celtic Whiskey Bar & Larder Bar
(064-663 5700 ; www.celticwhiskeybar.com ; 93 New St ; 10h30-23h30 lun-jeu, 10h30-0h30 ven-sam, 10h30-23h dim). Cet incroyable bar contemporain a plus de 1000 whiskeys en stock, dont plus de 500 variétés irlandaises, comme le Willie Napier 1945, du comté d'Offaly, et le Writers' Tears du comté de Carlow (12 ans d'âge). Les cours d'une heure (à partir de 15 €) comprennent une introduction (Distiller's Apprentice, "apprenti du distillateur") et un concours d'assemblage (Blender's Challenge, "défi du mélangeur"). Une dizaine de bières artisanales irlandaises sont disponibles. Excellente cuisine (plats 10,50-24,50 €) servie jusqu'à 22h.

RENSEIGNEMENTS

L'**office du tourisme** (064-663 1633 ; killarney.ie ; Beech Rd ; 9h-17h lun-sam ;) renseigne en particulier sur les transports.

DEPUIS/VERS KILLARNEY

AVION

Les bus Éireann (www.buseireann.ie) circulent toutes les heures (5,60 €, 20 min) entre Killarney et l'**aéroport de Kerry** (Kerry Airport, KIR ; 066-976 4644 ; kerryairport.ie ; Farranfore).

Les **trains** (064-663 1067 ; www.irishrail.ie) de la ligne Tralee-Killarney desservent la gare de Farranfore (7,50 €, 20 min, ttes les 2 heures), située 1,3 km au sud-ouest de l'aéroport (10 min à pied minimum).

Comptez environ 20 € pour rallier Killarney en taxi.

BUS

Les bus Éireann partent de la **gare routière** de Park Road. Pour Dublin, il y a un changement à Cork – le train est beaucoup plus rapide.

Cork (25 €, 2 heures, ttes les heures)

Limerick (14,25 €, 1 heure 30, ttes les 2 heures)

Tralee (10,45 €, 40 min, 6/jour)

Waterford (29 €, 4 heures 45, ttes les heures lun-sam, ttes les 2 heures dim)

L'été, des bus desservent **Killarney** (1 heure 20).

TRAIN

La **gare ferroviaire** de Killarney (Fair Hill) se trouve derrière le Malton Hotel, à l'est du centre.

Il y a un ou deux trains directs par jour pour Cork et Dublin ; sinon, il y a une correspondance à Mallow.

Cork (10 €, 1 heure 30)

Dublin (21 €, 3 heures 15)

Tralee (9,20 €, 40 min, ttes les 2 heures)

COMMENT CIRCULER

BUS

Le **Killarney Shuttle Bus** (☎087 138 4384 ; www.killarneyshuttlebus.com ; aller-retour 6 €, ticket journée 10 € ; ⏲mars-oct) fait la navette tous les jours entre l'office du tourisme et toutes les principales attractions, notamment le Gap of Dunloe, Cronin's Yard, Ross Castle, Muckross House, Torc Waterfall et Ladies' View. Les tickets sont à acheter auprès du chauffeur. Le ticket à la journée, qui permet un accès illimité à la navette, est avantageux.

VÉLO

Le vélo est idéal pour explorer les sites touristiques disséminés dans la région de Killarney. Plusieurs ne sont d'ailleurs accessibles que par ce moyen ou à pied.

Nombre d'auberges de jeunesse et hôtels de Killarney louent des vélos. Vous en trouverez aussi chez **O'Sullivan's Bike Hire** (☎064-663 1282 ; www.osullivanscycles.com ; Beech Rd ; 15/80 € par jour/semaine).

Moll's Gap

Construite en 1820 pour remplacer l'ancien chemin vers l'est (l'Old Kenmare Road, aujourd'hui empruntée par le chemin de randonnée Kerry Way), la route N71 reliant Killarney à Kenmare (32 km) serpente entre la roche et les lacs, avec de nombreuses aires pour s'arrêter admirer la vue et reprendre son souffle entre deux virages en épingle à cheveux. Soyez prudent : de nombreux cars circulent sur la route.

À environ 17 km au sud de Killarney se trouve le point d'observation de **Ladies' View** (N71).

Le col de Moll's Gap, 5 km plus au sud, mérite une escale pour profiter de la vue et d'un rafraîchissement à l'**Avoca Cafe** (☎064-663 4720 ; www.avocahandweavers.com ; N71, Moll's Gap ; plats 5,50-13 € ; ⏲9h30-17h lun-ven, 10h-17h sam-dim ; 📶👪).

Cahersiveen

Ville principale de la péninsule d'Iveragh, Cahersiveen (prononcez *caar-seu-viin*, du gaélique *cathair saidhbhín*, "petit fort circulaire de Sarah") est intimement liée à l'histoire de la lutte pour l'indépendance de l'Irlande. C'est ici que Daniel O'Connell, "le Libérateur", vit le jour et que retentirent les premiers coups de feu du soulèvement des *fenians* de 1867.

À VOIR

Ring Forts Ruines

(Ballycarbery). GRATUIT Environ 3 km au nord-ouest de Cahersiveen se dressent deux magnifiques forts circulaires en pierre, distants de 600 m l'un de l'autre. On y accède par le parking commun. Le plus grand, **Cahergal** (Xe siècle), a conservé ses escaliers intérieurs, une *clochán* (hutte en nid d'abeilles) et les vestiges d'une rotonde. Le plus petit, **Leacanabuile** (IXe siècle), abrite les ruines de quatre maisons. Les deux forts dominent Ballycarbery Castle

Gap of Dunloe

Le Gap of Dunloe est un col de montagne à la splendeur sauvage, émaillé de pitons rocheux, de lacs et de cascades, en bordure ouest du parc national de Killarney, coincé entre la Purple Mountain et les hauts sommets de Macgillycuddy's Reeks (la plus haute chaîne de montagnes du pays).

Une croisière sur les lacs de Killarney suivie d'un itinéraire à vélo au Gap of Dunloe est une combinaison classique pour découvrir Killarney. Votre auberge de jeunesse, hôtel ou camping pourra s'occuper des réservations (15 €/pers, plus location de vélo 12-15 €/jour).

Gap of Dunloe Tours (☎064-663 0200 ; www.gapofdunloetours.com ; 7 High St ; ⊙mars-oct) propose des itinéraires à pied comprenant le Gap (13,50 €), des circuits vélo-bateau, vivement recommandés (15 €), ou encore bus-bateau (30 €). Départ d'**O'Connor's pub**.

et le port de Valentia, et offrent un superbe panorama sur les montagnes du Kerry.

Old Barracks Heritage Centre — Musée

(☎066-401 0430 ; www.oldbarrackscahersiveen.com ; Bridge St ; tarif plein/enfant 4/2 € ; ⊙10h-17h30 lun-sam, 11h-17h30 dim). Construite en réponse au soulèvement des *fenians* en 1867, la caserne de la Police royale d'Irlande de Cahersiveen arbore un style excentrique rappelant un château de Bavière, avec sa tourelle pointue et ses pignons à redents. Incendié en 1922 par les forces anti-traité, l'imposant bâtiment a été rénové et accueille aujourd'hui de fascinantes expositions sur le soulèvement des *fenians* et la vie et les œuvres du héros local, Daniel O'Connell.

OÙ SE RESTAURER

QCs Seafood Restaurant & Bar — Fruits de mer **€€**

(☎066-947 2244 ; qcbar.com ; 3 Main St ; plats 16-26,50 €, en-cas 9-15 € ; ⊙cuisine 12h30-14h30 et 18h-21h30 lun-sam, 17h-21h dim, bar 12h30-minuit lun-sam, 17h-minuit dim ; 📶). Bien que d'avant-garde, QCs reste un pub traditionnel : les horaires sont les mêmes qu'ailleurs pour ce qui est des pintes et du *craic* ("bonne ambiance" en gaélique). Les plats sont réputés dans tout le Ring, notamment les fruits de mer (que l'équipe pêche elle-même dans les environs), comme le crabe de Valentia et les crevettes de la baie de Dingle préparées en bisque. Il y a six chambres de charme dans le B&B à l'étage (doubles à partir de 159 €).

Kenmare

Kenmare (prononcez "ken-*mair*") constitue une base judicieuse. Idéalement située pour explorer le Ring of Kerry (p. 208) et la péninsule de Beara, mais sans les cars de touristes de sa célèbre voisine Killarney, Kenmare (*An Neidín* en gaélique, ce qui signifie "petit nid") est un village dont le joli triangle de rues abrite boutiques d'artisans, galeries, cafés et bons restaurants.

OÙ SE RESTAURER

Boathouse Bistro — Bistrot **€€**

(☎064-664 2889 ; www.dromquinnamanor.com ; Dromquinna Manor, Sneem Rd ; plats 15-32 € ; ⊙12h30-21h). Au bord de l'eau, cet ancien hangar à bateaux des années 1870 situé 4,5 km à l'ouest de Kenmare est devenu une élégante maison de bord de mer bleue et blanche, ayant pour spécialité les fruits de mer de la région (livrés chaque jour sur le quai). Les plats, habilement concoctés (pinces de crabe de Kenmare Bay sautées au beurre à l'ail, noix de Saint-Jacques de Beara grillées et boudin noir de Sneem), peuvent s'accompagner de 33 variétés de vin (servi au verre) et de 28 gins différents.

Tom Crean Fish & Wine Irlandais **€€**
(☎064-664 1589 ; tomcrean.ie ; Main St ; plats 14,50-28 € ; ⏲17h-21h30 mer-lun sept-juin, tlj juil-août ; 📶). Baptisée en l'honneur d'un explorateur natif du Kerry, pionnier des expéditions dans l'Antarctique, cette institution, tenue par sa petite-fille, propose le meilleur des produits bio, fromages et fruits de mer frais de provenance locale. Le homard de Sneem est à la carte en saison, les huîtres au naturel exhalent le parfum de la baie et le gratin de fruits de mer, servi dans des coquilles Saint-Jacques, est divin.

DEPUIS/VERS KENMARE

Les bus Éireann (www.buseireann.ie) desservent Killarney (12,40 €, 45 min, 3/jour) et Sneem (9,70 €, 35 min, un/jour) toute l'année, et assurent quotidiennement la desserte de tout le Ring of Kerry de fin juin à fin août.

Péninsule de Dingle

L'un des trésors de la Wild Atlantic Way, la péninsule de Dingle (Corca Dhuibhne) marque le point le plus occidental de l'Irlande. Dans l'ombre sacrée du mont Brandon, les *boreens* (chemins de campagne) bordés de fuchsias serpentent à travers un paysage antique tout en forts circulaires préhistoriques, huttes en nid d'abeille, chapelles, croix et puits sacrés paléochrétiens, hameaux pittoresques et villages déserts.

Mais c'est là où la terre rencontre l'océan – chaos de rochers battus par les flots ou criques de sable isolées léchées par les vagues – que Dingle dévoile toute sa splendeur.

La péninsule, avec en son cœur la charmante bourgade du même nom, est depuis longtemps un refuge pour les artistes, artisans, musiciens et des personnes ayant choisi un mode de vie alternatif. On les rencontre dans les ateliers, musées, festivals et inoubliables sessions de musique traditionnelle qui égaient ses petites localités.

Dingle

Avec son port de pêche, la "petite capitale" de la péninsule respire un charme naturel. De nombreux pubs font également boutique, si bien qu'on peut, par exemple, boire une pinte et chanter en chœur au milieu d'articles de quincaillerie. Cette localité a longtemps attiré des personnes du monde entier, ce qui en fait un lieu cosmopolite et créatif. L'été, ses rues peuvent être bondées ; le reste de l'année, ses charmes authentiques seront tout à vous.

Bien que Dingle soit l'une des plus grandes agglomérations *gaeltacht* d'Irlande (lieu où l'on parle le gaélique), ses habitants ont choisi par référendum de conserver le nom de Dingle plutôt que d'adopter le nom gaélique d'*An Daingean*, lequel reste officiellement reconnu et présent sur les panneaux routiers.

À VOIR ET À FAIRE

Dingle Oceanworld Aquarium
(☎066-915 2111 ; www.dingle-oceanworld.ie ; The Wood ; tarif plein/enfant 13,50/8,75 € ; ⏲10h-19h juil-août, 10h-18h sept-juin). L'aquarium de Dingle est très amusant à visiter ; il comprend un tunnel et un réservoir tactile. Des poissons hauts en couleur y évoluent dans des aquariums où sont recréés les habitats naturels du lac Malawi, du fleuve Congo et de l'Amazone infesté de piranhas. Requins de récif et raies patrouillent dans le bassin aux squales.

Dingle Brewing Company Brasserie
(☎066-915 0743 ; dinglebrewingcompany.com ; Spa Rd ; visite libre 6 € ; ⏲sur réservation). Aménagée dans une ancienne crémerie du XIXe siècle, cette superbe brasserie

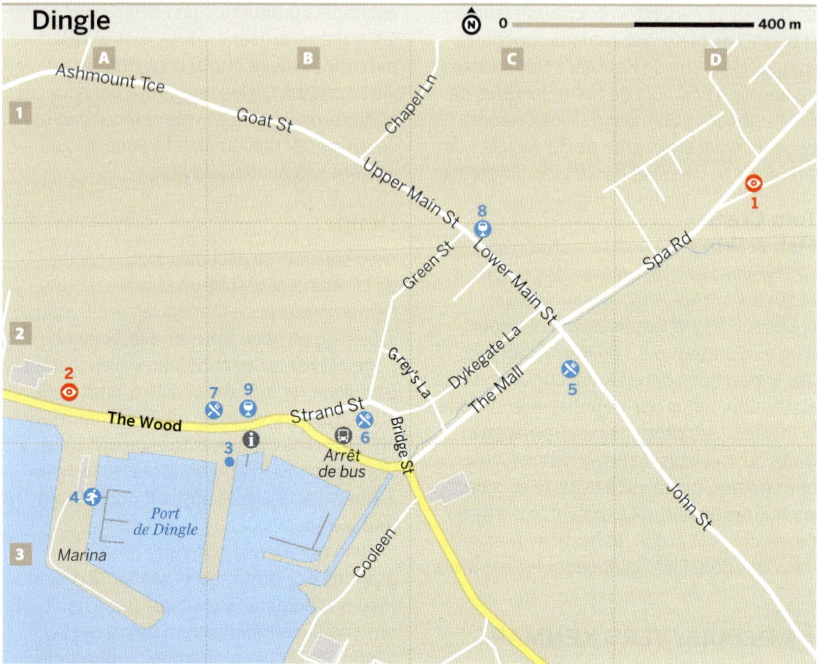

Dingle

À voir
1 Dingle Brewing Company D1
2 Dingle Oceanworld A2

Activités
3 Dolphin Trips B3
4 Naomhòg Experience A3

Où se restaurer
5 Idás C2
6 Murphy's B2
7 Out of the Blue B2

Où prendre un verre et faire la fête
8 Curran's C2
9 John Benny's B2

artisanale a pour unique bière une lager fraîche et houblonnée portant le nom de l'explorateur de l'Antarctique Tom Crean. Le prix comprend la visite libre de la brasserie et une pinte. Sur la route de Connor Pass.

Naomhòg Experience — Bateau

(087 699 2925 ; dinglerowing.com ; Dingle Marina ; cours 25 €). *Naomhòg* est le mot de Kerry pour un *currach* (coracle en français), bateau traditionnel irlandais fabriqué à partir d'une armature en bois recouverte d'une toile badigeonnée de goudron. Ces embarcations étaient utilisées pour la pêche par les habitants de l'île de Blasket et servent aujourd'hui pour des courses qui soulèvent l'enthousiasme des locaux. On peut réserver une séance d'une heure dans le port de Dingle (2 pers minimum) pour apprendre à les manœuvrer.

Observation de Fungie le dauphin — Excursion en bateau

(066-915 2626 ; www.dingledolphin.com ; The Pier ; tarif plein/enfant 16/8 €). Les bateaux de la coopérative Dingle

Boatmen's Association partent chaque jour du ponton pour des croisières d'une heure permettant d'observer le résident le plus célèbre de la péninsule, Fungie le dauphin. La croisière est gratuite s'il ne se montre pas (ce qui est rare). Billetterie à côté de l'office du tourisme.

OÙ SE RESTAURER

Murphy's Glaces €

(www.murphysicecream.ie ; Strand St ; 1/2/3 boules 4/5,50/7 € ; 11h-21h mai-oct, 11h-20h nov-avr ;). Ces somptueuses glaces artisanales affichent des parfums différents chaque jour (pain complet, sel de mer, gin de Dingle et café irlandais nappé de whisky). Les sorbets sont confectionnés avec de l'eau de pluie. Outre la seconde boutique, donnant sur la jetée face à l'office du tourisme, d'autres antennes ont fleuri un peu partout en Irlande.

Idás Irlandais €€€

(066-915 0885 ; www.idasdingle.com ; John St ; menu 5 plats végétarien/non végétarien 40/50 €, avec vin 90/100 € ; 18h-22h mer-dim). Le chef Kevin Murphy célèbre exclusivement les produits du cru, employant l'agneau, les fruits de mer et les herbes de la péninsule de Dingle dans des plats aux saveurs délicates comme le filet de saint-pierre braisé à la crème de fenouil et *dashi* avec concombre au vinaigre et ail sauvage. Menu végétarien ou non végétarien (pas de service à la carte).

Out of the Blue Fruits de mer €€€

(066-915 0811 ; www.outoftheblue.ie ; The Wood ; plats déj 12,50-20 €, dîner 21-37 € ; 17h-21h30 lun-sam, 12h30-15h et 17h-21h30 dim). Cette rustique cabane de pêcheur bleu et jaune, sur le front de mer, s'avère être l'une des meilleures tables de Dingle. Ici, les frites sont proscrites et on accorde une importance capitale à la fraîcheur du menu – composé exclusivement de fruits de mer. C'est simple : si la pêche du jour n'inspire pas le chef, il n'ouvre pas. Mention spéciale à la bisque de crevettes de la baie de Dingle au homard, et au bar grillé flambé au cognac.

Fungie le dauphin

En 1983, un grand dauphin élut domicile dans la baie de Dingle, révolutionnant le tourisme local. Il montra rapidement de singulières affinités avec les humains, passant son temps à nager autour des bateaux des pêcheurs. Quelqu'un finit par avoir l'idée de faire payer aux touristes le droit de voir de près ce sociable animal, surnommé Fungie. Aujourd'hui, jusqu'à 12 bateaux fendent simultanément les eaux de la baie pour montrer aux quelque 1 000 touristes quotidiens la mascotte de Dingle, devenue un pilier de l'économie locale (au point que Fungie a sa statue de bronze devant l'office du tourisme).

Un dauphin en liberté vit en moyenne 25 ans, et certains dépassent les 40 ans en captivité. Fungie ayant fait sa première apparition il y a plus de 30 ans (et il s'agit bien d'un seul et même dauphin, reconnaissable à ses cicatrices uniques), les spéculations vont bon train quant au jour fatidique où il disparaîtra, laissant Dingle orpheline.

Charthouse Irlandais moderne €€€

(066-915 2255 ; www.thecharthousedingle.com ; The Mall ; plats 19,50-30 € ; 18h-22h juin-sept, horaires variables oct-déc et mi-fév-mai). Des jardinières ornent les fenêtres de ce pavillon de pierre, tandis qu'à l'intérieur, les murs rouge sombre, les planchers polis et les flammes vacillantes des bougies créent une atmosphère intime. La cuisine, créative, met l'Irlande à l'honneur : Saint-Jacques de la péninsule de Beara, chorizo de Castlegregory, colin mariné dans la vodka de Dingle, ou encore cassoulet de haricots de Lima et *halloumi* (de la marque Toons Bridge) en croûte de noisette. En période de haute fréquentation, il faut parfois réserver plusieurs semaines à l'avance.

Le plateau de fromages irlandais est servi avec un verre de porto millésimé.

OÙ PRENDRE UN VERRE ET FAIRE LA FÊTE

John Benny's Pub

(066-915 1215 ; www.johnbennyspub.com ; Strand St ; 12h-23h). La chaleur d'un poêle en fonte, des dalles de pierre, des souvenirs aux murs, un personnel serviable, des concerts de musique traditionnelle presque tous les soirs : voici l'un des meilleurs pubs de la péninsule. On y sert d'excellents en-cas (plats 13-19,50 € ; la cuisine ferme à 21h30), notamment des huîtres de Glenbeigh et des moules de Cromane.

Curran's Pub

(Main St ; 10h-23h). Un pub-épicerie des plus traditionnels, proposant aussi bien des bottes de pluie que des sacs de pommes de terre. Le lieu est tout en coins et recoins – plusieurs petites salles arborent des vitraux, et la Guinness est excellente. Fréquentes sessions de musique traditionnelles spontanées.

RENSEIGNEMENTS

Souvent bondé mais bien utile, l'**office de tourisme** (066-915 1188 ; www.dingle-peninsula.ie ; The Pier ; 9h-17h lun-sam) de Dingle propose des cartes, des guides et une foule de renseignements sur la péninsule.

DEPUIS/VERS DINGLE

L'**arrêt de bus** (The Tracks) se trouve devant le parking situé derrière le supermarché. Pour Tralee (14,80 €, 1 heure 15), il y a jusqu'à 4 **bus Éireann** (www.buseireann.ie) par jour, toute l'année. L'été, des bus desservent Killarney (1 heure 20).

Dingle Shuttle Bus (087 250 4767 ; dingleshuttlebus.com) assure une liaison en

Gallarus Oratory

SHERI WAKE/SHUTTERSTOCK ©

minibus entre les aéroports de Kerry et de Shannon (réservez), et propose des circuits privés dans la péninsule de Dingle et le Ring of Kerry.

Slea Head Drive

Renfermant des vestiges superbement préservés du passé lointain de Dingle – huttes en nid d'abeille, forts circulaires, inscriptions sur les rochers et sites paléochrétiens – Slea Head se détache sur des paysages côtiers à couper le souffle. Le panorama est spectaculaire à travers la brume légère. Malheureusement, il est parfois masqué par un épais brouillard marin.

Le Slea Head Drive est une boucle de 50 km bien balisée, à l'ouest de Dingle, passant par les villages de Ventry, Dunquin, Ballyferriter et Ballydavid.

À Dunquin, signalons le **Blasket Centre** (Ionad an Bhlascaoid Mhóir ; ☎066-915 6444 ; www.heritageireland.ie ; tarif plein/enfant 5/3 € ; 🕘10h-18h Pâques-oct), merveille de centre culturel traitant des îles Blasket, aujourd'hui inhabitées, dans un bâtiment moderne, avec baie panoramique d'où on aperçoit les îles.

À VOIR

Gallarus Oratory Site historique

(www.heritageireland.ie ; Gallarus). GRATUIT L'oratoire de Gallarus est l'un des plus beaux monuments historiques d'Irlande. Il se dresse, sur ce site isolé au pied des collines brunes, depuis quelque 1 200 ans, témoignant d'une impressionnante résistance aux éléments. Il ne comprend que deux ouvertures : une porte étroite côté ouest et une fenêtre semi-circulaire à l'est. Gallarus est bien indiqué depuis la R559, à 8 km au nord-ouest de Dingle. Il est situé 400 m à l'est du parking du **Gallarus Visitor Centre** (www.gallarusoratory.ie ; 3 € ; 🕘9h-18h Pâques-oct).

Église de Kilmalkedar Ruines

(Kilmalkedar). GRATUIT Sis dans un magnifique cadre, le plus important site chrétien de la péninsule de Dingle a une vue plongeante sur le port de Smerwick. Construite au XIIe siècle sur le site d'un monastère fondé par Saint Maolcethair au VIIe siècle, l'église, sans toit, est un superbe exemple d'architecture romane irlandaise. La porte ouest, surmontée d'un arc en plein cintre, est décorée de chevrons et d'une tête humaine sculptée. Dans le cimetière se trouvent une pierre couverte d'oghams (plus ancienne forme d'écriture de l'irlandais) et un cadran solaire taillé dans le roc. À 7,5 km au nord-est de Ballyferriter.

Connor Pass

Culminant à 456 m, la R560 franchissant le col de Connor (ou Conor) depuis Dingle vers Cloghane et Stradbally est la route la plus haute d'Irlande. Les jours de brouillard, vous ne verrez rien de plus que les quelques mètres d'asphalte devant vous, mais par temps clair la vue vers le port de Dingle au sud et vers le mont Brandon au nord est tout simplement phénoménale. La route est en bon état mais assez étroite par endroits, et très sinueuse et pentue sur le versant nord (de grands panneaux promettent un destin tragique aux cars et aux camions, et les caravanes sont interdites).

Depuis le parking du sommet, vous pourrez contempler les lacs glaciaires de la vallée rocheuse au pied de la montagne, où l'on distingue des vestiges de murs et de huttes qui témoignent de l'inimaginable âpreté de la vie de leurs habitants disparus. Au départ d'un autre parking un peu plus bas sur le versant nord et bordé par une cascade, vous pourrez grimper en 10 minutes à Pedlar's Lake, un lac bien caché, d'où la vue inspirera les alpinistes amateurs.

Plage de Malin Beg, Donegal

COMTÉS DE SLIGO ET DE DONEGAL

Dans ce chapitre

Slieve League 230
Glenveagh National Park 232
Comté de Sligo 234
Comté de Donegal 237

Comtés de Sligo et de Donegal

Dans ces comtés du Nord-Ouest, poésie, mythe et folklore semblent intrinsèquement mêlés à la mélancolie spectaculaire des paysages. Le comté de Sligo est le "pays des Yeats" : les frères William et Jack Butler Yeats ont nourri l'image pastorale des lieux à travers la poésie pour l'un et la peinture pour l'autre. Quant au Donegal, c'est un peu l'enfant turbulent de l'Irlande. Ses paysages accidentés, son isolement relatif et son climat impétueux ont contribué à en forger le caractère. Il a beaucoup à offrir aux visiteurs, ne serait-ce que par son littoral magnifique, ses formidables spots de surf et son arrière-pays merveilleusement rural.

Comment s'y rendre

L'**aéroport du Donegal** est relié à Dublin (55 min, 2 vols/jour). Les **bus Éireann** (☎01850 836 611 ; www.buseireann.ie) relient Donegal à Sligo (15 €, 1 heure 15, 6/jour), à Galway (21 €, 4 heures, 4/jour) et à Dublin (20 €, 4 heures, 5/jour). Les bus **Patrick Gallagher Coaches** (☎087 233 0888 ; www.gallagherscoaches.com) relient Donegal à Belfast (20 €, 2 heures) et Derry.

Où se loger

La ville de Sligo constitue une base agréable pour visiter la campagne et la côte alentour ; on y trouve auberges de jeunesse et hôtels de toutes catégories.

La ville de Donegal est bien située pour explorer la côte sud du comté du même nom et compte de bons B&B et de paisibles hôtels. Pour visiter le nord du comté, vous pouvez poser opter pour l'une des petites localités de la côte, qui offrent des hébergements allant du B&B à l'hôtel prestigieux dans une demeure historique. Réservez, surtout l'été.

Malin Head
Malin
Ballyliffin
Fanad Head
Dunaff
Clonmany
Tory Island
Péninsule de Rosguill
Carndonagh
Dunree
Tory Sound
Portsalon
Péninsule d'Inishowen
Dunfanaghy
Carrigart
Péninsule de Fanad
Brinlack
Muckish Mountain (670 m)
Crana
Buncrana
Gortahork
Rathmullan
Fahan
Milford
Derrybeg
Errigal Mountain (752 m)
Inch Island
Muff
Bunbeg
Burnfoot
Glenveagh National Park
Rathmelton
Rosses Bay
Crolly
Dunlewey
Grianán d'Aileach
Lough Gartan
Lough Swilly
Leabgarrow
Derry/Londonderry
Dungloe
Lough Nacung
Arranmore Island
Letterkenny
DONEGAL
Newmills
Doochary
OCÉAN ATLANTIQUE
Fintown
Deele
Raphoe
Foyle
Portnoo
Lough Finn
Narin
Strabane
Castlefin
Glenties
Ballybofey
Finn
Maghera
Ardara
Glencolumbcille
Glengesh Pass
Lough Eske
Malinmore
Inver
Donegal
Carrick
Slieve League
Kilcar
Mountcharles
Lough Derg
Teelin
Muckross
St John's Point
Rossnowlagh
Donegal Bay
IRLANDE DU NORD
Mullaghmore
Bundoran
Lough Erne
Inishmurray Island
Cliffony
Lough Melvin
Grange
Dartry Mountains
Truskmore (643 m)
Enniskillen
Drumcliff
Benbulben (525 m)
FERMANAGH
Rosses Point
Sligo
Easkey
Sligo Bay
Nécropole amégalithique de Carrowmore
Strandhill
Ballysadare Bay
Dromore West
Lough Gill
Ballysadare
Ballygawley
Easkey
CAVAN
Ballinacarrow
SLIGO
Riverstown
Moy
Lough Arrow
Ballyfarnon
Tubbercurry
Kesh
Nécropole mégalithique de Carrowkeel
Lough Key
LEITRIM
Charlestown
Gurteen
Boyle
Lough Gara
MAYO
ROSCOMMON

GARETH MCCORMACK/GETTY IMAGES ©

Slieve League

Si les falaises de Moher sont plus réputées, celles de Slieve League, plus élevées, sont encore plus impressionnantes.

Pour ceux qui aiment...

☑ Ne ratez pas

Les falaises sont particulièrement splendides au soleil couchant, lorsque les vagues s'écrasent en fanfare en contrebas et que l'océan reflète les derniers rayons du jour.

Avec quelque 600 m, ces spectaculaires parois, bien qu'imparfaitement verticales, sont parmi les plus hautes d'Europe. En regardant vers le bas, vous apercevrez deux rochers surnommés, et on comprend aisément pourquoi, "la chaise et le bureau du géant".

Sentiers de randonnées

Depuis Teelin (p. 240), une route traversant un paysage désolé conduit au parking inférieur (avec des panneaux destinés aux randonneurs), au niveau d'une barrière sur la route. Il est possible de poursuivre sur 1,5 km au-delà de cette barrière jusqu'au parking supérieur (souvent complet l'été), situé juste à côté du point de vue. N'oubliez pas, en ce cas, de refermer la barrière.

Depuis le parking supérieur, un sentier grimpe le long de la paroi quasi verticale

Falaises de Slieve League

Infos pratiques

Slieve League Cliffs Centre (074-973 9077 ; Teelin ; 10h30-17h30 tlj Pâques-sept, ven-mar fév-Pâques et oct-nov ;)

Une petite faim ?

Le Tí Linn Café du Slieve League Cliffs Centre sert de quoi se remettre de ses émotions : du café et tout un assortiment de gâteaux (scones, cookies), faits maison, mais aussi des soupes et des salades. Une boutique de produits artisanaux jouxte le café.

★ Bon à savoir

Suivre les indications "Teelin Pier" depuis Carrick (An Charraiag), puis "Bunglass : The Cliffs".

jusqu'au bien nommé **One Man's Pass** ("col d'un seul homme"), étroite arête menant au sommet de Slieve League (595 m ; 10 km aller-retour). Soyez prudent, d'autant que la brume ou la pluie peuvent se déclarer sans crier gare, rendant le sentier glissant. Vous pouvez aussi vous contenter de marcher sur 500 m, la vue est déjà spectaculaire.

Autre possibilité : emprunter depuis Carrick le **Pilgrim Path** (indiqué sur la route secondaire partant sur la droite avant la route menant aux falaises) menant au sommet, puis revenir par le One Man's Pass et la route panoramique (12 km, 4-6 heures).

Sorties en mer

La vue sur les falaises depuis la mer est spectaculaire. Jusqu'à six fois par jour, et si le temps le permet, **Nuala Star Teelin** (087-628 4688 ; www.sliabhleagueboattrips.com ; Teelin Pier ; avr-oct) propose des croisières (20-25 €/pers) au départ de l'embarcadère de Teelin, tout comme des sorties de pêche et de plongée. On aperçoit souvent des dauphins et des phoques, voire des baleines et des requins pèlerins.

Glenveagh National Park

Dans une vallée montagneuse, le Glenveagh National Park (Páirc Náisiúnta Ghleann Beatha) déroule des paysages sauvages et majestueux.

Pour ceux qui aiment...

☑ Ne ratez pas

Au fil de magnifiques balades, vous apprécierez la richesse de la faune, notamment l'aigle royal, réintroduit en 2000, et les cerfs élaphes.

Une des meilleures manières d'apprécier les paysages sublimes et variés du parc est de le longer en empruntant les routes R251 et R254. À l'intérieur du parc, différents sentiers permettent de découvrir lacs, étendues rocheuses, tourbières, lande couverte de bruyère et forêts de chênes ou de bouleaux, qui alternent sur 16 500 ha de zone protégée. En particulier, une belle promenade longe le Lough Beagh. À une courte distance à pied derrière le château, on accède également à un point de vue.

Centre d'accueil des visiteurs

Le **Glenveagh Visitor Centre** (☎076-100 2537 ; www.glenveaghnationalpark.ie ; sur la R251; ⏲9h15-17h30 mi-mars à oct, 9h-17h nov-mars) dispense cartes et conseils et projette un film de 20 minutes sur l'écologie du lieu et l'histoire des Adair, à qui l'on doit le château.

Infos pratiques

Les voitures doivent stationner au niveau du Glenveagh Visitor Centre : l'agréable route de 3,6 km, en bord de lac, qui le sépare du château se parcourt à pied, à vélo ou en navette (4/heure).

Une petite faim ?

Le **café** (☎087 755 3547 ; plats à partir de 5 € ; ⏰10h30-17h Pâques et juin-sept) situé dans le centre d'accueil des visiteurs sert des plats chauds et des en-cas.

★ Bon à savoir

Le centre d'accueil des visiteurs vend des produits répulsifs anti-moustiques, indispensables (comme les chaussures de marche et les imperméables). Le camping est interdit dans le parc.

Glenveagh Castle

Glenveagh Castle (www.glenveaghnationalpark.ie ; près de la R251 ; visite guidée tarif plein/enfant 7/5 €, navette au départ du centre d'accueil des visiteurs tarif plein/enfant 3/2 € ; ⏰9h-18h avr-oct, 9h-17h nov-mars, dernière visite 45 min avant la fermeture) a été construit sur le modèle du château de Balmoral, en Écosse. La visite guidée (30 minutes), seul moyen de découvrir les lieux, révèle une série de pièces à la décoration flamboyante. La tour ronde abrite les plus somptueuses, telles la salle de musique décorée de bois de cerfs et de tartan, ou encore la chambre rose bonbon où aurait dormi Greta Garbo.

Le château compte aussi de spectaculaires **jardins** exotiques, avec des terrasses, un jardin à l'italienne, un potager... Leur aspect soigné contraste avec le caractère sauvage du paysage alentour.

Comté de Sligo

Sligo

Les rues piétonnes jalonnées de séduisantes devantures, les ponts en pierre sur la Garavogue et les *céilithe* (sessions de musique et de danse traditionnelles) débordant des pubs jusque sur les trottoirs contrastent avec l'art contemporain et les immeubles à façade de verre. La ville de Sligo constitue une base idéale pour découvrir le pays cher au cœur des frères Yeats : le poète et prix Nobel de littérature William Butler Yeats (1865-1939) et son frère Jack (1871-1957) l'ont immortalisé l'un dans ses écrits, l'autre dans ses tableaux.

À VOIR ET À FAIRE

The Model Musée

(☎071-914 1405 ; www.themodel.ie ; The Mall ; prix d'entrée variable ; ⌚10h-17h30 mar-sam, 10h30-15h30 dim). The Model abrite une excellente collection d'art moderne et contemporain irlandais, incluant des œuvres de Jack Butler Yeats (frère de William et éminente figure de l'art irlandais du XXe siècle) et de Louis Le Brocquy. On y trouve également des expositions temporaires et des installations, une programmation de spectacles expérimentaux ainsi qu'un très bon café.

Sligo County Museum Musée

(☎071-911 1679 ; Stephen St ; ⌚9h30-12h30 mar-sam tte l'année, et 14h-16h50 mar-sam mai-sept). GRATUIT Principal intérêt de cette institution, la salle Yeats expose des photographies, des lettres et des coupures de presse relatives à William Butler Yeats, ainsi que des dessins de son frère Jack.

Tread Softly Culture

(www.treadsoftly.ie ; ⌚fin juil). Dans le cadre de la "saison de Yeats", cette manifestation célèbre les frères Yeats, poète et peintre, dix jours durant, notamment à travers des visites et des spectacles.

Benbulben, comté de Sligo

ALEXANDERKONSTA/STOCK.ADOBE.COM

OÙ SE RESTAURER

Hargadons Pub €€
(071-915 3709 ; www.hargadons.com ; 4/5 O'Connell St ; plats 8-20 € ; cuisines 12h-15h30 et 16h-21h lun-sam). Un superbe pub de 1868 offrant un cadre pittoresque, chaleureux et plein de charme, mais aussi une cuisine gastropub de saison d'un bon rapport qualité/prix, utilisant des ingrédients locaux comme les huîtres. Pas de réservation possible, mais on peut déguster des bières de microbrasseries en attendant d'avoir une table. Musique traditionnelle certains soirs.

RENSEIGNEMENTS

L'office du tourisme (www.sligotourism.ie ; angle O'Connell St & Wine St ; 9h-17h lun-ven, 9h30-17h sam) diffuse des informations sur toute la région nord-ouest et sur les itinéraires de promenades.

DEPUIS/VERS SLIGO

BUS

Les **bus Éireann** (01850 836 611 ; www.buseireann.ie ; Lord Edward St) partent de la gare routière, située sous la gare ferroviaire. Entre autres destinations : Ballina (17 €, 1 heure 30, 1-4/jour) et Donegal (15 €, 1 heure, 6/jour).

TRAIN

Les trains rallient Dublin (20 €, 3 heures, 7/jour) via Boyle, Carrick-on-Shannon et Mullingar, au départ de la gare de Lord Edward Street.

Rosses Point

Rosses Point est une pittoresque ville de bord de mer dont les dunes herbeuses dégringolent jusqu'à la grève dorée. Benbulben (ci-contre), l'emblème le plus reconnaissable du Sligo, se dresse à l'arrière-plan. Au large, le surprenant (et sympathique) **Metal Man**, une balise arborant une grande statue d'un officier de marine, indique le chemin du port depuis 1821. On aperçoit **Coney Island** et **Oyster Island**.

Outre ses deux merveilleuses **plages**, Rosses Point possède l'un des golfs les plus pittoresques et renommés d'Irlande, le **County Sligo Golf Club** (071-917 7186 ; www.countysligogolfclub.ie ; parcours 18 trous du championnat 145-165 €, journée 270 € ; avr-oct), superbement situé, qui attire des golfeurs du monde entier.

DEPUIS/VERS ROSSES POINT

Située à 8 km au nord-ouest de Sligo, sur la R291, Rosses Point est régulièrement desservie par bus au départ de Sligo.

Drumcliff et Benbulben

Impassible éminence gris-vert de 525 m visible depuis toute la côte nord du Sligo, le **Benbulben** (ou Ben Bulben), se compose d'un plateau calcaire exceptionnellement plat et de parois presque verticales striées d'entailles. Son ascension n'est pas conseillée aux amateurs.

La beauté du Benbulben n'échappa pas à W. B. Yeats. Avant sa mort à Menton, en 1939, le poète avait émis cette dernière volonté : "Si je meurs ici <en France>, enterrez-moi dans la montagne puis, un an plus tard, exhumez mes restes et transférez-les dans le Sligo." C'est ainsi qu'en 1948, une nouvelle inhumation eut lieu dans le cimetière de l'église de **Drumcliff** (là même où l'arrière-grand-père de Yeats avait officié comme recteur). On a longtemps cru que la dépouille du poète reposait près de l'entrée de l'église protestante, toutefois il a été prouvé récemment que les restes envoyés de France n'étaient pas les siens, ses ossements ayant été éparpillés dans un ossuaire en France durant la Seconde Guerre mondiale.

Au VIe siècle, saint Colmcille (ou saint Columba) établit à Drumcliff son monastère. Sur la route principale, à proximité du cimetière, on peut encore observer les vestiges massifs d'une tour ronde, frappée par la foudre en 1396.

Boyle Abbey

Magnifiquement préservée, **Boyle Abbey** (071-966 2604 ; www.heritageireland.ie ; Abbeytown Rd ; tarif plein/enfant 4/2 € ; 10h-18h Pâques-fin sept) orne la rive de la rivière du même nom. Fondée en 1161 par des moines de Mellifont (comté de Louth), elle illustre la transition entre les périodes romane et gothique. Ainsi, dans les vestiges de la nef, deux séries d'arches, une gothique et une romane, se font face. Sur les chapiteaux sont sculptés des personnages et des animaux, ornements inhabituels dans une abbaye cistercienne. Plus déconcertant encore, le *sheela-na-gigs*, un symbole païen de fertilité.

Après la dissolution des monastères, l'édifice fut occupé par l'armée et devint le château de Boyle. La cheminée de pierre dans la partie sud de l'abbaye, qui servait de réfectoire, date de cette époque. Des visites guidées de 40 minutes sont parfois proposées. Boyle se trouve dans le comté de Roscommon.

Dans le cimetière également se dresse une magnifique haute croix du IXe siècle, gravée de scènes bibliques élaborées, représentant notamment Adam et Ève, et Daniel dans la fosse aux lions.

Les bus relient Sligo à Drumcliff (5 €, 15 minutes, 7-8/jour).

Lough Gill

Ce lac tranquille à la surface en miroir est au cœur de kyrielles de légendes et inspira beaucoup William Butler Yeats. Situé tout près de Sligo, Lough Gill est notamment bordé par deux bois féeriques, **Hazelwood** et **Slish Wood**, parcourus chacun par un sentier de promenade circulaire. Celui de Slish Wood offre une belle vue sur Innisfree Island.

Dooney Rock

Immortalisé par Yeats dans son poème *The Fiddler of Dooney* (*Le Violoneux de Dooney*), cet immense promontoire calcaire surplombe la rive sud de Lough Gill. D'en haut, on jouit d'une formidable vue sur le lac. Il est possible de se garer au pied du rocher. À 7 km au sud-ouest de Sligo, sur la R287.

Innisfree Island

Cette île minuscule (Inis Fraoigh), si proche de la rive sud-est du lac, est hélas inaccessible et on doit se contenter de l'admirer depuis la berge. Son charme paisible a tant ému William Yeats qu'il lui a rendu hommage dans un poème, *L'île sur le lac, à Innisfree*, où il évoque le rêve d'y construire "une hutte, faite d'argile et de joncs" ; il poursuit ainsi : "et là j'aurai quelque paix, car goutte à goutte la paix retombe".

Pour accéder au meilleur point de vue sur l'île, suivez sur 4,2 km la petite route sinueuse qui part de l'intersection entre la R287 et la R290, jusqu'à une petite aire de stationnement au bord de l'eau.

DEPUIS/VERS LOUGH GILL

Le lac se trouve à 6 km au sud-est de Sligo. Pour en avoir la vue la plus belle, longez la rive nord via la R286. Jusqu'à Dooney Rock, l'itinéraire sud via la R287 est moins intéressant.

Nécropole mégalithique de Carrowmore

Plus grande nécropole mégalithique d'Irlande, voire d'Europe, le **Carrowmore Megalithic Cemetery** (071-916 1534 ; www.heritageireland.ie ; tarif plein/enfant 5/3 € ; 10h-18h Pâques à mi-oct, dernière entrée à 17h ; P) gagne progressivement le statut de site incontournable du Sligo.

Quelque 60 monuments – comprenant tombes à couloir, dolmens ou cercles de pierres pouvant remonter jusqu'au IVe millénaire av. J.-C. – ponctuent les collines de ce site évocateur, probablement antérieur de 700 ans au tumulus de Newgrange (comté de Meath). Nombre de pierres ont été abîmées au fil des siècles, mais les fouilles continuent de mettre au jour de nouveaux vestiges, tant sur le site ouvert au public que sur le terrain privé adjacent.

DEPUIS/VERS CARROWMORE

Pour parvenir à la nécropole, prenez la R292 à l'ouest de Sligo sur 4 km et suivez les panneaux.

Nécropole mégalithique de Carrowkeel

Avec pareille vue sur le comté, on ne s'étonnera guère que les hommes préhistoriques aient vu en ce lieu, dans les hauteurs des Bricklieve Mountains, un site sacré. Battu par les vents et au bout de nulle part, l'endroit est à la fois étrange et exaltant, sauvage (on n'y croise que quelques moutons) et spectaculaire. Jalonnée de 14 cairns, de dolmens et d'autres vestiges funéraires épars, cette nécropole date de la fin du néolithique (entre 3 000 et 2 000 avant J.-C.).

La seule vue panoramique sur le sud du Sligo, depuis le parking, suffirait à justifier le détour. Mais la vue, un peu plus loin, sur le Lough Arrow, est tout aussi belle. Comptez 1 km de marche depuis le parking jusqu'au premier site, le cairn G. Comme la fameuse tombe à couloir de Newgrange (comté de Meath), plus tardive, il a été aménagé de sorte que le soleil éclaire la chambre intérieure lors du solstice (d'été et non d'hiver comme à Newgrange), grâce à un petit orifice au-dessus de la porte. Où que l'on regarde alentour, on observe des traces de vie immémoriales, dont quelque 140 cercles de pierres – vestiges des fondations d'un grand village qui aurait été habité par les bâtisseurs des tombes.

Plus proche de Boyle que de Sligo, Carrowkeel se trouve à 5 km à l'est de la R295 et à l'ouest de la N4. Suivez les indications.

Devenish Island

En Irlande du Nord, à Devenish Island (*Daimh Inis*, "île aux bœufs"), la grande "île sainte" du Lough Erne, se dressent les vestiges du **monastère augustinien** fondé au VIe siècle par saint Molaise : une superbe **tour circulaire** du XIIe siècle, quasi intacte, les ruines de St Molaise Church et de St Mary's Abbey, une haute croix du XVe siècle et de nombreuses pierres tombales.

L'île est accessible en bateau depuis Enniskillen avec **Erne Tours** (☎028-6632 2882 ; ernetours.com ; Brook Park, Round 'O' Quay ; tarif plein/enfant 10/6 £ ; ⊙tlj juin-août, mar et sam-dim mai et sept ; 👪) ou **Erne Water taxi** (☎07719 770588 ; www.ernewatertaxi.com ; jetée du Lakeland Forum, Wellington Rd ; 1 heure 30 ; 1 à 8 pers, 60 £/h).

Ruines du monastère, Devenish Island.

Comté de Donegal

Reportez-vous à la p.230 pour les falaises de Slieve League. et à la p. 232 pour le Glenveagh National Park.

Donegal

Sa position stratégique à l'embouchure de Donegal Bay, avec les Blue Stack Mountains pour arrière-plan, fait de Donegal une excellente base pour explorer la côte. Cette cité au château éminent et à la population chaleureuse offre en outre de nombreuses opportunités pour se loger et se restaurer.

Castle Coole

Lors de la visite en Irlande du roi George IV en 1821, le comte de Belmore fit préparer une chambre d'État à **Castle Coole** (☎028-6632 2690 ; www.nationaltrust.org.uk ; sur l'A4 ; visite guidée demeure tarif plein/enfant 6/2,50 £, domaine 3,50/2 £ ; ⊙demeure 11h-17h tlj juil-août, ven-mer juin, sam-dim et jours fériés mi-mars à mai et sept, domaine 10h-19h mars-oct, 10h-16h nov-fév). Le roi, trop occupé à batifoler avec sa maîtresse au château de Slane, ne vint jamais. Dépité, le comte fit mettre dans la chambre tendue de soie rouge des tableaux représentant "La Carrière du libertin" (*The Rake's Progress*).

Ce manoir palladien signé James Wyatt fut construit entre 1789 et 1797 pour le premier comte de Belmore Armar Lowry-Corry. C'est sans doute le plus pur exemple d'architecture néoclassique de la fin du XVIIIe siècle en Irlande.

Au cœur du parc de 600 ha se trouve un lac où a élu domicile l'unique colonie sédentaire d'oies cendrées du Royaume-Uni. On raconte que si les oies partent un jour, les comtes de Belmore perdront leur château.

Castle Coole se trouve à 2,5 km au sud-est d'Enniskillen, en Irlande du Nord. On peut emprunter à pied ou à vélo l'agréable sentier de 5 km depuis le château d'Enniskillen.

À VOIR

Donegal Castle Édifice historique

(☎074-972 2405 ; www.heritageireland.ie ; Castle St ; tarif plein/enfant 5/3 € ; ⊙10h-18h tlj Pâques à mi-sept, 9h30-16h30 jeu-lun mi-sept à Pâques). Veillant sur un coude pittoresque de l'Eske, ce château bâti par le clan O'Donnell en 1474 fut le bastion de leur pouvoir jusqu'en 1607. Lorsque les Anglais résolurent de se débarrasser définitivement des chefs de clan irlandais, Rory O'Donnell incendia le château avant de gagner la France lors du fameux épisode de la "fuite des comtes". En 1623, le capitaine anglais Basil Brooke fit reconstruire l'édifice, lui adjoignant un bâtiment jacobéen de 3 étages. La restauration des années 1990 a rendu aux lieux leur splendeur d'antan. Visites guidées toutes les heures.

OÙ SE RESTAURER

The Olde Castle Bar Poisson et fruits de mer €€

(☎074-972 1262 ; www.oldecastlebar.com ; Castle St ; plats 11-29 € ; ⊙cuisines 12h-21h ;). Ce pub animé situé à deux pas du Diamond sert une cuisine haut de gamme, probablement la meilleure des environs. Les classiques incluent les huîtres de la baie de Donegal, les moules, le *Irish stew* et les plateaux de fruits de mer (28,95 €), ainsi que des steaks et des burgers. Le pub a beaucoup de succès localement et sert une excellente pale ale, la Red Hugh Brew.

DEPUIS/VERS DONEGAL

BUS

Les **bus Éireann** (☎01850 836 611 ; www.buseireann.ie) relient Donegal à Sligo (15 €, 1 heure 15, 6/jour), Galway (21 €, 4 heures, 4/jour), et Dublin (20 €, 4 heures 30, 5/jour).

Les **Bus Feda** (☎074-954 8114 ; www.busfeda.ie) rallient Gweedore, Dunfanaghy et Letterkenny (10 € pour ces trajets) deux à trois fois par jour.

La compagnie **Patrick Gallagher Coaches** (☎087 233 0888 ; www.gallagherscoaches.com) assure des liaisons en bus entre Donegal et Belfast (20 €, 2 heures) et Derry.

L'arrêt de bus se situe sur la place nommée "The Diamond".

Lough Eske

Environné par les Blue Stack Mountains, ce lac paisible et pittoresque se prête idéalement à une exploration à pied ou à vélo. Lough Eske, le "lac des poissons", porte bien son nom, et attire beaucoup de pêcheurs.

The Olde Castle Bar, Donegal

RICHARD CUMMINS/GETTY IMAGES ©

Aucun transport public ne mène jusqu'au lac, mais il ne se trouve qu'à 9 km de Donegal et est facilement accessible à vélo ou en voiture.

OÙ SE RESTAURER

Lough Eske Castle — Hôtel-restaurant €€€

(074-972 5100 ; www.solishotels.com/lougheskecastle ; Lough Eske ; Lounge Bar plats 17-26 € Cedar's grill plats 24-38 € ; fermé dim-mer nov-mars ; @). Minutieusement rebâti après un incendie en 1939 et restauré, cet imposant château du XIXe siècle incarne la quintessence de l'élégance d'une retraite champêtre. Le domaine conserve une note classique mâtinée d'un style contemporain impeccable : chambres minimalistes, spa luxueux et restaurant raffiné.

Rossnowlagh

Familles, surfeurs, kite-surfeurs et marcheurs apprécient l'idyllique étendue de sable de 3 km labellisée "Pavillon bleu". La plage de Rossnowlagh est parfaite pour apprendre à surfer ou pour perfectionner sa technique – ou simplement pour un pique-nique dans les dunes.

À VOIR ET À FAIRE

Franciscan Friary — Monastère

(071-985 1342 ; www.franciscans.ie ; sur la R231 ; 11h-17h30 mer-sam et lun, 11h-20h mar, 11h45-17h30 dim). GRATUIT Niché au fond d'une forêt au sud de la plage, ce monastère franciscain moderne, construit dans les années 1950, ouvre ses splendides et paisibles jardins au public. Un sentier balisé, "The Way of the Cross" (le chemin de la Croix), gravit un coteau couvert de rhododendrons, jusqu'à un panorama spectaculaire.

Fin McCool Surf School — Surf

(071-985 9020 ; www.finmccoolsurfschool.com ; Beach Rd ; location matériel 39 €/jour, cours 2 heures matériel inclus tarif plein/enfant 35/25 € ; 10h-17h juin-août, 10h-17h sam et dim sept-mai). Outre les cours et la location de matériel, vous trouverez même une possibilité d'hébergement dans cet accueillant centre de surf géré par le juge du Pro Tour, Neil Britton, avec l'aide de sa famille élargie, dont nombre de membres ont disputé le circuit international.

DEPUIS/VERS ROSSNOWLAGH

Aucun transport public ne dessert Rossnowlagh, situé à 17 km au sud-ouest de Donegal.

Bundoran

Mélange tapageur de machines à sous, manèges à l'ancienne et snack-bars à l'américaine, la station balnéaire la plus réputée du Donegal réserve aussi des vagues splendides. Elle réunit l'été une population composite de jeunes familles, de retraités et de surfeurs de plus en plus nombreux. L'été terminé, l'atmosphère carnavalesque s'estompe et Bundoran peut s'avérer passablement désolée.

Kilcar, Teelin et Carrick

Kilcar (Cill Chártha) et sa voisine plus séduisante Teelin (Teileann) constituent de bonnes bases pour explorer la côte sud-ouest du Donegal, notamment les stupéfiantes falaises de Slieve League (p. 230). Plus à l'intérieur des terres, Carrick (An Charraig) a également du charme. La région offre de belles possibilités de promenades.

Les **bus Éireann** (1-3/jour) relient Donegal à Kilcar (10 €), et à Carrick (12€). Avoir une voiture reste préférable, pour se rendre à Slieve League.

Glencolumbcille et ses environs

L'approche de Glencolumbcille (Gleann Cholm Cille) par le Glengesh Pass (page ci-contre) permet de mesurer à quel point ce minuscule havre côtier à l'âpre beauté est isolé. On parcourt des kilomètres de collines et de tourbières avant qu'apparaisse l'océan, puis une étroite vallée verdoyante et le petit village gaélophone qui y niche. Dans ce lieu habité depuis 3000 ans av. J.-C., vous trouverez quantité de vestiges préhistoriques, ainsi que quelques plages et un joli petit musée folklorique.

Ardara

Porte d'accès aux lacets du Glengesh Pass et à la belle route de Maghera Strand (page ci-contre), Ardara (Ard an Rátha) est la capitale du tissage du tweed et du lainage. On peut y observer les tisserands à l'œuvre.

À VOIR

Ardara Heritage Centre Musée

(☎087 286 8657 ; Main St ; ⊙en général 10h-17h lun-ven, 11h-16h sam Pâques-sept). GRATUIT Logé dans l'ancien tribunal, ce centre retrace l'histoire du tweed dans le Donegal, de la tonte des moutons jusqu'à la teinture et au tissage.

ACHATS

Eddie Doherty Vêtements en tweed

(☎074-954 1304 ; www.handwoventweed.com ; Main St ; ⊙10h-18h lun-sam, parfois le dim). On peut généralement observer Eddie Doherty à l'œuvre sur son métier à tisser traditionnel, dont il explique avec plaisir le fonctionnement.

John Molloy Lainages

(☎074-954 1133 ; www.johnmolloy.com ; Killybegs Rd ; ⊙9h-18h). Lainages tricotés à la main ou à la machine sont proposés dans la boutique mère.

OÙ SE RESTAURER

Nancy's Bar Irlandais €

(☎074-954 1187 ; Front St ; plats 7-15 € ; ⊙cuisines 12h-21h tlj mars-oct, sam-dim nov-fév ; 📶👪). Tenu par la même famille depuis sept générations, ce pub-restaurant sert de formidables fruits de mer et un excellent *chowder* (soupe de poisson et fruits de mer). C'est aussi la meilleure adresse pour siroter une pinte dans une atmosphère conviviale en écoutant une session de musique traditionnelle.

Dunlewey et ses environs

Un moment d'inattention et vous pourriez rater le minuscule hameau de Dunlewey (Dún Lúiche). En revanche, impossible de manquer le paysage spectaculaire, dominé par le sommet buriné en quartzite d'Errigal Mountain, à la forme caractéristique. Prévoyez suffisamment de temps pour vous promener : l'endroit est magique.

ACTIVITÉS

Errigal Mountain Randonnée

La silhouette en quartzite gris rosâtre d'Errigal Mountain (752 m) domine le paysage du nord-ouest du Donegal, apparaissant tantôt conique, tantôt semblable à l'aileron irrégulier d'un requin fendant la bruyère. La vue est magnifique depuis le sommet sur la vallée et le lac qui s'étire au pied de la montagne. L'ascension de cette montagne de forme pyramidale, ardue mais gratifiante, nécessite de consulter la météo : l'escalade peut s'avérer dangereuse les jours de vent et de pluie, lorsque la montagne est nimbée de nuages et la visibilité minimale.

L'itinéraire le plus facile, un sentier raide et sévèrement érodé, part d'une zone de stationnement sur la R251, à environ 2 km à l'est de Dunlewey (une boucle de 4,5 km). Comptez 3 heures.

Poisoned Glen Randonnée

Selon la légende, ce grand vallon sculpté par la glace aurait acquis le nom sinistre de "vallée empoisonnée" (An Gleann Neimhe) lorsque le colossal Balor, roi de Tory, fut assassiné par son petit-fils Lughaidh. Le poison contenu dans son œil unique aurait alors fendu la roche et empoisonné la vallée. La réalité est plus prosaïque : c'est à la suite d'une erreur de transcription d'un géographe anglais venu cartographier la région que cet endroit, initialement nommé à juste titre la "vallée céleste" (An Gleann Neamhe) est devenu "vallée empoisonnée".

À 2 km à l'est de la bifurcation vers le Dunlewey Centre sur la R251, une route secondaire traverse le hameau de Dunlewey, dépasse les superbes ruines d'une église, pour parvenir à un petit parking niché dans un virage en épingle à cheveux. De là, un rude sentier mène jusqu'au cœur rocailleux de la vallée (boucle 4 km). Gare à la Dame verte, le spectre local !

Glengesh Pass et Maghera Strand

On atteint le sublime **Glengesh Pass** (Glean Géis, la "vallée des cygnes"), un col creusé il y a des millénaires par des forces glaciaires, par une route étroite de 25 km environ entre Glencolumbcille et Ardara. Après plusieurs lacets se révèle un paysage à la beauté pastorale, avec des cottages au toit de chaume. Plusieurs points de vue permettent au visiteur d'admirer l'épique panorama.

Sur la côte nord de la péninsule de Glencolumbcille, à 9 km à l'ouest d'Ardara, le minuscule village de **Maghera** possède une large plage, Maghera Strand, l'une des plus belles d'Irlande (le site est superbe au coucher de soleil). En longeant la grève vers l'ouest, on parvient à un promontoire rocheux abritant de nombreuses grottes (inaccessibles à marée haute). Le lieu aurait servi de refuge, au XVIIe siècle, à une centaine de villageois face à la terreur entretenue par Cromwell, mais, à l'exception d'un, tous auraient été finalement massacrés. Quelque 1,5 km plus à l'est jaillit l'enchanteresse **cascade d'Assarancagh**.

Glengesh Pass
SEVERAS/FOTOLIA ©

Dunlewey Centre Centre d'activités
(Ionad Cois Locha ; ☎074-953 1699 ; www.dunleweycentre.com ; Dunlewey ; billet combiné tarif plein/enfant 10,30/7,50 € ; ⏲10h30-17h30 Pâques-sept, 10h30-16h45 oct ; 👪). À la fois boutique d'artisanat, musée, restaurant, centre d'activités, théâtre et salle de concert, c'est l'endroit parfait pour une découverte en famille. Les adultes apprécieront la visite de 30 minutes du cottage à toit de chaume où vécut le tisserand Manus Ferry, dont les tweeds étaient renommés dans le monde entier. Quant aux enfants, ils adoreront caresser les animaux de la ferme. Mais l'activité qui mettra d'accord petits et grands est sans conteste la balade en bateau sur le lac, animée par un conteur enthousiaste, pour ne rien perdre de l'histoire locale et du folklore macabre de la région.

Lough Gartan

Figure fondatrice du monachisme irlandais, **saint Colmcille** (St Columba) est né au VIe siècle dans un lieu charmant proche de l'impassible Lough Gartan, où l'on peut voir des reliques associées au saint. Le lac s'étend à 17 km au nord-ouest de Letterkenny. Le paysage alentour est magnifique à traverser en voiture.

À VOIR

Glebe House & Gallery Galerie d'art
(☎074-913 7071 ; www.heritageireland.ie ; Church Hill ; tarif plein/enfant 5/3 € ; ⏲11h-18h30 tlj Pâques et juil-août, sam-jeu juin et sept, dernière entrée 17h30). Le peintre anglais et collectionneur Derek Hill (1916-2000) acquit en 1953 cette demeure (1828) au délicieux jardin boisé. Outre ses créations, elle regroupe dans un décor orientalisant des toiles d'art naïf d'artistes locaux et des œuvres d'artistes majeurs tels Picasso, Landseer, Hokusai, Renoir, Braque, Jack Butler Yeats ou encore Kokoschka. La visite guidée dure 45 minutes. Joli café.

Dunfanaghy et ses environs

Massée sur la rive sud d'un bras de mer sablonneux, la jolie commune de

Poisoned Glen

Dunfanaghy a une situation idéale au cœur de l'une des parties les plus belles et variées du Donegal. Au pied du mont Muckish, landes, prairies, falaises, plages, forêts et lacs s'offrent à l'exploration.

À VOIR

Horn Head Panorama

Culminant à quelque 180 m, le promontoire de Horn Head forme un spectaculaire paysage côtier, avec d'impressionnantes falaises de quartzite coiffées de lande et de bruyère. La route étroite venant de Dunfanaghy (4 km) s'achève sur une petite aire de stationnement. De là, parcourez 150 m jusqu'à un point de vue, ou bien 1,5 km jusqu'à Horn Head proprement dit. Par beau temps, vous aurez vue sur les îles de Tory, d'Inishbofin, d'Inishdooey et d'Inishbeg vers l'ouest ; sur Sheephaven Bay et la péninsule de Rosguill à l'est ; sur Malin Head au nord-est ; et même sur la côte écossaise au-delà. Attention au rebord de la falaise, surtout par mauvais temps.

Plages Plages

Large et quasi déserte, la plage de sable de **Killahoey Beach** va jusqu'à Dunfanaghy. Située à environ 5 km à l'est, au-delà de Port-na-Blagh, avec ses rangées de mobil-homes, **Marble Hill Strand** est souvent prise d'assaut en été. Pour rallier **Tramore**, la plus jolie plage de Dunfanaghy, il faut marcher à travers les dunes herbeuses à l'ouest du village pendant 2 km environ.

OÙ SE RESTAURER

Mill Restaurant & Guesthouse Irlandais €€€

(☎074-913 6985 ; www.themillrestaurant.com ; N56, Dunfanaghy ; menu fixe dîner 45 € ; s/d 60/96 € ; ⌚19h-21h mar-dim juil-août, horaires réduits mars-juin). Dans un cadre rural exquis, cet établissement propose une cuisine de saison raffinée utilisant des produits locaux. Il est en outre possible de loger dans le vieux moulin, qui propose 6 chambres d'hôtes de haut standing. À 1 km au sud du village, sur la N56. Réservez.

DEPUIS/VERS DUNFANAGHY

Bus Éireann ne dessert pas les localités situées au nord de Letterkenny, mais on peut emprunter les bus des compagnies **John McGinley** (☎074-913 5201 ; www.johnmcginley.com) et **Bus Feda** (☎074-954 8114 ; www.feda.ie) qui assurent des liaisons avec Donegal. Avoir sa propre voiture reste le meilleur moyen de visiter la région.

Péninsule de Rosguill

La splendeur accidentée de cette péninsule se révèle à qui parcourt les 15 km de l'**Atlantic Drive** en voiture, à vélo, voire à pied. Cet itinéraire circulaire passant par de petites routes est indiqué sur la gauche à l'entrée sud du village de **Carrigart** (Carraig Airt). La vue sur la mer est époustouflante (même si les maisons de vacances qui gagnent du terrain atténuent quelque peu la solitude des lieux). La jolie plage de Trá na Rossan, au nord de la péninsule, a plus de charme que celle de Downings (Downies), très courue.

ACTIVITÉS

Rosapenna Golf Resort Golf

(☎074-915 5000 ; www.rosapenna.ie ; Downings ; parcours 75-95 €). Dessiné en 1891 par le pionnier écossais du golf "Old Tom Morris", puis remodelé en 1906, ce green célèbre vaut autant par son cadre que par son parcours, qui donne du fil à retordre aux meilleurs golfeurs.

OÙ SE RESTAURER

Olde Glen Bar & Restaurant Irlandais €

(☎083 158 5777 ; Glen, Carrigart ; plats 15-25 € ; ⌚bar midi-tard le soir juin-août, à partir de 15h le reste de l'année ; cuisines 18h-21h tlj juil-août, mer-lun juin et sept, jeu-dim oct-mai ; 🖉). Ce merveilleux pub authentique, au sol en pierre du début du XVIIIe siècle, sert une bière de qualité. Le petit restaurant rustique propose des plats du jour sensationnels, utilisant des ingrédients d'origine locale, notamment poisson, fruits de mer et viande exceptionnels. Veillez à réserver.

Péninsule de Fanad

Fanad Head, le point le plus septentrional du Donegal après Malin Head, s'avance dans l'Atlantique à l'est de Rosguill. La péninsule s'étend entre les eaux de Mulroy Bay, à l'ouest, et, à l'est, les rives de Lough Swilly bordées de hautes falaises et de plages de sable. Nombre de visiteurs s'en tiennent à cette côte orientale, profitant de la magnifique plage et de l'excellent golf de Portsalon, ainsi que du beau patrimoine architectural des paisibles Rathmelton et Rathmullan. Le petit nombre d'hébergements impose de réserver en été.

Rathmelton

Que l'on vienne de Derry ou de Letterkenny, Rathmelton (ou Ramelton) est la première ville que l'on trouve sur la péninsule. Ses maisons georgiennes mitoyennes et ses entrepôts en pierre brute suivant les rives de la Lennon lui donnent un aspect très pittoresque.

Portsalon et Fanad Head

Une route spectaculaire et vallonnée longe les falaises entre Rathmullan et Portsalon (Port an tSalainn) en passant par **Knockalla Fort**, l'une des six forteresses érigées par les Britanniques au début du XIXe siècle pour se défendre d'une éventuelle invasion française en soutien à une inserruction irlandaise (p. 302).

La belle plage de **Ballymastocker Bay** constitue le principal intérêt du minuscule village de Portsalon.

Les golfeurs lui préféreront peut-être le green du **Portsalon Golf Club** (☎074-915 9459 ; www.portsalongolfclub.com ; sur la R246 ; parcours semaine/week-end 40/50 €), dont le cadre, en bordure de la baie le long de la plage, est exceptionnel. Depuis Portsalon, une très belle route panoramique de 8 km mène à un phare, perché sur la pointe rocheuse de **Fanad Head**.

Péninsule d'Inishowen

La péninsule d'Inishowen s'avance juste assez dans l'Atlantique pour mériter le titre de point le plus septentrional d'Irlande, à Malin Head. Isolée, accidentée, désolée et peu peuplée, c'est un endroit à part, très paisible. Les sites anciens et les châteaux en ruine abondent, de même que les cottages traditionnels coiffés de chaume.

Les services de bus étant sporadiques, il faut une voiture pour pouvoir véritablement visiter la péninsule.

Buncrana

Située du côté plus riant de la péninsule, Buncrana est une localité animée par ses pubs et sa plage de sable de 5 km au bord du Lough Swilly. On y trouve de quoi faire étape avant de gagner les contrées sauvages plus au nord.

La chanson *Amazing Grace* a ses origines ici : en 1748, un certain John Newton, impliqué dans le commerce des esclaves, trouva refuge en pleine tempête avec l'équipage de son navire dans les eaux paisibles du Lough Swilly. Cet épisode et le bon accueil que leur réserva la population de Buncrana marquèrent le commencement d'une véritable conversion pour John Newton, qu'il décrit dans *Amazing Grace*. Newton devint par la suite un fervent opposant à la traite des esclaves.

L'**office du tourisme** (☎074-936 2600 ; www.visitinishowen.com ; Railway Rd ; ⏲9h-17h30 lun-ven ; Wi-Fi), proche de la plage, fournit des renseignements sur toute la péninsule.

Clonmany et Ballyliffin

Ces deux villages pittoresques et leurs environs offrent largement de quoi occuper le visiteur pendant un jour ou deux. Clonmany compte nombre de pubs, tandis que Ballyliffin paraît plus élégante avec ses hôtels et restaurants.

Une balade le long des dunes au nord de Ballyliffin conduit jusqu'à Doagh Island (île rattachée à la terre ferme) coiffée de la petite ruine de Carrickabraghey Castle (XVIe siècle).

On y trouve aussi le **Doagh Famine Village** (☎074-937 8078 ; www.doaghfaminevillage.com ; Doagh Island ; tarif plein/enfant 8/4 € ; ⏲10h-17h mi-mars à oct), un village-musée aux maisonnettes coiffées de chaume où l'on apprend des détails passionnants sur la famine tragique qui a frappé l'Irlande au milieu du XIXe siècle, et qui dresse des parallèles avec les famines dans le monde actuel.

Ballyliffin Golf Club Golf

(☎074-937 6119 ; www.ballyliffingolfclub.com ; sur la R238 ; parcours 50-100 €). Avec ses deux parcours officiels, voici l'un des meilleurs greens du Donegal. Son cadre est si somptueux qu'il a de quoi distraire le golfeur le plus investi.

DEPUIS/VERS CLONMANY

Les bus de la compagnie **Foyle Coaches** (www.foylecoaches.com) circulent à raison de 4/jour du lundi au vendredi et 1/jour le samedi entre Clonmany et Carndonagh (2,80 €, 20 min).

Malin Head

Malin Head, l'extrémité septentrionale de l'île battue par les vagues, réserve des paysages impressionnants.

À la pointe nord, baptisée **Banba's Crown**, se dresse une **tour** un peu pataude érigée en 1805 par l'amirauté britannique, avant de devenir une station d'aide à la navigation. Tout autour, des constructions en béton servirent de postes d'observation à l'armée irlandaise durant la Seconde Guerre mondiale. À l'ouest du parking situé près du fort, un sentier mène à **Hell's Hole**, une entaille dans la roche où viennent s'engouffrer les vagues. Vers l'est, une balade plus longue conduit jusqu'à la **Wee House of Malin**, la grotte d'un ermite, creusée dans la paroi de la falaise.

Grianán d'Aileách

Ce **fort en pierre** (www.heritageireland.ie ; sur la N13, Burt ; ⏲aube-crépuscule) aux airs d'amphithéâtre coiffe Grianán Hill à la manière d'un halo, offrant une vue ahurissante sur les lacs environnants. Par temps clair, le regard porte jusqu'à Derry. Entre ses murs restaurés de 4 m d'épaisseur, sa petite arène peut évoquer un cirque lorsque les touristes sont particulièrement nombreux.

Le fort daterait d'au moins 2 000 ans, mais on estime que le site proprement dit remonte à l'époque pré-chrétienne, où il aurait accueilli un temple dédié au dieu Dagda. Entre le Ve et le XIIe siècle, il abrita le siège des O'Neill, avant d'être démoli par le roi du Munster, Murtogh O'Brien. La majeure partie de ce que l'on voit aujourd'hui est le fruit d'une reconstruction datant de 1874-1878.

Le fort se trouve à 18 km au sud de Buncrana, près de Burt, indiqué près de la N13.

Grianán d'Aileách
ADAMICO/FOTOLIA ©

CÔTE D'ANTRIM

Dans ce chapitre

Chaussée des Géants 250
Randonnée sur la Causeway Coast Way 254
Portrush 256
Bushmills..................................... 257
De la Chaussée des Géants à Ballycastle................................. 258
Ballycastle.................................... 260
Glens d'Antrim 261
Derry/Londonderry...................... 264

Côte d'Antrim

Le littoral d'Irlande du Nord est un musée de géologie à ciel ouvert. L'océan a mis à nu le basalte noir et la craie, socle d'une bonne partie du comté d'Antrim, et sculpté dans la roche une extraordinaire succession d'aiguilles, de pics rocheux, de falaises et de grottes. Les prodigieuses formations minérales de la région et ses châteaux en ruine lui ont valu de prêter plusieurs lieux de tournage à la série télévisée* Game of Thrones. *À l'ouest, dominant une courbe de la Foyle, Derry est la seule ville fortifiée d'Irlande. Elle est l'héritière d'une histoire longue et tourmentée.

La côte d'Antrim en 1 jour

Si vous disposez d'une journée entre Belfast et Derry, longez la côte d'Antrim via la route panoramique de Torr Head jusqu'à Ballycastle. Après un *fish and chips* chez **Morton's** (p. 261), continuez jusqu'à la Chaussée des Géants et passez l'après-midi à profiter des paysages côtiers avant de reprendre la route panoramique jusqu'à Derry.

La côte d'Antrim en 2 jours

Si vous avez deux jours, passez la nuit à la Chaussée des Géants ou à Bushmills. Consacrez la première journée à l'itinéraire côtier jusqu'à Ballycastle. L'après-midi, allez voir le **pont de corde de Carrick-a-Rede** (p. 259) et le charmant port de Ballintoy. Explorez la Chaussée des Géants dans la tranquillité relative du soir et/ou le lendemain matin. Le deuxième jour, visitez **Dunluce Castle** (p. 256) et Portrush.

Plan de Derry/Londonderry (p. 264)

Comment s'y rendre

Bus Les Ulsterbus relient entre eux les villes et villages de la région. Pour les horaires et tarifs, contactez **Translink** (p. 269). Les bus saisonniers **Antrim Coaster** (p. 253) et **Causeway Rambler** (p. 253) assurent des dessertes supplémentaires.

Train La Londonderry Line relie Derry à Belfast via Coleraine (où l'on peut prendre une correspondance pour Portrush), Ballymena et la ville d'Antrim. Pour plus d'informations sur les tarifs et horaires, contactez **Translink** (p. 269).

Où se loger

C'est à Derry/Londonderry qu'on trouve le plus grand choix ; outre les hôtels, il y a une foule de B&B, dont beaucoup aménagés dans des demeures georgiennes ou victoriennes. Si vous souhaitez vous rapprocher de sites comme la Chaussée des Géants ou le pont de corde de Carrick-a-Rede (et surtout si vous dépendez des transports publics), les villes côtières de Portrush et de Ballycastle comptent des hébergements de qualité.

Chaussée des Géants

Réserve naturelle nationale et seul site d'Irlande du Nord classé au patrimoine mondial de l'Unesco, cette merveille géologique forme l'un des panoramas les plus envoûtants du pays.

Pour ceux qui aiment...

☑ Ne ratez pas

La vue d'ensemble depuis le promontoire de Chimney Tops.

À la découvrir, on comprend pourquoi les anciens lui prêtaient une origine surnaturelle : cette vaste étendue de colonnes basaltiques hexagonales, serrées les unes contre les autres sous l'assaut des vagues, semble avoir été façonnée par des titans.

La visite de la Chaussée des Géants (Giant's Causeway) est gratuite, mais il faut, pour se garer, acheter un ticket combiné donnant accès au **Giant's Causeway Visitor Experience** (☎028-2073 1855 ; www.nationaltrust.org.uk ; 60 Causeway Rd ; tarif plein/enfant 10,50/5,25 £ ; 🕘9h-19h juil-août, 9h-18h mars-juin et sept-oct, 9h-17h nov-fév) 🌿; il n'y a pas de ticket pour le parking seul.

Formation de la Chaussée

Selon la légende, le géant irlandais Finn McCool aurait construit la Chaussée afin que le géant écossais Benandonner et lui-

Infos pratiques

www.nationaltrust.org.uk ; lever-coucher du soleil ; GRATUIT

Une petite faim?

Le café **Nook** (028-2073 2993 ; 48 Causeway Rd ; plats 9-18 £ ; restauration 11h-21h mars-oct, 11h-18h nov-fév) est plus convivial que celui du centre des visiteurs. Il se trouve juste à côté.

Bon plan

Visitez le site en semaine ou hors saison pour une expérience plus authentique.

même puissent se rejoindre pour s'affronter. L'ayant empruntée, Benandonner, trompé par une ruse de son rival, fut saisi d'effroi à l'approche de l'Irlande et rebroussa chemin, détruisant la Chaussée dans sa retraite et n'en laissant que les extrémités, à savoir la Chaussée des Géants en Irlande et l'île de Staffa en Écosse (laquelle présente des formations rocheuses similaires).

Plus prosaïque, la science fait remonter la formation de ces roches à quelque 60 millions d'années, avec le déversement, dans la vallée, d'une épaisse couche de lave basaltique sur les strates calcaires existantes. En durcissant, du pourtour et de la base vers l'intérieur, la couche de lave s'est contractée et des fissures hexagonales sont apparues à sa surface (comme sur la boue d'un lac asséché). Ces fissures se sont propagées de bas en haut et de haut en bas jusqu'à la solidification complète de la lave. Sous l'action de l'érosion, le basalte s'est fendu le long des fissures de solidification, formant ces colonnes hexagonales.

Visite de la Chaussée

Depuis le parking, on rejoint aisément à pied (10 à 15 minutes) la Chaussée des Géants par une route (accessible en fauteuil roulant) qui descend la colline, et une navette est également disponible. Toutefois, à pied, il est plus intéressant de suivre le sentier sur la falaise jusqu'au promontoire de **Chimney Tops**, à 2 km au nord-est, d'où l'on a une belle vue sur la Chaussée et la côte à l'ouest, notamment Inishowen et Malin Head.

Ce promontoire avec des piliers rocheux fut bombardé par l'Invincible Armada en 1588, les Espagnols l'ayant pris pour Dunluce Castle. L'épave du galion *Girona* repose tout près de la pointe. Repartez en direction du parking et, à mi-chemin environ, descendez les **Shepherd's Steps** (parcours balisé) jusqu'à un sentier en contrebas conduisant à la Chaussée. Comptez 1 heure 30 aller-retour.

Sinon, vous pouvez d'abord aller voir la Chaussée, puis suivre le sentier côtier du bas jusqu'au point de vue de l'**Amphithéâtre** à Port Reostan. Vous verrez en chemin d'imposantes formations rocheuses comme **The Organ** ("l'Orgue"), aiguille constituée de colonnes basaltiques évoquant des tuyaux d'orgue. Regagnez le parking en grimpant les Shepherd's Steps.

On peut également suivre le sentier de la falaise jusqu'à Dunseverick, à l'est, ou au-delà.

Construit à flanc de colline et ceint de hauts piliers de basalte noir imitant les colonnes de la Chaussée, le magnifique centre écologique Giant's Causeway Visitor Experience (p. 250), abrite, outre un bureau d'information touristique, un restaurant et une boutique, une exposition expliquant la géologie de la région. Vous paierez moins cher en arrivant à pied, à vélo ou en transport public ; le prix d'entrée comprend un audioguide.

Épave du Girona

La petite baie à 1 km au nord-est de la Chaussée des Géants s'appelle Port na Spaniagh (baie des Espagnols). C'est ici qu'en octobre 1588 le *Girona*, vaisseau de l'Invincible Armada, sombra dans une tempête.

Cette galéasse avait fait partie des navires dispersés au sortir de la défaite de Gravelines, dans la Manche. Or, comme maints autres vaisseaux espagnols, le

mauvais temps l'avait chassée au nord vers l'Écosse et l'Irlande. Conçue pour un équipage de 500 hommes, elle transportait 1 300 personnes au moment du naufrage – principalement des rescapés d'autres navires qui avaient fait naufrage – dont la fine fleur de la noblesse espagnole. Il n'y eut qu'une dizaine de survivants.

Somhairle Buidhe (Sorley Boy) MacDonnell (1505-1590), constable de Dunluce Castle, sauva l'or et les canons du naufrage et utilisa cette manne pour moderniser sa forteresse – on peut encore voir les pièces d'artillerie sur le rempart, côté terre. C'est seulement en 1968 que l'épave fit l'objet de fouilles archéologiques. On y trouva des objets en or, argent et pierres précieuses, ainsi que d'autres, plus quotidiens, ayant appartenu aux marins et désormais exposés à l'Ulster Museum de Belfast (p. 278).

★ Le saviez-vous ?

La Chaussée des Géants a accueilli 850 000 visiteurs en 2016, redevenant l'attraction touristique la plus populaire en Irlande du Nord, devant le Titanic Belfast.

LYD PHOTOGRAPHY/SHUTTERSTOCK ©

Depuis/vers la Chaussée des Géants

L'**Antrim Coaster** (bus 252 ; ☎028-9066 6630 ; www.translink.co.uk ; forfait journée Bus Rambler tarif plein/enfant 9/4,50 £ ; ⌚Pâques, week-ends fériés de mai, juil-août ; 📶), le **Causeway Rambler** (bus 402 ; ☎028-9066 6630 ; www.translink.co.uk ; forfait journée Bus Rambler tarif plein/enfant 9/4,50 £ ; ⌚Pâques-sept) et la Giant's Causeway & Bushmills Railway (p. 257) desservent la Chaussée des Géants en saison. Le bus 172 partant de Ballycastle (4,40 £, 30 min, 8/jour lun-ven, 3/jour sam-dim) pour Coleraine (4,40 £, 25 min) et Bushmills (2 £, 5 min) dessert la Chaussée toute l'année. Des trains pour Belfast ou Derry partent de Coleraine.

100% local

Un agréable sentier pédestre qui longe la ligne ferroviaire Giant's Causeway & Bushmills Railway relie Bushmills à la Chaussée des Géants (comptez 45 minutes).

Randonnée sur la Causeway Coast

Ce tronçon spectaculaire de la Causeway Coast Way offre l'une des plus belles balades d'Irlande. Ne vous laissez toutefois pas surprendre par la marée : consultez-en les horaires au préalable.

Départ Pont de corde de Carrick-a-Rede
Distance 16,5 km
Durée 4 à 6 heures

Une petite faim ? Prévoyez un pique-nique et arrêtez-vous à l'un des points de vue. Si le temps est clément, Dunseverick Castle se prête à merveille à un déjeuner devant un superbe panorama.

4 Le sentier de Dunseverick traverse une passerelle au-dessus d'une cascade, avant de rejoindre les ruines de **Dunseverick Castle**.

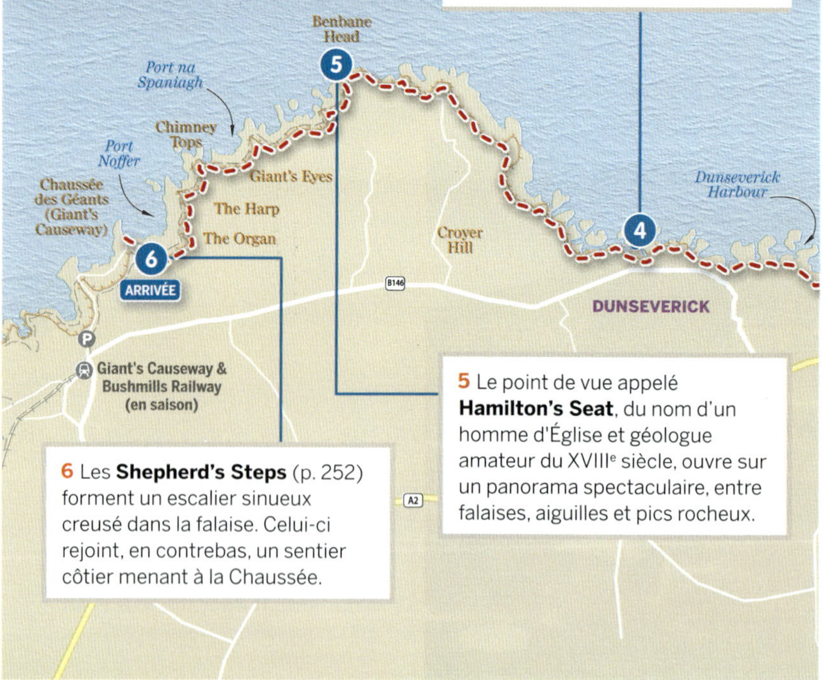

5 Le point de vue appelé **Hamilton's Seat**, du nom d'un homme d'Église et géologue amateur du XVIIIe siècle, ouvre sur un panorama spectaculaire, entre falaises, aiguilles et pics rocheux.

6 Les **Shepherd's Steps** (p. 252) forment un escalier sinueux creusé dans la falaise. Celui-ci rejoint, en contrebas, un sentier côtier menant à la Chaussée.

La photo à prendre Le pont de corde de Carrick-a-Rede

1 Éprouvez votre courage sur le **pont de corde de Carrick-a-Rede** (p. 259), qui se balance entre les falaises et une île.

2 Vient ensuite la magnifique **White Park Bay** (p. 259), une plage de sable blanc s'étendant sur 2 km. C'est à marée basse qu'elle est le plus praticable, lorsque le sable est plus ferme.

3 Continuez jusqu'au hameau de **Portbradden** (p. 259), aux maisonnettes serrées entre falaises et océan.

Dunluce Castle

Les ruines de **Dunluce Castle** (87 Dunluce Rd ; tarif plein/enfant 5/3 £ ; 10h-17h mars-nov, 10h-16h déc-janv, dernières entrées 30 min avant la fermeture) se dressent sur un piton basaltique à 5 km à l'est de Portrush, à 1 heure de marche sur un sentier côtier. Un pont étroit enjambe un gouffre étourdissant pour relier l'avant-cour, située sur le continent, à la partie principale de la forteresse. En contrebas, un sentier partant de la maison du gardien conduit à la Mermaid's Cave (grotte de la sirène), à la base du piton. Tous les bus du littoral desservent ce site.

Aux XVIe et XVIIe siècles, ce château était la résidence de la famille MacDonnell (comtes d'Antrim depuis 1620), qui édifia un manoir Renaissance derrière les remparts. Une partie du château, dont la cuisine, s'effondra dans l'océan en 1639.

Portrush

La station de Portrush (Port Rois) attire une kyrielle de vacanciers en haute saison ; son offre touristique tourne principalement autour des plaisirs balnéaires. C'est aussi l'un des meilleurs spots de surf d'Irlande et l'adresse des clubs de golf les plus prestigieux du Nord.

À VOIR ET À FAIRE

East Strand Plage

(Curran Strand). Principal attrait de Portrush, cette jolie plage s'étend sur 3 km à l'est de la ville, jusqu'aux falaises de craie de Whiterocks.

Royal Portrush Golf Club Golf

(028-7082 2311 ; www.royalportrushgolfclub.com ; Dunluce Rd ; green mai-sept 190 £, avr et oct 100 £, nov-mars 60 £). Dans un cadre mémorable au bord de l'Atlantique, à la lisière orientale de l'agglomération, ce club, fondé en 1888, a accueilli l'Open Championship en 1951 et renouvellera l'expérience en 2019. Il comprend deux parcours, le par 72 Dunluce – avec son White Rock au bord de l'eau (trou n°5) et son Calamity dans un ravin (trou n°14) – et le par 70 Valley. Consultez le site Internet pour les horaires.

OÙ SE RESTAURER

Arcadia Café £

(www.arcadiaportrush.co.uk ; East Strand ; repas 3-6 £ ; 9h-17h avr-sept). Bâtiment emblématique de Portrush, ce pavillon Art déco des années 1920 abrite en son rez-de-chaussée un café de plage, où l'on sert de copieux petits déjeuners, des bagels, des salades et des glaces pour se requinquer après le surf. Une galerie d'art gratuite occupe l'étage, où se déroulent aussi des ateliers et des cours (yoga, peinture, etc.).

55 Degrees North International ££

(028-7082 2811 ; www.55-north.com ; 1 Causeway St ; plats 10-19 £ ; 12h30-14h30 et 17h-20h30 lun-ven, jusqu'à 21h sam, 12h-20h30 dim ;). De grandes baies vitrées permettent aux convives de ce restaurant de profiter d'un fantastique panorama sur la plage et la mer. La cuisine est axée sur des saveurs simples. Au rez-de-chaussée, le **Café North** (vente d'alcool ; déj plats 6-8 £, dîner plats 10-14 £ ; 9h-21h lun-mar et sam, 9h-18h mer-ven Pâques-sept, horaires restreints oct-Pâques) dispose d'une terrasse en front de plage.

DEPUIS/VERS PORTRUSH

La gare routière se situe à côté du Dunluce Centre. Les bus 140A et 140B circulent de Portrush à Portstewart (2,30 £, 10 min, toutes les 20 min du lundi au samedi, 5/jour dim) et

Coleraine (2,70 £, 20 min). Portrush est aussi desservie par les bus saisonniers **Antrim Coaster** (p. 253) et **Causeway Rambler** (p. 253).

La gare se trouve juste au sud du port. Portrush est desservie par des trains au départ de Coleraine (2,40 £, 12 min, toutes les heures), d'où partent des liaisons vers Belfast et Derry.

Bushmills

Bushmills, agglomération la plus proche (5 km) de la Chaussée des Géants (p. 250), est de longue date un lieu de pèlerinage pour les amateurs de whiskey. L'étape attire également les randonneurs engagés sur la Causeway Coast (p. 254).

À VOIR ET À FAIRE

Old Bushmills Distillery Distillerie

(028-2073 3218 ; www.bushmills.com ; 2 Distillery Rd ; circuit tarif plein/enfant 8/4 £ ; 9h15-16h45 lun-sam et 12h-16h45 dim mars-oct, 10h-16h45 lun-sam et 12h-16h45 dim nov-fév). Bushmills est la plus ancienne distillerie légale encore en activité au monde : elle obtint en effet sa licence du roi Jacques Ier, en 1608. Le whiskey y est élaboré à partir d'orge irlandaise et d'eau du St Columb's Rill (un affluent de la Bush), puis vieilli en fût de chêne. Pendant sa maturation, la teneur en alcool chute de 60 à 40%, le différentiel ayant pour nom la "part des anges". Après la visite de la distillerie, vous recevrez un échantillon gratuit de votre choix.

Giant's Causeway & Bushmills Railway Train

(028-2073 2844 ; infogcbr@btconnect.com ; aller-retour tarif plein/enfant 5/3 £). Récupéré sur une ligne privée pour être installé sur la rive du Lough Neagh, ce petit train (deux locomotives vapeur et une diesel) suit l'itinéraire d'un tramway touristique du XIXe siècle sur 3 km, entre Bushmills et un terminus en contrebas du Giant's Causeway Visitor Experience.

Portstewart Strand

La grande plage de **Portstewart Strand** (www.nationaltrust.org.uk/portstewart-strand), longue de 2,5 km, se trouve à 20 minutes de marche au sud du centre-ville de Portstewart, ou à quelques minutes de bus via Strand Road. On peut se garer directement sur le sable (parking de 1 000 places ouvert toute l'année, 5 £/voiture, de Pâques à octobre).

Au milieu de la plage, une cabane appartenant au National Trust cache un des meilleurs restaurants de la côte nord, le **Harry's Shack** (028-7083 1783 ; www.facebook.com/HarrysShack ; Portstewart Strand ; plats 12-17 £ ; 11h-15h et 17h-20h30 mar-jeu, 10h-21h ven-sam, 10h-19h dim). Fruits, légumes et herbes bio cultivés dans le potager du restaurant, viande provenant d'élevages du cru et fruits de mer locaux y sont les ingrédients de plats aussi simples que mémorables, comme la sole aux coques et au beurre d'algues, et les moules de Mulroy Bay au cidre irlandais. Réserver.

Le train circule toutes les heures de 11h à 17h30 en saison ; il part à l'heure pile de la Chaussée et à la demie de Bushmills, tous les jours en juillet-août et le week-end seulement de Pâques à juin et en septembre-octobre.

Le sentier de 5 km qui longe les rails de la Giant's Causeway & Bushmills Railway est agréable à pied comme à vélo.

OÙ SE RESTAURER

Bushmills Inn Irlandais ££

(028-2073 3000 ; www.bushmillsinn.com ; 9 Dunluce Rd ; plats déj 12-15 £, dîner 13-25 £ ; 12h-17h et 18h-21h30 lun-sam, 12h-14h30 et 18h-21h30 dim ;). Aménagé dans les écuries d'une auberge du XVIIe siècle, ce havre, tout en alcôves et cheminées, sert des plats à base de produits locaux, comme le velouté de fruits de mer de l'Atlantique, le chevreuil à l'irlandaise et le *Dalriada Cullen Skink* traditionnel (haddock fumé au feu de bois, revenu dans la crème avec des œufs pochés et des pommes de terre nouvelles). Réservez bien à l'avance.

Tartine Irlandais ££

(028-2073 1044 ; www.distillersarms.com ; 140 Main St ; plats 12-22 £ ; 17h-20h30 mer-jeu, 17h-21h ven, 17h-21h30 sam, 12h30-14h et 17h-20h30 dim). Aménagées dans un ancien pub avec plancher nu, pierre apparente et cheminée, ces trois salles reliées entre elles sont décorées d'art irlandais. Les produits locaux sont accommodés façon "brasserie moderne" : crème brûlée au crabe de Ballycastle, duo de rôti de porc et de poitrine braisée...

De la Chaussée des Géants à Ballycastle

Le joli village à flanc de colline de Ballintoy (Baile an Tuaighe) se prolonge en un port de carte postale, connu des fans de *Game of Thrones* comme le Lordsport des îles de Fer (entre autres décors empruntés au lieu). Sur le quai trône un four à chaux restauré, où l'on fabriquait de la chaux vive à partir de la craie des falaises et du charbon de Ballymoney.

Ballintoy est située à mi-chemin entre Ballycastle et la Chaussée des Géants (p. 250), sur la plus belle portion de la Causeway Coast, là où les falaises de basalte noir et celles de craie blanche offrent un contraste saisissant, sans compter les îles rocailleuses au large et les étendues de sable blanc.

C'est à pied que la découverte est le plus agréable (p. 254), sur les 16,5 km du **Causeway Coast Way**, un sentier balisé reliant le parking de Carrick-a-Rede à la Chaussée des Géants (www.walkni.com). Les principaux sites sont cependant également accessibles en voiture ou en bus.

À environ 9,5 km à l'est de la Chaussée des Géants, on arrive au hameau de **Portbradden**, avec sa poignée de maisons en front de mer. La magnifique **White Park Bay,** visible depuis Portbradden et accessible via le premier embranchement sur l'A2, a l'attrait d'une immense plage sablonneuse. **Ballintoy** se trouve environ 3 km plus à l'est.

À VOIR

Pont de corde de Carrick-a-Rede — Pont

(028-2076 9839 ; www.nationaltrust.org.uk/carrick-a-rede ; 119 Whitepark Rd, Ballintoy ; tarif plein/enfant 7/3,50 £ ; 9h30-18h avr-oct, 9h30-15h30 nov-mars). Ce pont de corde suspendu, long de 20 m et large d'1 m, qui relie les falaises à la petite île de Carrick-a-Rede, se balance à 30 m au-dessus de la mer et des rochers. La traversée est sans danger mais très impressionnante, à plus forte raison lorsque le vent souffle (le pont est d'ailleurs fermé par grand vent). Depuis l'île, on peut admirer Rathlin Island et Fair Head à l'est.

L'endroit compte aussi un petit centre d'information du National Trust et un café, sur le parking.

C'est sous l'impulsion des pêcheurs que le pont a été construit : ceux-ci jetaient en effet leurs filets à la pointe de l'île pour intercepter les saumons qui longeaient la côte lors de leur migration vers leur rivière d'origine.

Désormais assailli par les cars de tourisme, Carrick-a-Rede est devenu si populaire que le National Trust a dû instaurer des créneaux horaires (avec délivrance de billets valables une heure) pour la traversée du pont. En haute saison, arrivez tôt pour être sûr d'obtenir un ticket.

OÙ SE RESTAURER

Red Door Cottage — Café £

(028-2076 9048 ; www.facebook.com/thereddoortearoom ; 14a Harbour Rd, Ballintoy ; plats 6-10 £ ; 11h-16h mar-ven et 10h-16h sam-dim mai-oct, 10h-16h sam-dim mar-avr). Cette maisonnette, à 200 m de la côte le long de la route secondaire menant au port de Ballintoy, arbore une porte rouge vif. Tout ici est fait maison : bouillons, soupes, *Irish*

PETER KROCKA/SHUTTERSTOCK ©

Top 5 des sites photogéniques

- Chaussée des Géants (p. 250)
- Dunluce Castle (p. 256)
- White Park Bay (p. 259)
- Pont de corde de Carrick-a-Rede (p. 259)
- Route de Torr Head (p. 262)

De gauche à droite : pont de corde de Carrick-a-Rede ; macareux sur Rathlin Island (p.261) ; port de Ballintoy

ALLYSTEWART/GETTY IMAGES ©

stew (ragoût d'agneau), burgers et gâteaux. Les tables de pique-nique du jardin sont parfaites par beau temps ; quand il fait froid, un feu de tourbe crépite à l'intérieur. En périodes de vacances, mieux vaut réserver.

Roark's Kitchen Café £

(Harbour Rd, Ballintoy Harbour ; plats 6,25-7,50 £ ; 11h-19h tlj juin-août, sam-dim seulement mai et sept ; P). Dans le port de Ballintoy, ce charmant salon de thé aux murs de craie sert différents thés, du café, des glaces, des pommes cuites maison, des tartes aux cerises et à la rhubarbe et, pour déjeuner, de l'*Irish stew* (ragoût), des tourtes poulet-jambon et d'autres plats. Paiement en liquide.

DEPUIS/VERS LA CHAUSSÉE DES GÉANTS ET BALLYCASTLE

Le bus 172 (8/jour lun-ven, 3/jour sam-dim) relie Ballintoy à Coleraine (4,40 £, 40 min), Ballycastle (3 £, 20 min), la Chaussée des Géants (3,20 £, 20 min) et Bushmills (3,50 £, 25 min). Les bus **Antrim Coaster** (p. 253) et **Causeway Rambler** (p. 253) suivent le même itinéraire en saison.

Ballycastle

Ville portuaire et station balnéaire, Ballycastle (Baile an Chaisil) correspond à l'extrémité est de la Causeway Coast. C'est une jolie bourgade, avec une promenade à parcourir en famille et une plage propice aux châteaux de sable. C'est aussi de là que partent les ferries pour Rathlin Island.

À VOIR

Marconi Memorial Monument

Dans le parking du port, une plaque apposée au pied d'une aiguille de pierre commémore le jour de 1898 où les assistants de Guglielmo Marconi ont joint Rathlin Island par radio depuis Ballycastle pour prouver à la Lloyds de Londres qu'une liaison par TSF était réalisable. Le but était de pouvoir avertir Londres ou Liverpool de l'arrivée sans encombre des navires au terme de leur traversée de l'océan – la plupart des transatlantiques passaient en effet par le chenal au nord de Rathlin.

Cushendun (p. 262)

PAUL J MARTIN/SHUTTERSTOCK ©

OÙ SE RESTAURER

Morton's Fish & Chips £

(☎028-2076 1100 ; The Harbour, Bayview Rd ; plats 6-10 £ ; ⏰12h-20h dim-jeu, 12h-21h ven-sam). On ne saurait trouver plus frais en matière de *fish and chips* : les bateaux déchargent leur pêche juste à côté de cette cabane sur le port. Morue, haddock, Saint-Jacques, langoustines et cakes au crabe, mais aussi frites à base de pommes de terre locales, y attirent de longues files de clients en été (prévoyez de l'attente).

Ursa Minor Boulangerie, Café £

(www.ursaminorbakehouse.com ; 45 Ann St ; ⏰10h-16h mar-sam). Spécialisé dans les pains au levain et les friands aux amandes, ce café-boulangerie serait moins improbable dans une banlieue balnéaire branchée que dans la ville côtière de Ballycastle. À leur retour de Nouvelle-Zélande, Dara et Ciara Ó Hartghaile ont décidé de s'essayer à la boulangerie artisanale. Le résultat plaît autant aux touristes qu'aux habitants.

DEPUIS/VERS BALLYCASTLE

La gare ferroviaire se trouve dans Station Road, juste à l'est du Diamond (une zone en forme de losange, en centre-ville, autrefois comprise entre les quatre portes des remparts). Le bus 217 relie Ballycastle à Ballymena (6,70 £, 50 min, ttes les heures lun-ven, 5/jour sam), où l'on peut prendre une correspondance pour Belfast.

Le bus 172 longe la côte jusqu'à Coleraine (6,50 £, 1 heure, 8/jour lun-ven, 3/jour sam-dim) via Ballintoy, la Chaussée des Géants et Bushmills.

Les bus saisonniers **Antrim Coaster bus** (p. 253) s'arrêtent aussi à Ballycastle.

Glens d'Antrim

Le nord-est de l'Antrim est un haut plateau de lave basaltique noire recouvrant des strates crayeuses blanches. Sur la côte, entre Cushendun et Glenarm, le plateau est divisé en plusieurs vallées glaciaires appelées Glens d'Antrim.

Rathlin Island

Rathlin est réputée pour ses paysages et ses oiseaux marins, notamment les macareux qui nichent sur les falaises, à l'ouest. Depuis le port de Church Bay, on peut rejoindre le **Rathlin West Light Seabird Centre** (☎028-2076 3948 ; www.rspb.org.uk ; tarif plein/enfant 5/2,50 £ ; ⏰10h-17h mars-sept) (7 km), le **phare de Rathlin East** (3 km) ou le **phare de Rathlin South** (4,5 km), à pied ou à vélo. Il y a aussi des sentiers moins courus tel le **Ballyconagan Trail**, menant à l'ancienne station des garde-côtes, au nord.

Comment s'y rendre et circuler

Le **Rathlin Island Ferry** (☎028-2076 9299 ; www.rathlinballycastleferry.com ; aller-retour tarif plein/enfant/vélo 12/6/3,30 £) part tous les jours de Ballycastle – mieux vaut réserver bien à l'avance. D'avril à mi-septembre, il y a jusqu'à 10 traversées par jour, dont la moitié en catamaran rapide (20 min) ; les autres liaisons se font en car-ferry, plus lent (45 min). Service réduit en hiver.

Le **Puffin Bus** (☎07759 935192, 07752 861788 ; billets tarif plein/enfant 5/3 £) de McGinn assure la navette entre le ferry et le Rathlin West Light Seabird Centre d'avril à septembre. Contactez-les pour tout autre transport.

Location de vélos (☎028-2076 3954 ; john_jennifer@btinternet.com ; Soerneog View Hostel ; 10 £/jour ; ⏰10h-17h) au Soerneog View Hostel, au sud du port.

Phare de Rathlin East

Route panoramique de Torr Head

À quelques kilomètres de Ballycastle à l'est, la route panoramique ("Scenic Route") part de l'A2 vers le nord. Cet itinéraire bis pour Cushendun est déconseillé aux petites natures (et aux caravanes) : audacieux et étroit, il emprunte des pentes raides surplombant la mer. Des embranchements en partent pour desservir les curiosités. Par temps clair, la vue est superbe jusqu'à l'Écosse, du Mull of Kintyre aux monts d'Arran.

Le premier embranchement conduit au parking de Coolanlough, début d'un sentier balisé (5 km aller-retour) conduisant à **Fair Head**. Le second descend en pente raide jusqu'à **Murlough Bay**. Depuis le parking au bout de ce chemin, on peut continuer à pied vers le nord, le long du littoral, jusqu'à des maisons de mineurs en ruine (10 min) ; des falaises en surplomb, on extrayait autrefois du charbon et de la craie que l'on transformait en chaux vive dans un four.

Le troisième embranchement conduit à des maisons de garde-côtes en ruine et au promontoire rocheux de **Torr Head**, couronné d'une station de garde-côtes du XIXe siècle (abandonnée dans les années 1920). C'est le lieu d'Irlande le plus proche de l'Écosse – le Mull of Kintyre n'est qu'à 19 km de l'autre côté du Canal du Nord. Une pêcherie de saumon à filet fixe fonctionne à la fin du printemps et en été. L'ancienne glacière à droite de la route servait autrefois à conserver les prises.

Murlough Bay

Cushendun et Cushendall

Le joli village côtier de Cushendun est célèbre pour ses cottages de style cornouaillais, appartenant désormais au National Trust. Construits entre 1912 et 1925 sur l'ordre du propriétaire du terrain, lord Cushendun, ils furent conçus par Clough Williams-Ellis, l'architecte de l'étonnant village de Portmeirion, au nord du pays de Galles (qui tint lieu de décor à la série *Le Prisonnier*, 1967).

Agrémentée d'une petite plage de galets, Cushendall est une petite station balnéaire (et un étranglement routier) située au pied de la vallée glaciaire (*glen*) de Glenballyeamon, que domine le mont Lurigethan, reconnaissable à son sommet plat.

À VOIR ET À FAIRE

Vous trouverez à Cushendun une jolie **plage** de sable, plusieurs **chemins côtiers** et quelques impressionnantes **grottes** – un des lieux de tournage de la série *Game of Thrones* – creusées dans les falaises surplombant la mer, au sud du village (suivez le chemin jusqu'au bout des logements de vacances, au sud de l'embouchure de la rivière).

À quelque 6 km au nord du village sur l'A2 en direction de Ballycastle, **Loughareema**, également appelé "the Vanishing Lake" (le lac qui disparaît), est alimenté par trois cours d'eau dont aucun ne s'échappe. Le lac atteint une taille respectable après de fortes pluies (400 m de long et 6 m de profondeur), mais l'eau disparaît peu à peu par des fissures du sous-sol calcaire, ne laissant qu'un lit à sec.

Curfew Tower Bâtiment historique

Bâtie en grès rouge, cette tour peu commune située sur le carrefour central de Cushendall fut érigée en 1817 sur le modèle d'un édifice que le propriétaire des lieux avait vu en Chine. Il s'agissait, à l'origine, d'une prison. Elle n'est pas accessible au public.

Glenarm

OÙ SE RESTAURER

Harry's Restaurant Bistrot **££**

(☎028-2177 2022 ; www.harryscushendall.com ; 10 Mill St ; plats midi 8-13 £, soir 10-20 £ ; ⏰12h-21h ; 📶). Cette accueillante institution locale, à l'ambiance lounge, propose des classiques de la cuisine de pub de 12h à 18h et, le soir, des plats à la carte allant du steak au homard.

DEPUIS/VERS CUSHENDUN ET CUSHENDALL

Le bus 150 relie Cushendun à Cushendall (2,70 £, 15 min, 6/jour lun-ven, 3/jour sam), Glenariff Forest Park (3,80 £, 30 min) et Ballymena (6,70 £, 1 heure).

Le bus saisonnier **Antrim Coaster** (p. 253) dessert aussi ces localités.

Glenarm

Le délicieux village de Glenarm (Gleann Arma) est le plus ancien de la région des Glens. Il mérite le détour pour les fabuleux jardins de Glenarm Castle, mais aussi pour ses rangées de maisons georgiennes et son parc forestier.

À VOIR ET À FAIRE

Baladez-vous parmi les impeccables maisons georgiennes du vieux village (près de la rue principale, au sud de la rivière). À l'endroit où la rue débouche dans Altmore Street, plus large, repérez à droite **Barbican Gate** (1682), portail du château de Glenarm (ci-dessous).

En haut de la côte de Vennel Street, tournez à gauche dans Layde Path après la dernière maison pour rejoindre le point de vue offrant un panorama grandiose du village et du littoral.

Glenarm Castle & Walled Garden Château

(www.glenarmcastle.com ; 2 Castle Lane ; jardin clos tarif plein/enfant 6/3 £ ; ⏰jardin 10h-17h lun-sam et 11h-17h dim avr à mi-oct). Les comtes d'Antrim – la famille McDonnell – habitent Glenarm depuis 1750. Le château, actuellement occupé par Lord et Lady Dunluce, est fermé au public, sauf pour la fête de la tulipe (le week-end férié de mai) et le **Dalriada Festival** (www.dalriadafestival.co.uk ; pass journée tarif plein/enfant 15/6 £ ; ⏰juil) en juillet. On peut toutefois visiter le charmant jardin clos et flâner dans les allées.

La ferme biologique du domaine a été récompensée pour son bœuf *shorthorn* de Glenarm. Le saumon bio est fumé sur place. Ces deux produits sont en vente au **Glenarm Castle Tea Room & Shop** (☎028-2884 1984 ; plats 4,85-9,25 £ ; ⏲10h-17h lun-sam et 11h-17h dim avr à mi-oct).

DEPUIS/VERS GLENARM

Le bus saisonnier **Antrim Coaster** (p. 253) dessert le village.

Derry (Londonderry)

La deuxième agglomération d'Irlande du Nord demeure un centre artistique et culturel florissant, dont les pubs animés abritent une scène musicale en plein essor. Le centre de Derry a subi une refonte impressionnante en 2013, année où la ville était capitale de la culture britannique, avec la construction du Peace Bridge, d'Ebrington Square et la mise en valeur de sa situation au bord de la rivière par le

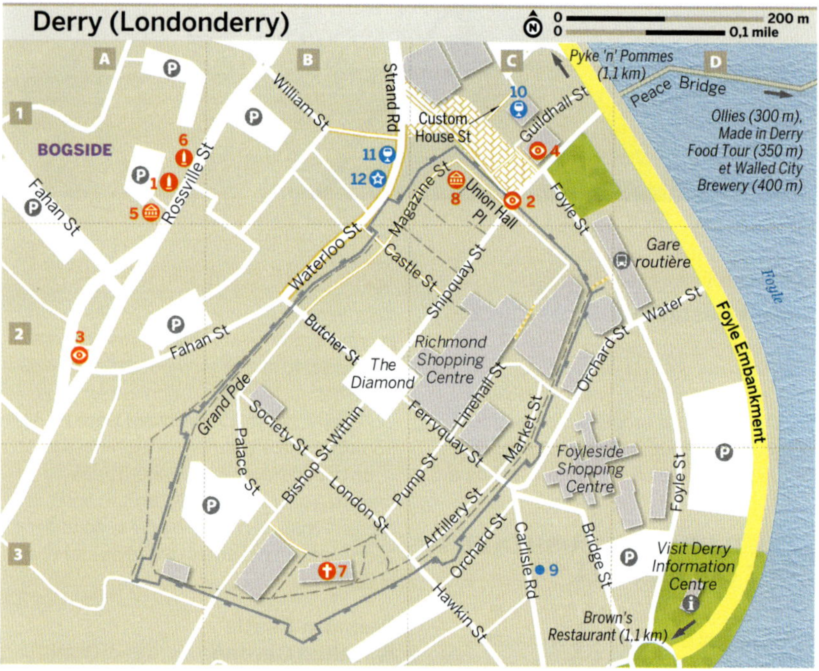

Derry (Londonderry)

À voir

1 Bloody Sunday Memorial A1
2 Remparts de Derry C1
3 Free Derry Corner A2
4 Guildhall C1
5 Museum of Free Derry A1
6 People's Gallery Murals A1
7 St Columb's Cathedral B3
8 Tower Museum C1

Activités

9 City Walking Tours C3
Free Derry Tours .... (voir 3)

Où prendre un verre et faire la fête

10 Guildhall Taphouse C1
11 Peadar O'Donnell's B1

Où sortir

12 Gweedore Bar B1

réaménagement des berges et du quartier de Guildhall.

La ville a une histoire chargée, du siège de Derry à la bataille du Bogside et au Bloody Sunday. Le double nom Derry-Londonderry en est un héritage. En 1613, en reconnaissance du rôle des corporations de Londres dans la colonisation de la région, la ville fut rebaptisée "Londonderry" à l'occasion d'une charte royale. C'est toujours aujourd'hui, son nom officiel, que les unionistes farouches insistent pour utiliser. L'appellation "Derry" est préférée des nationalistes – et indépendamment même des opinions politiques, c'est elle qui est le plus couramment utilisée.

À VOIR

La cité fortifiée de Derry constitue l'exemple le plus ancien de planification urbaine en Irlande. Elle s'inspirerait de la ville française de la Renaissance de Vitry-le-François, conçue en 1545 par l'ingénieur italien Girolamo Marini : toutes deux suivent le plan en damier d'un camp romain, avec deux grandes rues perpendiculaires et quatre portes, correspondant à leurs extrémités.

Remparts de Derry — Fortifications

(aube-crépuscule). GRATUIT Achevés en 1619, les remparts de Derry sont les derniers d'Irlande à avoir subsisté presque intacts. Épais de 9 m et hauts de 8 m, ils entourent la ville sur environ 1,5 km : en faire le tour vous donnera un bon aperçu de la configuration et de l'histoire de la cité. Aux XVIIIe et XIXe siècles, les quatre portes d'origine (Shipquay, Ferryquay, Bishop's et Butcher's) ont été reconstruites et trois nouvelles (New, Magazine et Castle) ajoutées.

Tower Museum — Musée

(www.derrystrabane.com/towermuseum ; Union Hall Pl ; tarif plein/enfant 4/2 £ ; 10h-17h30, dernière entrée 16h). Montez tout droit au 5e étage de ce musée primé, aménagé dans la réplique d'une tour du XVIe siècle, pour admirer la vue. Descendez ensuite jusqu'aux espaces **Armada Shipwreck** et **Story of Derry**, où des expositions et des présentations audiovisuelles bien pensées vous feront voyager dans l'histoire de la ville, depuis la fondation du monastère de Saint-Colmcille (Colomban) au VIe siècle jusqu'à la bataille du Bogside à la fin des années 1960. Prévoyez deux bonnes heures.

Guildhall — Édifice historique

(028-7137 6510 ; www.derrystrabane.com/Guildhall ; Guildhall St ; 10h-17h30). GRATUIT À l'extérieur des remparts, le bâtiment néogothique du Guildhall, édifié en 1890 puis reconstruit après un incendie en 1908, est réputé pour ses vitraux, offerts par les corporations londoniennes (London Livery Companies), et son horloge inspirée de Big Ben. À l'intérieur se trouvent une exposition historique retraçant la colonisation de l'Ulster et un point d'information touristique.

St Columb's Cathedral — Cathédrale

(www.stcolumbscathedral.org ; 17 London St ; don conseillé 2 £ ; 9h-17h lun-sam). Construite entre 1628 et 1633 avec le même schiste gris-vert que les remparts, cette église fut la première de l'après-Réforme édifiée en Grande-Bretagne et en Irlande. De fait, il s'agit du plus vieil édifice de Derry encore debout.

Sous le **porche** (sous la flèche, près de l'entrée de la cour St Columb's), on peut voir la première pierre posée en 1633, où est indiquée la date d'achèvement de la cathédrale. La pierre plus petite provient de l'église qui, érigée en 1164, occupait jadis cet emplacement.

Bogside — Quartier historique

À l'ouest des remparts, le quartier de Bogside est devenu, au XIXe et au début du XXe siècle, une zone résidentielle ouvrière, majoritairement catholique.

En août 1969 y éclata la "bataille du Bogside" (une guérilla urbaine opposant la jeunesse à la police) qui poussa le gouvernement britannique à dépêcher l'armée en Irlande du Nord. Les habitants du Bogside et du quartier voisin de Brandywell, soit 33 000 personnes, se déclarèrent indépendants des autorités

De gauche à droite : Peace Bridge (p. 264) ; tacos de poisson chez Pyke 'n' Pommes (page ci-contre) ; Derry

et barricadèrent les rues pour empêcher les forces de sécurité d'y pénétrer. "Free Derry" (Derry libre), dans laquelle patrouillaient des volontaires de l'IRA, devint alors zone interdite pour la police et l'armée. En janvier 1972, les alentours de Rossville Street furent le théâtre de la tragédie du Bloody Sunday (voir p. 308). L'aventure de "Free Derry" se termina avec l'opération Motorman, qui vit, au 31 juillet 1972, des milliers de militaires britanniques occuper le Bogside avec le renfort de chars d'assaut.

Le quartier a depuis fait l'objet d'importants réaménagements : les anciens immeubles et maisons ont été rasés et remplacés par des logements modernes, et la zone ne compte plus que 8 000 habitants. Dernier témoignage du vieux Bogside, le **Free Derry Corner** (carte p. 264 ; croisement de Fahan St et Rossville St) est un pan de mur orné de la célèbre formule "*You are Now Entering Free Derry*" ("Vous pénétrez dans Derry libre"). Dans Rossville Street, le **Bloody Sunday Memorial** (carte p. 264 ; Rossville St) est un simple obélisque de granit érigé à la mémoire des 14 civils abattus par l'armée britannique le 30 janvier 1972.

Museum of Free Derry Musée

(www.museumoffreederry.org ; 55 Glenfada Park ; tarif plein/enfant 4/3 £ ; ⌚9h30-16h30 lun-ven toute l'année, plus 13h-16h sam avr-sept et 13h-16h dim juil-sept). À deux pas de Rossville Street, cet excellent musée retrace l'histoire du Bogside, du mouvement pour les droits civiques et des événements du Bloody Sunday à travers des photographies, des articles de journaux, des documents audiovisuels, des écrans interactifs et des récits de témoins clés. On découvre notamment les photographies originales qui ont inspiré les fresques de la People's Gallery, située non loin.

People's Gallery Murals Fresques

(www.bogsideartists.com ; Rossville St). Les 12 fresques qui ornent les pignons des maisons de Rossville Street, près du Free Derry Corner, sont surnommées la People's Gallery. Elles sont l'œuvre des "Bogside Artists" (Kevin Hasson et les frères Tom and Will Kelly – Will est décédé

HENRYK SADURA/GETTY IMAGES ©

en 2017), qui vécurent tous les trois ici pendant les heures les plus sombres des "Troubles" du Bogside. On distingue très clairement les fresques depuis les remparts nord.

CIRCUITS ORGANISÉS

City Walking Tours Circuits guidés
(☎028-7127 1996 ; www.derrycitytours.com ; Carlisle Stores, 11 Carlisle Rd ; tarif plein/enfant 4 £/gratuit ; ⏲circuits Derry historique 10h, 12h, 14h et 16h tte l'année). Circuits pédestres historiques au départ de Carlisle Stores. Des circuits pour découvrir le Bogside et les fresques de Derry sont également proposés. Recommandé.

Free Derry Tours Culture
(☎07793 285972 ; tarif plein/étudiant 6/5 £ ; ⏲10h, 12h et 14h lun-ven mars-sept plus 11h et 14h sam, avr-sept, et 14h dim juil-sept). Ces visites guidées (1 heure) du Bogside organisées par le Museum of Free Derry (page ci-contre) comprennent les fresques de la People's Gallery, le Free Derry Corner, le Hunger Strikers' Memorial et le Bloody Sunday Memorial.

Made in Derry Food Tour Gastronomie
(madeinderryfoodtours.com ; 47 £/pers ; ⏲12h sam). Un circuit de 4 heures pour découvrir la scène gastronomique émergente de Derry. En chemin, chefs et producteurs vous feront goûter une vingtaine de spécialités locales, notamment des fromages et des bières artisanales. Départ devant le bâtiment Eighty81, sur Ebrington Square. Réservez bien à l'avance.

OÙ SE RESTAURER

Pyke 'n' Pommes Cuisine de rue £
(derrière Foyle Marina, près de Baronet St ; plats 4-16 £ ; ⏲12h-17h ven-sam, 12h-16h dim-jeu ;). Ce conteneur maritime posé sur le quai est la meilleure adresse de Derry. Le chef Kevin Pyke y propose d'irrésistibles burgers, bio pour la plupart, comme le Notorious PIG (émincé de porc, chou croquant, betterave et crème fraîche), spécialité de la maison,

Brasserie des remparts

Établie dans une ancienne caserne sur Ebrington Square, la **Walled City Brewery** (028-7134 3336 ; www.walledcitybrewery.com ; 70 Ebrington Sq ; 17h-23h mar-jeu, 14h30-23h30 ven-sam, 14h-22h dim) est la nouvelle brasserie artisanale-restaurant du maître brasseur James Huey, natif de Derry. Outre une dizaine de bières artisanales, on y sert de bons plats (14-24 £), comme l'émincé de porc braisé à la bière (fumé sur place). Des cours pour apprendre à brasser sa propre bière y sont également dispensés.

le Veganderry (pois chiches, citron, coriandre) et le Legenderry Burger (bœuf wagyu, oignons au vinaigre et mayonnaise à la moutarde et au miel). Ses tacos de poisson Pykeos font mouche également. En saison, il y a parfois des burgers aux huîtres ou aux maquereaux.

Brown's Restaurant Irlandais ££
(028-7134 5180 ; brownsrestaurant.com ; 1 Bond's Hill, Waterside ; déj 3 plats 15 £, dîner plats 17-24 £ ; 12h-15h mar-sam, 17h30-21h mar-jeu, 17h-22h ven-sam, 12h-15h dim ;). De l'extérieur, Brown ne paie pas de mine mais la salle agrémentée de banquettes couleur brandy, de luminaires en métal sculpté et de gravures monochromes rétro est un lieu à part. Le menu toujours renouvelé fait le bonheur des gourmets, employant de manière inventive des produits frais du cru.

Ollies Irlandais ££
(028-7132 9751 ; www.facebook.com/loveollies ; 59 Ebrington Sq ; plats déj 4,50-8 £, dîner 10-15 £ ; 9h-21h ;). Dans ce café-bistrot lumineux, tout est fait maison à partir d'ingrédients locaux, des moelleuses gaufres et crêpes du petit déjeuner aux onctueuses soupes de fruits de mer de Greencastle, pains, gâteaux et viennoiseries. Bon choix de plats végétariens et sans gluten. Apportez vos boissons (comptez un petit droit de bouchon).

OÙ PRENDRE UN VERRE ET FAIRE LA FÊTE

Peadar O'Donnell's Pub
(www.peadars.com ; 59-63 Waterloo St ; 11h30-1h30 lun-sam, 12h30-0h30 dim). Décoré à la manière d'un pub-épicerie typique – avec étagères couvertes d'ustensiles, balances sur le comptoir et vieux bric-à-brac digne d'un musée –, ce pub accueille des sessions de musique traditionnelle tous les soirs et souvent les après-midi de week-end. Le **Gweedore Bar** (www.peadars.com ; 59-63 Waterloo St ; 11h30-1h30 lun-sam, 12h-0h30 dim) voisin accueille des groupes de rock tous les soirs et organise une soirée discothèque le samedi soir à l'étage.

Guildhall Taphouse Bar
(www.facebook.com/Guildhalltaphouse ; 4 Custom House St ; 12h-1h lun-sam, 12h-minuit dim). Ce bar chaleureux occupant une maison du XIXe siècle a des poutres apparentes, égayées de guirlandes lumineuses. C'est une bonne adresse où déguster une bière artisanale locale ou internationale, ou savourer un cocktail raffiné. Il accueille souvent des musiciens, notamment pour la session de musique traditionnelle du mercredi.

RENSEIGNEMENTS

Visit Derry Information Centre (028-7126 7284 ; www.visitderry.com ; 44 Foyle St ; 9h-17h30 lun-ven, 10h-17h sam-dim ;). Ce grand

NIGEL HICKS/GETTY IMAGES ©

centre d'information touristique au personnel aimable propose des brochures sur Derry et ses alentours. Livres et cartes à vendre et réservation d'hébergements. **Claudy Cycles** (☎028-7133 8128 ; www.claudycycles.com ; Visit Derry Information Centre ; location de vélos 8/12 £ demi-journée/journée) y loue des vélos.

DEPUIS/VERS DERRY (LONDONDERRY)

AVION

Le **City of Derry Airport** (☎028-7181 0784 ; www.cityofderryairport.com ; Airport Rd, Eglinton) est à environ 13 km à l'est de Derry, le long de l'A2 en direction de Limavady. Vols directs pour London Stansted (quotidiens), Liverpool (2 fois/semaine) et Glasgow International (4 fois/semaine), notamment.

BUS

La **gare routière** (☎028-7126 2261 ; Foyle St) se trouve juste au nord-est de la ville fortifiée.

Depuis Derry, les villes d'Irlande du Nord sont desservies par **Translink** (www.translink.co.uk) et celles de république d'Irlande par les **bus Éireann** (www.buseireann.ie).

Belfast Europa Bus Centre 12 £, 1 heure 45, (toutes les 30 min lun-ven ; toutes les heures sam-dim).

Galway 16,50 £, 5 heures 30 (5/jour).

Les bus **Airporter** (☎028-7126 9996 ; airporter.co.uk ; 1 Bay Rd, près de Culmore Rd ; wifi) relient directement Derry au Belfast International Airport (20 £, 1 heure 30) et au George Best Belfast City Airport (20 £, 2 heures) au moins une fois/heure du lundi au vendredi et un peu moins fréquemment le week-end. Départ du bureau d'Airporter, situé 1,5 km au nord du centre-ville, à côté du Da Vinci's Hotel.

TRAIN

La gare ferroviaire de Derry se situe sur la rive est de la Foyle. Un bus Rail Link gratuit la relie à la gare routière.

Belfast (12 £, 2 heures 15, 9/jour lun-sam, 6/jour dim)

Coleraine (9,60 £, 45 min, 11/jour lun-sam, 6/jour dim)

ADRIAN MANDADO CENDON/GETTY IMAGES ©

BELFAST

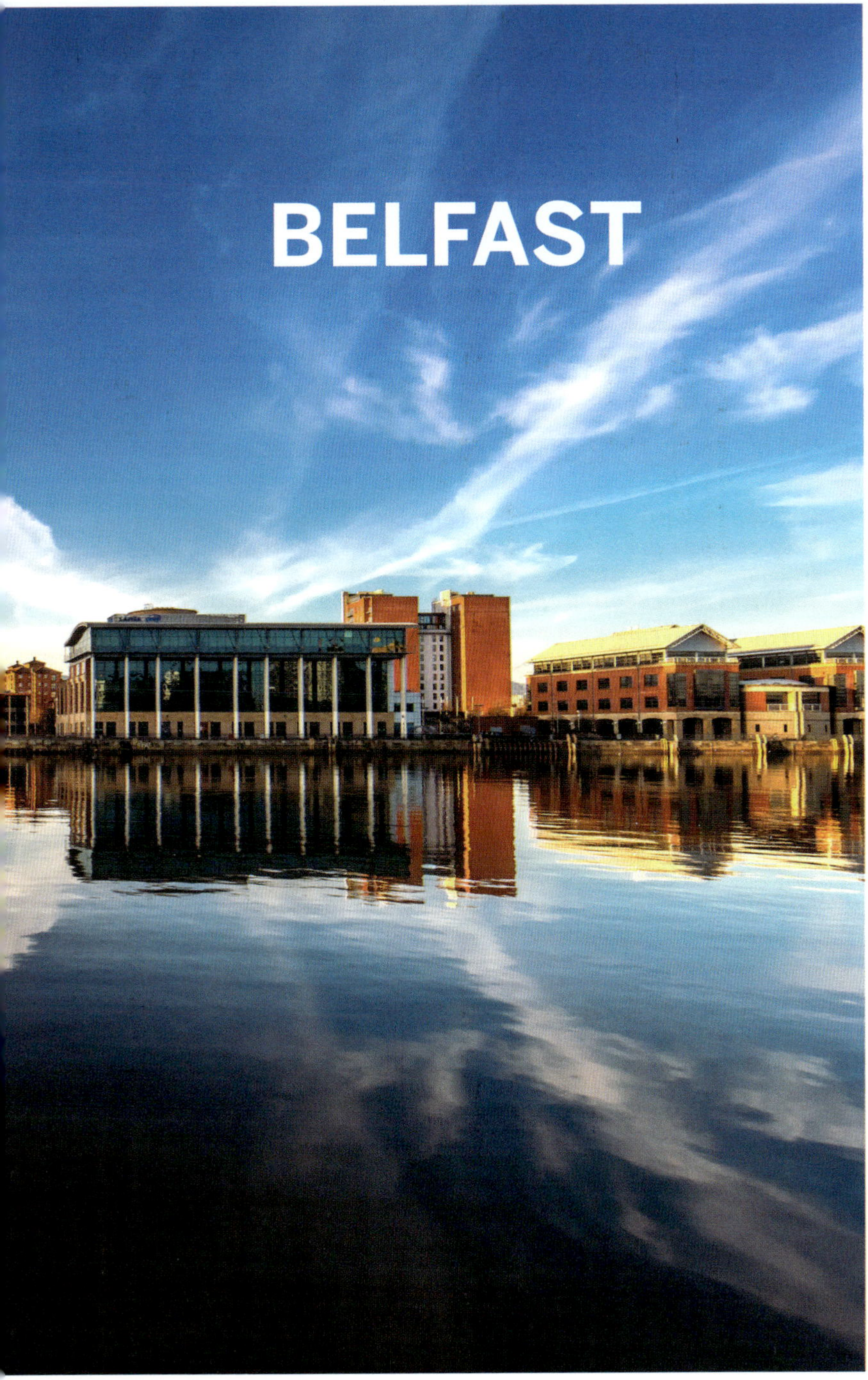

Dans ce chapitre

Titanic Quarter 274
Fresques murales de West Belfast 276
À voir 278
Circuits organisés 282
Achats 283
Où se restaurer 284
Où prendre un verre et faire la fête 286
Où sortir 288

Belfast

Belfast est à bien des égards une ville nouvelle. Autrefois boudée par les touristes, refroidis par le conflit nord-irlandais et les "Troubles", elle s'est remarquablement transformée en quelques années. C'est aujourd'hui une ville festive et branchée, qui cultive l'hédonisme au quotidien.

Fleuron du Titanic Quarter, le Titanic Belfast, superbe édifice en étoile, est devenu la première attraction de la ville. On trouve aussi à Belfast une magnifique architecture victorienne, des berges ponctuées d'œuvres d'art moderne, une scène gastronomique en plein essor et des pubs où règne la musique.

Belfast en 1 jour

Commencez par une visite guidée gratuite du **City Hall** (p. 278). Découvrez les fresques murales de West Belfast avec les **visites en taxi noir** (p. 277), puis direction **Holohan's** (p. 284) pour le déjeuner. L'après-midi, faites un tour sur le fleuve avec la **Lagan Boat Company** (p. 282) avant d'explorer le **Titanic Belfast** (p. 274) et de dîner au **Barking Dog** (p. 286).

Belfast en 2 jours

Le deuxième jour, commencez par l'**Ulster Museum** (p. 178), puis flânez dans les **Botanic Gardens** (p. 279). L'après-midi, offrez-vous une visite guidée de **Crumlin Road Gaol** (p. 279). Le soir, découvrez les pubs traditionnels comme le **Kelly's Cellars** (p. 287), le **Duke of York** (p. 287) et le **Crown Liquor Saloon** (p. 278).

Comment s'y rendre

Belfast International Airport Bus fréquents vers la ville (aller-retour 10,50 £, 30 min) de 16h30 à 23h.

George Best Belfast City Airport Bus fréquents vers la ville (aller-retour 3,80 £, 15 min) de 6h à 21h30.

Europa Bus Centre Les bus venant de Dublin arrivent dans le centre-ville.

Belfast Central Station Les trains en provenance de Dublin arrivent à cette gare. Le billet de train comprend le trajet en bus jusqu'au centre-ville.

Où se loger

De l'auberge de jeunesse au boutique-hôtel de luxe, l'offre d'hébergement s'élargit d'année en année. Les adresses économiques et de milieu de gamme sont pour la plupart au sud du centre, dans le quartier arboré de l'université, vers Botanic Avenue, University Road et Malone Road, à une vingtaine de minutes à pied du City Hall. Les hôtels d'affaires et les hôtels de luxe prolifèrent en centre-ville.

Réservez pour le week-end, l'été et les périodes de festival.

Titanic Belfast

Titanic Quarter

Les anciens chantiers navals de Belfast – berceau du* RMS Titanic *– s'étendent sur la rive est de la Lagan, dominés par deux immenses grues jaunes surnommées Samson et Goliath.

Pour ceux qui aiment...

☑ Ne ratez-pas

Les toilettes de la première classe du SS *Nomadic*.

Titanic Belfast

Sur le site de la cale de lancement du *Titanic* se dressent aujourd'hui les lignes épurées de l'édifice du **Titanic Belfast** (www.titanicbelfast.com ; Queen's Rd ; tarif plein/enfant 18/8 £ ; ⌚9h-19h juin-août, 9h-18h avr-mai et sept, 10h-17h oct-mars ; 🚌Abercorn Basin), un palais à la gloire du passé de Belfast et de la construction du plus célèbre des paquebots transatlantiques. Les expositions multimédias, habilement agencées, sont rehaussées d'images d'époque. Des projections et des documents sonores y présentent le formidable essor, au début du XXe siècle, d'une Belfast devenue une ville industrielle de premier ordre. La visite se poursuit au fil d'un circuit high-tech, avec bande-son et odorama, à travers la reconstitution du chantier naval.

Vous pourrez observer tous les détails de la construction du *Titanic*, en passant par la

SS *Nomadic*

ANTON_IVANOV/SHUTTERSTOCK ©

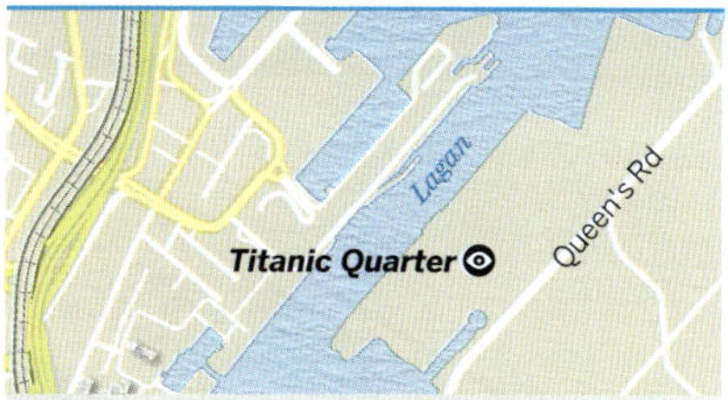

Infos pratiques

Des panneaux d'information aident à repérer les différents sites de la zone le long de Queen's Road.

Une petite soif ?

Il y a des cafés au Titanic Belfast et à la Thompson Pump House.

★ Bon plan

Une heure avant la fermeture, on peut profiter d'un billet à prix réduit (tarif plein/enfant 9/6 £) pour une visite express (sans le chantier naval).

quille, le pont et des répliques des cabines. L'élément le plus émouvant est peut-être le film d'époque, aux images tremblotantes, témoignage du gigantisme du paquebot.

À l'arrière du bâtiment se trouvent encore les énormes cales de lancement sur lesquelles furent construits le *Titanic* et son frère aîné l'*Olympic*.

SS *Nomadic*

Construit à Belfast en 1911, le **SS *Nomadic*** (www.nomadicbelfast.com ; Hamilton Dock, Queen's Rd ; tarif plein/enfant 7/5 £ ; 9h-19h juin-août, 9h-18h avr-mai et sept, 10h-17h oct-mars ; Abercorn Basin) est le dernier survivant de la White Star Line. Ce petit navire à vapeur servait à conduire, depuis Cherbourg, les passagers de 1re et 2e classes à bord des paquebots, trop massifs pour s'amarrer à quai. Le 10 avril 1912, il transporta 172 malheureux passagers jusqu'au *Titanic*. Ne manquez pas les somptueuses toilettes de la 1re classe. La visite du SS *Nomadic* est comprise dans le billet pour le Titanic Belfast (à utiliser dans les 24 heures).

Titanic's Dock et Pump House

Au bout de Queen's Road trône le plus impressionnant vestige de l'époque des grands paquebots transatlantiques, l'immense **Thompson Dry Dock** (www.titanicsdock.com ; Queen's Rd ; tarif plein/enfant 5/3,50 £ ; 10h-17h avr-oct, 10h30-16h nov-déc, 10h30-17h janv-fév ; Science Park), où l'intérieur du *Titanic* fut équipé.

À côté se dresse la **Pump House** (station de pompage), qui héberge des expositions sur les chantiers navals de Belfast. La visite libre comprend des vidéos tournées sur les chantiers, l'exploration des mécanismes de pompage et une promenade au niveau du plancher de la cale sèche.

La taille de la cale sèche donne une idée de celle du navire, qui y tenait tout juste.

Fresque de Danny Devenny représentant Bobby Sands

Fresques murales de West Belfast

Les peintures murales de l'ouest de Belfast sont un poignant témoignage des terribles tensions qui déchiraient jadis la ville.

Pour ceux qui aiment...

☑ Ne ratez-pas

La Peace Line, un mur d'acier séparant les communautés protestante et catholique de West Belfast.

À Belfast, la tradition des fresques politiques remonte à 1908, quand des portraits du roi Billy (Guillaume III d'Orange, roi protestant qui l'emporta, en 1690, sur le catholique Jacques II lors de la bataille de la Boyne) furent peints par des Unionistes, en dénonciation des projets nationalistes de gouvernement autonome. La tradition fut ravivée à la fin des années 1970, en pleine période des "Troubles" : elles servaient alors à délimiter le territoire des deux factions, à exprimer des avis politiques, à commémorer des événements historiques, voire à faire l'apologie de groupes terroristes.

Fresques républicaines

Les premières fresques républicaines datent de 1981, quand la grève de la faim menée par des détenus républicains à la prison de Maze entraîna l'apparition de dizaines de

"Solidarité envers les prisonniers de guerre", fresque de Danny Devenny et Carlos Latuff

VANDERWOLF IMAGES/SHUTTERSTOCK ©

peintures de soutien. Plus tard, les muralistes républicains élargirent leur spectre afin d'aborder des questions politiques plus générales, ainsi que des légendes irlandaises et des événements historiques.

Fresques loyalistes

Les fresques loyalistes sont en général plus militaristes et provocatrices que les fresques républicaines. Le cri de guerre des loyalistes, "*No Surrender !*" ("nous ne nous rendrons jamais"), y est omniprésent, tout comme les trottoirs peints en rouge, blanc et bleu, les insignes paramilitaires et les images de personnages comme Guillaume III ou Cromwell, pour ne citer qu'eux.

Fresques d'aujourd'hui

Les fresques ont suscité de nombreux débats ces dernières années. Si elles présentent un attrait touristique incontestable, la tendance actuelle est à remplacer les œuvres les plus agressives par des peintures dédiées aux héros locaux et aux personnalités telles que le footballeur George Best et l'écrivain C. S. Lewis, auteur du *Monde de Narnia*.

Infos pratiques

Une visite en taxi noir est le moyen idéal de découvrir les fresques, mais rien ne vous empêche de faire la visite à pied.

Une petite faim ?

Bia (028-9096 4184 ; www.culturlann.ie ; 216 Falls Rd ; plats 8-22 £ ; 9h-18h lun-jeu, 9h-21h ven-sam, 10h-16h dim ; Broadway), dans le Centre pour les arts et la culture irlandais Cultúrlann McAdam Ó Fiaich, est un bon lieu pour une pause déjeuner.

Bon à savoir

Vous pouvez photographier les fresques sans problème, mais non les passants ni les commissariats de police.

Visites en taxi

De nombreuses compagnies, ainsi que des taxis indépendants, assurent des circuits de découverte des fresques de West Belfast. La qualité et la durée des visites sont variables, mais elles restent un moyen amusant et personnalisé de voir ces peintures. Hélez un taxi dans le centre-ville.

Paddy Campbell's Famous Black Cab Tours Visite culturelle
(07990 955 227 ; www.belfastblackcabtours.co.uk ; visite 1 à 3 personnes 30 £/pers). Visite en taxi très populaire de 30 minutes.

Harper Taxi Tours Visite culturelle
(07711 757 178 ; www.harpertaxitours.com ; à partir de 30 £). Visites politico-historique.

Official Black Taxi Tours Visite culturelle
(028-9064 2264 ; www.belfasttours.com ; 1 heure 30, 35 £/pers pour 1-2 pers, 15 £/pers pour plus de 3 pers). Visites personnalisées.

À VOIR

Centre-ville

City Hall — Édifice historique

(www.belfastcity.gov.uk ; Donegall Sq ; visites guidées 11h, 14h et 15h lun-ven, 12h, 14h et 15h sam-dim oct-mai, plus 10h et 16h lun-ven et 16h sam-dim juin-sept ; Donegall Sq). GRATUIT L'hôtel de ville de Belfast fut construit en 1906, dans un style néo-Renaissance, en pierre blanche de Portland. La visite guidée (gratuite, 45 min) comprend entre autres temps forts la découverte du somptueux intérieur en marbre italien, des vitraux colorés du hall d'entrée et de la rotonde, ainsi que des portraits pleins de caractère des anciens maires – chaque édile ayant été libre du choix de l'artiste, les contrastes d'une œuvre à l'autre sont pour le moins étonnants. Vous pourrez en outre vous asseoir sur le trône du maire, dans la salle du conseil, et essayer la tenue des conseillers.

Crown Liquor Saloon — Édifice historique

(www.nationaltrust.org.uk/the-crown-bar ; 46 Great Victoria St ; 11h30-23h lun-sam, 12h30-22h dim ; Europa Bus Centre). GRATUIT Il est rare de savourer une pinte de bière dans un monument historique. C'est possible au Crown Liquor Saloon, propriété du National Trust. Le plus célèbre bar de Belfast a été réaménagé à la fin du XIXe siècle et témoigne de la splendeur victorienne à son apogée. Le propriétaire cherchait à attirer la clientèle aisée arrivant par la nouvelle gare ferroviaire ou fréquentant le Grand Opera House, de l'autre côté de la rue. Bien que très touristique, le lieu voit affluer des habitués à partir de 18h.

South Belfast (Queen's Quarter)

Ulster Museum — Musée

(www.nmni.com ; Botanic Gardens ; 10h-17h mar-dim ; ; Botanic). GRATUIT On passerait des heures dans ce fabuleux musée. Si vous êtes pressé par le temps, ne manquez ni l'**Armada Room**, remplie d'objets récupérés dans l'épave de la galéasse espagnole *Girona*, qui fit naufrage en 1588 (près de 1 300 personnes

City Hall

NAHLIK/SHUTTERSTOCK ©

périrent), ni l'**Egyptian Room** et la momie de Takabuti, vieille de 2 500 ans, qui fut libérée d'une partie de ses bandelettes en 1835, ni la **galerie des peuples primitifs** et son magnifique disque de Bann, chef-d'œuvre d'art celtique datant de l'âge du fer.

Botanic Gardens — Jardins

(Stranmillis Rd ; 7h30-crépuscule ; College Green). GRATUIT La pièce centrale de cette oasis de verdure est la magnifique **Palm House** (10h-17h avr-sept, 10h-16h oct-mars) signée Charles Lyndon, érigée entre 1839 et 1852, et son dôme aux oiseaux, véritable chef-d'œuvre de fer forgé et de verre incurvé. À côté se dresse le **Tropical Ravine** de 1889 (10h-17h avr-sept, 10h-16h oct-mars), une immense serre en brique rouge conçue par le responsable des jardins, Charles McKimm. Une passerelle y surplombe une jungle de fougères tropicales, d'orchidées, de lys et de bananiers peuplant le creux d'un vallon artificiel. La réouverture, au sortir d'une rénovation d'un coût de 3,8 millions de livres, était attendue au printemps 2018.

Queen's University — Édifice historique

(University Rd ; visite guidée 5 £/pers ; Queen's University). L'université la plus prestigieuse d'Irlande du Nord fut fondée par la reine Victoria en 1845. Le Queen's College devint la Queen's University of Belfast en 1908. Son campus compte aujourd'hui quelque 250 bâtiments.

À l'entrée principale, le **Queen's Welcome Centre** (028-9097 5252 ; www.qub.ac.uk/welcomecentre ; 8h30-17h30 lun-ven, 11h-16h sam-dim) abrite un guichet d'information et une boutique de souvenirs. Réservez une **visite guidée** ou procurez-vous une brochure gratuite pour visiter sans guide.

West Belfast (Gaeltacht Quarter)

Au nord-ouest de Donegall Square, Divis Street traverse le Westlink Motorway et mène à Falls Road et West Belfast. Bien que marqué par des années de guerre civile, l'ancien terrain d'affrontement est désormais l'un des sites les plus fascinants d'Irlande du Nord. L'histoire récente, douloureuse, y demeure palpable, même si l'heure est à l'optimisme et à l'espérance.

Ne manquez pas les saisissantes fresques murales (p. 276) qui retracent l'histoire du conflit, ainsi que les sujets politiques du moment.

West Belfast s'est développée autour des filatures de lin, qui avaient fait la prospérité de la ville dès la fin du XIXe siècle. Les logements ouvriers étaient alors bon marché, et déjà segmentés en communautés religieuses. L'irruption des "Troubles" en 1968 consolida ces divisions confessionnelles, et depuis 1970

Crumlin Road Gaol

La visite guidée de la célèbre **Crumlin Road Gaol** de Belfast (028-9074 1500 ; www.crumlinroadgaol.com ; 53-55 Crumlin Rd ; visites guidées tarif plein/enfant 9/6,50 £ ; 10h-17h30, dernière visite 16h30 ; Agnes St) vous fera passer par le tunnel construit sous Crumlin Road en 1850 pour transférer les prisonniers depuis le tribunal, de l'autre côté de la rue – puis découvrir les salles résonnant d'échos et les cellules exiguës de l'aile C, et enfin l'effroyable chambre d'exécution. Mieux vaut réserver la visite. L'entrée piétonne de la prison se trouve sur Crumlin Road ; l'accès au parking se fait par Clifton Park Avenue au nord.

TREVOR BUCHANAN/GETTY IMAGES ©

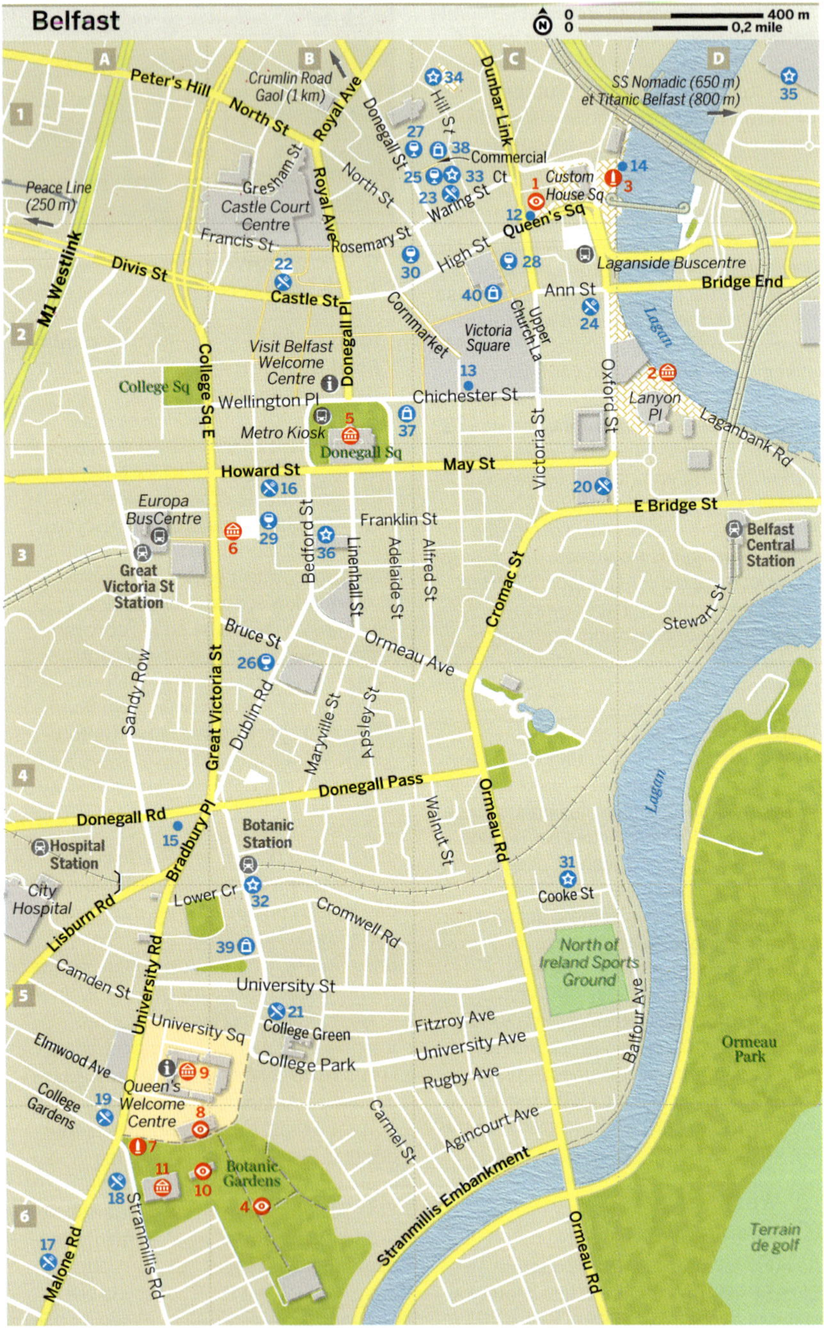
Belfast
0 400 m
0 0,2 mile
A
B
C
D
1
2
3
4
5
6
Peter's Hill
North St
Royal Ave
Crumlin Road Gaol (1 km)
Donegall St
Hill St
Dunbar Link
SS Nomadic (650 m) et Titanic Belfast (800 m)
Peace Line (250 m)
Gresham St
Castle Court Centre
Francis St
North St
Commercial Ct
Waring St
Custom House Sq
Queen's Sq
Rosemary St
High St
Laganside Buscentre
Bridge End
M1 Westlink
Divis St
Castle St
Ann St
Cornmarket
Victoria Square
Upper Church La
Lagan
College Sq
College Sq E
Visit Belfast Welcome Centre
Donegall Pl
Wellington Pl
Chichester St
Oxford St
Lanyon Pl
Laganbank Rd
Metro Kiosk
Donegall Sq
Howard St
May St
Victoria St
Europa BusCentre
Great Victoria St Station
E Bridge St
Franklin St
Belfast Central Station
Bedford St
Linenhall St
Adelaide St
Alfred St
Cromac St
Stewart St
Bruce St
Ormeau Ave
Sandy Row
Great Victoria St
Dublin Rd
Maryville St
Apsley St
Donegall Pass
Donegall Rd
Bradbury Pl
Walnut St
Ormeau Rd
Botanic Station
Hospital Station
City Hospital
Lower Cr
Cromwell Rd
Cooke St
Lisburn Rd
North of Ireland Sports Ground
Camden St
University Rd
University St
Balfour Ave
University Sq
College Green
Fitzroy Ave
University Ave
Elmwood Ave
College Park
Rugby Ave
Ormeau Park
Queen's Welcome Centre
College Gardens
Carmel St
Agincourt Ave
Botanic Gardens
Stranmillis Embankment
Stranmillis Rd
Malone Rd
Terrain de golf
1
2
3
4
5
6
7
8
9
10
11
12
13
14
15
16
17
18
19
20
21
22
23
24
25
26
27
28
29
30
31
32
33
34
35
36
37
38
39
40

Belfast

À voir

1 Albert Memorial Clock Tower....................C1
2 Belfast Barge....................D2
3 Bigfish....................C1
4 Botanic Gardens....................B6
5 City Hall....................B2
6 Crown Liquor Saloon....................B3
7 Lord Kelvin Statue....................A6
8 Palm House....................A6
9 Queen's University....................A5
St George's Market....................(voir 20)
10 Tropical Ravine....................A6
11 Ulster Museum....................A6

Activités

Belfast Cookery School....................(voir 22)
Belfast Food Tour....................(voir 20)
12 Belfast Pub Crawl....................C1
13 Game of Thrones Tours....................C2
14 Lagan Boat Company....................D1
15 McComb's Game of Thrones Tours....................A4

Où se restaurer

16 Bar & Grill....................B3
17 Barking Dog....................A6
18 Café Conor....................A6
19 Deanes at Queen's....................A6
20 George's of the Market....................C3
Holohan's at the Barge....................(voir 2)
James St South....................(voir 16)
21 Molly's Yard....................B5
22 Mourne Seafood Bar....................B2
23 Muddlers Club....................C1
24 OX....................C2

Où prendre un verre et faire la fête

25 Duke of York....................C1
26 Filthy Quarter....................B3
27 John Hewitt....................C1
Kelly's Cellars....................(voir 22)
28 Muriel's Cafe-Bar....................C2
29 Perch....................B3
30 White's Tavern....................B2

Où sortir

31 An Droichead....................C4
32 Belfast Empire....................B5
33 Black Box....................C1
34 MAC....................C1
35 SSE Arena....................D1
36 Ulster Hall....................B3

Achats

37 Co Couture....................B2
38 Friend at Hand....................C1
39 No Alibis Bookstore....................B5
40 Studio Souk....................C2

la mal-nommée **Peace Line** (Falls Rd) sépare le quartier loyaliste et protestant de Shankill (de l'irlandais *sean chill*, signifiant "ancienne église") du quartier républicain et catholique de Falls.

Malgré sa mauvaise réputation, héritée d'un passé encore proche, la zone est sans danger. Le meilleur moyen de découvrir West Belfast est de le faire en taxi noir. Rien ne vous empêche toutefois d'explorer le secteur par vos propres moyens, à pied ou en empruntant les taxis noirs collectifs qui circulent le long de Falls Road et de Shankill Road. Sinon, les bus 10A à 10F, au départ de Queen Street, vous conduiront dans Falls Road, tandis que Shankill Road est desservie par les bus 11A à 11D, au départ de Wellington Place.

Ulster Folk & Transport Museum

Deux des meilleurs musées de la province vous attendent juste à la sortie de Belfast, de part et d'autre de la route A2 menant à Bangor. L'excellent **Ulster Folk Museum** (www.nmni.com/uftm ; Cultra ; tarif plein/enfant 9/5,50 £, combiné avec l'Ulster Transport Museum 11/6 £ ; 10h-17h mar-dim mars-sept, 10h-16h mar-ven, 11h-16h sam-dim oct-fév ; ; Cultra) présente le mode de vie en Irlande au cours des derniers siècles, avec des reproductions de fermes, de forges, d'églises, de moulins et d'un village entier. La révolution industrielle n'est pas en reste : des alignements de maisons en brique rouge rappellent l'aspect de Belfast et Dromore au XIXe siècle. Cinéma muet également. En été, des personnes en costumes d'époque montrent les techniques du labour ou de la pose des toits de chaume.

De l'autre côté de la route, l'**Ulster Transport Museum** (www.nmni.com/uftm ; Cultra ; tarif plein/enfant 9/5,50 £, combiné avec l'Ulster Folk Museum 11/6 £ ; mêmes

Belfast et le *Titanic*

Sans conteste le navire le plus célèbre de l'Histoire, le *Titanic* (p. 274) fut construit à Belfast dans les chantiers navals Harland & Wolff pour la White Star Line. Lorsque sa quille fut posée, en 1909, la réputation des chantiers navals de Belfast était à son apogée, et la White Star Line pouvait porter aux nues ce paquebot comme le plus long et le plus luxueux transatlantique jamais construit. Il était de surcroît tenu pour "insubmersible".

Mis à l'eau depuis la cale n°3 de H&W, le 31 mai 1911, le *Titanic* passa plus d'un an dans le Thompson Graving Dock pour y être équipé avant de quitter Belfast, le 2 avril 1912, pour sa traversée inaugurale. S'ensuivit l'une des plus grandes catastrophes maritimes de tous les temps : le navire percuta un iceberg dans l'Atlantique nord le 14 avril 1912 et sombra aux premières heures du jour suivant. Seuls 705 des 2 228 passagers et membres d'équipages survécurent au naufrage ; il n'y avait de canots de sauvetage que pour 1 178 personnes.

La page Internet www.ireland.com/amazing-places/titanic-in-belfast recense tous les lieux, visites et activités à Belfast en lien avec le célèbre paquebot.

Fresque du *Titanic*, Newtownards Road

horaires qu'Ulster Folk Museum ; ; Cultra) expose locomotives à vapeur, matériel roulant, motos, trams, bus et voitures. Côté voitures, le point d'orgue de la visite est le prototype en acier inoxydable de la DeLorean DMC, fabriqué à Belfast en 1981 : si ce modèle aux portes papillon fut un fiasco commercial, il fut immortalisé en servant de véhicule à remonter le temps dans les films *Retour vers le futur*. L'exposition Titanica plaît toujours ; elle comporte les plans originaux du *Titanic* et de son homologue l'*Olympic*.

CIRCUITS ORGANISÉS

Belfast Food Tour — Gastronomie

(tasteandtour.co.uk ; circuit 4 heures 50 £/pers ; Belfast Central). Au départ de St George's Market, ces circuits amusants sont un excellent moyen de découvrir la scène gastronomique florissante d'Irlande du Nord. En chemin, de nombreuses dégustations de plats traditionnels de la région et de produits innovants sont prévus.

La société propose d'autres circuits de découverte des plats et boissons, notamment le Belfast Whiskey Walk (60 £) et le Brewery Tour (45 £). Réservez.

Lagan Boat Company — Circuit en bateau

(028-9024 0124 ; www.laganboatcompany.com ; tarif plein/enfant 10/8 £ ; 12h30, 14h et 15h30 tlj avr-oct, 12h30 et 14h sam-lun nov-mars ; Queen's Sq). L'excellent **Titanic Tour** explore le quartier des docks, en aval de la vanne du Lagan Weir. Vous verrez ainsi les cales de construction où furent inaugurés les paquebots *Titanic* et *Olympic*, ainsi que leur énorme cale sèche, où les deux mastodontes étaient séparés par un espace de 23 cm seulement. On aperçoit parfois des phoques. Départ du Donegall Quay, à côté de la **sculpture Bigfish** (Queen's Sq). Réservez.

Titanic Tours Circuit guidé
(028-9065 9971 ; www.titanictours-belfast.co.uk ; circuit 3 heures tarif plein/enfant 30/15 £). Ce luxueux circuit de 3 heures, organisé par l'arrière-petite-fille de l'un des membres d'équipage du *Titanic*, permet de visiter plusieurs sites liés au célèbre paquebot, en groupes de 2 à 5 personnes. Le tarif inclut le transfert depuis/vers votre hébergement. Propose également des circuits pers 40 à 50 £ par personne.

Belfast Pub Crawl Circuit guidé
(07731 977 774 ; www.belfastcrawl.com ; 10 £/pers ; 20h30 ven-sam ; Queen's Sq). Ce circuit de 3 heures vous mènera (verre et musique à la clé) dans quatre pubs historiques de la ville, au départ de l'**Albert Memorial Clock Tower** (Queen's Sq ; Queen's Sq). Réservez bien à l'avance.

ACHATS

Studio Souk Artisanat
(www.studiosouk.com ; 60-62 Ann St ; 9h30-17h30 lun-sam, 13h-17h30 dim ; Victoria Sq). Trois niveaux, remplis des créations de plus de 80 artistes et artisans locaux, notamment des poteries, sacs en toile imprimée, torchons et œuvres d'art. L'endroit idéal pour dénicher d'authentiques souvenirs de Belfast.

Friend at Hand Whiskey
(028-9032 9969 ; 36 Hill St ; 11h30-19h lun-sam, 12h-18h dim ; Queen's Sq). Ce musée-boutique, consacré au whiskey, en vend plus de 200 variétés différentes. Il expose une panoplie de vieux objets associés à ce breuvage, ainsi que quelque 400 bouteilles ; l'ensemble est issu de la collection privée de Willie Jack, magnat des bars de Belfast. Certaines bouteilles ont plus de 100 ans. Vous y trouverez des produits bien plus accessibles que le Midleton, vendu à 11 000 £...

Co Couture Chocolat
(www.cocouture.co.uk ; 7 Chichester St ; 10h-18h lun-sam ; Donegall Sq). Cette petite boutique en sous-sol a été primée pour ses chocolats artisanaux fabriqués à base de cacao malgache issu du *raise trade* (un cran au-dessus du commerce équitable).

Circuits *Game of Thrones*

Game of Thrones Tours (028-9568 0023 ; www.gameofthronestours.com ; tarif plein/étudiant 40/36 £ ; mer-dim Pâques-sept, moins de circuits oct-Pâques ; Victoria Sq). Deux circuits d'une journée pour explorer 11 lieux de tournage emblématiques de *Game of Thrones*. Le Winterfell Locations Trek comprend Castle Ward et le Tollymore Forest Park (où les Stark découvrent une louve morte et ses petits), tandis que le circuit Iron Islands and Stormlands Adventure englobe plusieurs sites du nord du comté d'Antrim comme le port de Ballintoy (Lordsport Harbour) et Dark Hedges (alias la Route Royale). Départ du centre commercial de Victoria Square.

McComb's Game of Thrones Tours (028-9031 5333 ; www.mccombscoaches.com ; 22-32 Donegall Rd ; 35 £ ; 9h ; Bradbury Pl). Les organisateurs de ces circuits embarquent aussi des figurants et du matériel. Parmi les lieux de tournage visités : Dark Hedges, Cushendun (la grotte marine où est née l'Ombre), le port de Ballintoy et Larrybane (où Renly est assassiné par l'Ombre). On passera vous chercher au **Belfast Youth Hostel** (22-32 Donegall Rd ; Shaftesbury Sq) à 9h.

Dark Hedges (la Route Royale)
ANDY GIBSON/500PX ©

On peut y déguster des chocolats sans produits laitiers, du chocolat chaud et des marshmallows végétariens, mais également suivre des cours.

No Alibis Bookstore Livres
(noalibis.com ; 83 Botanic Ave ; 9h-17h30 lun-sam, 13h-17h dim ; Botanic Ave). Spécialisée dans le polar, cette petite librairie indépendante (qui apparaît dans la série *Mystery Man* de Colin Bateman) est tenue par une équipe aussi sympathique que bien informée. Elle accueille régulièrement des lectures de poésie et des séances de dédicaces, ainsi que des soirées mensuelles de jazz.

OÙ SE RESTAURER

Centre-ville

Holohan's at the Barge Irlandais moderne ££
(028-9023 5973 ; www.holohansatthebarge.co.uk ; Belfast Barge, Lanyon Quay ; plats déj 5-9 £, dîner 15-22 £ ; 17h-23h mar-sam, 13h-19h dim ; Oxford St). Aménagé à bord de la **Belfast Barge** (www.facebook.com/TheBelfastBarge ; 10h-16h mar-sam) GRATUIT, Holohan's revisite avec brio les recettes à base de fruits de mer, et sait aussi concocter de succulents plats traditionnels irlandais comme les *crabachain* (beignets aux champignons, aux châtaignes et à l'estragon). Excellents desserts et vins du monde entier servis au verre.

OX Irlandais ££
(028-9031 4121 ; oxbelfast.com ; 1 Oxford St ; déj 2/3 plats 20/25 £, dîner 5 plats 50 £ ; 12h-14h30 et 18h-21h30 mar-ven, à partir de 13h sam ; Oxford St). Hauts plafonds, murs de briques peints de tons crème et mobilier en bois doré chaleureux créent un bel espace d'où admirer comme au théâtre la cuisine ouverte, au fond, où se mitonnent des plats parmi les plus succulents de Belfast (récompensés d'une étoile au Michelin). Le restaurant travaille avec des fournisseurs locaux et privilégie le bœuf irlandais, les produits de la mer issus d'une pêche raisonnée et les fruits et légumes de saison. Réserver 6 à 8 semaines à l'avance.

Mourne Seafood Bar Poisson, fruits de mer ££

(☎028-9024 8544 ; mourneseafood.com ; 34-36 Bank St ; plats déj 9-25 £ ; ⌚12h-21h30 lun-jeu, 12h-16h et 17h-22h ven-sam, 13h-21h dim ; 🚌Royal Ave). Ce pub tout en brique rouge et bois sombre, où des lampes à huile se balancent au plafond, est immensément populaire. Au menu : huîtres, Saint-Jacques fondantes, homard et langoustines issus des parcs à crustacés de l'établissement, ainsi que de succulents poissons – colin, daurade et bar notamment. Pour le soir, réservez.

Juste à côté, la **Belfast Cookery School** (☎028-9023 4722 ; www.belfastcookeryschool.com ; 53-54 Castle St ; cours 40-55 £ ; 🚌Royal Ave) organise différents cours de cuisine. Le Mourne Seafood Bar possède une **seconde antenne** (☎028-4375 1377 ; mourneseafood.com ; 10 Main St ; plats 11-26 £ ; ⌚12h30-21h30 mer-jeu, 12h30-22h ven-sam, 12h30-18h dim) près de Dundrum Bay, dans le comté de Down.

George's of the Market Irlandais moderne ££

(☎028-9024 0014 ; georgesbelfast.com ; Oxford St ; déj 3,50-8 £, déj express 7 £, dîner 12,50-25 £ ; ⌚10h-14h30 mar, 10h-14h30 et 17h-21h30 mer-sam, 10h-16h dim ; 🚆Belfast Central). Les ingrédients utilisés dans ce restaurant de l'historique **St George's Market** (www.belfastcity.gov.uk ; angle Oxford St et May St ; ⌚6h-15h ven, 9h-15h sam, 10h-16h dim ; 🚆Belfast Central) sont pour beaucoup produits localement. Les jours de marché, depuis le balcon du 1er étage, on perçoit l'agitation des acheteurs se faufilant entre les stands animés. Les petits déjeuners nord-irlandais "Beast of the Market" ont la cote, mais les steaks et les côtelettes grillées sont tout aussi excellents.

Muddlers Club Irlandais moderne £££

(☎028-9031 3199 ; www.themuddlersclubbelfast.com ; Warehouse Lane, près de Waring St ; plats 16-24 £, menu dégustation 45 £; ⌚12h-14h45 et 17h30-22h mar-sam ; 🚌Queen's Sq). Le décor industriel, les serveurs sympathiques

Le top 5 des restaurants

Holohan's at the Barge (p. 284)

Muddlers Club

Mourne Seafood Bar (p. 285)

George's of the Market

Barking Dog

De gauche à droite : Holohan's at the Barge (p. 284) ; St George's Market ; Crown Liquor Saloon (p. 278)

JAMES KENNEDY NI/SHUTTERSTOCK ©

WILLY BARTON/SHUTTERSTOCK ©

et les plats rustiques mettant en valeur les ingrédients locaux font de cet établissement l'un des meilleurs de Belfast. Caché dans une ruelle donnant sur Commercial Court, le Muddlers Club doit son nom à une société de révolutionnaires irlandais des années 1790, cofondée par Wolfe Tone et dont les réunions se tenaient ici. Réservez.

James Street South — Irlandais moderne £££

(☎028-9043 4310 ; www.jamesstreetsouth.co.uk ; 21 James St S ; plats déj 12-20 £, dîner 15,50-28 £, menu degustation 4/5 plats 70/80 £ ; ⌚17h30-21h30 lun-mar, 12h30-14h30 et 17h30-21h30 mer-sam ; 🚌Donegall Sq). La magnifique salle, ornée d'un immense paysage de l'impressionniste irlandais Clement McAleer, ainsi que les nappes d'un blanc immaculé, forment un décor tout indiqué pour les plats raffinés, à base de viande et fruits de mer locaux, dont on se régale ici. Service à la fois détendu et très professionnel.

Son **Bar & Grill** (☎028-9560 0700 ; www.belfastbargrill.co.uk ; plats 13,50-28,50 £ ; ⌚12h-22h) sert des spécialités tout aussi succulentes dans une atmosphère moins formelle.

South Belfast

Café Conor — Café ££

(☎028-9066 3266 ; www.cafeconor.com ; 11a Stranmillis Rd ; plats 9-19 £ ; ⌚9h-22h lun-sam, 9h-21h dim ; 🚌Ulster Museum). Dans l'ancien atelier au toit de verre de l'artiste William Conor, né à Belfast, ce café lumineux et décontracté propose des pâtes, salades, burgers et poêlées, une tarte du jour et quelques incontournables comme le *fish and chips* à la purée de pois. Le menu petit déjeuner, avec gaufres, bacon et sirop d'érable, est servi jusqu'à 17h.

Barking Dog — Bistrot ££

(☎028-9066 1885 ; www.facebook.com/TheBarkingDogRestaurant ; 33-35 Malone Rd ; plats 16-30 £, 5 assiettes de tapas 15,50 £ ; ⌚12h-14h30 et 17h-22h lun-jeu, 12h-23h ven-sam, 12h-16h et 17h-21h dim ; 📶👪 ; 🚌Eglantine Ave). Meubles en bois rustiques, brique apparente, chandelles et design moderne composent le cadre de cette élégante ferme restaurée. Le menu est tout aussi réconfortant, avec des plats sensationnels comme le burger maison au jarret de bœuf fondant, oignons caramélisés et crème de raifort, ou les gnocchis de patate douce.

Molly's Yard — Irlandais ££

(☎028-9032 2600 ; www.mollysyard.co.uk ; 1 College Green Mews ; plats bistrot 10 £, restaurant 13-25 £ ; ⌚12h-21h30 lun-sam ; 📶 ; 🚌Queen's University). 🍃 Ce singulier établissement occupe des écuries victoriennes restaurées ; agréable bistrot au rez-de-chaussée, tables dans la cour extérieure et, à l'étage, salle rustique (ouverture à 18h30) avec haut plafond et poutres apparentes. La carte se limite à une demi-douzaine d'entrées et de plats de saison.

Les bières artisanales viennent de la Lisburn's **Hilden Brewery** (☎028-9266 0800 ; www.hildenbrewery.com ; Hilden House, Grand St ; visite 10 £ ; ⌚visites sur réservation 12h mer-ven).

Deanes at Queen's — Bistrot ££

(☎028-9038 2111 ; www.michaeldeane.co.uk ; 1 College Gardens ; plats déj 7-12 £, dîner 14-20 £ ; ⌚12h-15h et 17h30-22h lun-sam, 13h-18h dim ; 🚌Methodist College). Ce bar-grill à l'ambiance détendue du chef vedette de Belfast Michael Deane était jadis le club du personnel de Queen's University. Le menu annonce des plats de pub aux accents raffinés, pour un bon rapport qualité/prix. Le gril à charbon Mibrasa, récemment installé, fait des merveilles.

OÙ PRENDRE UN VERRE ET FAIRE LA FÊTE

John Hewitt — Pub

(www.thejohnhewitt.com ; 51 Donegall St ; ⌚11h30-1h lun-ven, 12h-1h sam, 19h-1h dim ; 🚌Queen's Sq). Portant le nom d'un poète socialiste de Belfast, le John Hewitt est l'un de ces précieux bars qui, dépourvus de TV et de machines à sous, ne s'animent que du bruit des conversations. Il s'agit d'un bel endroit pour siroter un Jawbox gin, confectionné par le propriétaire, Gerry White, ou une des bières artisanales de la Lisburn's Hilden Brewery (page ci-contre). Sessions régulières de folk, jazz et bluegrass à partir de 21h.

Muriel's Cafe-Bar Bar

(☎028-9033 2445 ; 12-14 Church Lane ; ⌚11h30-1h lun-ven, 10h-1h sam, 11h30-minuit dim ; 🚌Queen's Sq). Élégant, intime et accueillant, ce bar affiche une déco résolument rétro-chic : vieux canapés et fauteuils, épaisses draperies aux tons olive ou rouge sombre, miroirs avec dorures et cheminée en fonte. La spécialité du lieu est le gin, dont on trouve toutes sortes de variétés exotiques pour agrémenter les tonics. Les en-cas valent aussi le détour.

Filthy Quarter Bar

(www.thefilthyquarter.com ; 45 Dublin Rd ; ⌚13h-1h lun-sam, 13h-minuit dim ; 🚌Dublin Rd). Le Filthy Quarter se divise en quatre bars distincts formant un ensemble hors du commun : le **Filthy McNasty** à la déco rétro déborde de bibelots loufoques et accueille des groupes de musique tous les soirs à 22h ; le **Secret Garden** est un *beer garden* sur deux niveaux à l'éclairage féerique où les glacières sont des arrosoirs ; le **Gypsy Lounge** (tous les soirs sauf lundi et mercredi) et sa caravane gitane accueille des DJ. Si vous n'êtes toujours pas convaincu, il reste le **Filthy Chic,** bar à cocktails éclairé de lustres et de chandeliers.

Perch Bar sur le toit

(www.theperchbelfast.com ; 5e niv., The Gate, 42 Franklin St ; ⌚13h-1h lun-sam, 13h-minuit dim ; 🚌Bedford St). Chants d'oiseaux enregistrés et fresque fleuries donnent le ton dans l'ascenseur industriel qui vous conduit à ce charmant bar sur le toit. Perché au sommet d'un bâtiment victorien, il est orné de plantes retombantes et baigné de musique relaxante. En hiver, on

Les plus vieux pubs victoriens

Duke of York (☎028-9024 1062 ; www.dukeofyorkbelfast.com ; 11 Commercial Ct ; ⌚11h30-minuit lun, 11h30-1h mar-sam, 13h-21h dim ; 🚌Queen's Sq). Dans une ruelle donnant sur Hill Street, ce pub traditionnel a des airs de musée vivant. Des concerts ont lieu régulièrement – le groupe local Snow Patrol a fait ses débuts ici. Depuis Commercial Court, un passage au plafond couvert de parapluies mène à une cour cernée de fresques murales dépeignant la vie à Belfast. Quand il fait doux, les clients débordent dehors.

Kelly's Cellars (www.kellyscellars.com ; 30-32 Bank St ; ⌚11h30-1h lun-sam, 13h-minuit dim ; 🚌Royal Ave). Kelly's est le plus vieux pub de Belfast (1720). Il servit de QG à Henry Joy McCracken et aux United Irishmen lors de la préparation du soulèvement de 1798. Les habitants s'y retrouvent pour les sessions de musique traditionnelle le samedi à 16h30.

White's Tavern (www.whitesbelfast.com ; 1-4 Wine Cellar Entry ; ⌚12h-23h lun-mar, 12h-1h mer-sam, 12h-minuit dim ; 🚌Royal Ave). Fondée en 1630 et reconstruite en 1790, White's se targue d'être la plus ancienne taverne de Belfast (les tavernes, à la différence des pubs, proposaient le gîte et le couvert). Au-dessus du bar traditionnel irlandais avec feu de tourbe et musique live tous les soirs, le **Vandal Geek and Movie Bar** organise des soirées dédiées aux vieux films, et d'autres consacrées, le lundi, au jeu *Donjons et Dragons*.

Duke of York

Sur les traces de Van Morrison et C. S. Lewis

Le quartier par ailleurs peu touristique d'East Belfast a vu naître C. S. Lewis (1898-1963) et Van Morrison (né en 1945). Des itinéraires de promenade proposent de passer en revue les lieux liés à ces deux figures.

La principale étape du circuit C. S. Lewis est une nouvelle **place** (280 Newtownards Rd ; ; Connswater) GRATUIT en hommage à l'auteur, semée de fabuleuses sculptures à l'effigie des personnages des *Chroniques de Narnia*, son œuvre la plus connue.

Les fans de "Van the Man" apprécieront la balade de 3,5 km à travers les lieux mentionnés dans les chansons de l'auteur-compositeur, notamment le **Hollow** (immortalisé dans *Brown Eyed Girl*), **Cypress Avenue** et la modeste maison où il vit le jour, au n°125 **Hyndford Street**.

Les plans sont disponibles à l'**EastSide Visitor Centre** (028-9045 1900 ; www.eastsidepartnership.com ; 278-280 Newtownards Rd ; 8h-18h lun-ven, 10h-17h sam-dim ; Connswater) et téléchargeables depuis la page www.connswatergreenway.co.uk/trails.

C. S. Lewis Square
DAVID HUNTER/ALAMY STOCK PHOTO ©

peut boire du chocolat chaud alcoolisé sous les couvertures, tandis qu'en été, la carte des cocktails comprend Pimm's punch et Bellini. Des pizzas (6,50-8,50 £) également.

OÙ SORTIR

MAC Centre culturel

(Metropolitan Arts Centre ; themaclive.com ; 10 Exchange St West ; Queens Sq). Ce centre bien conçu donne sur St Anne's Square, de style néoclassique. Ses deux théâtres accueillent régulièrement des performances scéniques, des humoristes, des conférences ou encore des spectacles pour enfants. Les trois galeries du centre abritent des expositions temporaires, généralement gratuites. Il y a aussi un café.

Belfast Empire Musique live

(www.thebelfastempire.com ; 42 Botanic Ave ; entrée concerts 3-22,50 £ ; 11h30-1h lun-sam, 12h30-minuit dim ; Botanic). Cette ancienne église de style victorien tardif (réputée hantée), devenue une salle de concert légendaire, compte trois étages dédiés au divertissement. Renseignez-vous sur les one-man-show et les soirées quiz.

Black Box Centre culturel

(www.blackboxbelfast.com ; 18-22 Hill St ; Victoria Sq). Cet espace intimiste donnant dans l'effervescente Hill Street, au cœur du quartier de la cathédrale, accueille entre autres des concerts, du théâtre, des spectacles comiques et du cinéma.

Ulster Hall Salle de concert

(www.ulsterhall.co.uk ; 34 Bedford St ; Bedford St). Construit en 1862, l'Ulster Hall accueille une belle variété d'événements populaires, entre concerts de rock, récitals d'orgue à l'heure du déjeuner, combats de boxe et performances de l'Ulster Orchestra (www.ulsterorchestra.com).

An Droichead Musique live

(www.androichead.com ; 20 Cooke St, Lower Ormeau ; University Ave). Ce centre culturel irlandais propose des cours de gaélique, des stages de danse traditionnelle et des ateliers de *céilidh* (danse et musique traditionnelles). Il accueille des expositions artistiques et tient parfois lieu de salle de concert. C'est l'endroit idéal pour écouter de grands noms du folklore et applaudir des talents locaux.

Pump House (p. 275)

RENSEIGNEMENTS

DANGERS ET DÉSAGRÉMENTS

- Même au plus fort des "Troubles", Belfast n'a jamais été une ville dangereuse pour les touristes.
- À la nuit tombée, il est toutefois conseillé de rester à l'écart des secteurs suivants, les "*interface areas*" : près de la Peace Line dans West Belfast, Crumlin Road et le Short Strand (juste à l'est de Queen's Bridge). En cas de doute sur un quartier, renseignez-vous auprès de votre hôtel.
- Des groupes républicains dissidents poursuivent leur campagne de violentes attaques visant la police et les militaires, mais sont très peu soutenus par la population. Les alertes de sécurité n'ont en général aucune incidence pour les touristes (hormis la fermeture des routes) mais mieux vaut être conscient du danger potentiel. Vous pouvez suivre le Police Service of Northern Ireland (PSNI) sur Twitter (@policeserviceni) et recevoir ainsi des notifications immédiates ou des alertes importantes.
- Vous noterez une présence des forces de sécurité plus importante qu'ailleurs au Royaume-Uni et en Irlande, notamment les Land Rover blindées de la police et les commissariats fortifiés. De nombreux pubs du centre-ville ont un vigile à l'entrée.
- Si vous souhaitez photographier des postes de police ou des installations d'aspect militaire, demandez la permission afin d'éviter d'éventuels ennuis.
- En Irlande du Nord, le 12 juillet est un jour férié célébrant l'anniversaire de la victoire du camp protestant à la bataille de la Boyne, en 1690. Feux de joie, fanfares et parades investissent alors les rues sous la houlette de l'ordre d'Orange. La plus grande parade a lieu à Belfast.

Les parades du 12 juillet sont souvent perçues comme de violentes démonstrations partisanes, mais d'importants efforts ont été mis en œuvre pour les promouvoir en tant qu'événements culturels. La fête a notamment été rebaptisée Orangefest.

Cependant, nombreux sont ceux qui persistent à voir dans les parades une

Mount Stewart House & Gardens

Le manoir du XVIIIe siècle de **Mount Stewart et ses jardins** (☎028-4278 8387 ; www.nationaltrust.org.uk ; Portaferry Rd ; tarif plein/enfant 9,50/4,75 £ ; ⏱demeure 11h-17h tlj avr-oct et 11h-15h sam-dim nov-mars, domaine 10h-17h avr-oct et 10h-16h nov-mars) comptent parmi les plus grandioses d'Irlande du Nord. La visite de la maison révèle une profusion d'œuvres d'art et un riche mobilier. Une restauration récente a permis aux lieux de retrouver la splendeur qu'ils connurent à leur apogée dans les années 1930, époque où Lord Londonderry et sa femme Edith, ses occupants, y recevaient des hôtes comme Neville Chamberlain, Winston Churchill ou W. B. Yeats.

L'aménagement des jardins, aux influences méditerranéennes et subtropicales, dans les années 1920 fut supervisé en grande partie par lady Edith pour l'amusement de ses enfants – la **Dodo terrace** devant la façade principale de la maison est peuplée de sculptures d'animaux du passé (dinosaures et dodos), de créatures légendaires (sirènes et griffons), de grenouilles géantes et d'ornithorynques. Le **Temple of the Winds**, "temple des vents", folie du XVIIIe siècle à l'architecture grecque classique, domine le lac.

Mount Stewart se trouve sur l'A20 à 3 km au nord-ouest de Greyabbey et à 8 km au sud-est de Newtonards. Les bus reliant Belfast à Portaferry marquent un arrêt à l'entrée du domaine.

Mount Stewart House
JOHN SONES SINGING BOWL MEDIA/GETTY IMAGES ©

source de conflit. Du reste, la consommation excessive d'alcool peut s'y solder en houleux mouvements de foule. Les touristes doivent rester vigilants, suivre les conseils des autorités locales et s'attendre à un encadrement renforcé en cas de risque de dérapage.

INFORMATIONS TOURISTIQUES

Queen's Welcome Centre (p. 279)

Visit Belfast Welcome Centre (☎028-9024 6609 ; visit-belfast.com ; 9 Donegall Sq N ; ⏱9h-19h lun-sam et 11h-16h dim juin-sept, 9h-17h30 lun-sam et 11h-16h dim oct-mai ; 📶 ; 🚌Donegall Sq)

Guichets d'information touristique au George Best Belfast City Airport (☎028-9093 5372 ; ⏱7h30-19h lun-ven, 7h30-16h30 sam, 11h-18h dim) ; **au Belfast International Airport** (☎028-9448 4677 ; ⏱7h30-19h lun-ven, 7h30-17h30 sam, 8h-11h dim).

DEPUIS/VERS BELFAST

AVION

Belfast International Airport (Aldergrove ; ☎028-9448 4848 ; www.belfastairport.com ; Airport Rd). À 30 km au nord-ouest de la ville ; les vols desservent notamment Galway, le Royaume-Uni, la France et les États-Unis.

George Best Belfast City Airport (BHD ; ☎028-9093 9093 ; www.belfastcityairport.com ; Airport Rd). À 6 km au nord-est du centre-ville ; vols en provenance du Royaume-Uni et de quelques villes d'Europe dont Amsterdam.

BUS

Un **point d'information** (Great Victoria St, Great Northern Mall ; ⏱8h-18h lun-ven, 8h30-17h sam) se trouve à l'**Europa Bus Centre** (☎028-9066 6630 ; www.translink.co.uk ; Great Victoria St, Great Northern Mall ; ⏱5h-23h lun-ven, 5h45-23h sam, 5h45-22h15 dim) de Belfast. Vous y trouverez les horaires des bus régionaux. Contactez **Translink** (☎028-9066 6630 ; www.translink.co.uk ; Europa Bus Centre) pour les horaires et les tarifs.

Laganside Buscentre (Oxford St), près de la Lagan, est le point de départ des bus pour l'est du comté de Down, notamment pour Bangor et Newtownards.

National Express (☎08717 818 178 ; www.nationalexpress.com) assure un service de bus quotidien entre Belfast et Londres. Le bus embarque sur le ferry pour Cairnryan et passe par Dumfries, Manchester et Birmingham.

Scottish Citylink (☎0871 266 3333 ; www.citylink.co.uk) assure 3 liaisons de bus quotidiennes entre Glasgow et Belfast, via le ferry pour Cairnryan.

TRAIN

Pour des renseignements sur les tarifs et les horaires des trains, contactez **Translink** (ci-dessus).

Belfast Central Station (East Bridge St). Depuis cette gare de l'est du centre-ville, les trains se rendent à Dublin et dans toutes les villes d'Irlande du Nord.

Great Victoria Street Station (Great Victoria St, Great Northern Mall). À côté de l'Europa Bus Centre. Trains pour Portadown, Lisburn, Bangor, Larne Harbour et Derry.

Northern Ireland Railways (NIR ; ☎028-9066 6630 ; www.translink.co.uk/Services/NI-Railways) couvre 4 itinéraires au départ de Belfast. Une des lignes rejoint le réseau de la république d'Irlande via Newry, où il y a une correspondance pour Dublin. Les autres desservent Bangor à l'est, Larme au nord-est et Derry au nord-ouest (via Coleraine).

ℹ COMMENT CIRCULER

Le réseau de transports publics de Belfast comprend une liaison en bus entre les deux aéroports et les gares ferroviaire et routière.

Le **Belfast Visitor Pass** (1/2/3 jours 6,50/11/14,50 £) permet des trajets illimités en bus et en train à Belfast et dans sa banlieue, ainsi que des réductions au Titanic Belfast et sur d'autres sites.

Bus Metro (☎028-9066 6630 ; www.translink.co.uk) gère le vaste réseau de bus de la ville. La plupart des lignes partent d'arrêts situés sur et autour de Donegall Square, devant le City Hall et dans Queen Street. Vous pourrez prendre un plan de bus gratuit (et acheter des tickets) au **Metro kiosk** (Donegall Sq ; ⌚8h-17h30 lun-ven), à l'angle nord-ouest de la place.

Samuel Beckett Bridge, Dublin

En savoir plus

L'Irlande aujourd'hui 294
Après s'être remise d'une sévère récession, l'Irlande fait face aujourd'hui aux incertitudes liées au Brexit.

Histoire 296
Tribus celtiques, Vikings, Normands et Anglais : les vestiges du passé mouvementé de l'Irlande sont partout.

Cuisine 310
Chefs cuisiniers et producteurs ont initié une révolution gastronomique en Irlande.

Au pub 314
Le pub est au cœur de la vie sociale irlandaise.

Symboles irlandais 316
Du trèfle à la croix celtique, l'Irlande compte de nombreux emblèmes.

Littérature irlandaise 318
Le patrimoine littéraire irlandais est riche d'auteurs de renommée mondiale.

Musique traditionnelle 322
Toutes les occasions sont bonnes pour jouer de la musique, des fêtes aux enterrements, des sessions dans les pubs aux concerts.

Dáil Éireann, Dublin

L'Irlande aujourd'hui

Sortie des affres d'une sévère récession, la république d'Irlande poursuit son élan de progressisme social, après l'adoption en 2015 d'une loi reconnaissant le mariage des couples de même sexe. L'Irlande du Nord reste pour l'instant réfractaire à de telles avancées sociales, mais persiste sur la voie de la paix avec plus de détermination que jamais. L'ombre du Brexit plane toutefois sur l'avenir.

Conservatisme progressiste

Bien que les élections de 2016 aient placé le parti Fine Gael au gouvernement, sa campagne peu convaincante et le parlement sans majorité qui en a résulté ont obligé le parti de centre droit à composer avec divers indépendants. Des difficultés qui ont conduit Enda Kenny à la démission du poste de Taoiseach (Premier ministre) et de la tête du parti en mai 2017.

Son successeur, Leo Varadkar, se trouve être à moitié indien et homosexuel. On a beaucoup commenté la remarquable évolution des mentalités en Irlande ces trente dernières années, qu'illustre l'ascension au poste suprême d'un homosexuel fils d'immigrant : elle est d'autant plus frappante que Varadkar représente le Fine Gael, parti aux valeurs conservatrices.

Varadkar est un personnage énigmatique. Charismatique, adepte du franc-parler et incarnant une Irlande progressiste et contemporaine, il est devenu à 38 ans le plus jeune

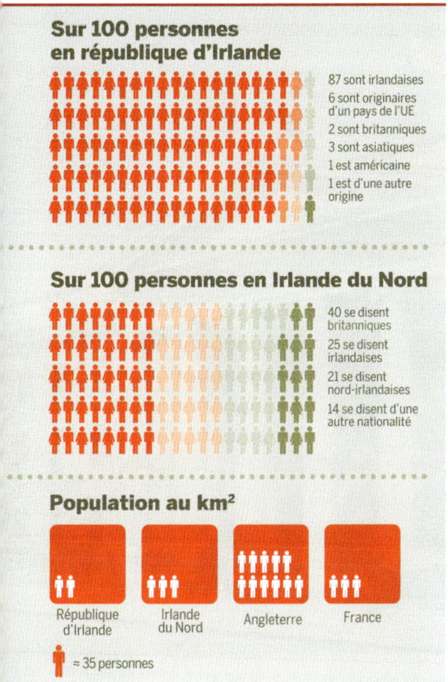

Taoiseach de l'histoire. Pourtant de nombreux progressistes s'inquiètent des relents conservateurs de sa politique, et si Varadkar affirme que certaines de ses positions ont évolué (autrement dit, se sont adoucies) au fil des années, son ascension est un étonnant paradoxe : il est le produit d'un progressisme social auquel il semble ne pas adhérer pleinement. Son succès est avant tout dû à son mélange de sens politique et de conservatisme pragmatique, et ni son orientation sexuelle ni ses origines ethniques ne semblent des considérations pertinentes.

L'abrogation du 8e amendement

Le mariage homosexuel désormais légalisé, le prochain chantier social de la république d'Irlande est la réforme de la réglementation anti-avortement, très stricte, définie par le 8e amendement de la constitution.

En avril 2017, une assemblée citoyenne – convoquée par le Parlement pour discuter des questions constitutionnelles – a voté à 64% en faveur d'une extension du droit à l'avortement "sans restrictions quant au motif". Mais si une majorité de la population est en faveur d'une réforme des dispositions existantes, les sondages indiquent que deux tiers des Irlandais sont opposés à l'avortement sur simple demande.

Arrêter la formulation d'une nouvelle loi constitue le grand défi du gouvernement, qui a annoncé la tenue d'un référendum en mai 2018. En attendant, les deux camps semblent décidés à ne rien lâcher, et le débat promet d'être mouvementé. Les pro-avortement, soutenus par l'immense majorité des jeunes Irlandais, sont particulièrement déterminés : vous verrez peut-être lors de votre séjour des Irlandais arborant tee-shirts "*repeal*" (abrogation).

Les conséquences du Brexit

Quels seront les effets du Brexit sur l'Irlande ? À l'heure où nous publions ce guide, la question domine les débats. L'Irlande a de forts liens socio-économiques avec le Royaume-Uni, et selon beaucoup d'économistes, "plus le Brexit sera dur, pires seront les conséquences". La baisse des échanges commerciaux entre les deux pays pourrait atteindre 20%.

Mais c'est l'Irlande du Nord qui ressentira le plus fortement l'impact du Brexit : après la sortie du Royaume-Uni de l'Union européenne (UE), l'Irlande du Nord se trouvera séparée de la république d'Irlande, par ce qui sera la seule frontière terrestre entre l'UE et le Royaume-Uni. La majorité des habitants (56%) a voté contre le Brexit, mais le Democratic Unionist Party (DUP) actuellement au pouvoir a mené campagne en faveur de la sortie de l'UE, ne serait-ce, selon ses représentants, que pour renforcer les liens avec un Royaume-Uni s'apprêtant à quitter l'Union.

Le rétablissement de la frontière risque enfin de raviver des tensions qui, depuis l'accord de paix pour l'Irlande du Nord de 1998, semblaient enfin apaisées.

General Post Office (p. 69)

Histoire

L'histoire de l'Irlande est celle d'une identité, invariablement menacée par l'intérêt porté à l'île par ses envahisseurs successifs, notamment les Anglais. De fait, la psyché irlandaise se définit en grande partie à travers le prisme de sa relation tendue avec son plus proche voisin, un conflit qui a marqué le millénaire écoulé.

10 000-8000 av. J.-C.
Passé la dernière glaciation, première installation humaine en Irlande.

700–300 av. J.-C.
Apparition des Celtes, début d'un millénaire de domination culturelle et politique.

432-800
Arrivée de saint Patrick et début du monachisme chrétien.

Mémorial de la Famine de Rowan Gillespie, Dublin

Qui sont les Irlandais ?

La protohistoire du pays débuta voici quelque dix mille ans, lorsque la fonte de la calotte glaciaire et l'élévation du niveau de la mer eurent séparé l'Irlande de la Grande-Bretagne. Les premiers hommes, qui vivaient de chasse et de cueillette, y accédèrent soit à pied par des bandes de terre, soit, pour la majorité, en traversant la mer d'Irlande. L'agriculture n'atteignit l'île qu'aux environs de 4000 av. J.-C. Pendant l'âge du bronze, le travail de l'or, de très belle facture, fut au cœur de relations commerciales avec le reste de l'Europe.

Après avoir fait souche, depuis l'Europe centrale, sur une large partie du continent, les Celtes, arrivés dans les îles Britanniques, eurent une influence considérable sur la culture irlandaise. Nommés "Galli" (Gaulois) par les Romains et "Keltoi" par les Grecs, ils étaient à la fois craints et respectés sur le pourtour méditerranéen, tantôt engagés comme mercenaires ou pris pour partenaires commerciaux. Ce peuple aventureux, à l'imagination fertile, tenait le monde spirituel et surnaturel pour partie prenante de son quotidien.

550–800
Développement du monachisme et début de l'âge d'or de l'Irlande des saints et des érudits.

795–841
Les Vikings pillent les monastères irlandais, puis établissent des colonies dans tout le pays.

841
Établissement par les Vikings de ce qui sera un jour la ville de Dublin.

★ Sites monastiques

Rock of Cashel (p. 176)
Clonmacnoise (p. 120)
Glendalough (p. 102)
Skellig Michael (p. 210)
Monasterboice (p. 95)

Clonmacnoise (p. 120)

Les Celtes entrèrent en Irlande aux alentours de 300 av. J.-C., y introduisant les techniques de travail du fer. Affermissant, au fil des siècles, leur emprise sur l'île, ils établirent, vers l'an 440, un code juridique sophistiqué (dit "lois des Brehons"), qui resta en vigueur jusqu'au milieu du Moyen Âge, mais se trouva, en dépit d'une survivance semi-officieuse jusqu'à l'ère Tudor, mis au ban par les Normands, puis les Anglais. Les motifs ornementaux traditionnels, des spirales semblables à des labyrinthes, en usage dès le Ier siècle, sont toujours considérés comme typiquement gaéliques. Ces ornements peuvent être admirés sur le collier de Broighter, au National Museum de Dublin (p. 50) et sur la pierre de Turoe, dans le village de Bullaun (comté de Galway).

L'Irlande celtique était divisée en cinq provinces : Leinster, Meath, Connaught, Ulster et Munster. Plus tard, le Meath et le Leinster fusionnèrent. Les provinces étaient elles-mêmes morcelées en une myriade de chefferies et de petites souverainetés, mais Tara, dans le comté de Meath, resta un haut lieu symbolique de pouvoir, disputé entre clans majeurs.

Si les Celtes se sont, sur le plan politique, dilués dans l'Histoire, leur héritage linguistique et culturel reste bien vivant, aussi bien dans les régions d'Europe qu'en des contrées plus lointaines.

Le monachisme

Le christianisme, dont le rôle fut majeur dans l'histoire de l'île, parvint en Irlande entre le IIIe et le Ve siècle. Si la tradition veut que le patron du pays eût prêché en personne la bonne parole aux Irlandais, saint Patrick n'aura pourtant été que le plus fameux des nombreux missionnaires chrétiens qui convertirent les tribus locales, usant habilement de syncrétisme (mêlant enseignement chrétien et traditions païennes), pour créer ce remarquable composé, d'essence largement rurale, connu sous le nom de christianisme celtique (ou insulaire).

Alors que le reste de l'Europe traversait les temps de trouble et de transition consécutifs à la chute de l'Empire romain, l'Irlande des VIIe et VIIIe siècles devint la "terre des saints et des érudits", dont la riche culture monastique est notamment illustrée par le célèbre Book of Kells (Livre de Kells), magnifiquement enluminé et conservé au Trinity College

1014
Victoire du roi Brian Ború et de ses alliés à Clontarf. Fin de la période viking en Irlande.

1171
Le roi d'Angleterre Henri II envahit l'Irlande et force les seigneurs cambro-normands à le reconnaître comme chef suprême.

1350–1530
Les barons anglo-normands établissent des places fortes, limitant le contrôle des Anglais au "Pale", une zone centrée sur Dublin.

de Dublin (p. 40). Clonmacnoise (p. 120), dans le comté d'Offaly, et Glendalough (p. 102), dans le comté de Wicklow, sont des exemples de monastères de cette époque.

Les invasions vikings

Faute d'unité politique, l'Irlande avait tout d'une cible de choix. À la fin du VIIIe siècle, des aventuriers scandinaves fondirent sur l'île, en quête de butin, glané au fil d'expéditions rendues d'autant plus aisées que leurs navires étaient remarquablement adaptés à la navigation en haute mer. Ils débarquèrent d'abord sur Lambay Island, au large de Dublin, en 795. Leurs attaques ponctuelles sur la côte est furent bientôt suivies d'avancées stratégiques le long des rivières pour atteindre l'arrière-pays, où ils installèrent leurs bases et se mirent à piller les riches monastères. En ces temps incertains, les moines bâtirent des tours rondes servant de postes de guet et de refuges en cas d'incursions. Certains sites monastiques comme Glendalough (p. 102) en abritent encore.

Saint Patrick

Saint patron de l'Irlande, fêté le 17 mars, Patrick (389-461) n'était pas irlandais, mais originaire d'une région du sud-est de l'Écosse, où était parlé le gallois à l'époque de sa naissance, alors que la Grande-Bretagne était sous occupation romaine. À 16 ans, Patrick fut enlevé et réduit en esclavage par des pirates irlandais, qui l'emmenèrent dans leur île. C'est là qu'il trouva la foi. Il réussit à s'enfuir et à retourner en Angleterre, où il fit le serment de consacrer sa vie à convertir les Irlandais au christianisme. Une fois ordonné, il fut sacré évêque d'Irlande et repartit dans l'île.

Après 30 ans, la majeure partie des habitants de l'île avait été baptisée et le pays était divisé en diocèses et paroisses. Il fonda également des monastères dans toute l'Irlande, bases de l'érudition irlandaise pendant de nombreux siècles.

Des luttes intestines empêchèrent les Irlandais d'établir une défense unie face à des Scandinaves résolus à s'établir durablement, en particulier à compter du Xe siècle. Dans bien des cas, des rois irlandais jouèrent l'alliance avec l'envahisseur contre des souverains concurrents. Les Vikings s'installèrent dans toute l'île aux IXe et Xe siècles, s'y intégrant plus ou moins, et fondèrent le petit royaume de Dubh Linn ("étang noir", future ville de Dublin), ainsi que les villes de Wicklow, Waterford et Wexford. En 1014, ils furent défaits à la bataille de Clontarf, par Brian Ború, roi du Munster, qui périt ce même jour, laissant un de ses rivaux reprendre le titre de haut roi. Si l'on tient cette date pour terme de l'"âge viking" en Irlande, les hommes du Nord restèrent présents dans de nombreuses régions de l'île et virent, deux générations plus tard, débarquer leurs cousins normands.

La conquête normande

Menés par Guillaume le Conquérant, les Normands, descendants de Vikings devenus féaux du roi de France, envahirent l'Angleterre en 1066. Leur première prise de pouvoir en Irlande

1366
Les statuts de Kilkenny proscrivent les mariages mixtes, les coutumes et la langue irlandaises.

1536-1541
Le roi d'Angleterre Henri VIII déclare la guerre à l'Égli se d'Irlande et se proclame roi de l'île.

1585
Apportée du Nouveau Monde, la pomme de terre est introduite en Irlande, dont elle deviendra la denrée de base.

survint un siècle plus tard, à la suite d'un marché avec Dermot MacMurrough, souverain du Leinster, dépossédé de sa couronne par des rois rivaux en 1166. MacMurrough s'enfuit en Angleterre où il rencontra le roi Henri II et Richard FitzGilbert de Clare, comte de Pembroke. De Clare, dit Strongbow, accepta d'envoyer une armée en Irlande en échange de la main de la fille de MacMurrough et du trône du Leinster à la mort de ce dernier.

En mai 1169, les premières forces anglo-normandes rejoignirent MacMurrough à Bannow Bay, dans le comté de Wexford, et s'emparèrent, sans grande peine, des villes de Wexford et de Dublin. L'année suivante, Strongbow vint en personne et, au terme d'une bataille sanglante, prit Waterford. Peu après, il épousa, comme convenu, la fille de son obligé. Un an plus tard, MacMurrough décédait et Strongbow réclama la couronne du Leinster. Entre-temps, Henri II, qui avait été reconnu suzerain d'Irlande par le pape, s'intéressait de près aux actions de Strongbow, dont le pouvoir croissant et l'indépendance d'esprit inquiétaient le monarque.

En 1171, Henri II quitta l'Angleterre avec une force navale importante et débarqua à Waterford qu'il transforma en ville royale. S'ensuivirent plusieurs années d'âpres combats, à l'issue desquels le traité de Windsor établit le roi anglais (reparti entre-temps) comme suzerain du haut roi d'Irlande, dont le titre finit par disparaître alors que s'amenuisaient ses prérogatives. Or, à l'instar des Vikings, les Normands s'acculturèrent rapidement. En 1366, la Couronne anglaise tenta d'inverser la tendance en introduisant les statuts de Kilkenny, lesquels interdisaient les mariages mixtes et l'utilisation de la langue et des coutumes irlandaises. Ces statuts ne furent que peu appliqués, et la noblesse hiberno-normande maintint son ancrage gaélique. Au cours des deux siècles suivants, le contrôle anglais se restreignit sur une région autour de Dublin surnommée le "Pale".

Divorce, dissolution et destitution

Au XVIe siècle, Henri VIII (1491-1547) voulut renforcer le contrôle anglais sur l'Irlande afin de prévenir les menées espagnoles et françaises. Il entreprit d'anéantir une famille d'influents hiberno-normands, les Fitzgerald, comtes du Kildare (jusque-là suppléants de la couronne), distribua leurs domaines à des colons anglais et nomma un vice-roi.

Devant le refus du pape Clément VII d'annuler son mariage avec Catherine d'Aragon, Henri VIII rompit avec le Saint-Siège en 1531 et s'attaqua aux riches propriétés de l'Église catholique. Une fois que ses armées eurent pillé les monastères irlandais, il se fit proclamer roi d'Irlande par le Parlement local, en 1541.

Sa fille Élisabeth Ire (1558-1603) alla même plus loin, imposant sa juridiction aux provinces du Connaught et du Munster, avant d'écraser les derniers rebelles, les seigneurs d'Ulster emmenés par Hugh O'Neill, comte de Tyrone, lors de la guerre de Neuf Ans (1594-1603). Bien qu'O'Neill eût survécu à ces combats, il dut formaliser sa reddition et s'exiler en Europe avec quatre-vingt-dix chefs de l'Ulster – l'événement resta dans les mémoires sous le nom de "fuite des comtes".

Élisabeth Ire et son successeur, Jacques Ier d'Angleterre, purent alors poursuivre leur politique de colonisation. Les expropriations au profit de colons anglais (les tristement

1592
Fondation à Dublin de Trinity College, première université d'Irlande, sur le souhait de la reine Élisabeth Ire.

1601
Suite à la bataille de Kinsale, la rébellion irlandaise contre la couronne anglaise est brisée.

1649–1653
En représailles au soutien irlandais à Charles Ier pendant la Grande Rébellion, Cromwell sème la ruine en Irlande.

fameuses *plantations*) touchèrent l'ensemble du pays, mais surtout l'Ulster, riche en terres arables et foyer des derniers rebelles.

Guerres et religion

La première révolution anglaise (1641-1649) eut d'importantes conséquences pour l'Irlande. Les catholiques irlandais et anglo-normands natifs, alliés par la confédération de Kilkenny de 1641, soutenaient Charles Ier contre les parlementaires protestants dans l'espoir de rétablir le pouvoir catholique en Irlande. L'affrontement dura dix ans et fit de nombreuses victimes.

Après la défaite et l'exécution de Charles Ier, Olivier Cromwell, alors chef du camp parlementaire, décida de "remettre de l'ordre" en Irlande. Il débarqua en 1649 et, après avoir commis un massacre à Drogheda, dévasta le pays, laissant dans son sillage la mort et la peur. Sa réputation de barbare le précédait, au point que certaines villes décidèrent de se rendre sans combattre. De nombreux Irlandais furent dépossédés et exilés vers les terres dures et infertiles du Connaught. Deux millions d'hectares de terres, plus de 25% du pays, furent ainsi confisqués et redistribués aux partisans du futur Lord protecteur.

Le Pale

L'expression anglaise *beyond the pale* ("par-delà la palissade") remonte à l'époque féodale. Le Pale correspondait à la juridiction anglaise autour de Dublin, matérialisée par une enceinte, au-delà de laquelle les chefs gaéliques n'étaient pas soumis à la férule britannique. Elle s'étendait grossièrement de Dalkey, un faubourg sud de Dublin, à Dundalk, au nord de Drogheda, et jusqu'à Trim et Kells à l'ouest. L'élite britannique considérait tout ce qui était *beyond the pale* comme barbare, d'où, par la suite, l'extension de l'expression au fait d'outrepasser les limites de la bonne société.

Bataille de la Boyne et Lois pénales

En 1689, à peine plus de 30 ans après la Restauration (le rétablissement de la monarchie britannique après l'exécution de Charles Ier), Jacques II, catholique, fuit l'Angleterre avec l'intention de réunir une armée en Irlande et de regagner son trône, occupé par le protestant Guillaume d'Orange, nommé par le Parlement. En mars 1689, Jacques II débarqua à Kinsale et se dirigea au nord vers Dublin, où il fut reconnu comme roi par le Parlement. Il commença alors à organiser la restitution des terres aux propriétaires catholiques spoliés. Dans ce but, l'armée de Jacques entama le siège de Derry, lequel devait se solder par une terrible famine. Le siège dura d'avril à juillet 1690, date à laquelle Guillaume d'Orange débarqua à la tête d'une armée de 36 000 hommes. Le 12 juillet, la bataille de la Boyne opposa les catholiques irlandais (menés par Jacques II, écossais), alliés aux 7 000 hommes de renfort envoyés par Louis XIV, aux protestants anglais (dirigés par Guillaume d'Orange, venu des Provinces-Unies). La victoire de Guillaume fut un tournant historique. Elle est commémorée depuis ce jour par les protestants du Nord comme décisive sur "les papes et le papisme". Ce triste épisode n'en vit pas moins un resserrement

1690
Durant la bataille de la Boyne, le 12 juillet, Guillaume d'Orange bat l'armée du catholique Jacques II et ses alliés français.

1695
Les Lois pénales interdisent aux catholiques l'acquisition de terres.

1798
La flagellation et l'exécution de rebelles potentiels conduit à l'insurrection de la Société des Irlandais unis, menée par Wolfe Tone.

des liens entre la couronne de France et les catholiques de l'île, dont témoigna la création (à partir d'exilés ayant quitté l'Irlande à la suite du traité de Limerick, de 1691) de la fameuse brigade irlandaise des *Wild Geese* (Oies sauvages), laquelle servit fidèlement le roi de France jusqu'à sa dissolution, en 1792, par les conventionnels, puis connut, sous l'Empire, un retour comme Légion irlandaise (dissoute en 1815).

L'ultime ignominie pour l'Irlande catholique survint en 1695 avec le vote de Lois pénales, désignées sous le nom de "code papiste", qui interdirent aux catholiques de posséder des terres ou de pratiquer certaines professions. La culture, la musique et l'éducation irlandaises furent également bannies, dans l'espoir de voir le catholicisme éradiqué. Si la majorité des catholiques n'abjurèrent pas leur foi, certains, plus riches, se convertirent pour préserver biens et avenir. La propriété terrienne devint rapidement une prérogative protestante, les catholiques ne détenant plus que 5% des terres à la fin du XVIIIe siècle et se trouvant, pour l'essentiel, réduits au statut de métayers.

Première tentative

Les catholiques réduits à l'impuissance, une poignée de protestants progressistes, inspirés par l'idéologie des Lumières, la guerre d'Indépendance américaine et la Révolution française et réunis sous le nom d'United Irishmen (Société des Irlandais unis), semèrent les germes de la révolte contre la férule britannique. Leur chef de file était un jeune protestant républicain de Dublin, Theobald Wolfe Tone (1763-1798), mais leurs tentatives pour gagner du pouvoir à travers des politiques directes restèrent vaines.

Quand la guerre éclata entre l'Angleterre et la France, les Irlandais unis découvrirent que le pouvoir ne les acceptait plus. Pendant que Tone cherchait à s'assurer le soutien des Français, les loyalistes protestants se préparaient à un éventuel conflit en formant la Protestant Orange Society (Société protestante de l'ordre d'Orange).

En 1796, une flotte française qui devait rejoindre les insurgés irlandais s'approcha de Bantry, dans le comté de Cork. Mais les conditions météorologiques terribles, l'escadre mal dirigée, les ordres confus, mirent à mal le projet d'invasion, et les navires français finirent par s'en retourner sur le continent, non sans la perte, dans plusieurs naufrages, de milliers de vies. Le gouvernement irlandais loyaliste entama alors une campagne agressive visant à débusquer les membres de la Société des Irlandais unis, laquelle se solda, à force de peur et d'indignation, par le soulèvement de 1798. Le Wexford, comté généralement calme, fut le théâtre de combats acharnés. Après une série de petites victoires, les rebelles furent définitivement écrasés à Vinegar Hill, aux portes d'Enniscorthy. S'étant vu refuser le peloton d'exécution, Wolfe Tone se donna la mort pour échapper à l'humiliation du gibet.

Le Libérateur

Avec l'Acte d'Union de 1800, scellant l'alliance politique de l'Irlande et de la Grande-Bretagne, le gouvernement britannique tenta de mettre un terme aux aspirations d'indépendance. Or, l'idée nationaliste, durablement ancrée, trouva un promoteur en

1800-1801
Acte d'Union et fin de l'indépendance irlandaise : l'île est rattachée à la Grande-Bretagne.

1828–1829
Élection de Daniel O'Connell au Parlement et vote du Catholic Relief Act ; les non-protestants peuvent siéger au Parlement.

1845-1851
La Grande Famine : mort de 500 000 à 1 million d'Irlandais et émigration de 2 millions d'entre eux.

un catholique originaire du Kerry, Daniel O'Connell (1775-1847). Fondateur en 1823 de la Catholic Association, visant à la parité politique, il fit voter l'*Act of Catholic Emancipation* (1829), loi qui garantissait à certains catholiques fortunés le droit de voter et d'être élus au Parlement.

O'Connell voulut aller plus loin et fit sa priorité de l'abrogation de l'Acte d'Union et du rétablissement d'un Parlement irlandais, qui inclurait des députés catholiques. En 1843, sa campagne fut très suivie et ses "*monster meetings*", qui se tenaient dans toute l'Irlande, attiraient jusqu'à un demi-million de partisans. Il exploitait la menace que représentait une telle foule pour le pouvoir, mais refusait la confrontation directe avec les Britanniques. Du reste, il finit par reculer et annula un meeting à Clontarf après que celui-ci eut été interdit. O'Connell fut arrêté en 1844 et fit un court séjour en prison. Après sa querelle avec le mouvement pour la Jeune Irlande (qui, devant l'échec du pacifisme, avait opté pour la violence), il ne représentait plus une menace pour les Britanniques. L'île connut par la suite, avec la Grande Famine (voir encadré), l'un des plus terribles épisodes de son histoire.

La Grande Famine

La mort ou l'exode forcé, ce fut l'unique alternative qu'eurent 3 millions d'Irlandais lors de la Grande Famine de 1845-1851. L'ampleur de cette tragédie s'explique autant par l'égoïsme que par des causes naturelles. La pomme de terre constituait alors l'aliment de base d'une population en pleine expansion et désespérément pauvre. Lorsque le mildiou toucha les récoltes, les prix flambèrent et les Lois pénales valurent aux métayers, déjà étranglés financièrement par des loyers élevés, de ne pas avoir la main sur ce qui restait de leur récolte, ni la possibilité de recourir à des produits importés. Un siècle durant, l'émigration massive continua d'affaiblir la population de l'île, tandis que la diaspora connut un essor.

Le roi sans couronne

Le flambeau de l'opposition modérée à la domination britannique fut repris par Charles Stewart Parnell (1846-1891), élu au Parlement en 1875. Passionné, il se fit vite remarquer à la Chambre des communes et, à 31 ans, devint le chef de file du nouveau parti pour le Home Rule, qui réclamait une autonomie limitée pour l'Irlande, et mit en place la Land League (Ligue agraire), laquelle militait activement pour la diminution des fermages et de meilleures conditions de travail. Cet organisme fut un instrument majeur de la lutte irlandaise contre la domination britannique : pour la première fois, les métayers défiaient leurs propriétaires en masse, organisant même une forme d'ostracisme (à l'origine un patronyme, le mot "boycott" est passé dans le langage courant après une campagne menée en 1879) à l'encontre de ceux qui n'adhéraient pas aux objectifs de la Land League. La loi agraire de 1881 (Land Act) améliora considérablement leur situation par des fermages équitables et une accession possible à la propriété.

1879-1882
À l'issue de la guerre agraire, les métayers obtiennent la baisse des fermages et la possibilité d'acquérir leur terre.

1884
Fondation de la Gaelic Athletic Association (GAA), dédiée à la promotion des sports et de la culture gaéliques.

1890
Le renouveau gaélique, prôné par le poète W. B. Yeats, permet de retrouver la fierté de la culture irlandaise.

En sa qualité de chef du Parti parlementaire irlandais (IPP), Parnell noua des alliances avec le Parti libéral du Premier ministre William Gladstone, en échange d'un projet de loi sur l'autonomie (le Home Rule Bill). Or, deux projets en furent rejetés par le Parlement, en 1886 et 1892. Du reste, la fin approchait pour Parnell : lorsque sa relation avec une femme mariée eut été révélée, en 1890, il refusa de quitter son poste de chef de parti. Sa formation politique s'en trouva divisée, et l'Église catholique d'Irlande se retourna bientôt contre lui. Forcé à la démission, le "roi d'Irlande sans couronne" n'était plus le bienvenu. Il mourut moins d'un an plus tard.

Nouveau soulèvement

La lutte de l'Irlande pour une forme d'autonomie s'accéléra dans les années 1910. Le radicalisme, corollaire indissociable des aspirations nationalistes, s'affirma de nouveau, notamment en réaction au durcissement des comportements en Ulster. Dans le Nord, prospère, l'opposition massive à toute forme d'indépendance irlandaise s'était traduite par la formation de l'Ulster Volunteer Force (UVF), groupe d'autodéfense loyaliste dont les quelque 100 000 membres avaient juré de résister à toute tentative d'imposer le Home Rule en Irlande. Après la création de l'Irish Volunteer Force (IVF) par les nationalistes, la confrontation paraissait inévitable.

Finalement voté en 1914, le Home Rule ne put être promulgué et se trouva suspendu durant la Première Guerre mondiale. Déçus, les Irlandais assumèrent néanmoins les priorités du moment et nombre de volontaires partirent combattre les Allemands.

Pâques sanglantes

Quelques-uns refusèrent de répondre à l'appel. Deux petits groupes – une section d'Irish Volunteers emmenée par Patrick Pearse et l'Irish Citizens' Army (Armée des citoyens irlandais) conduite par James Connolly – fomentèrent une rébellion qui prit le pays par surprise. Le lundi de Pâques (Easter Monday) 1916, un maigre escadron marcha sur Dublin et se saisit de plusieurs sites stratégiques, dont la poste centrale d'O'Connell St, décrétée QG. Pearse lut une déclaration proclamant la république d'Irlande et annonçant la constitution d'un gouvernement provisoire, formé de ses compagnons d'armes. En moins d'une semaine, les forces britanniques eurent raison des rebelles, qui furent, sur le chemin de la prison, conspués par les Dublinois, dont nombre de proches se battaient en France.

L'insurrection de Pâques n'aurait eu qu'un impact limité si les Britanniques n'avaient involontairement transformé les meneurs de la rébellion en martyrs. Soixante-dix-sept peines de mort furent prononcées, quinze exécutées. Pearse fut fusillé trois jours après sa reddition et James Connolly, blessé, fut le dernier à mourir, neuf jours plus tard. Déplorées jusqu'aux États-Unis, ces morts firent basculer l'opinion publique au profit des républicains, dont les rangs grossirent.

1916
L'insurrection de Pâques est peu suivie, mais sa répression galvanise la résistance irlandaise.

1919
Janvier : début de la guerre d'Indépendance.

1921
Trêve le 11 juillet et signature du traité anglo-irlandais le 6 décembre.

Guerre d'indépendance

À la fin de la Première Guerre mondiale, le Home Rule était devenu insuffisant et obsolète. Lors des élections générales de 1918, les républicains regroupés sous la bannière du Sinn Féin remportèrent une grande majorité des sièges irlandais. Ignorant le Parlement londonien, où ils étaient censés siéger d'un point de vue technique, ces nouveaux élus (pour nombre vétérans de l'insurrection pascale de 1916) déclarèrent l'indépendance de l'Irlande et formèrent le premier Dáil Éireann (Assemblée irlandaise ou Chambre basse), installé dans Mansion House à Dublin, sous l'égide d'Éamon De Valera (1882-1975). Les Volontaires irlandais firent place à l'Armée républicaine irlandaise (Irish Republican Army, IRA), autorisée par le Dáil à combattre les troupes britanniques sur le sol irlandais.

Cette guerre d'Indépendance dura deux ans et demi et fit quelque 1 200 victimes. Le conflit fut brutal, l'IRA frappant par des attaques éclairs. De leur côté, les rangs britanniques bénéficièrent d'importants renforts avec les vétérans de la Grande Guerre.

Un compromis de liberté

La trêve établie en juillet 1921 ouvrit d'intenses négociations entre les deux camps. Le traité anglo-irlandais qui en résulta, signé le 6 décembre 1921, créa la partition entre l'Irish Free State, composé de 26 des 32 comtés irlandais, et les 6 autres, tous situés dans la province d'Ulster, et qui restaient attachés au Royaume-Uni. Loin d'être parfait, ce traité scellait une division géographique de l'île, annonciatrice des "Troubles" à venir. En outre, il divisait les nationalistes : d'un côté, ceux qui voyaient en ce traité un tremplin nécessaire vers une indépendance totale ; de l'autre, ceux qui le considéraient comme une capitulation face aux Britanniques et une trahison des idéaux républicains. La vie politique irlandaise allait s'en ressentir jusqu'à la fin du XXe siècle.

Guerre civile

Le traité anglo-irlandais ratifié après de vifs débats, les élections de juin 1922 scellèrent la victoire du camp favorable à l'accord. Mais les opposants du traité se rallièrent à De Valera, qui, bien que président du Dáil, n'avait pas participé aux négociations (afin de se dédouaner en cas d'échec, disaient ses adversaires). De Valera et ses soutiens contestaient certaines clauses du traité, notamment celle relative au serment d'allégeance au souverain britannique.

Quinze jours plus tard, la guerre civile éclatait entre anciens compagnons d'armes. La victime la plus célèbre de ce conflit particulièrement amer fut Michael Collins (1890-1922), cerveau de la campagne de l'IRA pendant la guerre d'Indépendance et premier négociateur du traité anglo-irlandais. Il tomba dans une embuscade, non loin de son village natal du comté de Cork.

1921-1922
Partition de l'Irlande : 26 comtés gagnent l'indépendance ; les 6 comtés d'Ulster restent rattachés à la Grande-Bretagne.

1922-1923
Guerre civile, brève et sanglante, entre forces pro- et anti-traité. Les partisans du traité l'emportent.

1932
De Valera et le Fianna Fáil accèdent au pouvoir.

Naissance d'une république

À bout de souffle, la guerre civile prit fin en 1923 avec la victoire du camp favorable au traité, qui gouverna le nouvel État jusqu'en 1932. Battu mais insoumis, De Valera avait fondé en 1926 un nouveau parti, le Fianna Fáil (Soldats d'Irlande), qui sortit vainqueur des élections de 1932 et allait rester au pouvoir jusqu'en 1948. En 1937, une nouvelle Constitution mettait fin au vœu d'allégeance tant honni, réaffirmait la position privilégiée de l'Église catholique et revendiquait une nouvelle fois les 6 comtés d'Irlande du Nord. En 1948, l'Irlande quittait officiellement le Commonwealth et se proclamait république.

Nuages et naissance du "Tigre celtique"

La figure majeure de l'après-1923 fut incontestablement Éamon De Valera, qui joua un rôle immense dans l'Irlande nouvellement indépendante. Au tournant des années 1960, sa vision pour le pays s'enlisa néanmoins dans une orthodoxie conservatrice, en décalage manifeste avec la réalité d'un pays en proie à une situation économique désespérée, dont le chômage chronique et l'émigration ne constituaient que les symptômes les plus visibles.

L'entrée dans l'Europe

En 1972, la république d'Irlande (tout comme l'Irlande du Nord) devint membre de la Communauté économique européenne (CEE), ce qui valut au pays un certain regain de prospérité, imputable à la politique agricole commune, laquelle garantissait aux produits irlandais des prix fixes et des quotas. La crise mondiale, provoquée par le choc pétrolier de 1973, entraîna malgré tout le pays dans une nouvelle récession, tandis que les chiffres de l'émigration repartaient à la hausse, atteignant un pic au milieu des années 1980.

Du Tigre celtique...

Au début des années 1990, les subventions européennes contribuèrent à relancer la croissance économique de l'Irlande. D'énormes sommes d'argent furent investies dans l'éducation et les infrastructures, tandis qu'une politique de faible taux d'imposition des sociétés, combinée à de séduisantes incitations économiques, rendait l'Irlande formidablement attrayante pour les entreprises de haute technologie cherchant à s'implanter sur les marchés européens. En moins d'une décennie, l'Irlande quitta le cercle des pays les plus pauvres d'Europe pour entrer dans celui des plus riches. De 18%, le chômage chuta à 3,5%. Le salaire moyen dans l'industrie fit un bond jusqu'aux avants-postes européens, et la progression spectaculaire du PIB symbolisait la naissance du "Tigre celtique", un modèle économique qui faisait l'envie du monde entier.

1948
Abandon du Commonwealth et proclamation officielle de la république d'Irlande.

1969
Le violent conflit opposant les catholiques et les protestants en Irlande du Nord, connu sous le nom de "Troubles", débute.

1990
Mary Robinson est la première femme élue à la présidence d'Irlande.

... à la pénurie de crédit

À partir de 2002, une explosion de la construction immobilière, totalement déconnectée de toute prévision de croissance raisonnable, maintint l'économie à son plus haut niveau. L'incontrôlable marché des produits dérivés financiers inonda les banques irlandaises d'argent bon marché, que celles-ci prêtèrent libéralement.

Mais la chute du géant américain de la finance Lehman Brothers signala le début de la pénurie de crédit. Les banques irlandaises, au bord de la faillite, furent renflouées in extremis, et du jour au lendemain l'avenir économique à moyen terme du pays se retrouva aux mains du Fonds monétaire international (FMI) et de l'UE, qui imposèrent de sévères mesures d'austérité. À nouveau minée par un fort taux de chômage et une émigration de masse, l'Irlande finit par sortir de la crise à la fin de 2014.

En Irlande du Nord

Comprendre l'Irlande du Nord n'est pas chose aisée. Pas seulement parce que les opinions politiques sont si tranchées (et c'est bien le cas), ou parce que les deux camps sont en désaccord si profond (c'est aussi le cas), mais surtout parce que les racines de ce conflit sont très anciennes.

Tout débuta au XVIe siècle, avec les premières "*plantations*" décrétées par la Cour d'Angleterre, en vertu desquelles les terres confisquées à l'aristocratie gaélique et normande furent attribuées à des colons anglais et écossais de bonne lignée protestante. Cette politique se révéla particulièrement redoutable en Ulster, où les nouveaux venus protestants se retrouvèrent pleinement avantagés par les Lois pénales, tandis que les catholiques, dès lors privés de terres, furent relégués au rang de citoyens de seconde zone, sans droits ou presque.

Ségrégation

Avançons maintenant en marche accélérée jusqu'en 1921, où l'idée d'indépendance irlandaise devient enfin réalité. Jusqu'en 1972, le tout nouvel État d'Irlande du Nord est gouverné par l'Ulster Unionist Party (UUP), le parti de la majorité protestante, avec l'appui du Royal Ulster Constabulary (RUC), la police à coloration très protestante, ou encore des miliciens B-Specials. Sur le plan pratique, les subventions économiques partiales, les allocations de logement préférentielles et un vaste redécoupage des circonscriptions électorales ont fait de l'Irlande du Nord un État divisé, où les quelque 40% de population catholique et nationaliste se sont trouvés nettement sous-représentés.

Il a fallu attendre, en 1967, les débuts du mouvement pour les droits civiques, largement influencé par leur équivalent américain, pour que soit contestée l'hégémonie unioniste. En octobre 1968, une manifestation majoritairement catholique, à Derry, fut violemment réprimée par le RUC, tandis que des rumeurs laissaient entendre que l'IRA aurait fourni des "moyens de protection" aux manifestants. Ce qui devait être un mouvement pacifique pour les droits civiques se transforma rapidement en une lutte violente. Les "Troubles" commençaient.

1993
Déclaration de Downing Street signée par le Premier ministre britannique et le Taoiseach (chef du gouvernement) irlandais.

1994
31 août : annonce par Gerry Adams, leader du Sinn Féin, de la fin de la lutte armée de l'IRA.

Milieu des années 1990
Le "Tigre celtique" compte parmi les pays les plus riches d'Europe.

Les “Troubles”

En janvier 1969, le People’s Democracy, autre mouvement en faveur des droits civiques, organisa une marche de Belfast à Derry. Quand, aux portes de Derry, une bande de protestants attaqua les manifestants, la police laissa faire. Puis elle aggrava le problème en lançant une offensive dans le Bogside, quartier à prédominance catholique. D’autres manifestations et violences suivirent. Loin de séparer les deux camps, la police jouait un rôle non moindre dans le conflit.

En août 1969, des soldats britanniques furent envoyées à Derry, puis à Belfast pour faire respecter l’ordre et la loi. Bien accueillie par les catholiques au début, l’armée britannique fut bientôt perçue comme un instrument au service de la majorité protestante. Les excès commis par les militaires réactivèrent le recrutement dans l’IRA, jusqu’alors à l’état de veille. Les rangs de l’IRA grossirent, notamment après le 30 janvier 1972, le Bloody Sunday (Dimanche sanglant), lors duquel l’armée britannique tua 14 manifestants à Derry. Le Parlement d’Irlande du Nord fut suspendu, alors que des progrès notoires avaient été réalisés en matière de droits civiques.

Un nouveau partage du pouvoir, établi par le Sunningdale Agreement de 1973, fut réduit à néant par la grande grève des travailleurs de l’Ulster de 1974, où les protestants étaient en nombre écrasant.

Tout en continuant à s’attaquer à des personnes en Irlande du Nord, l’IRA déplaça sa campagne d’attentats à la bombe sur le continent britannique. La condamnation de son activité se fit de plus en plus forte dans les rangs des citoyens et des partis de tout bord. Cependant, des milices loyalistes menaient une campagne d’assassinats de catholiques. Les passions furent à leur comble en 1981 quand des prisonniers républicains d’Irlande du Nord entamèrent une grève de la faim pour obtenir le statut de prisonniers politiques, et ne plus être assimilés à des criminels. Dix d’entre eux moururent, dont Bobby Sands, membre du Parlement.

La situation se compliqua encore par la prolifération de partis dissidents. L’IRA se scinda, donnant naissance à des organisations républicaines encore plus extrémistes, telles que l’Irish National Liberation Army (INLA). Des kyrielles d’organisations paramilitaires loyalistes protestantes naquirent également en retour : la violence répondait à la violence.

Processus de paix

Dès le début des années 1990, il était devenu clair pour les républicains que la lutte armée était vouée à l’échec. L’Irlande du Nord avait profondément évolué, la plupart des injustices au cœur du conflit débuté à la fin des années 1960 avaient été corrigées et une majorité de la population ne souhaitait plus qu’une chose : la fin des violences.

En décembre 1993, le Premier ministre britannique John Major et son homologue irlandais Albert Reynolds signèrent la Downing Street Declaration. Ce document, dans lequel la Grande-Bretagne déclarait ne pas avoir d’“intérêt économique ou stratégique

1998
L’Irlande du Nord et la république d’Irlande signent l’accord du Vendredi saint, qui pose les fondations de la paix.

2005
L’IRA ordonne à ses unités de recourir à des moyens de lutte exclusivement démocratiques.

2008
Chute de Lehman Brothers et faillite du système bancaire irlandais.

égoïste en Irlande du Nord", constituait un élément déterminant dans le processus de paix, en inscrivant le principe du consentement de la majorité au cœur de toutes les négociations portant sur les modifications constitutionnelles.

La plupart des militaires britanniques regagnèrent leur caserne et les barrages routiers furent levés. S'ensuivit un temps de paix fébrile, durant lequel les différentes parties revirent leurs objectifs. Restait notamment le problème du désarmement – avec l'exigence unioniste que l'IRA fasse preuve d'une volonté réelle de paix en rendant ses armes avant le début des négociations.

Après bien des tergiversations, des rechutes de violence, notamment par de nouveaux attentats perpétués par l'IRA, les intenses négociations – facilitées par George Mitchell, envoyé spécial de Bill Clinton en Irlande du Nord – aboutirent à l'accord historique du 10 avril 1998, l'Accord du Vendredi saint (Good Friday Agreement). Le 15 août suivant, marquant l'opposition à cet accord d'une frange dissidente de l'IRA, un terrible attentat à la voiture piégée fit, à Omagh, 29 morts et 220 blessés. Si l'opinion fut traversée d'un sentiment unanime d'horreur, l'accord, lui, ne fut pas remis en cause

Il prévoyait le transfert du pouvoir législatif de Westminster, où il siégeait depuis 1972, vers une nouvelle Assemblée d'Irlande du Nord. Hélas, en raison d'atermoiements, de désaccords, de sectarisme et d'entêtement de part et d'autre, l'avancée du processus fut maintes fois retardée. L'Assemblée fut suspendue à quatre reprises, la dernière fois entre octobre 2002 et mai 2007.

Durant cette période, la vie politique en Irlande de Nord se radicalisa de manière spectaculaire, aboutissant à l'effondrement du parti modéré de l'UUP et à l'émergence, côté loyaliste, de l'intransigeant Democratic Unionist Party (DUP) de Ian Paisley. Dans l'autre camp, le Sinn Féin, aile politique de l'IRA, devint le principal porte-flambeau des aspirations nationalistes, sous la conduite de Gerry Adams et Martin McGuinness.

Rétablie dans ses fonctions en 2007 par l'accord de Saint-Andrews (2006), l'Assemblée est dirigée conjointement par un Premier ministre issu du parti majoritaire et un vice-Premier ministre issu du parti majoritaire de l'opposition, disposant des mêmes pouvoirs.

À la date de préparation de ce guide, l'Irlande du Nord connaissait toutefois une crise politique, n'ayant pas retrouvé de gouvernement après la démission du vice-Premier ministre Martin McGuiness et du Premier ministre Arlene Foster au début de l'année 2017.

Plus grande encore était l'incertitude liée aux conséquences du Brexit, prévu pour mars 2019, et qui devrait avoir pour effet de rétablir la frontière entre république d'Irlande et Irlande du Nord.

2010
L'Irlande abandonne sa souveraineté financière au FMI et à l'UE en échange d'un plan de sauvetage de 85 milliards d'euros.

2015
L'Irlande est le premier pays au monde à légaliser le mariage de personnes de même sexe, après un référendum.

2016
Le Royaume-Uni vote à 52% en faveur d'une sortie de l'UE (Brexit) lors d'un référendum.

Soda bread

Cuisine

L'Irlande se bâtit depuis quelques années une réputation de destination gastronomique. De nombreux chefs et producteurs mènent une révolution culinaire remettant au goût du jour les plats rustiques de jadis. Si l'on ajoute à cela l'exigence de plus en plus poussée des consommateurs irlandais, on comprend pourquoi il est aujourd'hui assez facile de bien manger en Irlande, quel que soit son budget.

Dans l'assiette

Pomme de terre Toujours au cœur de la cuisine traditionnelle irlandaise, elle est préparée de diverses manières. Le *colcannon* et le *champ* (purée de pommes de terre avec du chou pour l'un et de la ciboule pour l'autre) comptent parmi les meilleures recettes irlandaises.

Viande, poisson et fruits de mer Le bœuf, l'agneau et le porc sont servis partout. Les poissons et fruits de mer, à la carte de nombreux restaurants, sont souvent excellents, notamment dans l'ouest du pays. Les huîtres, le saumon et la truite sont de grande qualité, à plus forte raison s'ils sont sauvages plutôt que d'élevage.

Le "fry" – petit déjeuner irlandais

Soda bread Le plus connu des pains irlandais est levé grâce à du bicarbonate de soude, la levure n'ayant que peu d'effet sur la farine irlandaise trop légère. Ajoutez du babeurre et vous obtenez un délicieux pain, souvent servi au petit déjeuner dans les chambres d'hôtes.

Le "fry" Comment résister à une assiette de bacon, saucisses, *black pudding*, *white pudding*, œufs et tomates ? Dans le célèbre *Ulster fry*, servi dans le Nord, on ajoute du *fadge* (pain de pommes de terre).

Aventures culinaires

Si le palais des Irlandais est devenu plus aventureux, les menus traditionnels n'en réservent pas moins d'intéressantes surprises :

Black pudding Sorte de boudin noir à base de sang de porc bouilli et de suif, c'est un incontournable du petit déjeuner irlandais.

Boxty Plat typique de l'Irlande du Nord, cette galette est un mélange, à parts égales, de purée de pommes de terre et de pomme de terre crue râpée.

Carrageen Ces algues irlandaises sont utilisées aussi bien dans la salade que pour la glace.

Langue façon corned-beef Généralement accompagné de chou, ce plat figure toujours sur les menus irlandais traditionnels.

Anguille du Lough Neagh Une spécialité d'Irlande du Nord, généralement dégustée vers octobre : l'anguille est habituellement servie en morceaux et accompagnée d'une sauce aux oignons blancs.

Poitín Vous aurez très rarement l'occasion de goûter au véritable "cratur", surnom de ce whiskey distillé illégalement à partir de céréales maltées ou de pommes de terre. Toutefois, il existe

★ **Repas inoubliables**

Restaurant Patrick Guilbaud (p. 77)

Bastion (p. 201)

Nash 19 (p. 195)

Loam (p. 125)

Muddlers Club (p. 285)

Noix de Saint-Jacques, Restaurant Patrick Guilbaud (p. 77)

encore dans le pays quelques distilleries cachées – dans le comté de Donegal, le Connemara et la région de West Cork.

Boissons

Bière Partout dans le monde, l'*irish stout* (bière brassée à partir d'un moût de céréales torréfiées) est devenu synonyme de "Guinness". En réalité, deux autres producteurs notables de *stout* se disputent la faveur des Irlandais : Murphy's et Beamish & Crawford, tous deux situés à Cork.

Thé Les Irlandais sont les plus grands buveurs de thé de la planète, et on vous en proposera une tasse dès que vous franchirez le seuil d'une maison. Le thé est consommé avec du lait (et du sucre si vous le souhaitez) plutôt qu'avec du citron. Les plus appréciés sont très forts et n'ont rien à voir avec certains mélanges insipides que l'on trouve parfois à l'étranger sous l'appellation "thé irlandais".

Whiskey Il existe près de 100 marques différentes de whiskeys, fabriqués dans seulement trois distilleries : Jameson's, Bushmills et Cooley's. Les connaisseurs pourront découvrir ces trésors et partager leur passion de l'*uisce beatha* ("eau de la vie").

Bière : la révolution artisanale

Les bières blondes industrielles comme Heineken, Carlsberg et Coors Lite restent en tête des ventes dans la plupart des pubs, mais la révolution des bières artisanales a fait surgir des dizaines de microbrasseries aux quatre coins de l'île. Les bières qu'elles brassent sont disponibles dans plus de 600 bars et pubs à travers l'Irlande. En voici une petite sélection :

Devil's Backbone (4,9°). Une riche ale ambrée de la brasserie Kinnegar, dans le comté de Donegal.

Surrender to the Void (8,5°). Une Double IPA aux saveurs tropicales signée Whiplash, annexe indépendante du brasseur Alex Lawes, élue bière irlandaise de l'année par la Galway Bay Brewery en 2017.

O'Hara's Leann Folláin (6°). Une stout amère à la note vaguement chocolatée produite par la Carlow Brewing Company.

Metalman Pale Ale (4,3°). Une pale ale à l'américaine de la vénérable Metalman Brewing Company, dans le comté de Waterford, désormais disponible en cannettes.

Puck Pilsner (4,5°). Une lager légère de Jack Cody's Brewery, à Drogheda, dans le comté de Louth.

Les repas de la journée

Les habitudes alimentaires des Irlandais ont évolué au cours des dernières décennies. Elles diffèrent entre villes et campagnes.

Breakfast Généralement pris avant 9h (cependant les hôtels et B&B le servent jusqu'à 11h du lundi au vendredi, et jusqu'à 12h le week-end dans les grandes villes), avant de partir travailler. Le brunch du week-end est populaire dans les grandes villes.

Lunch Les employés des villes mangent sur le pouce entre 12h30 et 14h (la plupart des restaurants ne commencent à servir qu'à partir de midi). Le week-end, en particulier le dimanche, on saute le déjeuner en faveur d'un copieux repas de milieu d'après-midi (appelé "*dinner*"), généralement pris entre 14h et 16h.

Tea Il s'agit ici non pas de la boisson (thé), mais du repas du soir. En ville, c'est le principal repas de la journée, consommé vers 18h30. À la campagne, on mange à la même heure, mais le repas se compose de pain, de charcuterie et de thé. Les restaurants adoptent des habitudes internationales : le dîner n'est habituellement pas servi avant 19h30.

Supper Avant d'aller au lit, beaucoup d'Irlandais s'accordent un en-cas comportant du thé, des toasts ou des sandwichs. Soucieux de leur santé, les citadins ont tendance à délaisser cette habitude. Les restaurants ne servent pas cette collation.

Ordre de prix

Les fourchettes de prix suivantes correspondent à un plat principal au dîner.

Budget	République d'Irlande	Dublin	Irlande du Nord
€	Moins de 12 €	Moins de 15 €	Moins de 12 £
€€	12-25 €	15-28 €	12-20 £
€€€	Plus de 25 €	Plus de 28 €	Plus de 20 £

Végétariens et végétaliens

L'Irlande a fait du chemin depuis l'époque où végétariens et végétaliens étaient regardés comme des bêtes curieuses. Aujourd'hui, même les végétaliens les plus stricts parviendront généralement à trouver leur bonheur. Cela dit, ils ne bénéficieront pas forcément d'un choix très original en dehors des grandes villes ou des innombrables restaurants modernes qui ont fait leur apparition ces dernières années. Ils trouveront cependant toujours un plat à leur convenance et auront la satisfaction de consommer des légumes d'excellente qualité, cultivés localement.

Savoir-vivre irlandais

La convivialité est le mot d'ordre premier de tout repas en Irlande. Voici néanmoins quelques conseils pour apprécier pleinement un repas avec des Irlandais.

Enfants Tous les restaurants accueillent volontiers les enfants jusqu'à 19h, mais certaines adresses (en particulier les restaurants haut de gamme) ne les acceptent pas le soir. La loi interdit aux moins de 18 ans d'entrer dans un pub après 21h. Les établissements familiaux proposent des menus enfant, les autres servent les plats du menu en portions réduites.

Renvoyer un plat Si un plat n'est pas à votre goût, le mieux est d'expliquer poliment ce qui ne va pas, et ce dès que possible ; dans tout restaurant qui se respecte, on vous le changera aussitôt.

Payer l'addition Si vous souhaitez payer l'addition, attendez-vous à ce que votre générosité provoque un premier, un deuxième, voire un troisième refus. Ne vous y trompez pas : les Irlandais ont tendance à refuser les choses plusieurs fois, même quand elles leur font très plaisir. Insistez gentiment mais fermement, et l'affaire est dans le sac !

Pour les pourboires, voir p. 325.

Au pub

Le pub est le centre névralgique de la vie sociale irlandaise, et il y a fort à parier que les moments que vous y passerez figureront parmi les temps forts de votre séjour. Car le pub est bien davantage qu'un simple bar.

Fonction sociale

Le pub est une fenêtre unique sur la culture irlandaise, qui s'y manifeste sous ses formes les plus diverses. Ce lieu emblématique nivelle les différences, efface les statuts et les classes sociales, bâtit des ponts entre les générations, libère des inhibitions, délie les langues, encourage les initiatives, voit naître des chansons, enfante des histoires et nourrit les ragots. C'est une institution unique, à la fois théâtre et salle douillette, lieu de débats et d'une silencieuse contemplation. Son secret est sans doute que chacun y trouve ce qu'il y cherche, ou y amène.

"Spirit Groceries"

Les *spirit groceries* sont des établissements faisant à la fois pub et épicerie. Présents dans toute l'Irlande, ils ont, en général, un comptoir de bar d'un côté et un coin boutique de l'autre. On leur doit l'image du pub Irlandais rempli de vieilles enseignes et de bibelots. Il est encore possible aujourd'hui, dans certains pubs, d'acheter un sac de clous, une boîte de haricots ou une paire de bottes tout en s'accordant une pinte.

Conversation

La conversation – qu'elle soit frivole, sérieuse ou incohérente – est l'ingrédient essentiel du pub. Une fois les langues déliées et les rouages de la pensée bien huilés, la discussion peut s'orienter dans toutes les directions et poursuivre son cwhemin jusqu'à sa conclusion naturelle. Un vieil adage irlandais suggère qu'il ne faut jamais parler de sport, de religion ou de politique avec des inconnus. Mais tout en ayant cela à l'esprit, vous ne devriez pas avoir besoin de trop vous brider. Dire qu'il suffit de pénétrer dans un pub pour se faire des amis est un mythe, mais vous ne resterez sans doute pas très longtemps seul avec votre verre. À moins, bien sûr, que vous n'en ayez envie : rien n'est plus inspirant qu'une pinte sirotée en solitaire, en plein après-midi, dans un vénérable pub de campagne.

Traditions

D'un point de vue purement esthétique, rien ne vaut un pub traditionnel fréquenté par des clients coiffés de casquettes, toujours prêts à raconter des anecdotes amusantes et à partager une certaine forme de sagesse acquise au fil des générations. Les meilleurs pubs ont un sol en pierre et un feu de tourbe. Le bruit de la conversation n'excède jamais le doux murmure, exception faite des éclats de rire. Surtout, il n'y a pas d'autre musique que celle parfois jouée par les musiciens présents sur place. Les pubs de ce genre sont une espèce en voie de disparition, mais il en existe encore suffisamment pour que vous en trouviez un, où que vous soyez.

Étiquette

Le système des tournées – consistant simplement à payer un verre à la personne qui vient de vous en offrir un – est un fondamental de la culture du pub. Un dicton irlandais résume parfaitement le phénomène : "Il est impossible pour deux hommes d'aller au pub pour un seul verre." Enfreindre cette loi risquerait de vous faire tomber au plus bas de l'échelle sociale…

Autre règle d'or : la tournée suivante doit être lancée dès qu'une personne a fini son verre (ou, mieux encore, quand elle est sur le point de le faire). Peu importe que vous n'en soyez qu'à la moitié de votre pinte : si c'est votre tournée, il faut la commander sans attendre.

Bières artisanales

Depuis une dizaine d'années, les Irlandais délaissent progressivement les bières des grandes multinationales (même Guinness fait désormais partie du groupe Diageo) pour celles de petites brasseries locales (les "craft beers"), dont certaines ont leur propre pub, ou combinent brasserie et pub à une même adresse.

Le trèfle, l'un des symboles de l'Irlande

Symboles irlandais

Différents symboles associés à l'Irlande ont de longue date pris place dans l'imaginaire collectif. Il arrive, notamment à l'étranger, que ces éléments soient exploités jusqu'au paroxysme. C'est ce que les Irlandais appellent l'Oirishness (folklore artificiel).

Trèfle

Le symbole irlandais le plus solidement ancré est le trèfle, appelé *seamróg* en gaélique et *shamrock* en anglais. Selon la légende, quand saint Patrick tenta d'enseigner le mystère de la Sainte-Trinité aux chefs celtes nouvellement convertis au christianisme, il prit les trois feuilles de cette modeste plante comme illustration de la nature du Père, du Fils et du Saint-Esprit, à la fois séparés mais ne faisant qu'un. Voilà pourquoi le trèfle est omniprésent lors des festivités associées au saint patron de l'Irlande.

La chance irlandaise ?

Avec près de mille ans d'occupation, une longue histoire d'oppression et d'exploitation, une famine dévastatrice, une émigration de masse... on peine à croire que les Irlandais soient plus chanceux que la moyenne. L'expression "Luck of the Irish" ("la chance des Irlandais"), que l'on entend parfois dans les pays anglophones, est apparue aux États-Unis au milieu du XIXe siècle pendant la ruée vers l'or, où les Irlandais – ceux qui avaient fui la famine et la misère de leur pays étaient surreprésentés dans les mines – prospéraient parfois. Fréquemment teintée d'ironie, elle peut aussi évoquer la malchance ou le courage dans l'adversité. John Lennon a repris l'expression à son compte en 1972, dans une chanson à charge contre la domination britannique en Irlande du Nord ("The Luck of the Irish").

Leprechaun

L'une des images les plus obstinément associées au pays est celle du leprechaun, un lutin chafouin, affairé à jalousement protéger son chaudron d'or des convoitises humaines. En dépit de sa connotation enfantine, cette légende remonterait au mythique peuple de la déesse Danu (Tuatha dé Danann) qui aurait dominé l'Irlande il y a 4 000 ans. Quand ces êtres d'essence divine eurent été vaincus par les ancêtres des premiers Irlandais, leur roi Lug (le père demi-dieu de Cúchulainn) fut exilé sous terre, d'où son nom de Lug Chromain, ou "petit Lug voûté" – l'origine du leprechaun.

Si personne, en Irlande, ne croit vraiment en l'existence de farfadets caractériels retranchés dans des forts féeriques, les habitants, en particulier dans les campagnes, peuvent garder une certaine superstition. C'est ainsi que l'on trouve encore des arbres, des collines ou d'autres éléments du paysage à qui l'on prête des caractéristiques "surnaturelles" et auxquels nul ne s'aviserait de toucher.

Harpe

Censée représenter l'immortalité de l'âme, la harpe celtique, ou *clársach,* est un symbole de l'Irlande depuis l'époque d'Henri VIII, qui la laissa figurer sur la monnaie locale. À la cour gaélique, elle conférait au musicien un statut à part, de nature honorifique. En temps de guerre, sa musique devait éveiller la bravoure dans le cœur des soldats partant au front.

Elle incarne la résistance irlandaise face au pouvoir anglais. Aussi les harpistes furent-ils un temps persécutés, comme représentatifs de la rébellion contre la Couronne, et perpétuèrent-ils leur art dans la clandestinité. Cela n'en marqua pas moins le déclin dans la culture populaire de cet instrument, au profit d'autres, telle la mandoline. Elle a cependant conservé son statut de symbole de l'âme irlandaise.

Anneau de Claddagh

C'est le plus célèbre de tous les bijoux irlandais. Signe de fidélité, il montre deux mains (l'amitié) enserrant un cœur (l'amour), lequel est généralement surmonté d'une couronne (la loyauté). Cet anneau est fabriqué depuis le XVIIe siècle dans le village de pêcheurs de Claddagh (qui se fond désormais dans la ville de Galway). Son origine est bien antérieure et remonterait aux bagues dites *mani in fede* (ou "mains en confiance") de l'époque romaine, associées au mariage. Toutefois, la popularité de l'anneau de Claddagh est assez récente et doit beaucoup à la coutume qu'ont les membres de la diaspora d'en porter pour montrer leur attachement à l'Irlande.

Ulysses Rare Books, Dublin (p. 74)

Littérature irlandaise

C'est peut-être la façon dont les Irlandais parlent et écrivent qui exprime le mieux la singularité du caractère national. Leur amour de la langue et leur formidable tradition orale ont nourri un patrimoine d'écrivains et de conteurs de renommée mondiale. Tout cela dans une langue imposée par l'envahisseur britannique.

Cycle mythologique

Premier grand ouvrage de la littérature irlandaise, l'*Ulaid* (*Ulster*) *Cycle* fut transcrit à partir de la tradition orale entre le VIIIe et le XIIe siècle. L'histoire principale en est le *Táin Bó Cúailnge*, récit de la bataille entre la reine Maeve du Connaught et Cúchulainn, héros majeur de la mythologie irlandaise. Cúchulainn a survécu dans la littérature irlandaise jusqu'à nos jours, de Samuel Beckett à Frank McCourt.

Littérature moderne

Parmi les grands écrivains irlandais nés avant 1900 figurent Jonathan Swift (1667-1745) à qui l'on doit les *Voyages de Gulliver*, Oscar Wilde (1854-1900), acclamé autant qu'il fut

Renouveau de l'identité irlandaise

Parallèlement aux débats autour du Home Rule à la fin du XIXe siècle, une forme de révolution touchait les arts, la littérature et l'identité nationale. Ardents défenseurs d'une renaissance littéraire à consonance anglo-irlandaise, le poète William Butler Yeats (1865-1939) et ses comparses écrivains, notamment dramaturges (dont Lady Gregory, Douglas Hyde, John Millington Synge et George Russell), mirent au jour de vieux contes celtiques et décrivirent avec enthousiasme une Irlande romantique faite de batailles épiques et de reines guerrières. Pour un pays qui avait souffert de siècles d'invasions et de privations, ces images traduisaient une vision nettement plus séduisante de l'Histoire.

décrié, Bram Stoker (1847-1912) auteur de *Dracula* – certains affirment que le nom du comte viendrait du gaélique *droch fhola* (mauvais sang) – et, *last but not least*, l'incomparable James Joyce (1882-1941), géant de la littérature.

Né à Rathgar, dans la banlieue sud de Dublin, en 1882, le jeune Joyce quitta Dublin en 1904 pour Trieste puis Zurich et Paris. Incompris en Irlande, il n'y résiderait plus jamais. Sa première grande œuvre en prose publiée fut *Gens de Dublin* (1914), un recueil de nouvelles se déroulant à Dublin.

Son *Ulysse* (1922), ouvrage majeur, mais d'une lecture particulièrement ardue, est un extraordinaire portrait de la capitale irlandaise : selon ses propres mots, Joyce souhaitait "donner une image de Dublin tellement complète que si la ville disparaissait un jour de la planète, elle pourrait être reconstruite grâce à [son] livre". L'histoire se déroule le 16 juin 1904 – le jour du premier rendez-vous entre Joyce et Nora Barnacle – et accompagne les personnages dans leurs pérégrinations en ville, en faisant un parallèle avec le voyage d'Homère dans l'*Odyssée*.

Comme James Joyce, Samuel Beckett (1906-1989) composa l'essentiel de son œuvre littéraire après avoir quitté l'Irlande, rejoignant le vivier artistique qu'était alors Paris. Beckett centra ses travaux sur la condition humaine et la nature profonde du moi. La plus connue de ses œuvres reste sans doute *En attendant Godot* (1948-1949), mais c'est toute une série de romans et de pièces austères qui assirent définitivement sa réputation. Deux ouvrages donnent un bon aperçu de son œuvre, *La Dernière Bande* (*Krapp's Last Tap*, 1958), monologue d'un vieil homme écoutant un enregistrement de lui-même, alors jeune homme idéaliste dissertant sur ses rêves ; ou *Molloy* (1947-1948), un roman teinté d'humour noir.

Tenu pour un des fondateurs de la *fantasy* comme genre (et pour un modèle par H. P. Lovecraft), le prolifique Lord Dunsany (1878-1957) ne s'y est toutefois pas cantonné, même si son œuvre la plus connue reste, à ce jour, *La Fille du roi des Elfes*.

Parmi les dizaines d'auteurs irlandais ayant rencontré le succès au cours du XXe siècle, citons Brendan Behan (1923-1964), dramaturge et romancier qui mêla tragédie, humour et tourments de la vie dans des œuvres comme *Borstal Boy* (1958), *The Quare Fellow* (première représentation en 1954) et *The Hostage* (première représentation en 1958). La boisson l'emporta, hélas, dans la fleur de l'âge.

Le natif de Belfast C. S. Lewis (1898-1963) a laissé derrière lui *Les Chroniques de Narnia* (1949-1954), une série de contes allégoriques pour enfants, en partie portés à l'écran.

L'Irlande peut s'enorgueillir de quatre Prix Nobel de littérature : W. B. Yeats en 1923, George Bernard Shaw en 1925, Samuel Beckett en 1969 et Seamus Heaney en 1995.

Littérature contemporaine

Si le nom de James Joyce revient souvent parmi les auteurs favoris des Irlandais, les auteurs plus contemporains sont également très populaires. Citons notamment Roddy Doyle (né en 1958), dont la trilogie à succès – *The Commitments, The Snapper* (1990) et *The Van* (1991) – a été adaptée au cinéma ; le protagoniste des *Commitments* (1987), Jimmy Rabbitte – plus vieux, plus sage et se battant contre la maladie –, est de retour dans *The Guts* (2013), le dernier roman de Doyle. *Paddy Clarke, Ha Ha Ha* a obtenu le Booker Prize en 1993.

Sebastian Barry (né en 1955) a été nominé deux fois pour le Booker Prize pour sa tragédie sur la Seconde Guerre mondiale, *Un Long Chemin* (2005), et *Le Testament caché* (2008), où Roseanne, pensionnaire centenaire d'un hôpital psychiatrique, écrit son autobiographie.

Anne Enright (née en 1962) a quant à elle décroché le Booker Prize pour *Retrouvailles* (2007), une histoire d'alcoolisme et de violence dans l'air du temps. Son dernier roman, *L'herbe maudite* (2015), continue d'explorer les eaux troubles de la famille irlandaise. Un autre poids lourd de la littérature irlandaise est John Banville (né en 1945), gagnant du Booker Prize pour *La Mer* (2005) ; parmi ses autres œuvres, nous recommandons *Le Livre des aveux* (1989) ou l'excellent roman à clef *L'Intouchable* (1997), inspiré de la vie de l'historien de l'art et agent secret Anthony Blunt. Banville est aussi l'auteur, sous l'alias de Benjamin Black, d'une série de romans policiers se déroulant dans les années 1950 et mettant en scène le pathologiste perturbé Quirke. Le dernier de la série s'intitule *Even the Dead* (2015).

Autre grand nom, Colm Tóibín (né en 1955), né à Wexford, est l'auteur de neuf romans, dont *Brooklyn* (2009 ; adapté au cinéma en 2015 avec Saoirse Ronan dans le rôle principal) et, plus récemment, *Nora Webster* (2014), une poignante histoire de veuvage.

Après le succès de *Room* (2010), Emma Donoghue (née en 1969) a écrit *Frog Music* (2014), l'histoire vraie de Jenny Bonnet, jeune femme libre aimant se travestir en homme, assassinée à San Francisco à la fin du XIXe siècle, et *The Wonder* (2016), l'histoire d'une enfant déterminée à jeûner dans l'Irlande des années 1850. John Boyne (né en 1971) s'est fait un nom avec son roman sur l'Holocauste, *Le Garçon en pyjama rayé* (2006 ; adapté au cinéma en 2008). Son dernier roman, *A History of Loneliness* (2014), s'attaque à la question de la pédophilie dans l'Église catholique.

Colum McCann (né en 1965) a quitté l'Irlande en 1986 pour finalement s'installer à New York, où son sixième roman, l'œuvre post-11-Septembre *Et que le vaste monde poursuive sa course folle* (2009), l'a catapulté au sommet de la scène littéraire, obtenant le National Book Award catégorie fiction et l'International IMPAC Dublin Literary Award. Son roman suivant, *Transatlantic* (2013), entremêle trois histoires : la traversée de l'Atlantique en avion d'Alcock et Brown, le voyage de 1845 de Frederick Douglass en Irlande et l'histoire du processus de paix nord-irlandais à la fin des années 1990.

Les "Troubles" restent une source d'inspiration importante pour les écrivains d'Irlande du Nord, comme Bernard MacLaverty dans son superbe *Cal* (1983) et, plus récemment, dans *The Anatomy School* (2001). Les romans de Sean O'Reilly (né en 1969), natif de Derry, sont peuplés de personnages que le conflit interreligieux continue de hanter : son dernier roman, *Watermark* (2005), raconte l'histoire d'une jeune femme que le désir entraîne à la limite de la folie dans une ville irlandaise anonyme. Eoin McNamee

Fiction contemporaine

Brooklyn (Colm Tóibín, 2009)
Le Testament caché (Sebastian Barry, 2008)
Maintenant ou jamais (Joseph O'Connor, 2014)
Hérésies glorieuses (Lisa McInerney, 2015)
Charlie le simple (Ciarán Collins, 2015)

(né en 1961) est l'auteur d'une série qui explore le conflit en s'intéressant à l'impact de la religion et de l'histoire sur les vies individuelles. Son dernier roman, *Blue is the Night* (2014), clôt la trilogie après *Le Tango bleu* (2001) et *Orchid Blue* (2010).

Le deuxième roman de Paul Murray (né en 1975), *Skippy dans les étoiles* (2010), relatant la vie d'un groupe d'élèves privilégiés d'un lycée pour garçons, a été acclamé par la critique, contrairement au suivant, *La marque et le vide* (2015), qui a pour toile de fond la crise financière de 2008. Côté jeunesse, Shane Hegarty (né en 1976) a publié en 2015 deux tomes de *Darkmouth*, dans lequel le jeune Finn découvre les relations amoureuses et apprend à combattre des monstres.

"Chick-lit"

La littérature pour filles, aussi connue sous le nom de *chick-lit* ("littérature pour poulettes"), est un genre que les Irlandaises maîtrisent comme peu d'autres. La doyenne en est Maeve Binchy (1940-2012), au style très maîtrisé, qui a vendu plus d'exemplaires que la majorité des géants de la littérature. *Le lac aux sortilèges* (Pocket, 2015) est son dernier ouvrage traduit. Marian Keyes (née en 1963) écrit elle aussi best-seller sur best-seller, comme *Un homme trop charmant* (Belfond 2009). Cette conteuse exceptionnelle aborde des sujets délicats comme l'alcoolisme et la dépression. L'ancienne journaliste Cathy Kelly produit un roman par an : son dernier ouvrage, *Between Sisters* (2017), explore les vies de deux sœurs que tout oppose.

Musique traditionnelle

La musique irlandaise (appelée en Irlande traditional music *ou simplement* trad*) a conservé une vitalité peu commune parmi les musiques traditionnelles d'Europe, souvent éclipsées par la pop. Si elle est restée fidèle à ses origines, elle a aussi influencé d'autres genres musicaux, en particulier la country en Amérique.*

Instruments

Malgré une idée répandue, la harpe, emblème national de l'Irlande, est en réalité peu utilisée en musique traditionnelle, à l'inverse du *bodhrán* (*bao*-ron), un tambour en peau de chèvre – qui ferait un piètre symbole du pays. Le *uillean pipe*, équivalent de la cornemuse, dont on joue en pressant un soufflet sous le coude, fournit aussi des sonorités caractéristiques, mais on le voit rarement dans les pubs. Le violon (*fiddle*) n'est pas propre à l'Irlande, mais il s'agit d'un des principaux instruments de la musique traditionnelle, tout comme la flûte, la flûte irlandaise en métal (*tin whistle*), l'accordéon et le bouzouki (sorte de mandoline). La musique peut être classée en cinq catégories principales – la gigue (*jig*), le quadrille (*reel*), la matelote (*hornpipes*), la polka et les mélodies lentes (*slow airs*) –, tandis que la pratique ancienne consistant à chanter a capella des versions de ballades traditionnelles est appelée *sean-nós.*

Mélodies

Les mélodies des chansons et morceaux de musique se transmettaient oralement entre musiciens, se perpétuant et évoluant de cette façon. Les différents styles régionaux sont apparus dès lors que les musiciens locaux entraient en concurrence les uns avec les autres, s'efforçant d'imiter les meilleures interprétations locales. Le musicien itinérant Turlough O'Carolan (1670-1738), harpiste et aveugle, a ainsi composé plus de 200 mélodies – il est difficile de dénombrer les variations nées de celles-ci, disséminées lors de ses voyages. Ce mode de transmission est un élément déterminant dans le dynamisme de la musique traditionnelle et explique en partie sa résistance à l'épreuve de la modernité.

Cette résistance s'explique aussi sans doute par l'influence que la musique irlandaise a eue sur divers genres musicaux, en particulier le folk et la country en Amérique – une fusion, entre autres, entre le blues du delta du Mississippi et les mélodies traditionnelles irlandaises qui, combinée à d'autres inspirations comme le gospel, est à la base du rock and roll.

Son succès actuel tient également à la volonté des artistes de faire évoluer leur manière de jouer (en ensembles de musiciens plutôt qu'en groupes de *céilidh* – qui jouent lors de soirée danse et de musique folklorique) et au développement des sessions live dans les pubs. De fait, découvrir cette musique dans un pub reste le meilleur moyen de l'écouter dans ce qu'elle a de plus authentique. Les meilleurs musiciens n'en ont pas moins également pris le chemin des studios. Voici quelques pistes d'enregistrements inoubliables : le violon de Tommy Peoples dans l'album *The Quiet Glen* (1998), la sublime cornemuse irlandaise de Paddy Keenan dans son album de 1975 ou l'incroyable guitare d'Andy Irvine dans des albums comme *Compendium: The Best of Patrick Street* (2000).

Groupes populaires

Dans les années 1960, le compositeur Seán Ó Riada (1931-1971) tenta d'imposer une forme de structure à la musique traditionnelle. Son ensemble de musiciens, Ceoltóirí Chualann, fut le premier groupe du genre à toucher un plus large public. De là il donna naissance aux Chieftains, probablement le plus grand groupe de musique traditionnelle irlandaise de tous les temps. Ils commencèrent à enregistrer en 1963 et sortirent près de 40 albums, qui méritent tous d'être découverts, en particulier la série des 10 albums simplement appelés *The Chieftains*.

L'autre grand groupe des années 1960 était les Dubliners. Plus populaires que traditionnels, ils firent carrière avec des chansons paillardes et à boire que tout le monde reprenait en chœur. Citons également les Fureys, composés de quatre frères issus de la communauté irlandaise des gens du voyage (*Travellers*), ainsi que du guitariste Davey Arthur. Et si vous cherchez des interprétations passionnées de chansons rebelles irlandaises, ne passez pas à côté des Wolfe Tones. L'Irlande compte pléthore de musiciens traditionnels de grand talent et nous vous conseillons fortement de passer du temps dans les boutiques spécialisées.

Depuis les années 1970, plusieurs groupes ont tenté le mariage entre musique traditionnelle et styles plus modernes, avec plus ou moins de succès. Le premier à prendre ce chemin fut Moving Hearts, sous la houlette de Christy Moore, qui devint finalement un chanteur folk réputé. Le Bothy Band, formé en 1975, était une sorte de super-groupe de musique traditionnelle composé de musiciens d'exception : Dónal

★ Albums de musique traditionnelle

The Quiet Glen (Tommy Peoples, 1998)

Paddy Keenan (Paddy Keenan, 1975)

The Chieftains 6: Bonaparte's Retreat (The Chieftains, 1976)

Old Hag You Have Killed Me (The Bothy Band, 1976)

Bodhrán traditionnel et baguette

Lunny au bouzouki, Paddy Keenan aux *uillean pipes*, Matt Molloy (qui devint par la suite membre des Chieftains) à la flûte et au *whistle*, Paddy Glackin au violon et Tony MacMahon à l'accordéon. Leurs albums ont gardé la même intensité aujourd'hui.

Les musiciens collaborent fréquemment sur des projets. The Gloaming est un groupe actuel intéressant (notamment son premier album de 2011, sensationnel) qui donne un tour contemporain aux quadrilles (*reels*) de musique "*trad*". Les albums solo de leur violoniste, Caoimhín Ó Raghallaigh, mêlent envolées lyriques au violon et boucles de sons électros inspirées (*The Gloaming 2*).

Et pour un mélange de rock, de folk et de musique traditionnelle, c'est dans les quelques albums sortis depuis 2008 par The Spook of the Thirteenth Lock qu'il faut aller voir ; le dernier, sorti en 2018, s'intitule *Lockout*.

Kylemore Abbey (p. 129)

Carnet pratique

INFOS UTILES 326

Ambassades et consulats 326
Argent 326
Assurances et services médicaux............327
Cartes et plans 328
Climat.................................. 328
Désagréments et dangers........................... 328
Douane.................................. 328
Électricité................................ 329
Formalités et visas................ 329
Handicapés.......................... 329
Hébergement........................ 330
Heure locale.......................... 332
Homosexualité...................... 332
Horaires d'ouverture 333
Internet (accès).................... 333
Jours fériés 333
Offices du tourisme 334
Photographie........................ 334
Problèmes juridiques 334
Santé..................................... 335
Se restaurer 335
Téléphone 335
Toilettes 336
Voyager en solo.................... 336

TRANSPORTS..........336

Depuis/vers l'Irlande............ 336
Voyages organisés................ 339
Comment circuler................. 340

LANGUES..................345

Infos utiles

Ambassades et consulats

Pour des informations concernant les visas, consultez la rubrique Formalités et visas, p. 327.

Représentations irlandaises à l'étranger

La liste complète des représentations de la république d'Irlande à l'étranger est disponible sur le site du ministère irlandais des Affaires étrangères (www.dfa.ie/embassies/irish-embassies-abroad) ; celle des représentations de l'Irlande du Nord est disponible sur le site du ministère britannique des Affaires étrangères (www.gov.uk/world/organisations).

France

République d'Irlande (ambassade ☎01 44 17 67 00 ; www.dfa.ie/irish-embassy/france ; 12 avenue Foch, 75116 Paris)

Irlande du Nord (ambassade ☎01 44 51 31 00 ; www.gov.uk/world/organisations/british-embassy-paris ; 35, rue du Faubourg Saint-Honoré, 75008 Paris ; consulats à Paris, Bordeaux et Marseille)

Belgique

République d'Irlande (ambassade ☎02 2823 400 ; www.dfa.ie/irish-embassy/belgium ; Rue Froissart - Froissartstraat 50, 1040 Bruxelles)

Irlande du Nord (ambassade ☎02 287 62 11 ; www.gov.uk/world/organisations/british-embassy-brussels ; 10 avenue d'Auderghem, 1040 Bruxelles)

Suisse

République d'Irlande (ambassade ☎031 350 0380 ; www.dfa.ie/irish-embassy/switzerland ; Kirchenfeldstrasse, 68, 3005 Bern)

Irlande du Nord (ambassade ☎031 359 7700 ; www.gov.uk/world/organisations/british-embassy-berne ; Thunstrasse 50, 3005 Berne)

Canada

République d'Irlande (ambassade ☎613 233 6281 ; www.dfa.ie/irish-embassy/canada ; suite 1105 (11th Floor), 130 Albert St, Ottawa)

Irlande du Nord (haut-commissariat ☎613 237 1530 ; www.gov.uk/world/organisations/british-high-commission-ottawa ; 80 Elgin St, Ottawa ; consulats à Montréal, Calgary, Toronto et Vancouver).

Représentations étrangères en Irlande

France

République d'Irlande (ambassade ☎01 277 50 00 ; ie.ambafrance.org ; 66 Fitzwilliam Lane, Dublin 2).

Irlande du Nord (ambassade au Royaume-Uni située à Londres ☎020-7073 1000 ; uk.ambafrance.org ; 58 Knightsbridge, SW1 Londres ; consulat général ☎020-7073 1200 ; 21 Cromwell Road, SW7 Londres).

Belgique

République d'Irlande (ambassade ☎01 631 52 84 ; www.ireland.diplomatie.belgium.be ; 1 Elgin Road, Ballsbridge, Dublin 4).

Irlande du Nord (ambassade au Royaume-Uni située à Londres ☎020 747 037 00 ; unitedkingdom.diplomatie.belgium.be/fr ; 17 Grosvenor Crescent, SW1X Londres).

Suisse

République d'Irlande (ambassade ☎01 218 63 82/83 ; www.eda.admin.ch ; 6 Ailesbury Road, Ballsbridge, Dublin 4).

Irlande du Nord (consulat ☎077 33 59 55 95 ; www.eda.admin.ch ; 54 Priory Park, Belfast BT10 0AE).

Canada

République d'Irlande (ambassade ☎01 234 4000 ; www.canadainternational.gc.ca ; 7-8 Wilton Terrace, Dublin 2).

Irlande du Nord (haut-commissariat à Londres ☎020-7004 6000 ; www.royaume-uni.gc.ca ; Canada House, Trafalgar Square, SW1).

Argent

La devise de la république d'Irlande est l'euro (€). L'Irlande du Nord utilise la livre sterling (£), mais de nombreux établissements acceptent également les euros.

Cartes bancaires

Les cartes Visa et MasterCard sont largement acceptées en Irlande ; l'American Express n'est acceptée que par les grandes enseignes. Les cartes à puce avec code PIN sont la norme pour les transactions – seuls quelques établissements se contenteront d'un paiement par signature.

En zone rurale notamment, il arrive que certains B&B n'acceptent que les paiements en liquide.

DAB

La plupart des banques disposent de DAB intégrés aux réseaux bancaires internationaux comme Cirrus, Maestro ou Plus. Pour les visiteurs provenant de pays extérieurs à la zone euro, les transactions occasionnent une commission de change. Méfiez-vous par ailleurs des DAB "trafiqués".

Taxes et remboursements

Pour la plupart des produits, le prix comprend la TVA de 21% (20% en Irlande du Nord). Les visiteurs résidant dans un pays extérieur à l'UE peuvent se la faire rembourser à condition que le magasin où l'achat a été effectué adhère au programme de remboursement Cashback ou Taxback (Tax-Free Shopping en Irlande du Nord), ce qui est généralement indiqué par un autocollant sur la vitrine.

Pourboires

Hôtels 1 €/1 £ par sac est le pourboire standard ; pour le personnel de nettoyage, pourboire à votre discrétion.

Pubs Si vous êtes servi à table uniquement (1 €/1 £ par tournée)

Restaurants 10% pour un service correct ; jusqu'à 15% dans les établissements haut de gamme

Taxis 10% ou prix arrondi à l'euro/la livre supérieur(e)

Préposés aux toilettes Petite monnaie ; généralement pas plus de 0,50 €/50 p.

Assurances et services médicaux

La carte européenne d'assurance maladie (CEAM), nominative et individuelle, valable un an, assure l'aide médicale d'urgence (mais non le rapatriement sanitaire) aux citoyens de l'Union Européenne. Vous devez en faire la demande auprès de votre caisse d'assurance maladie (ou, en France, en ligne sur www.ameli.fr). Comptez un délai de 2 semaines pour la réception.

Il est conseillé de souscrire à une police d'assurance qui vous couvrira en cas d'annulation de votre voyage, de vol, de perte de vos affaires, de maladie ou encore d'accident. Les assurances internationales pour étudiants sont en général d'un bon rapport qualité/prix. Lisez avec la plus grande attention les clauses en petits caractères : c'est là que se cachent les restrictions.

Vérifiez notamment que les "sports à risques", comme la plongée, la moto ou même la randonnée ne sont pas exclus de votre contrat, ou encore que le rapatriement médical d'urgence, en ambulance ou en avion, est couvert. De même, le fait d'acquérir un véhicule dans un autre pays ne signifie pas nécessairement que vous serez protégé par votre propre assurance.

Vous pouvez contracter une assurance qui réglera directement les hôpitaux et les médecins, vous évitant ainsi d'avancer des sommes qui ne vous seront remboursées qu'à votre retour. Dans ce cas, conservez avec vous tous les documents nécessaires.

Attention ! Avant de souscrire une police d'assurance, vérifiez bien que vous ne bénéficiez pas déjà d'une assistance par votre carte de crédit, votre mutuelle ou votre assurance automobile. C'est bien souvent le cas.

Cartes et plans

La carte d'Irlande Michelin au 1/400 000 (n°923) est une bonne carte générale : très lisible, elle indique la plupart des routes panoramiques de l'île. Les quatre cartes – nord, sud, est et ouest – au 1/250 000 de la série Holiday de l'Ordnance Survey sont plus détaillées.

Pour un niveau de détail encore plus élevé, la série Discovery de l'Ordnance Survey compte 89 cartes au 1/50 000, également disponibles au format numérique. On les trouve sur le site d'Ordnance Survey Ireland (www.osi.ie) et dans de nombreuses librairies à travers le pays.

Collins publie aussi une série de cartes routières disponibles en librairie.

Climat

Belfast

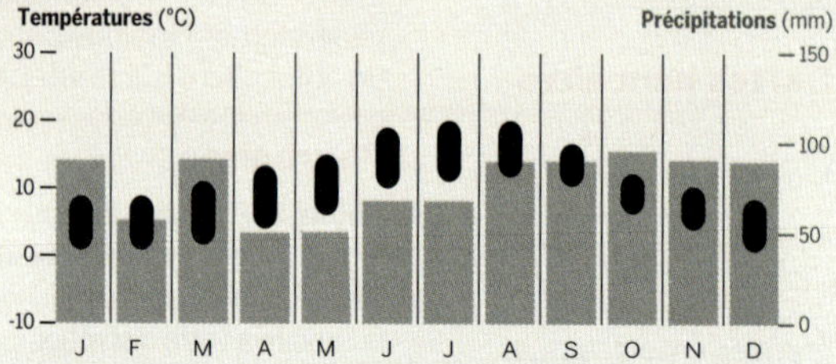

Dublin

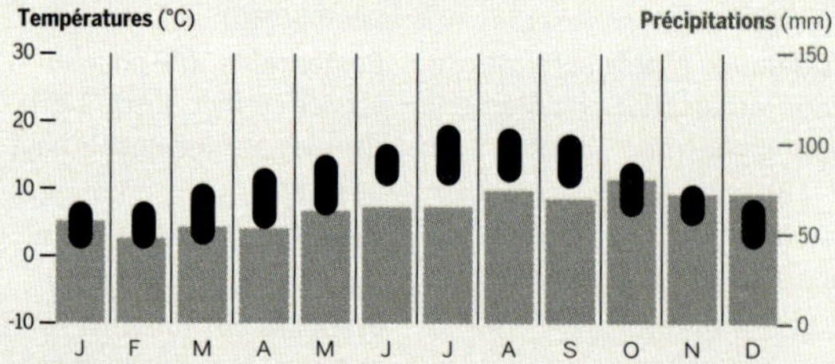

Galway

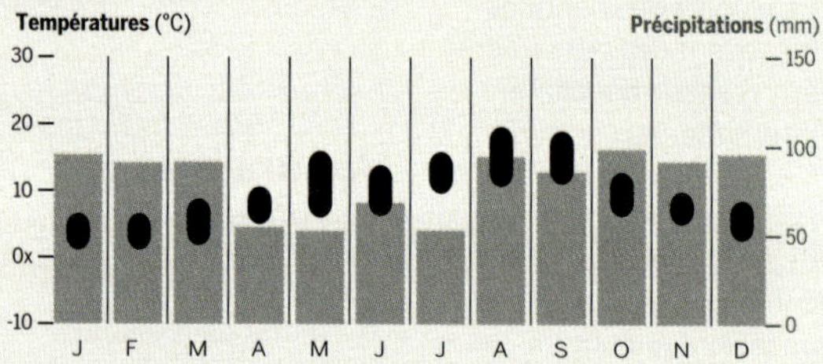

Désagréments et dangers

L'Irlande est un pays sûr, ce qui ne dispense pas des précautions d'usage.

- Ne laissez rien de visible dans votre voiture.
- Les DAB "trafiqués" (avec faux lecteurs de carte, notamment) sont répandus. Prenez soin de couvrir le clavier avec votre main lorsque vous saisissez votre code PIN.
- En Irlande du Nord, soyez particulièrement vigilant dans les zones de contact entre quartiers catholiques et protestants.
- Évitez de venir en Irlande du Nord lors des défilés orangistes du 12 juillet qui réveillent les passions sectaires. Même les habitants sont nombreux à déserter le comté ce jour-là.

Douane

La république d'Irlande et l'Irlande du Nord ont toutes deux un système douanier à deux régimes : l'un s'appliquant aux biens achetés en duty-free hors de l'Union européenne (UE) et l'autre pour les biens achetés TTC dans un pays de l'UE. La quantité de biens transportés à l'intérieur de l'UE n'est théoriquement pas limitée, mais les douanes différencient l'usage personnel de l'usage commercial. Les quantités autorisées sont les suivantes :

Produits achetés en duty-free hors de l'UE 1 l de spiritueux ou 2 l de vin, 60 ml de parfum et 250 ml d'eau de toilette, 200 cigarettes.

Produits achetés TTC en UE Sont acceptées comme relevant d'un usage personnel les quantités allant jusqu'à 10 l de spiritueux ou 20 l de vin fortifié ou 60 l de vin mousseux ou 90 l de vin ou 110 l de bière, 3 200 cigarettes (ou 400 cigarillos, 200 cigares ou 3 kg de tabac).

Électricité

Type G
230 V/50 Hz

Formalités et visas

Les modalités d'entrée en république d'Irlande sont consultables en ligne sur www.dfa.ie ; pour l'Irlande du Nord, consultez www.gov.uk/government/organisations/uk-visas-and-immigration.

Les citoyens européens et suisses n'ont pas besoin de visa pour visiter la république d'Irlande ou l'Irlande du Nord, ni pour y travailler.

Pour un voyage de tourisme, les citoyens canadiens peuvent séjourner en république d'Irlande pendant trois mois maximum et en Irlande du Nord pendant six mois maximum ; ils n'ont pas besoin de visa. Ils ne sont pas autorisés à y travailler, à moins d'avoir un contrat d'embauche. Les voyageurs souhaitant prolonger leur séjour en république d'Irlande devront se rendre au commissariat de police (*garda*) local ou, pour Dublin, au **Burgh Quay Registration Office** (sur rendez-vous ; ☎01-666 9100 ; www.garda.ie ; 13-14 Burgh Quay, Dublin ; 🕐8h-21h lun-jeu, 8h-18h ven ; 🚌centre). Pour l'Irlande du Nord, ils devront déposer leur demande auprès du Home Office (www.gov.uk/government/organisations/uk-visas-and-immigration).

Avant le départ, il est impératif de contacter les ambassades et les consulats pour s'assurer que les modalités d'entrée sur le territoire n'ont pas changé (en particulier du fait du Brexit, qui devrait prendre effet fin mars 2019). Nous vous conseillons de scanner ou de photocopier tous vos documents importants (pages d'introduction de votre passeport, cartes de crédit, police d'assurance, billets de train/d'avion/de bus, permis de conduire, etc.). Conservez ces copies à part des originaux. Vous remplacerez ainsi plus aisément ces documents en cas de perte ou de vol.

Passage de la frontière

À l'heure actuelle, le passage de la frontière entre la république d'Irlande et l'Irlande du Nord se fait sans aucune formalité et peut passer inaperçu. Toutefois, cela risque de changer lorsque le Brexit sera effectif en 2019.

Handicapés

Tous les nouveaux bâtiments sont dotés d'accès pour handicapés et de nombreux hôtels (surtout les hôtels de chaînes, en ville) se sont équipés d'ascenseurs, de rampes d'accès et

Réservation en ligne

Trouvez un vol, un séjour ou un hôtel en quelques clics dans la rubrique "Réserver" de www.lonelyplanet.fr.

d'autres dispositifs spécifiques, notamment des boucles auditives pour malentendants. Beaucoup d'autres, surtout les B&B, n'ont pas fait les investissements nécessaires pour rendre leur établissement accessible.

Dans les grandes villes, la plupart des bus disposent d'une rampe intégrée et d'espaces réservés à bord, mais seulement 63% des Bus Éireann, sur les lignes Commuter et Expressway, sont accessibles aux chaises roulantes. Attention, en zone rurale, beaucoup d'arrêts ne sont pas accessibles.

Les trains sont accessibles avec l'aide du personnel. Appelez le ☎01-836 6222 ou envoyez un e-mail à access@irishrail.ie 24 heures à l'avance pour organiser l'assistance.

- Vous trouverez de nombreuses informations (en français) et des liens utiles concernant l'accessibilité des transports et des attractions touristiques en Irlande sur la page www.ireland.com/fr-fr/hébergement/articles/accessibilite.
- Les trois sites (en anglais) suivants recensent des critiques et/ou avis d'utilisateurs relatifs à l'accessibilité d'hébergements, de restaurants et bars et de sites d'intérêt : mobilitymojo.com, dont la base de données ne se limite plus désormais à Dublin et Galway, www.tripability.net , qui proposera bientôt un service de réservations, et www.accessibleireland.com, qui traite notamment brièvement des transports publics.
- Téléchargez gratuitement le guide (en anglais) *Accessible Travel* de Lonely Planet sur lptravel.to/AccessibleTravel : il offre de nombreux liens et recommandations utiles pour permettre aux visiteurs de profiter au mieux de leur séjour, notamment en Irlande.
- Le **Citizens' Information Board** (☎0761 079 000 ; www.citizensinformationboard.ie) en république d'Irlande et **Disability Action** (☎028 9029 7880 ; www.disabilityaction.org) en Irlande du Nord peuvent conseiller les voyageurs handicapés.
- En France, l'**APF** (Association des paralysés de France ; ☎01 40 78 69 00 ; www.apf.asso.fr ; 17 bd Auguste-Blanqui, 75013 Paris) peut fournir des informations utiles sur les voyages accessibles. L'agence de voyages **Yoola** (www.yoola.fr) et l'association **Ailleurs & Autrement** (www.ailleursetautrement.fr) organisent des voyages adaptés aux personnes à mobilité réduite. **Yanous** (www.yanous.com) et **handicap.fr** (www.handicap.fr) constituent également de bonnes sources d'information.
- Certaines agences "traditionnelles" proposent des circuits adaptés, comme la découverte du Kerry (10 jours) proposée par **Comptoir des Voyages** (www.comptoir.fr/voyage/handicapes). **Motability Ireland** (www.motabilityireland.com) loue des véhicules adaptés.

Hébergement

On trouve en Irlande toutes les gammes d'hébergement. Longtemps un pilier du tourisme irlandais, les omniprésents B&B subissent depuis quelques années la concurrence d'innombrables pensions et hôtels de catégorie moyenne. Voici quelques sites utiles sur l'hébergement en Irlande :

Daft.ie (www.daft.ie). Annonces pour des locations de courte ou longue durée.

Elegant Ireland (www.elegant.ie). Location de propriétés d'exception : châteaux, maisons historiques...

Imagine Ireland (www.imagineireland.com). Location de cottages modernes dans toute l'Irlande, y compris en Irlande du Nord.

Irish Landmark Trust (www.irishlandmark.com). Cette association pour la conservation du patrimoine loue des propriétés présentant un intérêt historique ou culturel : châteaux, tours, écoles, phares.

Stay in Ireland (www.stayinireland.com). Pensions et hébergements indépendants.

B&B et pensions

De la petite maison au manoir restauré en passant par les fermes, l'offre de B&B est très large en Irlande. La plupart proposent des chambres (5 au maximum) avec salle de bains privative pour environ 40-60 €/35-50 £ par personne et par nuit. Dans les B&B de luxe, comptez au moins 70 €/60 £ par personne. Les prix sont souvent inférieurs hors saison (habituellement d'octobre à mars) et en semaine.

Les pensions sont un équivalent haut de gamme des B&B, mais elles sont plus grandes, souvent comparables à des boutique-hôtels. Le niveau d'équipement est souvent supérieur à celui des B&B, et certaines pensions sont dotées de restaurants.

Bon à savoir :

- Le niveau d'équipement offert par les B&B va du rudimentaire (lit, salle de bains, bouilloire, TV) au sublime (Jacuzzi, douche à effet de pluie) selon le niveau de prix. Presque tous ont le Wi-Fi, et un parking (vérifiez tout de même).
- La plupart des B&B acceptent les cartes bancaires, mais ce n'est pas toujours le cas, notamment en zone rurale ; renseignez-vous lors de la réservation.
- Il est vivement recommandé de réserver bien à l'avance, surtout pour la haute saison (juin-septembre).
- Dans les régions les plus isolées, certains B&B et pensions n'ouvrent que de Pâques à septembre.
- Les B&B complets peuvent parfois vous recommander une autre adresse dans les environs (parfois des particuliers logeant occasionnellement des hôtes).
- Certains B&B, pour offrir des tarifs plus attrayants, proposent le petit déjeuner en supplément.

Échange de logement

L'échange de logement peut s'avérer un moyen astucieux et économique de visiter un pays ; il offre de plus l'agrément de séjourner dans une "vraie" maison. Moyennant un abonnement annuel, plusieurs agences irlandaises mettent en relation des personnes intéressées par de tels échanges internationaux. Le prix de l'abonnement donne accès au catalogue des hébergements, avec des photos et les coordonnées des propriétaires. À vous ensuite d'organiser l'échange. Certains incluent l'utilisation de leur voiture dans l'échange.

Homelink International House Exchange (www.homelink.ie). Service d'échange de logements, existant depuis 60 ans.

Prix des hébergements

Les prix varient selon la demande ou selon que la réservation se fait en ligne, par téléphone ou sur place. Les prix des B&B sont plus stables, mais pratiquement tous les autres hébergements appliquent des tarifs différant énormément selon la période de l'année, le jour de la semaine, le calendrier des festivals, voire vos talents de négociateur. Les fourchettes de prix suivantes correspondent à une chambre double avec salle de bains privative en haute saison.

Budget	République d'Irlande	Dublin	Irlande du Nord
€/£	< 80 €	< 150 €	< 50 £
€€/££	80-180 €	150-250 €	50-120 £
€€€/£££	> 180 €	> 250 €	> 120 £

Ce qu'il faut savoir

Journaux *Irish Independent* (www.independent.ie), *Irish Times* (www.irishtimes.com), *Irish Examiner* (www.examiner.ie), *Belfast Telegraph* (www.belfasttelegraph.co.uk).

Radio RTE Radio 1 (88-90 MHz), Today FM (100-103 MHz), Newstalk 106-108 (106-108 MHz), BBC Ulster (92-95 MHz ; Irlande du Nord uniquement)

Tabac Fumer à l'intérieur d'un bâtiment est illégal partout sauf chez les particuliers et dans les prisons.

Poids et mesures Système métrique en république d'Irlande, sauf pour les boissons alcoolisées, mesurées en pintes. Le système de mesures britannique est utilisé en Irlande du Nord.

Intervac International Holiday Service (fr.intervac-homeexchange.com). Une longue expérience de l'échange de logements, avec des agents dans 45 pays (site disponible en français).

Hôtels

L'offre en matière d'hôtellerie va du pub au château médiéval. En réservant en ligne ou en négociant directement, vous obtiendrez presque toujours un tarif plus intéressant que celui qui est affiché, surtout pour un séjour hors saison ou en semaine (sauf dans les hôtels d'affaires, qui sont moins chers le week-end).

La plupart des hôtels sont de milieu de gamme, et offrent des chambres propres et divers équipements, du restaurant à la salle de fitness. En revanche, le Wi-Fi gratuit n'est pas généralisé et bien des établissements persistent à garder cette option payante.

Locations

Les locations de logement (généralement un cottage, un appartement ou une maison) se font souvent à la semaine. Les prix varient selon la région et la saison.

Fáilte Ireland (www.discoverireland.ie) publie un guide des locations en république d'Irlande ; la liste est disponible sur le site. **Discover Northern Ireland** (www.discovernorthernireland.com) propose de même une liste des locations en Irlande du Nord sur son site.

Heure locale

En hiver, l'Irlande est à l'heure du méridien de Greenwich (GMT, également appelée Universal Time Coordinated ou UTC), comme la Grande-Bretagne. En été, les pendules avancent d'une heure (GMT+1) : lorsqu'il est midi à Dublin et à Belfast, il est 13h à Paris, Bruxelles et Berne, 7h à Montréal.

Homosexualité

L'Irlande est un pays plutôt tolérant à l'égard des homosexuels. Les grandes villes comme Dublin, Galway et Cork ont une scène gay bien établie, à l'instar de Belfast ou Derry, en Irlande du Nord. En 2015, les Irlandais ont massivement voté en faveur du mariage homosexuel lors d'un référendum historique. L'Irlande du Nord est la seule partie du Royaume-Uni où il reste illégal.

Si les grandes villes et les villes moyennes sont plutôt progressistes et tolérantes, on trouve encore des enclaves homophobes dans l'île, en particulier dans les petites villes et les zones rurales. Quelques sites utiles :

Gaire (www.gaire.com). Forum, petites annonces et informations diverses relatives à la communauté homosexuelle.

Gay & Lesbian Youth Northern Ireland (www.cara-friend.org.uk/projects/glyni). Bénévoles à l'écoute, informations, santé et organisation de l'espace social pour la communauté gay.

Gay Men's Health Project (☎1850-24 1850 ; www.hse.ie/go/GMHS). Conseils de santé pratiques pour les hommes.

National Lesbian & Gay Federation (NLGF ; ☎01-675

5025 ; www.nxf.ie). Publie le mensuel *Gay Community News* (www.gcn.ie).

Northern Ireland Gay Rights Association (☎0771-957 6524 ; nigra.org.uk ; Belfast LGBT Centre, 23-31 Waring St). Défend les droits et les intérêts de la communauté gay en Irlande du Nord. Il fournit une assistance en ligne et par téléphone, mais n'accueille pas le public.

Outhouse (carte p. 76 ; ☎01-873 4999 ; www.outhouse.ie ; 105 Capel St, Dublin 1 ; tous arrêts centre) Le principal centre de ressources gay, lesbien et bisexuel de Dublin. Un bon endroit pour connaître les événements du moment, consulter les petites annonces et rencontrer des gens. Le centre publie la brochure gratuite *Pink Pages* qui recense les services dédiés aux homosexuels à travers l'Irlande.

Horaires d'ouverture

Banques 10h-16h lun-ven (10h-17h jeu)

Poste 9h-18h lun-ven, 9h-13h sam.

Pubs 10h30-23h30 lun-jeu, 10h30-0h30 ven-sam, 12h-23h dimanche (tolérance de 30 minutes "pour finir son verre"). Fermeture Noël et Vendredi saint.

Restaurants 12h à 22h30 ; de nombreux établissements ferment un jour par semaine.

Magasins 9h30-18h lun-sam (9h30-20h jeu dans les grandes villes), 12h-18h dim.

Internet (accès)

Avec l'essor du Wi-Fi et des réseaux 3G/4G, les cybercafés sont devenus superflus (sauf pour les fans de jeux vidéo). Les rares établissements encore ouverts pratiquent des tarifs d'environ 6 €/heure. La plupart des hébergements sont équipés du Wi-Fi, gratuit ou payant (jusqu'à 10 €/jour).

À noter, pour les personnes utilisant un smartphone, du fait de la suppression en 2017 des frais d'itinérance au sein de l'Union européenne, le forfait des voyageurs européens fonctionne en Irlande comme dans leur pays d'origine, sans surcoût, y compris pour la navigation sur Internet (dans certaines limites). Les autres voyageurs doivent se renseigner sur les frais d'itinérance.

Jours fériés

Les jours fériés provoquent parfois le chaos sur les routes. Mieux vaut réserver son hébergement bien à l'avance pour ces périodes.

Les jours fériés communs à toute l'Irlande sont les suivants :

Nouvel An 1er janvier

Saint-Patrick 17 mars

Pâques (du Vendredi saint au lundi de Pâques) mars/avril

Fête du Travail 1er lundi de mai

Noël 25 décembre

Saint-Stephen (Boxing Day) 26 décembre

Si la Saint-Patrick ou la Saint-Stephen tombent un week-end, le lundi qui le suit est férié. En république d'Irlande, presque tout est fermé le Vendredi saint, même s'il ne s'agit pas d'un jour férié. En Irlande du Nord, la plupart des commerces ouvrent le Vendredi saint mais ferment le mardi suivant.

Conseils aux voyageurs

La plupart des gouvernements possèdent des sites Internet qui recensent les dangers possibles et les régions à éviter. Consultez notamment les sites suivants :

Ministère des Affaires étrangères français (www.diplomatie.gouv.fr)

Ministère des Affaires étrangères de Belgique (diplomatie.belgium.be)

Département fédéral des Affaires étrangères suisse (www.eda.admin.ch/eda/fr)

Ministère des Affaires étrangères du Canada (www.voyage.gc.ca)

Irlande du Nord

Spring Bank Holiday Dernier lundi de mai

Orangemen's Day 12 juillet

August Holiday Dernier lundi d'août

République d'Irlande

June Holiday 1er lundi de juin

August Holiday 1er lundi d'août

October Holiday Dernier lundi d'octobre

Offices du tourisme

Presque toutes les villes d'importance disposent d'un office du tourisme ou d'un point d'information. La plupart proposent des services variés : réservation d'hébergements ou d'activités, change de devises, vente de cartes et guides, distribution de documentation gratuite.

Le tourisme est géré par **Fáilte Ireland** (www.discoverireland.ie) en république d'Irlande et **Discover Northern Ireland** (www.discovernorthernireland.com) en Irlande du Nord. Les deux enseignes sont regroupées sous le nom de **Tourism Ireland** (www.ireland.com/fr-fr) pour faire connaître l'Irlande dans son ensemble à l'étranger.

Photographie

- La lumière naturelle est souvent assez faible : préférez les sensibilités élevées, comme 400 ISO pour les clichés en journée.
- En Irlande du Nord, il faut une autorisation pour photographier les postes de police fortifiés, les postes militaires et tout ce qui touche de près ou de loin à l'armée.
- Demandez systématiquement la permission avant de prendre en photo les habitants des quartiers protestant et catholique de West Belfast, et préparez-vous à des réponses négatives.

Un fil d'Ariane en voyage

Vous êtes ressortissant français ? Pensez à vous enregistrer sur le **portail Ariane** (pastel.diplomatie.gouv.fr/fildariane) du ministère des Affaires étrangères. Ce service gratuit vous permet de recevoir des alertes si la situation le justifie. Crise politique, catastrophe naturelle, attentat... recevez en temps réel des consignes de sécurité lors de votre voyage.
Il existe une application pour les smartphones et les tablettes, intitulée Conseils aux voyageurs.

Problèmes juridiques

Lonely Planet déconseille à ses lecteurs l'usage de drogues, même les plus "douces", qui modifient le comportement. En Irlande, la possession d'une petite quantité de marijuana peut être sanctionnée par une amende ou par un simple avertissement ; la possession de drogues dures, elle, fait l'objet de sanctions plus sévères. L'ivresse publique, bien que courante, est illégale. Toutefois, la police laisse souvent les contrevenants tranquilles, sauf s'ils troublent l'ordre public. Si vous êtes arrêté, vous avez le droit de garder le silence et de contacter un avocat ou votre ambassade.

Si vous êtes inculpé, vous serez libéré sous caution (c'est le "station bail") ou, si l'infraction est plus grave, déféré dès que possible (en général dans un délai de 12 heures) du commissariat au Tribunal de District (District Court), où vous serez soit mis en liberté sous caution, soit placé en garde à vue par le juge. Pour obtenir de l'aide, vous pouvez contacter :

Legal Aid Board (☎066-947 1000 ; www.legalaidboard.ie). Possède un réseau de services d'aide juridique locaux.

Legal Services Agency Northern Ireland (☎028-9040 8888 ; www.justice-ni.gov.

uk/topics/legal-aid). Gère le programme d'aide juridique d'Irlande du Nord, mais ne propose pas d'assistance juridique.

Santé

En cas de maladies sans gravité ne nécessitant pas de traitement, les pharmaciens vous conseilleront et vous délivreront des remèdes sans ordonnance. Ils peuvent aussi vous orienter vers un médecin si votre état l'exige.

La plupart des frais médicaux des citoyens de l'UE munis d'une carte européenne d'assurance maladie (CEAM) sont couverts – hormis les interventions non urgentes et les rapatriements : consultez p. 325 la section Assurances et services médicaux de ce chapitre.

En Irlande du Nord, la prise en charge en urgence est gratuite, y compris pour les étrangers, aux services des urgences (*accident & emergency, ou* A&E) des hôpitaux publics gérés par le National Health Service.

Se restaurer

Nos recommandations de restaurants et de cafés sont classées par ordre croissant de gammes de prix. Dans chaque gamme de prix, les établissements sont classés par ordre de préférence.

Pour plus de détails, voir p. 310 le chapitre Cuisine.

Téléphone

Pour téléphoner en république d'Irlande depuis l'étranger, composez le code d'accès international (☎00 depuis la France, la Suisse et la Belgique, ☎011 depuis le Canada), suivi de l'indicatif de l'Irlande (353) et du numéro de votre correspondant sans le 0 initial. Les numéros de téléphone en république d'Irlande commencent par des indicatifs régionaux à trois chiffres (ex. : 021 pour Cork, 091 pour Galway et 061 pour Limerick), à l'exception de celui de Dublin, qui est à deux chiffres (01). Pour un appel à l'intérieur de la république d'Irlande, l'indicatif est indispensable depuis un téléphone portable mais pas depuis une ligne fixe située dans la zone de même indicatif.

Pour téléphoner en Irlande du Nord depuis l'étranger, composez le code d'accès international suivi de l'indicatif du Royaume-Uni (44) puis le numéro de votre correspondant en omettant le 0. En Irlande du Nord, l'indicatif de tous les numéros de ligne fixe est le ☎028 ; on ne le compose que pour appeler depuis un portable ou depuis l'étranger. Attention, pour appeler l'Irlande du Nord depuis la république d'Irlande, composez le ☎048 à la place du ☎028, sans faire le code pour l'international.

Pour appeler à l'étranger depuis l'Irlande, composez le 00, puis l'indicatif du pays concerné et enfin le numéro de votre correspondant en omettant le 0 initial.

Téléphones portables

- La république d'Irlande et l'Irlande du Nord utilisent le système GSM 900/1800, compatible avec les portables européens

Indicatifs téléphoniques utiles

	République d'Irlande	Irlande du Nord
Indicatif pays	☎+353	☎+44
Indicatif international	☎00	☎00
Renseignements	☎11811/11850	☎118 118/118 192
Renseignements internationaux	☎11818	

mais pas avec les portables nord-américains.

- Les principaux opérateurs téléphoniques proposent des formules mobiles prépayées à partir de 40 € environ, comprenant généralement un appareil rudimentaire et un crédit d'une dizaine d'euros.
- On trouve aussi des cartes SIM prépayées. Vérifiez que votre appareil est compatible avec l'opérateur local.
- Désormais, si vous êtes citoyen de l'UE ou de la Suisse, votre forfait fonctionne en Irlande comme dans votre pays d'origine, sans surcoût, pour les appels locaux et les appels vers le pays d'origine, de même que pour naviguer sur Internet, dans certaines limites (en Irlande du Nord, cette mesure pourrait être modifiée par l'entrée en vigueur du Brexit prévue en 2019). Les autres voyageurs doivent se renseigner sur les frais d'itinérance.

Toilettes

On ne trouve pas de toilettes publiques dans la rue en Irlande. En revanche, les centres commerciaux ont des toilettes (gratuites ou à 0,20 €/20 p). Si vous ne pouvez pas faire autrement, entrez dans un bar ou un hôtel.

Voyager en solo

L'Irlande n'est pas une destination problématique pour les femmes voyageant seules. Les moyens de contraception ne sont plus aussi difficiles à trouver qu'autrefois, mais il est conseillé aux voyageuses prenant la pilule d'apporter les comprimés couvrant la durée de leur voyage.

Rape Crisis Network Ireland (☎01-865 6954 ; www.rcni.ie) Soutien aux victimes de violences sexuelles en république d'Irlande. Application disponible.

Transports

Depuis/vers l'Irlande

Entrer en Irlande

La plupart des visiteurs arrivent en Irlande via Dublin. Shannon ou Belfast sont d'autres possibilités.

- Dublin est le principal point d'entrée aérien.
- Les aéroports de Dublin et Shannon organisent un pré-dédouanement pour les passagers se rendant aux États-Unis : ceux-ci passent donc par le service de l'immigration américain *avant* d'embarquer.
- Dublin dispose de deux ports maritimes accueillant les principales liaisons avec la Grande-Bretagne. Les ferries en provenance de la France arrivent dans les ports de Rosslare et de Cork, dans le Sud.
- Dublin est le principal centre ferroviaire du pays.

Avion

Aéroports

Les principaux aéroports irlandais sont les suivants :

Aéroport de Cork (Cork Airport ; ☎021-431 3131 ; www.corkairport.com). Desservi par Aer Lingus, Ryanair et Swiss, entre autres.

Aéroport de Dublin (Dublin Airport ; ☎01-814 1111 ; www.dublinairport.com). Le principal aéroport international d'Irlande, avec des vols directs depuis l'Europe continentale et l'Amérique du Nord notamment.

Aéroport de Shannon (Shannon Airport, SNN ; ☎061-712 000 ; www.shannonairport.ie ; 📶). Quelques vols directs depuis l'Europe, l'Amérique du Nord et la Grande-Bretagne.

En Irlande du Nord :

Belfast International Airport (Aldergrove ; ☎028-9448 4848 ; www.belfastairport.com). Vols directs depuis l'Europe, l'Amérique du Nord et la Grande-Bretagne.

Depuis la France

Dublin est desservie par des vols directs depuis une multitude de villes en France. Comptez environ

Agences en ligne

Vous pouvez réserver votre vol via une agence en ligne ou vous renseigner auprès d'un comparateur de vols :

- www.bourse-des-vols.com
- www.ebookers.fr
- www.expedia.fr
- www.govoyages.com
- www.illicotravel.com
- www.kayak.fr
- www.opodo.fr
- www.skyscanner.fr
- voyages.kelkoo.fr
- www.oui.sncf

1 heure 40 pour un aller-retour Paris-Dublin ; les prix commencent à 100 € l'aller-retour avec les compagnies traditionnelles (Air France et Aer Lingus), et autour de 40 € avec les compagnies low-cost. On trouve aussi des liaisons entre Cork et Paris, Rennes et Bordeaux, ou entre Belfast et Paris, Lyon, Nice et Bordeaux. Certaines liaisons ne sont assurées qu'en saison estivale.

Air France (☎3654, 0,35 €/min ; www.airfrance.fr). 4 à 5 vols quotidiens Paris CDG-Dublin.

Aer Lingus (☎08 21 23 02 67 ; www.aerlingus.com/fr). La compagnie nationale irlandaise assure des vols directs entre Dublin et Paris, Nice, Bordeaux, Toulouse et Lyon notamment, mais aussi entre Cork et Paris ou Rennes.

easyJet (☎0820 420 315 ; www.easyjet.com/fr). Vols low-cost pour Belfast au départ de Paris CDG, Lyon, Nice et Bordeaux.

Ryanair (☎0892 562 150, 0,34 €/min ; www.ryanair.com/fr). Vols low-cost à destination de Dublin depuis Paris-Beauvais, Nice, Grenoble, Marseille, Nantes, Poitiers, Carcassonne notamment, et entre Bordeaux et Cork en haute saison.

Voici quelques adresses d'agences et de transporteurs :

Tui, ex-Nouvelles Frontières (☎0 825 000 825, 0,20 €/min ; www.tui.fr)

Oui SNCF (☎36 35, 0,64 €/min ; www.oui.sncf)

Thomas Cook (☎01 55 90 10 41 ; www.thomascook.fr)

Voyageurs du Monde (☎01 42 86 16 00 ; www.voyageursdumonde.fr)

Depuis la Belgique

La compagnie nationale irlandaise Aer Lingus et la compagnie low-cost Ryanair proposent des vols directs depuis Bruxelles vers Dublin (1 heure 45). Les prix commencent à 75 € l'aller-retour avec Aer Lingus, et 40 € avec Ryanair.

Aer Lingus (☎070 359901 ; www.aerlingus.com/fr).

Ryanair (☎0902 33 660, 1 € par minute ; www.ryanair.com/fr).

Quelques adresses utiles :

Airstop (☎070 233 188 ; www.airstop.be)

Connections (☎070 23 33 13 ; www.connections.be)

Depuis la Suisse

Dublin est desservi directement depuis Genève et Zurich par les compagnies nationales Aer Lingus et Swiss (il existe aussi des vols Cork-Zurich) ; le trajet dure 2 heures 20 entre Zurich et Dublin, et les tarifs commencent à 160 CHF l'aller-retour. La compagnie low-cost Ryanair assure une liaison entre Bâle-Mulhouse et Dublin : les tarifs commencent autour de 50 CHF.

Aer Lingus (☎44 286 99 33 ; www.aerlingus.com/fr). Vols directs pour Dublin depuis Zurich et Genève, et pour Cork depuis Zurich.

Swiss (☎848 700 700 ; www.swiss.com/ch/fr). Vols directs pour Dublin depuis Zurich et Genève.

Avertissement

Les informations contenues dans ce chapitre sont particulièrement susceptibles de changements. Vérifiez directement auprès de la compagnie aérienne ou de l'agence de voyages les modalités d'utilisation de votre billet d'avion. N'hésitez pas à comparer les prestations. Les détails fournis ici doivent être considérés à titre indicatif et ne remplacent en rien une recherche personnelle attentive.

Ryanair (☎00 44 871 500 5050 ; www.ryanair.com/fr). Vols directs pour Dublin au départ de Bâle-Mulhouse.

Vous pouvez aussi vous renseigner auprès de l'agence de voyages **STA Travel** (☎058 450 49 49 ; fr.statravel.ch)

Depuis le Canada

Vols directs pour Dublin depuis Toronto Pearson International (6 heures 30 aller/7 heures 30 retour) ou Montréal (6 heures 10 aller/6 heures 50 retour). Comptez au moins 700 $CA.

Aer Lingus (☎(800) 474-7424 ; www.aerlingus.com/fr). Vols directs pour Toronto.

Air Canada (☎1-888-247-2262 ; www.aircanada.com). Vols directs pour Dublin depuis Montréal, Toronto et Vancouver, et pour Shannon depuis Toronto.

Air Transat (☎1-877-872-6728 ; www.airtransat.com). Vols pour Dublin depuis Toronto et Montréal.

Vous pouvez aussi consulter **Expedia** (www.expedia.ca).

Bateau

La concurrence des vols low-cost oblige les ferries à pratiquer des remises importantes et des tarifs flexibles.

Le site www.aferry.co.uk est un site utile qui recense tous les ferries et les compagnies maritimes à destination de l'Irlande.

Depuis la France

Plusieurs compagnies de ferry relient directement la France (mais pas la Belgique) à l'Irlande. Les tarifs varient beaucoup d'une saison à l'autre ; fréquentes promotions sur les sites. Réservez bien à l'avance. Deux ports de départ en France :

Depuis Roscoff en France, **Brittany Ferries** (☎0825 828 828 ; www.brittany-ferries.fr) opère de fin mars à fin octobre au moins une liaison hebdomadaire vers Cork (14 heures). **Irish Ferries** (☎01 70 72 03 26 ; www.irishferries.com) assure jusqu'à 3 liaisons hebdomadaires avec Rosslare (18 heures) de mai à septembre.

Depuis Cherbourg, **Stena Lines** (☎02 33 43 23 87 ; www.stenaline.fr) et Irish Ferries opèrent une liaison avec Rosslare (18 heures environ). Irish Ferries assure également une liaison avec Dublin (18 heures) jusqu'à 4 fois par semaine.

Depuis la Grande-Bretagne

Des ferries relient également l'Irlande à la Grande-Bretagne :

- Belfast-Liverpool (Angleterre ; 8 heures)
- Belfast-Cairnryan (Écosse ; 1 heure 45)
- Dublin-Liverpool (Angleterre ; rapide/lent 4/8 heures 30)
- Dublin et Dun Laoghaire-Holyhead (pays de Galles ; rapide/lent 2 heures/3 heures 30)
- Larne-Cairnryan (Écosse ; 2 heures)
- Larne-Troon (Écosse ; 2 heures ; de mars à octobre uniquement)

Voyages et changements climatiques

Tous les moyens de transport fonctionnant à l'énergie fossile génèrent du CO2 – la principale cause du changement climatique induit par l'homme. L'industrie du voyage est aujourd'hui dépendante des avions. Si ceux-ci ne consomment pas nécessairement plus de carburant par kilomètre et par personne que la plupart des voitures, ils parcourent en revanche des distances bien plus grandes et relâchent quantité de particules et de gaz à effet de serre dans les couches supérieures de l'atmosphère. De nombreux sites Internet utilisent des "compteurs de carbone" permettant aux voyageurs de compenser le niveau des gaz à effet de serre dont ils sont responsables par une contribution financière à des projets respectueux de l'environnement. Lonely Planet "compense" les émissions de tout son personnel et de ses auteurs.

- Larne-Fleetwood (Grande-Bretagne ; 6 heures)
- Rosslare-Fishguard et Pembroke (pays de Galles ; 3 heures 15)

Les compagnies principales pour les liaisons entre la Grande-Bretagne et l'Irlande sont les suivantes :

Irish Ferries (☎01 70 72 03 26 ; www.irishferries.com). Ferries Dublin-Holyhead (jusqu'à 4/jour toute l'année).

P&O Ferries (☎03 66 74 03 25 ; www.poferries.com). Dublin-Liverpool et Larne-Cairnryan tous les jours toute l'année. Larne-Troon de mars à octobre uniquement.

Stena Line (☎02 33 43 23 87 ; www.stenaline.fr). Liaisons quotidiennes Holyhead-Dublin, Belfast-Liverpool, Belfast-Cairnryan, et Rosslare-Fishguard.

Bus

Se rendre en bus en Irlande depuis l'Europe continentale est possible, mais implique de se rendre dans un premier temps en Angleterre. Depuis Londres Victoria, les bus de la compagnie National Express (☎0871 781 8181 ; www.nationalexpress.com) rallient le port de Dublin en 12 heures, en empruntant le ferry.

Cette option reste très longue et n'est pas forcément avantageuse financièrement, étant donné les bas prix pratiqués par les compagnies aériennes low-cost.

Billets combinés bus ou train/ferry

Si vous arrivez en Irlande via la Grande-Bretagne, sachez que des forfaits combinant bus, ferry et trains permettent de rallier la plupart des villes d'Irlande depuis les grandes villes britanniques. C'est loin d'être aussi rapide qu'un vol low-cost, mais votre empreinte carbone sera atténuée. Entre Londres et Dublin, vous mettrez 12 heures en bus et 8 heures en train. De Londres à Belfast, comptez 13 à 16 heures de car. Dans les deux cas, vous n'en aurez que pour 29 £ l'aller-simple environ. National Express (www.nationalexpress.com) a une formule bus et ferry, tandis que Virgin Trains (www.virgintrains.co.uk) propose notamment une formule Londres-Dublin en train et ferry. Pour connaître les autres trajets proposés, consultez les offres SailRail.

Voyages organisés

Voici une liste (non exhaustive) d'agences de voyages proposant une offre intéressante en Irlande :

Akaoka (☎01 83 62 19 68 ; www.akaoka.com). Séjour de randonnée tous niveaux, cyclotourisme.

Álainn Tours (☎00 353 71 91 50345 ; www.alainntours.fr). Circuits individuels, séjours *eco-friendly*, séjour pêche…

Allibert (France ☎04 76 45 50 50 ; Belgique ☎02 318 32 02 ; Suisse ☎022 519 03 23 ; www.allibert-trekking.com). Séjours de découverte ou de randonnée dans toute l'Irlande.

Arts et Vie (☎01 40 43 20 21 ; www.artsetvie.com). Voyages culturels.

Atalante (France ☎04 72 53 24 80 ; www.atalante.fr). Randonnées et séjours découverte.

Celtic Tours (☎01 55 87 82 05 ; www.celtictours.fr). Circuits thématiques (le whiskey, l'Irlande de Game of Thrones, le Connemara…).

Chamina Voyages (☎04 66 69 00 44 ; www.chamina-voyages.com). Séjours de randonnée de 3 à 10 jours.

Clio (☎01 53 68 82 82 ; www.clio.fr). Grand circuit culturel dans toute l'Irlande.

Comptoir des voyages (☎accueil 01 53 10 30 15, sur l'Irlande 01 85 08 22 95 ; www.comptoir.fr). L'Irlande en bateau, long week-end dans le Kerry, séjour en roulotte… Agences à Paris, Lyon, Marseille, Toulouse, Bordeaux et Lille.

Gaéland Ashling (☎08 25 12 30 03 ; www.gaeland-ashling.com). Autotours, demeures de luxe…

Grand Angle (☎04 76 95 23 00 ; www.grandangle.fr). Randonnées à vélo.

Huwans (France ☎01 44 32 09 30, Suisse ☎022 320 50 80 ; www.huwans-clubaventure.fr). Randonnées et trek, circuits en vélo.

Intermèdes (☎01 45 61 90 90 ; www.intermedes.com). Circuits culturels dans toute l'Irlande.

Nomade Aventure (☎01 46 33 71 71 ; www.nomade-aventure.com). Randonnées et trek.

Quartier libre (☎04 78 53 39 28 ; www.quartier-libre.fr). Circuits accompagnés et autotours.

Terres d'Aventure (www.terdav.com ; France ☎01 70 82 90 00 ; Belgique ☎02 543 95 60 ; Suisse ☎022 518 05 13). Circuits de randonnée ou de cyclotourisme, comprenant des formules adaptées aux familles.

Voyageurs du Monde (☎01 42 86 16 00 ; www.voyageursdumonde.fr). Circuits nature, voyages itinérants en famille...

Zig Zag (☎01 42 85 13 93 ou 01 42 85 13 18 ; www.zigzag-randonnees.com). Séjours de randonnée.

Comment circuler

Visiter l'Irlande en voiture permet d'optimiser son temps et d'atteindre les destinations les plus isolées. On trouve généralement facilement des locations très bon marché – 10 € par jour, voire moins – et si vous êtes deux ou plus, cette option, carburant compris, peut revenir moins cher que de voyager en bus.

Le réseau de bus, en partie public, est étendu et permet généralement de voyager à bon prix. Cependant, les trajets peuvent être longs et de nombreux sites touristiques situés en dehors des villes ne sont pas desservis. Le réseau ferré, plus rapide mais plus limité, ne dessert que les villes principales. De même que les bus, les trains sont pris d'assaut aux périodes d'affluence ; réservez vos places bien à l'avance pour être sûr d'avoir une place assise.

Avion

L'Irlande est un petit pays, et le recours à des vols intérieurs présente peu d'intérêt. Il existe néanmoins des vols au départ de Dublin pour Belfast, Cork, Derry, Donegal, Galway, Kerry, Shannon et Sligo, qui servent principalement de correspondances pour les voyageurs arrivant de l'étranger. L'avion est un moyen pratique de gagner les îles d'Aran.

Bateau

Les îles irlandaises sont desservies par des ferries. Des bateaux permettent aussi de traverser des rivières, bras de mer et lacs, offrant d'utiles raccourcis, notamment aux cyclistes.

Les croisières sont très prisées sur le Shannon-Erne Waterway (258 km de long) et sur de nombreux autres lacs et bras de mer.

Bus

Les bus privés opposent une concurrence souvent avantageuse à la compagnie nationale Bus Éireann en république d'Irlande, et circulent là où les bus nationaux sont irréguliers ou absents.

Les distances couvertes ne sont jamais très longues : peu de trajets excèdent cinq heures. On

Forfaits bus et trains

Certains forfaits bus et/ou trains peuvent être avantageux :

Irish Explorer Pass illimité sur le réseau Irish Rail, valable 5 jours au choix sur une période de 15 jours (tarif plein/enfant 160/80 €).

Open Road Pass Forfait 3 jours de car sur une période de 6 jours (60 €) sur le réseau Bus Éireann ; 16,50 €/jour supplémentaire.

Sunday Day Tracker Forfait journée illimité (tarif plein/enfant 7,50/3,75 £) valable le dimanche uniquement sur les trains Translink d'Irlande du Nord.

Trekker Four Day Forfait illimité 4 jours (110 €) sur le réseau ferré Irish Rail.

Les pass Eurail 1 pays ne sont pas avantageux pour l'Irlande, quelle que soit la formule choisie.

peut acheter son billet sur Internet auprès de Bus Éireann, toutefois il n'est pas possible de réserver de place. Sur de nombreux trajets, acheter son billet le plus tôt possible permet de le payer moins cher.

À noter :

- La tendance est à la réduction du nombre de lignes et de la fréquence des bus en république d'Irlande.
- L'application "National Journey Planner" de Transport for Ireland est très utile pour planifier les trajets en bus ou en train.

Les principales compagnies de bus en Irlande sont :

Bus Éireann (☎1850-836 6111 ; www.buseireann.ie). La principale compagnie de bus de la république d'Irlande.

Translink (☎028-9066 6630 ; www.translink.co.uk). La principale compagnie de bus d'Irlande du Nord, qui comprend les bus Ulsterbus et Goldline.

Circuits organisés locaux

Les circuits organisés sont une solution commode pour voir les principaux sites en un minimum de temps. On peut s'inscrire auprès des agences de voyages et des offices du tourisme ou directement auprès des organismes. Voici quelques-uns des plus réputés :

Bus Éireann (☎01-836 611 ; www.buseireann.ie). Voyages d'une journée depuis Dublin et Cork vers des destinations populaires.

CIE Tours International (☎01-703 1 888 ; www.cietours.com). Circuits de plusieurs jours dans la république d'Irlande et en Irlande du Nord.

Paddywagon Tours (☎01-823 0822 ; www.paddywagontours.com). Circuits riches en activités dans toute l'Irlande.

Railtours Ireland (☎01-856 0045 ; railtoursireland.com). Pour les amateurs de train.

Touristy Ireland (☎087-276 5991 ; touristy.ie). Circuits personnalisés de 1 à 14 jours avec véhicule individuel et chauffeur.

Train

L'Irlande est un petit pays : voyager en train est rapide et efficace, et peut être aussi bon marché que de voyager en bus, en réservant bien à l'avance.

- Plusieurs des plus belles régions d'Irlande sont inaccessibles en train, notamment de larges sections de la Wild Atlantic Way.
- Le réseau est centré sur Dublin, et les correspondances entre les lignes sont limitées, ce qui peut compliquer l'exploration de l'île en train.
- Quatre lignes partent de Belfast en Irlande du Nord, dont une rejoint le réseau de la république d'Irlande à Newry en direction de Dublin.
- Il n'y a de véritable première classe que sur les lignes Dublin-Cork et Dublin-Belfast. Pour les autres trains, même si la première classe existe en théorie, les fauteuils des deux classes ont la même taille et offrent la même place pour les jambes.

Irish Rail (Iarnród Éireann ; ☎01-836 6222 ; www.irishrail.ie) gère le réseau de la république d'Irlande.

Translink NI Railways (☎028-9066 6630 ; www.translink.co.uk) gère le réseau d'Irlande du Nord.

Transports urbains

Dublin et Belfast disposent d'un bon réseau de bus, de même que plusieurs grandes villes.

- Le train Dublin Area Rapid Transport (DART) longe peu ou prou la côte dublinoise, tandis que le Luas (tramway) comprend deux lignes très fréquentées.
- Les taxis sont souvent chers : la prise en charge de jour/nuit s'élève à 3,60/4 €, puis il faut compter 1,10/1,40 €/km après 500 m.
- Uber est présent à Dublin mais n'est pas aussi populaire que l'application MyTaxi (www.mytaxi.com).

Vélo

De par sa taille et ses magnifiques paysages, l'Irlande est une destination idéale pour le cyclotourisme. Toutefois, le climat imprévisible, l'étroitesse des voies et la présence sur les routes de quelques fous du volant sont des inconvénients à ne pas négliger. Les pistes cyclables comme la Great Western Greenway (42 km) dans le comté de Mayo sont un vrai bonheur pour les cyclistes. Bon à savoir si vous souhaitez explorer à vélo l'Ouest de l'Irlande : en raison des vents dominants, il est généralement plus facile de progresser du sud au nord.

Les bus acceptent de transporter les vélos uniquement s'ils en ont la place. Dans les trains, sachez que :

- Le transport d'un vélo coûte 10,50 € dans un train InterCity.
- Mieux vaut réserver (www.irishrail.ie), car il n'y a de place que pour deux vélos par train.

Plusieurs agences proposent des circuits à vélo en Irlande, notamment :

Go Visit Ireland (☎066-976 2094 ; www.govisitireland.com). Circuits encadrés ou non.

Irish Cycling Safaris (☎01-260 0749 ; www.cyclingsafaris.com ; 810-845 €). Nombreux circuits dans tout le pays.

Lismore Cycling Holidays (☎087-935 6610 ; www.cyclingholidays.ie). Circuits dans le Sud-Est.

Voiture et moto

Voyager en voiture ou à moto offre plus de souplesse et d'autonomie. Le réseau routier est vaste et les autoroutes ont beaucoup réduit la durée des trajets. Attention toutefois, les routes secondaires sont souvent très étroites et peuvent être périlleuses.

Tout véhicule circulant sur la voie publique doit être assuré. Si vous vous rendez en Irlande avec votre propre voiture, vérifiez que votre assurance vous couvre.

Code de la route

L'Irlande est un des rares pays au monde où les vitesses maximales autorisées semblent souvent impossibles à atteindre.

- *Motorways* (signalées sur fond bleu par un M suivi du numéro) : autoroutes modernes à deux voies.
- Routes principales (N suivi du numéro sur fond vert dans la république d'Irlande, A suivi du numéro en Irlande du Nord) : grandes routes généralement bien entretenues.
- Routes secondaires et tertiaires (R suivi du numéro dans la république d'Irlande, B suivi du numéro en Irlande du Nord) : parfois très sinueuses et extrêmement étroites.
- De nombreuses autoroutes (*motorways*) sont payantes, la plupart du temps par barrières de péage. Sur la M50, entre les sorties 6 et 7, le péage automatique est à régler sur www.eflow.ie.
- Les panneaux de localisation sont souvent peu visibles.
- Un système de navigation GPS peut s'avérer très utile.
- Les permis européens sont équivalents au permis irlandais.
- Les permis émis hors UE sont valables 12 mois à compter de la date d'entrée en Irlande.
- Si vous arrivez avec votre voiture depuis un pays européen, vous devez être assuré au moins au tiers et être en possession de la carte grise du véhicule.

Règles de base :

- En Irlande comme au Royaume-Uni, on roule à gauche et on double par la droite.
- La ceinture de sécurité est obligatoire pour tous les occupants du véhicule.

Clubs automobiles

Voici les deux principaux :

Automobile Association (AA ; panne en Irlande du Nord ☎0800-88 77 66, panne en république d'Irlande ☎01-649 7460 ; www.theaa.ie)

Royal Automobile Club (RAC ; panne en Irlande du Nord ☎333 200 0999, panne en république d'Irlande ☎0800 015 6000 ; www.rac.ie)

Distances routières (km)

	Athlone	Belfast	Cork	Derry	Donegal	Dublin	Galway	Kilkenny	Killarney	Limerick	Rosslare Harbour	Shannon Airport	Sligo	Waterford
Belfast	242													
Cork	219	424												
Derry	209	117	428											
Donegal	183	180	402	69										
Dublin	127	167	256	237	233									
Galway	93	306	209	272	204	212								
Kilkenny	116	284	148	335	309	129	172							
Killarney	232	436	87	441	407	304	193	198						
Limerick	363	323	105	328	287	202	98	113	111					
Rosslare Harbour	201	330	208	397	391	153	274	98	275	211				
Shannon Airport	133	346	128	351	282	218	93	135	135	25	234			
Sligo	117	206	336	135	66	214	138	245	343	227	325	218		
Waterford	164	333	126	383	357	163	220	48	193	129	82	152	293	
Wexford	184	309	187	378	372	135	253	80	254	190	19	213	307	61

- Les enfants de moins de 1,50 m ou 36 kg doivent être installés sur un rehausseur ou un siège enfant adapté à leur âge.
- Lorsqu'on s'engage sur un rond-point, la priorité est à droite.
- En république d'Irlande, limitations de vitesse et distances sont généralement indiquées en kilomètres sur les panneaux. En Irlande du Nord, elles sont souvent indiquées en miles.
- Limitations de vitesse :
République d'Irlande 120 km/h sur autoroute, 100 km/h sur les nationales, 80 km/h sur les routes régionales et secondaires, 50 km/h en ville sauf indication différente.
Irlande du Nord 70 miles/h (112 km/h) sur autoroute, 60 miles/h (96 km/h) sur les routes principales, 30 miles/h (48 km/h) en zone urbaine.
- La conduite en état d'ébriété est sévèrement réprimée. La quantité d'alcool dans le sang autorisée est limitée à 0,5 g/l dans la république d'Irlande et 0,35 g/l en Irlande du Nord.

Location

En réservant à l'avance, les prix commencent autour de 10 €/jour (kilométrage illimité) pour une petite voiture. Pour identifier les meilleurs tarifs, recourez à un comparateur de prix en ligne et consultez également les sites des agences de location : ils proposent souvent des promotions non disponibles sur les comparateurs. Bon à savoir :

- Les voitures de location sont généralement manuelles. Il est possible de louer des voitures automatiques, mais moyennant un prix plus élevé.
- Si vous passez de république d'Irlande en Irlande du Nord, vérifiez

que l'assurance couvre les déplacements dans le Nord.

- La majorité des agences de location refusent de louer des voitures aux conducteurs de moins de 23 ans ayant le permis depuis moins d'un an.

Stationnement

Toutes les grandes villes disposent de parkings, couverts ou non.

- Pour stationner dans les rues, il faut le plus souvent acheter un ticket dans un parcmètre ou utiliser un disque de stationnement (permettant d'afficher l'heure à laquelle vous vous êtes garé), souvent fourni par les agences de location. Les tarifs vont de 1,50 à 6 € de l'heure, et environ 25 € pour 24 heures.
- Une ligne jaune (simple ou double) au bord de la route indique une restriction au stationnement. Cherchez le panneau situé à proximité et précisant sous quelles conditions il est possible de se garer. Lorsque la ligne est double, il est totalement interdit de stationner.

Langues

Si le gaélique d'Irlande (*Gaeilge*) est la langue officielle du pays, il n'est véritablement parlé que dans des zones rurales isolées appelées *gaeltacht*, notamment dans les régions de Cork (*Corcaigh*), Donegal (*Dún na nGall*), Galway (*Gaillimh*), Kerry (*Ciarraí*) et Mayo (Maigh Eo).

En-dehors de ces zones, demandez à un Irlandais s'il parle gaélique, et neuf fois sur dix, il vous répondra "*ah, cupla focal*" (quelques mots) – et ce n'est généralement pas par modestie. L'apprentissage du gaélique est obligatoire dans les écoles pour les élèves de 6 à 15 ans. Toutefois, l'enseignement, traditionnellement théorique et ennuyeux, a surtout conduit à la désaffection de nombreux enfants sur le sujet. Par conséquent, de nombreux adultes regrettent de ne pas mieux maîtriser la langue. Un nouveau programme a enfin été mis en place, avec un nombre d'heures restreint mais des méthodes plus ludiques, pratiques et attrayantes.

En 2003, le gouvernement a adopté la Loi sur les langues officielles : tous les panneaux de signalisation et documents officiels doivent être écrits en gaélique ou du moins proposer une version bilingue anglais-gaélique.

Gaélique

Prononciation

Le gaélique comporte des voyelles longues (accentuées) et courtes (non accentuées), et des voyelles "larges" (**a**, **á**, **o**, **ó**, et **u**) et "étroites"(**e, é, i** et **í**). Celles-ci, essentielles, peuvent modifier la prononciation des consonnes qui les précèdent.

Bien qu'il existe des associations inhabituelles, **mh** et **bhf** par exemple (toutes deux prononcées "w"), les consonnes se prononcent généralement comme en anglais.

Le gaélique irlandais compte trois dialectes principaux : le gaélique de Connaught (Galway et nord de Mayo), celui de Munster (Cork, Kerry et Waterford) et celui d'Ulster (Donegal).

Les indications de prononciation francisées données ci-dessous correspondent au gaélique irlandais standard moderne, sorte de mélange des trois dialectes. Si vous lisez ces transcriptions phonétiques comme s'il s'agissait de français, vous vous débrouillerez en gaélique sans avoir à vous soucier des règles de prononciation.

Mots et expressions de base

Bonjour
Dia duit. dia rét

Bonjour (réponse)
Dia is Muire duit. dias moïra rét

Bonjour (le matin)
Maidin mhaith. madjin wa

Bonne nuit.
Oíche mhaith. ichè wa

Au revoir. (si vous partez)
Slán leat. slon liatt

Au revoir. (si vous restez)
Slán agat. slon agat

Excusez-moi.
Gabh mo leithscéal.
gamoh lèch skeïl

Je suis désolé.
Tá brón orm. ta brohn oreum

Panneaux

Gardaí	*gardi*	police
Oifig An Phoist	*èffig ohn fosht*	poste
Leithreas	*lehréss*	toilettes
Fir	*féch*	homme
Mna	*mno*	femme

Nombres

1	*haon*	heyin
2	*dó*	do
3	*trí*	tri
4	*ceathaír*	kaha
5	*cúig*	kouïg
6	*sé*	sheï
7	*seacht*	sharkt
8	*hocht*	horrt
9	*naoi*	neï
10	*deich*	jeh
20	*fiche*	firreu

Merci (beaucoup).
Go raibh (míle) maith agat. go rev (mila) mah agat

S'il vous plaît
más é do thoil é. ... mâs eï do hèl eï

Parlez-vous gaélique ?
An bhfuil Gaeilge agat? on wèl goeïlga agat

Je ne comprends pas.
Ní thuigim. ni higgim

Qu'est-ce que c'est ?
Cad é seo/sin? kad eï shèo/shén

J'aimerais aller...
Ba mhaith liom dul go dtí ... ba wa lom deul go di ...

J'aimerais acheter...
Ba mhaith liom ... a cheannach. ba wa lom ... a chyanarr

Oui	*Tá.*	to
Non	*Níl.*	nol
C'est	*Sea.*	chè
Ce n'est pas...	*Ní hea.*	ni hè

un autre/encore un
ceann eile kyônn èlè

bien/bon
go deas go diass

Conversation

Bienvenue.
Ceád míle fáilte.
kééd milé faltché
(littéralement : 100 000 bienvenues)

Comment allez-vous ?
Conas a tá tú? keunas o ta tou

Je vais bien.
Táim go maith. thom go ma

Comment vous appelez-vous ?
Cad is ainm duit? kad és aném dwit

Je m'appelle (Sean Frayne).
(Sean Frayne) is ainm dom. (shaun freïn) és aném dom

Impossible !
Ní féidir é! ni feïdeur eï

N'importe quoi !
Ráiméis! romeïch

C'est terrible !
Go huafásach! go houfasarr

Calmez-vous.
Tóg é gobogé. tog eï gobogeï

Santé ! *Slainte!* sloncha

Je ne boirai plus jamais !
Ní ólfaidh mé go brách arís! ni ohlhi meï go brorr eurishch

Bon voyage !
Go n-éirí an bóthar leat! go neïri on bohhar liatt

Joyeux Noël !
Nollaig shona! nolèg hona

Joyeuses Pâques !
Cáisc shona! kashk hona

Jours de la semaine

lundi	*Dé Luaín*	deï loune
mardi	*Dé Máirt*	deï maart
mercredi	*Dé Ceádaoin*	deï keïdin
jeudi	*Déardaoin*	déérdin
vendredi	*Dé hAoine*	deï hina
samedi	*Dé Sathairn*	deï sahern
dimanche	*Dé Domhnaigh*	deï douna

Anglais

Parlé aujourd'hui par quelque 400 millions de personnes dans le monde, l'anglais est la langue dominante en Irlande.

Sa prononciation peut dérouter un francophone, en particulier du fait que certains sons n'existent pas en français. D'une façon générale, toutes les lettres se prononcent séparément. Dans certains cas toutefois, les sons *an* et on sont proches des nasales *an* et *on* françaises (comme dans "banc" et "front").

Vous devriez vous faire comprendre sans difficulté en lisant nos transcriptions de prononciation comme s'il s'agissait du français, avec toutefois les particularités suivantes.

La diction anglaise comporte des accents toniques : les syllabes à accentuer sont indiquées chaque fois ici par l'italique. N'hésitez pas à les marquer particulièrement, même si vous avez l'impression d'exagérer un peu au début.

Pour prononcer le "r", la langue doit être recourbée au fond du palais : on obtient ainsi un son doux proche du "w" français.

Le "th" anglais a deux prononciations possibles, indiquées ici par les lettres majuscules "S" (dites [s] en plaçant la pointe de la langue contre les dents du haut) ou "Z" (dites [z] en plaçant la pointe de la langue contre les dents du haut).

La lettre h se prononce avec une expiration.

Mots et expressions de base

Oui.	*Yes.*	yès
Non.	*No.*	no
S'il vous plaît.	*Please.*	pliiz

Merci (beaucoup).
Thank you (very much). — Sank you (vè·ri *meutch*)

Je vous en prie.
You're welcome. — your *wèl*·komm

Excusez-moi.
Excuse me. — ek·*skyouz* mi

Pardon.
Sorry. — so·ri

Bonjour/Salut
Hello/Hi — hè·lo/haï

À bientôt.
See you later. — sii you *léï*·teur

Au revoir.
Goodbye. — goud·*baï*

Comment allez-vous/vas-tu ?
How are you? — hao âr you

Bien, merci. Et vous/toi ?
Fine. And you? — faïn annd *you*

Présentations

Enchanté(e).
Pleased to meet you.
pliizd tou miit you

Comment vous appelez-vous ?
What's your name?
wats your néïm

Je m'appelle...
My name is ... — maï néïm iz ...

Parlez-vous français ?
Do you speak French? — dou you spiik *frènch*

Voici mon compagnon/ma compagne.
This is my partner.
Zis iz maï *par*·tneur

D'où venez-vous ?
Where are you from?
wèr âr you *from*

Je viens de...
I'm from... — aïm from

Je suis marié(e).
I'm married. — aïm *ma*·rid

Je suis célibataire.
I'm single. — aïm *sing*·eul

Quel est votre/ton numéro de téléphone ?
What's your phone number?
wats your fown *num*·beur

Quelle est votre/ton adresse e-mail ?
What's your email address?
wats your *i*·méïl eu·*drès*

Quel âge avez-vous/as-tu ?
How old are you? hao owld âr you

J'ai (25) ans.
I'm (twenty-five) years old.
aïm (twènn·ti·*faïv*) yérz *old*

Sensations

J'ai faim. *I'm hungry.* aïm *heung*·ri
J'ai froid. *I'm cold.* aïm *kôwld*
J'ai chaud. *I'm hot.* aïm *hot*
J'ai soif. *I'm thirsty.* aïm *Sœrs*·ti

Comment vous sentez-vous/te sens-tu ?
Are you all right? âr you ôl *raït*

À table

petit déjeuner *breakfast* *brèk*·feust
déjeuner *lunch* leunnch
dîner *dinner* *di*·neur
casse-croûte *snack* snak
manger *eat* iit
boire *drink* drink
Je voudrais... *I'd like ...* aïd *laîk* ...

L'addition, s'il vous plaît.
I'd like the bill, please.
aïd laïk zeu *bil*, pliz

Je meurs de faim !
I'm starving! aïm *stâr*·vinng

Je voudrais réserver une table pour...
I'd like to book a table for ...
aïd laïk tou bouk eu *téï*·beul for ...
(20h)
(8) o'clock (éït) o·*klok*
(2) personnes
(2) people (tou) *pi*·peul

Puis-je voir la carte, s'il vous plaît ?
Can I see the menu, please?
kann aï sii zeu *me*·nyou pliiz

Que me conseillez-vous ?
What would you recommend?
wat woud you rè·ko·*mènnd*

Pouvez-vous préparer un repas sans... ?
Could you prepare a meal without ...?
koud you pri·pèr eu miil wiz·aout

beurre
butter *beu*·teur

bouillon de viande *meat stock* *miit* stok
œufs *eggs* ègz
viande *meat* miit

Servez-vous des plats végétariens ?
Do you have vegetarian food?
dou you hav vè·djè·*teu*·rieunn *foud*

Je voudrais une table pour (5) personnes, s'il vous plaît.
I'd like a table for (five), please.
aïd *laïk* tou bouk eu *téï*·beul for (faïv), pliiz

Y a-t-il un espace fumeur ?
Is there a smoking area?
iz zèèr eu *smow*·king è·ri·a

Au bar

Que désirez-vous ?
What would you like?
wat woud you *laïk*

Je vous offre un verre.
I'll buy you a drink.
aïl *baï* you eu drink

Une bière.
A glass of beer.
eu *glas* of *biir*

Un verre de vin blanc/rouge.
A glass of white/ red wine.
eu *glas* of waït/rèd waïn

Champagne.
Champagne. cham·péïn

Santé ! *Cheers!* tchiirz

Achats

Combien ça coûte ?
How much is it? *hao* meutch iz it

Pouvez-vous écrire le prix ?
Can you write down the price?
kan you raït daonn Ze *praïs*

Je voudrais acheter...
I'd like to buy ... aïd laïk tou *baï* ...

Je ne fais que regarder.
I'm just looking. aïm djeust *lou*·kinng

Puis-je le voir ?
Can I look at it? kann aï *louk* at it

Acceptez-vous... ?
Do you accept ...?
dou you ak·*sèpt*

les cartes de crédit
credit cards
krè·dit kârdz

Puis-je avoir..., s'il vous plaît ?
Could I have a ..., please?
koud aï hav eu ..., pliiz

un sac
bag bag

un reçu
receipt ri·*siit*

Où est le supermarché ?
Where's the supermarket?
wèrz Ze *syou*·peur·*mâr*·kèt

Où puis-je trouver une banque ?
Where's a bank?
wèrz eu *bank*

Où puis-je acheter... ?
Where can I buy ...?
wèr kann aï *baï* ...

Date et heure

Quelle heure est-il ?
What time is it? wat *täim* iz it

Il est 10h.
It's 10 o'clock (am/pm). its (tènn) ok·*lok* (èï·èm/pi·èm)

matin	*morning*	*mor*·ninng
après-midi	*afternoon*	af·teu·*noun*
soir	*evening*	*iv*·ninng
hier	*yesterday*	*yès*·teu·dèï
aujourd'hui	*today*	tou·*dèï*
demain	*tomorrow*	tou·*mo*·ro

janvier	*January*	*dja*·nu·ari
février	*February*	*fè*·bru·ari
mars	*March*	mârtch
avril	*April*	*èï*·pril
mai	*May*	mèï
juin	*June*	djounn
juillet	*July*	djou·*laï*

Jours de la semaine

lundi	*Monday*	*monn*·dèï
mardi	*Tuesday*	*tyous*·dèï
mercredi	*Wednesday*	*wènns*·dèï
jeudi	*Thursday*	*Sœurs*·dèï
vendredi	*Friday*	*fraï*·dèï
samedi	*Saturday*	*sa*·teu·dèï
dimanche	*Sunday*	*seunn*·dèï

août	*August*	*ao*·goust
septembre	*September*	sep·*tèmm*·beur
octobre	*October*	ok·*to*·beur
novembre	*November*	no·*vèmm*·beur
décembre	*December*	di·*cèmm*·beur

Hébergement

Où puis-je trouver...?
Where's a ...? wèrz eu

une pension
bed and breakfast
bèd ènnd *brèk*·feust

un hôtel
hotel ho·*tèl*

une auberge de jeunesse
youth hostel *youss* hos·tèl

Quel est le prix par nuit ?
How much is it per night?
hao *meutch* iz it peur *naït*

Pouvez-vous me conseiller un endroit... ?
Can you recommend somewhere ...?
kan you rè·ko·*mènnd* so·meu·*wèer* ...

bon marché	*cheap*	tchiip
près d'ici	*nearby*	*niir*·baï

Quelle est l'adresse ?
What's the address?
wats zi ad·*rès*

Je voudrais réserver une chambre, s'il vous plaît.
I'd like to book a room, please.
aïd laïk tou bouk eu *roum* pliiz

Nous sommes (3).
There are (three) of us.
Zèr âr (*Srii*) of eus

Je voudrais rester (2) nuits.
I'd like to stay for (two) nights.
aïd laïk tou stéï for (*tou*) naïts

Avez-vous une chambre... ?
Do you have a ... room?
dou you hav eu ... *roum*

avec un lit double	*double*	*deubeul*
à un lit	*single*	*sinng*·eul
avec des lits jumeaux	*twin*	twinn

Transports

À quelle heure part... ?
What time does the ... leave?
wat taïm *daz Zeu* ... *liiv*

le bateau	*boat*	bowt
le bus	*bus*	beus
l'avion	*plane*	pléïn
le train	*train*	tréïn

Quel bus va à... ?
Which bus goes to ...?
witch *beus* goz tou ...

Pour aller plus loin

Indispensable pour mieux communiquer sur place : le **Guide de conversation Anglais** de Lonely Planet. Pour réserver une chambre, lire un menu ou simplement faire connaissance, ce manuel permet d'acquérir des rudiments d'anglais. Inclus : un minidictionnaire bilingue.

Édité par Lonely Planet également, le guide **Petite conversation en anglais** convient, quant à lui, pour une première approche ou un très court séjour.

Enfin, le **Guide de conversation des 8/12 ans Anglais** donne aux enfants des outils pour apprendre l'anglais en s'amusant.

Pouvez-vous me dire quand nous arrivons à... ?
Can you tell me when we get to ...?
kann you *tèl* mi wènn wi gèt tou ...

Un billet ... (pour Belfast), s'il vous plaît.
One ... ticket (to Belfast), please.
wann ... *ti*·kèt (tou bel·fast) pliiz

de 1re classe	*1st-class*	fœrst *klas*
de 2e classe	*2nd-class*	sè·konnd *klas*
enfant	*child's*	tchaïldz
aller simple	*one-way*	wann wéï
aller et retour	*return*	ri·*teurn*
étudiant	*student's*	*stu*·dènnts

Je voudrais louer...
I'd like to hire aïd laïk tou *haï*·eur

un 4x4	*a jeep*	eu *djiip*
une automatique	*an automatic*	eun o·to·*ma*·tik
une (petite/ grosse) voiture	*a (small/large) car*	eu (smool/lârdj) kâr
une manuelle	*a manual*	eu *ma*·nou·eul
une moto	*a motorbike*	eu *mo*·to·baïk

Visites touristiques

Quand a lieu la prochaine excursion à la journée ?
When's the next day trip?
wènz Zeu nèkst *dèï* trip

Combien de temps dure l'excursion ?
How long is the tour?
hao *long* iz Zeu touour

L'entrée est-elle comprise ?
Is the admission charge included?
iz Zi eud·*mi*·cheun tchârdj in·*klou*·did

À quelle heure doit-on rentrer ?
What time should we be back?
wat *taïm* cheud wi bi bak

Urgences

Au secours !	*Help!*	hèlp
Arrêtez !	*Stop!*	stop
Allez-vous-en !	*Go away!*	go eu·*wéï*
Au voleur !	*Stop thief!*	stop Siif
Au feu !	*Fire!*	*faï*·eur

Faites attention !
Watch out! watch *a·out*

Appelez la police !
Call the police! kool Zeu po·*liis*

C'est urgent !
It's an emergency!
its eunn é·*meur*·djeun·si

Pourriez-vous m'aider, s'il vous plaît ?
Could you help me, please?
coud you *hèlp* mi pliiz

Pourrais-je utiliser le téléphone ?
Could I use the telephone?
coud aï youz Zeu *tè*·*lè*·fonn

Je suis perdu(e).
I'm lost. *aïm* lost

Où sont les toilettes ?
Where is the bathroom?
wèr iz Zeu *ba*·Sroum

J'ai besoin d'un médecin qui parle français.
I need a doctor who speaks French.
aï niid eu *dok*·teur hou spiiks frènch

Est-ce que je peux voir une femme médecin ?
Could I see a female doctor?
coud aï sii eu *fi*·mèïl dok·teur

Je n'ai plus de médicaments.
I've run out of my medication.
aïv reun a·*out* of maï mè·di·*kèï*·cheun

Où y a-t-il un dentiste par ici ?
Where's a dentist nearby?
wèrz eu *dènn*·tist niir·baï

Où est l'hôpital le plus proche ?
Where's the nearest hospital?
wèrz Zeu *ni*·reust *hos*·pi·teul

Où y a-t-il une pharmacie de garde ?
Where's a night pharmacy?
wèrz eu (*naït*) *kè*·mist

En coulisses

À nos lecteurs

Merci à tous les voyageurs qui ont utilisé la dernière édition de ce guide et qui nous ont écrit pour nous faire part de leurs conseils, de leurs suggestions et de leurs anecdotes : Mélissa Mercier, Hélène Rambaud, Perrine Romain, Franck Sapet et Fanny.

Un mot des auteurs

Isabel Albiston

Merci à tout le personnel des offices du tourisme d'Irlande du Nord qui m'a aimablement fourni quantité de brochures pendant mon voyage. Un merci tout particulier à James de Lonely Planet, Victoria Moore de Translink, Barry Flanagan et Caroline Wilson. Enfin, un immense merci à mes parents pour toute l'aide qu'ils m'ont apportée.

Fionn Davenport

Je remercie tous ceux qui m'ont aidé dans mes recherches à Dublin, ainsi que Laura qui est chaque fois venue me chercher à l'aéroport. Merci aux éditeurs Lonely Planet qui ne m'ont pas tenu rigueur de mes maladresses.

Damian Harper

Merci à tous ceux qui ont partagé avec moi leurs conseils et suggestion et m'ont orienté le long de la Wild Atlantic Way. Ma gratitude va à Shannen, Declan Hassett, Auriel, James Peake, Damien M, Kieron, Fabio, Hans. Je lève également mon verre et mon chapeau aux Irlandais, un peuple merveilleux grâce à qui mon périple a été un vrai plaisir. Merci à Daisy, Tim et Emma, comme toujours.

Catherine Le Nevez

Sláinte avant tout à Julian, ainsi qu'à tous les habitants et les voyageurs rencontrés dans les comtés de Clare, Galway, Kerry et dans les comtés de Meath, Louth, Cavan et Monaghan. Un immense merci également à James Smart et à toute l'équipe de Lonely Planet. Comme toujours, *merci encore* à mes parents, mon frère, ma belle-sœur et mon neveu.

Remerciements

Données des cartes du climat adaptées de Peel MC, Finlayson BL & McMahon TA (2007) "Updated World Map of the Köppen-Geiger Climate Classification", Hydrology and Earth System Sciences, 11, 1633-44.

Les illustrations p. 92-94, 178-179 sont de Michael Weldon, celles p. 42-43, 54-55, 106-107 sont de Javier Zarracina.

Couverture : County Kerry © Jon Arnold / AWL.

Vos réactions ?

Vos commentaires nous sont très précieux et nous permettent d'améliorer constamment nos guides. Notre équipe lit toutes vos lettres avec la plus grande attention. Nous ne pouvons pas répondre individuellement à tous ceux qui nous écrivent, mais vos commentaires sont transmis aux auteurs concernés. Tous les lecteurs qui prennent la peine de nous communiquer des informations sont remerciés dans l'édition suivante, et ceux qui nous fournissent les renseignements les plus utiles se voient offrir un guide.

Pour nous faire part de vos réactionsv, prendre connaissance de notre catalogue et vous abonner à notre newsletter, consultez notre site Internet : **www.lonelyplanet.fr**

Nous reprenons parfois des extraits de notre courrier pour les publier dans nos produits, guides ou sites web. Si vous ne souhaitez pas que vos commentaires soient repris ou que votre nom apparaisse, merci de nous le préciser. Notre politique en matière de confidentialité est disponible sur notre site Internet.

À propos de ce guide

Cette 3e édition du guide *L'Essentiel de l'Irlande* est une traduction-adaptation de la 2e édition du guide Lonely Planet *Best of Ireland*, préparée et rédigée par Neil Wilson, Isabel Albiston, Fionn Davenport, Damian Harper et Catherine Le Nevez.

Traduction Anna Alvarez et Antoine Thibault

Direction éditoriale Didier Férat

Adaptation française Clara Mackenzie

Responsable pré-presse Jean-Noël Doan

Maquette Gudrun Fricke

Cartographie cartes adaptées en français par Caroline Sahanouk

Couverture adaptées en français par Laure Wilmot

Merci à Jean-Victor Rebuffet pour ses recherches, Julien Lannoy pour sa relecture, Noémie Lemaire pour son travail de référencement et Olympe Richez et Sarah Arfaoui pour la préparation du manuscrit. Un grand merci à l'équipe du bureau de Paris, en particulier Dominique Bovet pour ses suggestions, ainsi que Dominique Spaety et Juliette Stephens pour leur aide. Enfin, merci à Clare Mercer, Joe Revill, Sarah Nicholson, Luan Angel et Becky Henderson du bureau LP de Londres et Darren O' Connell, Elizabeth Nguyen, Chris Love, Jacqui Saunders, Glenn van der Knijff et Claire Murphy du bureau LP Australie.

A–Z Index

A

achats 20, 348
agenda 22
Airfield, domaine d' 58
All-Ireland Finals 24
ambassades et consulats 326
anneaux de Claddagh 129, 317
Antrim, côte d' 12, 247, **249**
Aran, Îles d' 131, **133**
Áras an Uachtaráin 59
Ardara 240, 241
argent 326
Assarancagh, cascade d' 241
assurance 327
Athassel Priory 180
Atlantic Drive 243
Audi Dublin International 22
Aughnanure Castle 127
avion 336, 340
Avoca 109, 110
avortement 295

B

Ballina 150
Ballintoy 258, 259
Ballsbridge 59
Ballycarbery 219
Ballycastle 260, 262
Ballydavid 225
Ballyferriter 225
Ballyliffin 244
Bantry 202
Bantry House & Garden 185, 202
Barna Woods 117
Barry, Sebastian 320

Références des plans en **gras**

bataille de la Boyne 94, 301
bateau 338, 340
Beara, péninsule de 220
Beckett, Samuel 40, 319
Belfast 14, 271, **273, 280**
- à voir 278
- hébergement 273
- pubs et bars 286
- restaurants 284
- transports 290

Belfast International Arts Festival 24
Bell Harbour 155
Belvelly 196
Benbulben 234, 235
Bertraghboy Bay 128
bière 312
Blarney Castle 190
Blasket Centre 225
Blessington 110
Bloody Sunday 266, 308
Bloomsday 24
Bogside 265
Book of Kells 41
Botanic Gardens (Belfast) 279
Boyle Abbey 236
Brexit 295, 329
Brian Ború 41
Brú na Bóinne 10, 88, 90
budget 17
Buncrana 244
Bundoran 240
Bunratty 149
Bunratty Castle & Folk Park 150
Burren 155
Burren Way 156
bus 339, 340
Bushmills 253, 257
Butler House Gardens 168

C

Caherdaniel 209
Cahersiveen 209, 219
Cahir 182
Cahir Castle 173, 182
Cape Clear Island 198
Carna 116
Carraroe 116
Carrick 240
Carrick-A-Rede 12
Carrick-a-Rede, pont de corde de 255, 259
Carrigaholt 153
Carrigart 243
Carrowkeel, nécropole mégalithique de 237
Carrowmore, nécropole mégalithique de 236
cartes bancaires 327
cartes de réduction 121
cartes et plans 328
Cashel 180
Castlebar 128
Castle Coole 238
Castletown House 101, 110
Causeway Coast 12, 254, 257
Causeway Coast Way 258
Cavan 153
change, taux de 17
Charles Fort 200
Chaussée des Géants 18, 250
Chester Beatty Library 48, 75
Christ Church Cathedral 3, 65, 80
cinéma 25
Circuit of Ireland 22
circuits organisés 341
City Hall, Belfast 278
Clare, comté de 141, **143**
Clifden 128
climat 16, 328
Clonmacnoise 120

Clonmany 244
Cobh 199
code de la route 342
Collins, Michael 46, 53, 305
Coney Island 235
Confédération de Kilkenny 164
Connemara 6, 116, 126, **116**
Connemara National Park 129
Connolly, James 45, 47
Connor Pass 1, 225
Coolanlough 262
Cork City Gaol 13, 193, 195
Cork, comté de 185, **187**
Cork (ville) 13, 192, **192**
Corofin 156
Crawford Municipal Art Gallery 194
crise économique 307
Cromwell, Olivier 164, 241, 301
Crown Liquor Saloon 278
Crumlin Road Gaol 279
cuisine 18, 20, 188, 310
Cushendall 262
Cushendun 260, 261, 262
Custom House 72

D

DAB 327
Dáil Éireann 294
Dalkey 78
Dark Hedges 283
dauphin, Fungie le 222
Derry (Londonderry) 264, 308, **264**
De Valera, Éamon 44, 305
Devenish Island 237
Dingle 8, 221, **222**
Dingle, péninsule de 221
Doagh Famine Village 245
Doagh Island 244
Docklands (Dublin) 72, 83
Donegal, comté de 227, **229**, 237
Donegal, ville de 237
Doolin 145, 146, 155, 156
Dooney Rock 236
douane 328
Dowth 88, 90
Drogheda 95
Drumcliff 235
Dublin 3, 4, 35, **66, 70, 76**
  à voir 64
  hébergement 83
  pubs et bars 78
  restaurants 75
  transports 82
Dublin Castle 46
Dublin City Gallery - the Hugh Lane 68
Dublin Fringe Festival 24
Dublinia 65
Dublin Writers Museum 65
Dún Aengus 134
Dunfanaghy 242
Dunguaire Castle 126
Dunlewey 241
Dunluce Castle 256
Dunquin 225
Dunseverick 252, 254
Dunseverick Castle 254

E

économie 294
électricité 329
Élisabeth Ire 40, 191
émigration 72
enfants 32
English Market (Cork) 13, 188
Ennis 146, 148
Ennis Friary 148
Enniskerry 108
Enniskillen 237, 238
Ennis Trad Festival 148
Ennistymon 147
EPIC The Irish Emigration Museum 72
Errigal Mountain 241

F

falaises de Moher 144
Famine, Grande 44, 57, 72, 154, 156, 245, 297, 303
Fanad Head 244
Fanad, péninsule de 244
Fastnet Rock 198
femmes en voyage 336
festivals 22, 123, 171, 202
Film Festival 22
Finavarra Point 155
Fisherstreet 156
Fleadh Cheoil na hÉireann 24
Fleadh Nua 23, 148
Four Courts 69
fresques murales de Derry 266
fresques murales de West Belfast 276
frontière 329

G

gaélique 126, 345
Gallarus Oratory 224, 225
Galway Cathedral 124
Galway City Museum 123
Galway, comté de 113, **115**
Galway International Arts Festival 24
Galway Races 24
Galway, ville de 8, 122, **122**
Game of Thrones 262, 283
Gap of Dunloe 220
Gaulle, Charles de 217
General Post Office 69, 296
Giant's Causeway & Bushmills Railway 253, 257
Giant's Causeway, *voir* Chaussée des Géants
Glenarm 261, 263
Glenbeigh 209
Glencolumbcille 240, 241
Glen d'Aherlow 182
Glendalough 7, 102, 106, 108, 111
Glengesh Pass 241

Glens d'Antrim 261
Glenveagh Castle 233
Glenveagh National Park 232
Golden 180
Grafton Street (quartier) 64, 75, 78, 83
Great Island 199
Great Sugarloaf 109
Greyabbey 290
Grianán d'Aileách 245
guerre civile 305
Guillaume III 94
Guinness 60
Guinness Storehouse 60

H

handicapés 329
harpe celtique 317
hébergement 330
Herbert Park 59
heure locale 16, 332
heures d'ouverture 17, 333
Histoire 296
homosexuelle, communauté 332
Howth 78
Hunt Museum 152

I

Inchagoill 127
Inisfallen 214
Inisheer 138
Inishmaan 137
Inishmore 131, 136
Inishowen, péninsule d' 244
Innisfree Island 236
insurrection de Pâques 1916 *voir* Pâques
International Rally 22
Internet (accès) 333, *voir aussi* sites Web
Ireland's Ancient East 111

Références des plans en **gras**

Irish Derby 24
Irish Grand National 22
Irish Museum of Modern Art 37, 68
Irlande du Nor, *voir* Antrim *et* Belfast
Irlande du Nord, histoire 307
itinéraires 26
Iveagh Gardens 58
Iveragh, péninsule d' 219

J

Jacques II 94, 301
Jameson Experience 195, 199
Jeanie Johnston 72
jours fériés 333
Joyce, James 24, 25, 65, 73, 74, 319
juridiques, problèmes 334

K

Kenmare 209, 219, 220
Kerry Bog Village Museum 209
Kerry, comté de 205, **207**
Kilbaha 153
Kilcar 240
Kilfenora 147, 155
Kilkee 153, 154
Kilkenny Castle 162
Kilkenny, confédération de 301
Kilkenny, ville de 15, 159, 164, **161, 165**
Kilkieran Bay 116
Killaloe 150
Killarney 212, 216, 218, 219, **216**
Killarney National Park 33, 205, 212
Killorglin 209
Kilmacanogue 109
Kilmacurragh Botanic Gardens 109
Kilmainham Gaol 44, 45
Kilmainham (quartier) 68, 77, 83
Kilmalkedar 225
Kilronan 136
King John's Castle 151
Kinsale 200
Kinsale Gourmet Festival 202
Kinvara 126
Knockalla Fort 244
Knockreer House & Gardens 215
Knowth 88, 90
Kylemore Abbey 129

L

Lahinch 156
langue 126, 345
leprechauns 317
Letterfrack 129
Lewis, C. S. 277, 288, 319
Lewis Glucksman Gallery 194, 195
Limerick 151
Liscannor 145
littérature 25, 65, 318
Little Museum of Dublin 64
lois pénales 302
Londonderry, *voir* Derry
Longitude 24
Loop Head 153
Loughareema 262
Lough Corrib 127
Lough Eske 238
Lough Gartan 242
Lough Gill 236
Louth, comté de 85, **87**

M

Mace Head 116
Maghera 241
Maghera Strand 241
Malahide 78
Malin Head 244, 245
Marconi Memorial 260
mariage homosexuel 294
Marsh's Library 65

Maumturk Mountains 126
Mayo, comté de 128
Meath, comté de 85, **87**
médias 126, 332
Medieval Mile Museum 164
Merrion Square 57, 83
mesures 332
Midleton 195, 196, 199
Miltown Malbay 154
Moher, falaises de 11
Moll's Gap 219
Monasterboice 95
monastiques, sites 19, 298
moto 342
Morrison, Van 288
Mount Stewart House & Gardens 290
Moyrus 116
Mt Usher Gardens 109
Muckish, mont 243
Muckross Estate 212, 214
Muckross Traditional Farms 33
Museum of Natural History 64
musique traditionnelle 19, 25, 146, 148, 322

N

Nash, John 183
National Botanic Gardens (Dublin) 59
National Craft Gallery 167, 168
National Gallery 64
National Library 65
National Museum of Country Life 128
National Museum of Ireland 50, 54
Newgrange 10, 88, 111
New Quay 155
Newtonards 290
North West 200 23

O

O'Connell, Daniel 59, 91, 209, 219, 303
Offaly, comté d' 120
offices du tourisme 334
Old Jameson Distillery 69
Old Mellifont Abbey 85, 95
Oughterard (comté de Galway) 127
Oughterard (comté de Clare) 153
Oyster Island 235

P

Pale 301
Pâques, insurrection de 45, 53, 69, 304
Parnell, Charles Stewart 303
Patrick Pearse's Cottage 117
Patrick, saint 299, 316
Peace Line 281
Pearse, Patrick 117
pêche 218
Phoenix Park 57
photographie 334
Poisoned Glen 241, 242
politique 294
Portaferry 290
Portbradden 255, 259
Portmagee 208
Portmeirion 262
Port Reostan 252
Portrush 256
Portsalon 244
Portstewart Strand 257
pourboires 327
Powerscourt Estate 100
Powerscourt Waterfall 108, 109
processus de paix 308
pubs 21, 62, 118, 119, 287, 314

Q

Queen's University 279

R

Rathlin Island 259, 260, 261
Rathmelton 244
Rathmullan 244
renouveau gaélique 319
Rhinevilla 153
Ring of Kerry 15, 208
Roadford 157
Rock of Cashel 111, 176, 178
Rose of Tralee 24
Rosguill, péninsule de 243
Ross Castle 205, 213, 218
Rosses Point 235
Rossnowlagh 239
Rothe House & Garden 167
Roundstone 128
Russell Memorial Weekend 148
Russborough House 110

S

Saint-Patrick 22
Salmon Weir 124
Samuel Beckett Bridge 292
santé 335
savoir-vivre 313
sécurité 289, 328
sites Web 17
Skellig Michael 19, 210
Skellig Ring 208
Slea Head Drive 225
Slieve League 14, 230
Sligo, comté de 227, 234, **228**
Sligo, ville de 234
Southside 83
Spiddal 116, 117
Spike Island 197
Spire 69
Star Wars 40, 211
St Canice's Cathedral 165
St George's Market 285
St Patrick's Cathedral 64, 68, 80
St Patrick's Park 64

Strongbow, Richard de Clare dit 65, 162, 300
St Stephen's Green 56
Swift, Jonathan 40
Swiss Cottage 181, 183
symboles 316
Synge, John Millington 137, 319

T

tabac 332
Tara 94
taxes 327
Teelin 230, 240
téléphone 335
Temple Bar 65, 83
The Liberties 68, 77
Tipperary, comté de 173, **175**
Titanic 199, 274, 282
Titanic Belfast 274
Titanic Quarter 274
toilettes 336
Tone, Wolfe 302
Torr Head 262
Tournoi de rugby des Six Nations 22
train 341
transports 17, 33, 336
transports urbains 341
trèfle 316
Trinity College 40, 42
Troubles 267, 276, 279, 306, 307
Tully Mountain 129
Twelve Bens 126, 129

U

Ulster *voir* Irlande du Nord
Ulster Folk & Transport Museum 281
Ulster Museum 278
United Irishmen 202, 287, 302

V

Valentia Island 15, 208
Vale of Avoca 110
vélo 341
Ventry 225
vikings 111, 299
visas 329
voiture 342
voyages organisés 339

W

War Memorial Gardens 59
Waterville 209
whiskey 69, 199, 257, 312
White Park Bay 255, 259
Wicklow, comté de 97, **99**
Wicklow Mountains National Park 108
Wild Atlantic Way 114, 126, 128, 142, 153, 221, 341
Wilde, Oscar 40, 57, 59, 318
World Irish Dancing Championships 23

Y

Yeats, Jack Butler 64, 152, 194, 228, 234, 242
Yeats, William Butler 59, 74, 81, 228, 234, 235, 236, 290, 319

Comment utiliser ce guide

Ces symboles vous aideront à identifier les différentes rubriques :

- À voir
- Activités
- Cours
- Circuits organisés
- Fêtes et festivals
- Où se restaurer
- Où prendre un verre
- Où sortir
- Achats
- Renseignements et transports

Ces symboles vous donneront des informations essentielles au sein de chaque rubrique :

- Adresse écoresponsable
- GRATUIT Site libre d'accès
- Numéro de téléphone
- Horaires d'ouverture
- Parking
- Non-fumeur
- Climatisation
- Accès Internet
- Wi-Fi
- Piscine
- Bus
- Ferry
- Tramway
- Train
- Menu en anglais
- Végétarien
- Familles bienvenues

Choisissez des lieux sur mesure grâce aux symboles suivants :

- Petits prix
- Gastronomie
- Prendre un verre
- Vélo
- Sports
- Art et culture
- Fêtes et festivals
- Sites photogéniques
- Paysages
- En famille
- Excursion
- Détour
- Randonnée
- 100% local
- Histoire
- Sortir
- Plages
- Café
- Faune et flore
- Scène LGBT
- Hébergement
- Transports
- Activités aquatiques
- Infos pratiques

À voir

- Cave/vignoble
- Château
- Église
- Monument
- Mosquée
- Musée/galerie/édifice historique
- Plage
- Réserve ornithologique
- Ruines
- Synagogue
- Temple bouddhiste
- Temple confucéen
- Temple hindou
- Temple jaïn
- Temple shintoïste
- Temple sikh
- Temple taoïste
- Zoo/réserve animalière
- Autre site

Achats

- Magasin

Activités

- Bodysurfing
- Canoë/kayak
- Cours/circuits organisés
- Plongée/snorkeling
- Randonnée
- Sentô (bain public)
- Ski
- Snorkeling
- Surf
- Piscine/baignade
- Planche à voile
- Autres activités

Où se loger

- Camping
- Hébergement

Où se restaurer

- Restauration

Où prendre un verre

- Bar
- Café

Où sortir

- Salle de spectacle

Renseignements

- Banque
- Ambassade/consulat
- Hôpital/centre médical
- Accès Internet
- Police
- Bureau de poste
- Centre téléphonique
- Toilettes
- Office du tourisme
- Autre adresse pratique

Géographie

- Aire de pique-nique
- Cascade
- Col
- Montagne/volcan
- Oasis
- Parc
- Phare
- Plage
- Point de vue
- Portail
- Refuge/gîte

Transports

- Aéroport
- Bart
- Bus
- Ferry
- Gare/chemin de fer
- Métro/MRT
- Monorail
- Parking
- Piste cyclable
- Poste-frontière
- Station-service
- Subway
- T/T-Bane
- Taxi
- Téléphérique/funiculaire
- Tramway
- Tube
- U-Bahn
- Autre moyen de transport

Damian Harper

Damian est auteur pour Lonely Planet depuis plus de 20 ans, et a contribué à l'écriture de guides variés : *Chine*, *Pékin*, *Shanghai*, *Vietnam*, *Thaïlande*, *Irlande*, *Londres*, *Majorque*, *Malaisie*, *Singapour et Brunei*, *Hong Kong* et *Grande-Bretagne*. Auteur de guide expérimenté, Damian a écrit pour d'innombrables journaux et magazines, dont le *Guardian* et le *Daily Telegraph*. Il vit aujourd'hui dans le Surrey, en Angleterre, où il collectionne des premières éditions de littérature moderne et s'essaie en autodidacte à la trompette, entre autres hobbies tels que la photographie et le taekwondo. Vous pouvez le suivre sur Instagram : damian.harper.

Catherine Le Nevez

Catherine a attrapé le virus du voyage à l'âge de 4 ans, lorsqu'elle est partie de Paris pour une découverte de l'Europe. Saisissant depuis chaque occasion de voyager, elle a visité plus de 60 pays, trouvant le temps d'obtenir un doctorat d'arts créatifs en écriture, un master en écriture professionnelle et plusieurs diplômes de troisième cycle dans l'édition. Elle écrit pour Lonely Planet depuis plus d'une décennie, et a contribué à des guides sur Paris, la France, l'Europe et au-delà. Elle a aussi écrit pour de nombreuses publications papier et en ligne. Le premier des conseils de Catherine pour un voyage réussi ? Partir sans attentes particulières.

Les guides lonely Planet

Une vieille voiture déglinguée, quelques dollars en poche et le goût de l'aventure, c'est tout ce dont Tony et Maureen Wheeler eurent besoin pour réaliser, en 1972, le voyage d'une vie : rallier l'Australie par voie terrestre via l'Europe et l'Asie. De retour après un périple harassant de plusieurs mois, et forts de cette expérience formatrice, ils rédigèrent sur un coin de table leur premier guide, *Across Asia on the Cheap*, qui se vendit à 1 500 exemplaires en l'espace d'une semaine. Ainsi naquit Lonely Planet, dont les guides sont aujourd'hui traduits en 13 langues.

Nos auteurs

Neil Wilson

Résidant dans le Perthshire, en Écosse, Neil est auteur de voyages depuis 1988. Il a contribué à plus de 80 guides pour différents éditeurs, notamment les guides Lonely Planet sur l'Écosse, l'Angleterre, l'Irlande et Prague. Amoureux du grand air depuis l'enfance, Neil pratique la randonnée, le VTT, la voile, le snowboard, la pêche à la mouche et l'escalade. Ses aventures l'ont mené sur quatre continents, et il a notamment gravi le Djebel Toubkal au Maroc, le mont Kinabalu sur l'île de Bornéo, le Old Man of Hoy dans les Orcades écossaises et la face nord-ouest du Half Dome dans la vallée de Yosemite, en Californie.

Isabel Albiston

Après avoir travaillé six ans à Londres pour le *Daily Telegraph*, profitant du moindre congé pour partir en voyage, Isabel a décidé de passer plus de temps sur la route. Elle a alors écrit pour un magazine de Sydney, en Australie, avant de partir vivre et travailler quatre ans à Buenos Aires, en Argentine. À peine rentrée au Royaume-Uni, Isabel commence à écrire pour Lonely Planet en 2014, et part pour des recherches en Malaisie. Elle a contribué depuis à la rédaction de six guides LP. Vous pouvez consulter ses photos sur instagram : isabel_albiston.

Fionn Davenport

Irlandais et amoureux de l'Irlande, Fionn écrit sur son pays natal depuis près de deux décennies. Il est parti et revenu maintes fois au fil des années, le goût de l'aventure l'arrachant au confort de sa vie dublinoise, mais ses voyages n'ont fait que renforcer son attachement à l'Irlande, qui reste le pays qu'il préfère visiter, lorsqu'il n'y vit pas. Ces temps-ci, il fait l'aller-retour chaque semaine entre Dublin et Manchester, où il vit avec sa compagne, Laura, et leur chat, Trevor. À Dublin, il présente l'émission Inside Culture sur RTE Radio 1, et écrit sur ses voyages pour diverses publications.

Nos auteurs (suite)

L'essentiel Irlande
3e édition
Traduit et adapté de l'ouvrage *Best of Ireland, 2nd edition, May 2018*

Dépôt légal Juin 2018
ISBN 978-2-81617-121-1
Photographes © comme indiqué 2018
Imprimé par IME by ESTIMPRIM, Baume-les-Dames, France

En Voyage Éditions | un département place des éditeurs